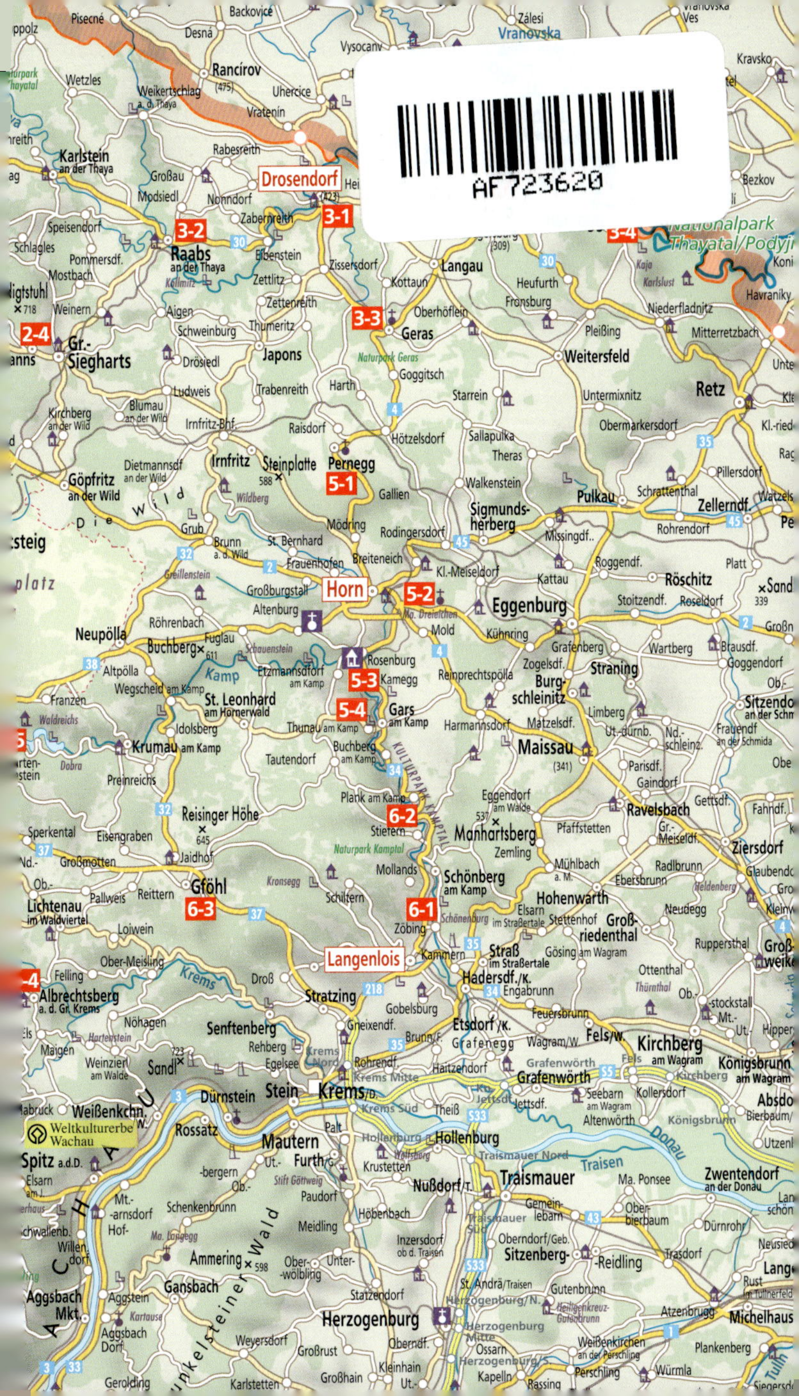

Písečné
Backovice
Zálesí
Vranovská
Desná
Vysočany
Rancírov
Wetzles
Weikertschlag a. d. Thaya
Uhercice
Vratenín
Kravsko
Karlstein an der Thaya
Rabesreith
Großau
Drosendorf
Modsiedl
Nonndorf
Zabernreith
3-1
Bezkov
Speisendorf
Schlagles
3-2
Raabs an der Thaya
Pommersdf.
Mostbach
Eibenstein
Zissersdorf
Langau
Nationalpark Thayatal/Podyjí
3-4
Zettlitz
Kottaun
Heufurth
Fronsburg
Kaja
Karlslust
Havraníky
Weinern
Aigen
Zettenreith
Oberhöflein
Niederfladnitz
3-3
Geras
Pleißing
Mitterretzbach
2-4
Gr.-Siegharts
Schweinburg
Thumeritz
Japons
Naturpark Geras
Weitersfeld
Drösiedl
Goggitsch
Ludweis
Trabenreith
Harth
Starrein
Untermixnitz
Retz
Kirchberg an der Wild
Blumau an der Wild
Irnfritz-Bhf.
Raisdorf
Hötzelsdorf
Sallapulka
Obermarkersdorf
Theras
Göpfritz an der Wild
Dietmannsdf an der Wild
Irnfritz
Steinplatte
588
Pernegg
5-1
Walkenstein
Pillersdorf
Die Wild
Wildberg
Gallien
Sigmunds-herberg
Pulkau
Schrattenthal
Zellerndf.
Watzelsdorf
Grub
Brunn a. d. Wild
St. Bernhard
Mödring
Rodingersdorf
Missingdf.
Rohrendorf
Frauenhofen
Breiteneich
Kl.-Meiseldorf
Roggendf.
Platt
Greillenstein
Großburgstall
Horn
5-2
Ma. Dreieichen
Kattau
Röschitz
Sand 339
Eggenburg
Stoitzendf.
Roseldorf
Altenburg
Röhrenbach
Neupölla
Fuglau
Buchberg 611
Mold
Kühnring
Grafenberg
Wartberg
Brausdf.
Schauenstein
Rosenburg
Zogelsdf.
Straning
Goggendorf
Altpölla
Kamp
Etzmannsdorf am Kamp
5-3
Kamegg
Reinprechtspölla
Burg-schleinitz
Franzen
Wegscheid am Kamp
St. Leonhard am Hornerwald
5-4
Gars am Kamp
Limberg
Sitzendorf an der Schmida
Waldreichs
Idolsberg
Thunau am Kamp
Harmannsdorf
Matzelsdf.
Ut.-dürnb.
Nd.-schleinz.
Frauendf an der Schmida
Krumau am Kamp
Maissau
(341)
Dobra
Tautendorf
Buchberg am Kamp
Kulturpark Kamptal
Parisdf.
Gaindorf
Preinreichs
Eggendorf am Walde
537
Ravelsbach
Gettsdf.
Fahndf.
Reisinger Höhe 645
Plank am Kamp
6-2
Manhartsberg
Pfaffstetten
Gr.-Meiseldf.
Ziersdorf
Sperkental
Eisengraben
Stiefern
Zemling
Naturpark Kamptal
Jaidhof
Mühlbach a. M.
Radlbrunn
Großmotten
Mollands
Schönberg am Kamp
Ebersbrunn
Heldenberg
Kronsegg
Gföhl
Pallweis
Reittern
Schiltern
Hohenwarth
Neudegg
Lichtenau im Waldviertel
6-3
6-1
Elsarn im Straßertale
Stettenhof
Groß-riedenthal
Schönberg
Loiwein
Zöbing
Ruppersthal
Ober-Meisling
Langenlois
Kammern
Straß im Straßertale
Gösing am Wagram
Ottenthal
Felling
Krems
Droß
Hadersdf./K.
Engabrunn
Thürnthal
Ob.-stockstall
Albrechtsberg a. d. Gr. Krems
Stratzing
Gobelsburg
Feuersbrunn
Mt.-
Nöhagen
Senftenberg
Gneixendf.
Etsdorf/K.
Fels/W.
Kirchberg am Wagram
Ut.-
Hippersdorf
Hartenstein
Rehberg
Brunn/F.
Grafenegg
Wagram/W.
Maigen
Weinzierl am Walde
723
Egelsee
Krems Nord
Rohrendf.
Haitzendorf
Grafenwörth
Fels
Königsbrunn am Wagram
Sandl
Krems Mitte
Kirchberg
Dürnstein
Stein
Krems/D.
Kollersdorf
Absdorf
Weißenkchn.
Ju. Jettsdf.
Seebarn am Wagram
Krems Süd
Theiß
Altenwörth
Bierbaum/
Weltkulturerbe Wachau
Rossatz
Palt
Königsbrunn
Mautern
Hollenburg
Donau
Utzenlaa
Spitz a.d.D.
Furth/G.
Traismauer Nord
Traisen
Elsarn
Ut.-
Krustetten
Stift Göttweig
Traismauer
Ma. Ponsee
Zwentendorf an der Donau
-bergern
Ob.-
Nußdorf/T.
Mt.-arnsdorf
Paudorf
Gemein-lebarn
Ober-bierbaum
Hof-
Schenkenbrunn
Höbenbach
Dürnrohr
Schwallenb.
Ma. Langegg
Meidling
Oberndorf/Geb.
Willendorf
Inzersdorf ob d. Traisen
Sitzenberg-Reidling
Ammering 598
Ober-wölbling
Unter-
Trasdorf
Dunkelsteiner Wald
Gansbach
Rust im Tullnerfeld
Aggsbach Mkt.
Aggstein
St. Andrä/Traisen
Statzendorf
Gutenbrunn
Heiligenkreuz-Gutenbrunn
Atzenbrugg
Michelhausen
Kartause
Herzogenburg/N.
Herzogenburg
Aggsbach Dorf
Herzogenburg Mitte
Weyersdorf
Großrust
Oberndf.
Ossarn
Weißenkirchen an der Perschling
Plankenberg
Herzogenburg/S.
Kleinhain
Kapelln
Perschling
Würmla
Großhain
Ut.-
Rassing
Gerolding
Karlstetten

Wandern im Waldviertel

Katharina Bliem, Peter Hiess, Helmuth A. W. Singer

Wandern im Waldviertel

Die 33 schönsten Wanderungen und 7 Stadtspaziergänge

FALTER VERLAG

Bitte besuchen Sie auch die Website *www.wandernimwaldviertel.com*, auf der die Autoren des vorliegenden Buchs Sie mit aktuellen Wandertipps, Anekdoten und Gschichtln, Terminhinweisen und vor allem Aktualisierungen zu den 33 hier vorgestellten Wanderungen informieren.

ISBN 978-3-85439-674-1

1011 Wien, Marc-Aurel-Straße 9
T: +43/1/536 60-0, F: +43/1/536 60-935
E: bv@falter.at, service@falter.at
W: faltershop.at

Autoren und Fotos:
Katharina Bliem, Peter Hiess, Helmuth A. W. Singer
Lektorat: Helmut Gutbrunner
Karten: arbeitsgemeinschaft kartographie
Umschlagdesign: Dirk Merbach, Marion Großschädl
Grafik und Layout: Marion Großschädl
Satz: Barbara Blaha
Bildbearbeitung: Reinhard Hackl, Andreas Rosenthal
Druck: Finidr, s.r.o., 73701 Český Těšín

FSC
www.fsc.org
MIX
Papier aus verantwortungsvollen Quellen
FSC® C014138

Dieses Buch erhebt keinen Anspruch auf Vollständigkeit. Obwohl wir versucht haben, so gründlich wie möglich zu sein, können wir Änderungen bei aktuellen Angaben wie Öffnungszeiten, Telefonnummern etc., die sich nach Erscheinen des Buchs ergeben haben, nicht ausschließen. Bitte haben Sie dafür Verständnis, dass wir keine inhaltliche Haftung übernehmen.

Wir haben bei diesem Buch im Sinne der Umwelt auf die Verpackung mit Plastikfolie verzichtet.

Inhalt

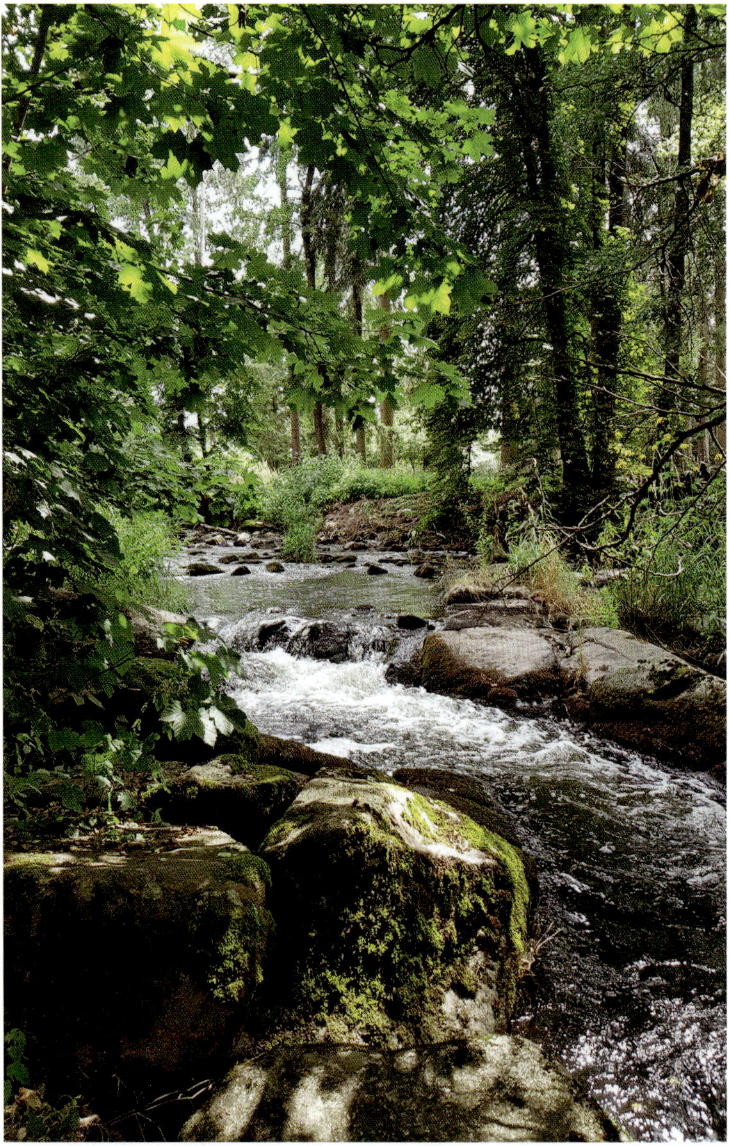

Am Braunaubach im Malerwinkel/Gmünd

Über die vielen guten Gründe, im Waldviertel zu wandern ... und über dieses Buch

Uns drei – eine Autorin und zwei Autoren – verbindet Unterschiedliches mit dem Waldviertel. Das reicht von den Ferienmonaten der Kindheit, die jahrelang im Sommerhaus der Familie verbracht wurden, über eine zu zweit angetretene Fernwanderung (oder wenigstens deren ersten Teil) bis zu Touren mit dem Wohnmobil an entlegene Plätze, wo man Ruhe und Gemeinsamkeit genießen konnte.

Spätestens jetzt gibt es aber auch eine Waldviertler Gemeinsamkeit, die uns verbindet: das Wandern in diesem wunderschönen Teil Niederösterreichs, der uns auf Schritt und Tritt überrascht, herrliche Landschaften zu bieten hat und zu immer neuen Abenteuern einlädt. Bei den zu Fuß absolvierten Recherchen zu diesem Buch fanden wir gut gepflegte und markierte Wege, trafen durchwegs freundliche und hilfsbereite Einheimische, sahen Altbekanntes wieder, lernten aber auch stets Neues, Unerwartetes und Überraschendes kennen.

Wir haben uns bemüht, für die im vorliegenden Buch beschriebenen Strecken keine ohnehin bekannten und anderswo schon hinreichend vorgestellten Routen auszuwählen. Stattdessen wollten wir verschiedene Wanderwege, Ortschaften und Sehenswürdigkeiten auf möglichst interessante und attraktive Art miteinander kombinieren, wie wir das auch schon in unserem Buch „Wandern im Wienerwald" (ebenfalls im Falter Verlag erschienen) getan haben.

ABER ... beim Wienerwald-Buch war alles anders. Sämtliche darin enthaltenen Routen, ob Rund- oder Streckenwanderungen, hatten nämlich ein und denselben Ausgangspunkt: Wien. Beim Waldviertel schien uns das unmöglich. Theoretisch kann man zwar – in den frühen Morgenstunden – mit dem Auto zu den Startpunkten der im Folgenden präsentierten Wanderungen fahren, dann den Weg gehen, nach einer Streckenwanderung wieder irgendwie zum

Fahrzeug zurückkommen und schließlich übermüdet den Rückweg in die Bundeshauptstadt antreten. Aber das funktioniert auch nur im Hochsommer, wenn die Tage lang sind.

Für „Wandern im Waldviertel" wählten wir daher einen ganz anderen Ansatz. Sieben über die gesamte Region verteilte Städte bzw. Orte dienen hier als Ausgangspunkte für die insgesamt 33 Routen: Gmünd, Waidhofen an der Thaya, Drosendorf, Zwettl, Horn, Langenlois und Pöggstall. Die Leserin und der Leser sollen sich nach Möglichkeit für ein paar Tage eine Unterkunft an einem dieser Orte suchen und dann von dort zu den dazugehörigen Wanderungen aufbrechen. Danach reist man entweder zum nächsten Ausgangspunkt weiter – oder hebt ihn sich für einen neuen Kurzurlaub auf.

Ursprünglich hatten wir auch vor, so wie beim vorangegangenen Buch, darauf zu achten, dass jede der beschriebenen Wanderungen mit öffentlichen Verkehrsmitteln erreichbar ist. Wir haben es auch wirklich versucht, doch manchmal war einfach alles vergebens. Das fängt schon damit an, dass die meisten (Schul-)Busse in der Früh aus den Dörfern in die Hauptorte fahren und am mittleren Nachmittag wieder zurück – also genau den Anforderungen von uns Wanderern widersprechend: Wir wollen ja am Vormittag hinaus in die Natur und gegen Abend zurück zum Ausgangspunkt. Manche Busse verkehren wiederum nicht an Wochenenden, andere lassen den Montag oder Freitag aus, und die Lokalbahnen dienen oft nur dem Wochenendtourismus. Auch die Möglichkeit, mit einem Taxi zum Ausgangspunkt zurückzukehren, haben wir geprüft und schnell wieder verworfen; Taxis sind im Waldviertel selten und recht teuer. Aus all diesen Gründen ist bei einigen der folgenden Wanderungen die An- und/oder Rückfahrt nur mit dem Privatwagen möglich.

Ansonsten gilt für das Waldviertel genau das, was für praktisch alle Wanderungen im nicht-alpinen Gebiet gilt: Eine besondere Ausrüstung ist nicht nötig; ziehen Sie einfach festes Schuhwerk bzw. gut eingegangene Sportschuhe an, dann werden Sie auf allen beschriebenen Wegen gut und sicher vorankommen. Nach starken Regenfällen oder bei Schnee und Eis sollte man vor allem Strecken mit größeren Steigungen meiden. Und auf manchen Abschnitten

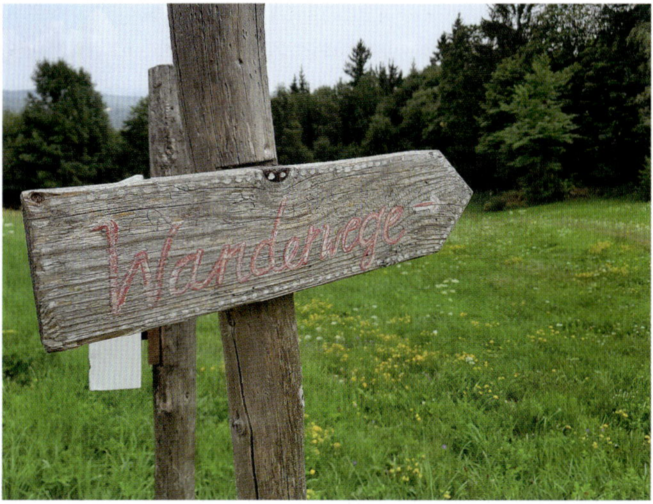

Ein eher allgemein gehaltener Hinweis

empfiehlt es sich, beim Bergauf- oder Bergabgehen trittsicher zu sein – solche Stellen sind in der jeweiligen Wanderbeschreibung extra erwähnt. Generell ist es auch ratsam, Regen- und Sonnenschutz mitzuführen. Nicht überall im Waldviertel gibt es Wald, daher verlaufen einige der Routen teilweise unter freiem Himmel, wo der Wanderer den Elementen stärker ausgesetzt ist. Auch längere Asphaltstrecken lassen sich nicht immer vermeiden, weil viele der ehemaligen Feldwege mittlerweile zu schmalen, wenn auch meist wenig befahrenen Straßen geworden sind.

Was die Verpflegung angeht, kann es sicher nicht schaden, wenn man Wasserflaschen, Obst und belegte Brote im Rucksack mitführt. Nicht auf jeder unserer Touren gibt es Gasthäuser – und auch die könnten gerade zu haben oder gar für immer geschlossen sein. Ach ja, übrigens: Wir haben alle der im Buch erwähnten Einkehrmöglichkeiten nach bestem Wissen und Gewissen überprüft; Sie finden beim Überblick über die jeweiligen Wanderungen die Ruhetage und eventuellen speziellen Öffnungszeiten angegeben. Da die Recherche für das vorliegende Werk aber zu einem großen

Teil während der Corona-Krise stattfand, ist es durchaus möglich, dass manche der Lokalitäten in der Zwischenzeit überhaupt aufgegeben haben ...

Auch bei den Markierungen kann sich – wie in jedem Wandergebiet – relativ schnell etwas ändern. Wanderwege werden neu angelegt oder erhalten neue Bezeichnungen und Tafeln, Teilstücke der Wege sind wegen groß angelegter Schlägerungen plötzlich nicht mehr zu finden oder wurden wegen eines neuen Gebäudes umgeleitet usw. usf.

Daher haben wir auch hier wieder eine abschließende Bitte an Sie: Sollten Sie beim Wandern feststellen, dass ein Weg anders verläuft als in diesem Buch beschrieben, dass ein Lokal geschlossen, einen neuen Namen oder einen anderen Ruhetag hat, dass sich Markierungen und Wandertafeln geändert haben oder eine Sehenswürdigkeit andere Öffnungszeiten hat, dann kontaktieren Sie uns bitte. Wir werden Ihre Änderungen gern in der nächsten Auflage berücksichtigen und in der Zwischenzeit umgehend auf unserer Website *www.wandernimwaldviertel.com* darüber berichten.

Mit Korrekturen, Anregungen, Komplimenten, Beschwerden, Fragen oder Fotos von Ihren Touren können Sie sich auch direkt unter folgender Mailadresse an uns wenden: w4tel@aon.at

Jetzt wünschen wir Ihnen aber erst einmal viel Freude beim Lesen – und bei Ihren Wandererlebnissen im Waldviertel!

Katharina Bliem, Helmuth A.W. Singer & Peter Hiess,
März 2021

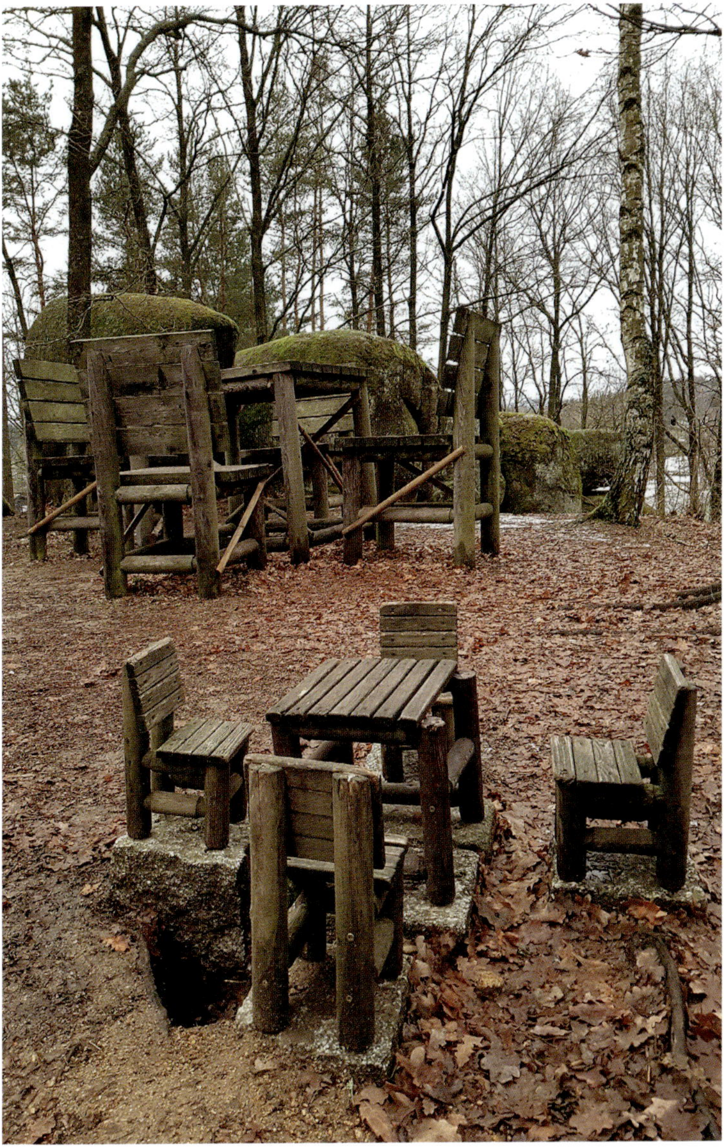

Riesen- und Zwergensitze in der Blockheide

Über Stock und Wackelstein

Die Wanderregion Waldviertel

„Noch ist das Waldviertel ein vergessenes Land. Fern vom Großstadtlärm und Massenbetrieb, von hektischer Übereile und aufdringlicher Reklame hat es die alte Größe und Stille bewahrt. Es ist urtümlich geblieben wie kein anderes Gebiet in Niederösterreich. Daraus kann der suchende Mensch von heute ungeahnten inneren Gewinn, Ruhe und Erholung schöpfen. Dieser Mensch sollte das Waldviertel entdecken."

So wie Franz Eppel in seinem Buch „Das Waldviertel" konnte man im Jahr 1963 noch über das nordwestliche Viertel Niederösterreichs schreiben, ohne danebenzuliegen. Wenn die Älteren unter den Lesern an ihre Schulzeit zurückdenken: Die anderen drei Regionen, die man auswendig lernen musste, waren Weinviertel, Mostviertel und Industrieviertel – und das Waldviertel galt immer als der kälteste, unwirtlichste und ungastlichste Teil des Bundeslandes. Dieses Klischee hatte natürlich nur zum Teil seine Berechtigung. Man musste sich nur in diese „neue" alte Gegend einfinden, sich mit ihr und ihren Bewohnern anfreunden, die Schönheiten der Landschaft und der Natur, die Burgen, Ruinen und Klöster sowie das andersartige Klima auf sich wirken lassen, um das Waldviertel schätzen und lieben zu lernen.

Spätestens seit den Zeiten der Alternativbewegung in den 1970er-Jahren tun dies immer mehr Menschen. Das Waldviertel wurde zum liebsten Aufenthaltsort jener Wiener, die wirklich stadtflüchtig sind und nicht nur jeden Tag von Ortschaften an der Westbahnstrecke in die Hauptstadt pendeln wollen. In diesem Teil Niederösterreichs ist es immer ein paar entscheidende Grade kühler als in Wien – die Sommer können heiß sein, aber in der Nacht ist es erträglich; die Wintermonate dauern etwas länger und sind etwas für Nebelfreunde.

Viele Bewohner der Bundeshauptstadt verbindet seit Kindheitstagen etwas mit dem Waldviertel. Dort machte man Urlaub, wenn es nicht schon wieder Lignano oder Bibione sein sollte; dort kauften sich die Eltern ein Haus (oder hatten die Großeltern bereits eines); und dort konnte man auch herrlich wandern – ob man nun den ersten Teil des Nord-Süd-Weitwanderwegs 05 vom Nebelstein in die Wachau zurücklegte (wie zwei der Autoren in ihrer längst verwichenen Jugend) oder von Stausee zu Stausee pilgerte und sich zwischendurch Schlösser und Stifte anschaute.

In den vergangenen fünf Jahrzehnten wurde das Waldviertel zudem vom „Armenhaus" zum gepflegten und touristisch erschlossenen Gebiet, das aber immer noch etliche Geheimtipps zu bieten hat. Man kann und sollte dorthin fahren, sich ein paar Tage in einer Unterkunft aufhalten und die Gegend zu Fuß kennenlernen. Das bietet sich schon wegen der überwiegend sanften Höhenunterschiede an, die das Waldviertel zum idealen Wandergebiet machen.

WO DAS WALDVIERTEL ANFÄNGT – UND AUFHÖRT

Die südliche Randzone des Waldviertler Hochlands wird zwischen Strudengau und Krems von der Donau durchschnitten. Folglich gehören beide Uferseiten der **Wachau** sowie Hiesberg und Dunkelsteiner Wald, die südlich der Donau anschließen, geologisch diesem Viertel an.

Im Südosten sind die Begrenzungspunkte die Städte Krems im Donautal und Langenlois im Kamptal, am Übergang zum Wagram. Nördlich davon schließt der **Manhartsberg** mit seiner flachen Höhenstruktur bis zur Thaya hin an und bildet damit eine markante Abgrenzung zum Weinviertel. Somit gehört der Nationalpark Thayatal landschaftlich zum Waldviertel – auch als Viertel ober dem Manhartsberg bezeichnet –, verwaltungsmäßig aber zum Bezirk Hollabrunn im Weinviertel. Eggenburg wird dem Bezirk Horn und somit dem Waldviertel zugerechnet, liegt jedoch an der Ostflanke des Manhartsbergs und findet somit keinen Eingang in das vorliegende Buch. Im Norden und Westen bilden die Staatsgrenze zu Südböhmen in der Tschechischen Republik bzw. die Landesgrenze zum oberösterreichischen Mühlviertel die natürliche Begrenzung unseres Wandergebiets.

STEIN- UND WASSERREICH

Das Waldviertel ist Teil des Granit- und Gneishochlands und damit geologisch der Böhmischen Masse – der ältesten Landmasse Österreichs – zuzuordnen. Sie ist eine stark erodierte Mittelgebirgsregion mit hügeligem Charakter, einzelnen ausgeprägten Kuppen und teils markanten Taleinschnitten, die allerdings nicht an die schroffe Struktur des alpinen Bereichs herankommen.

In einem früheren Erdzeitalter war das Waldviertel ein mächtiges Gebirgsmassiv mit bis zu fünf Kilometern Höhe, doch die Erosion trug die gebirgige Form über viele Jahrmillionen wieder ab, sodass nur die granitische Kernstruktur übrigblieb. Davon zeugt besonders der Weinsberger Granit, der im Mühl- und Waldviertel zahlreiche auffällige Felsgebilde hervorbrachte.

Die an vielen Orten anzutreffenden Steinblöcke und Granitformationen, die Wanderer immer staunen lassen, sind nicht etwa Findlinge, wie sie anderswo durch Eiszeitgletscher geformt wurden, sondern Restlinge, die durch die sogenannte Wollsackverwitterung entstanden. Dabei schufen physikalisch-chemische Prozesse gerundete Kanten und in weiterer Folge auch kugelige Formen, wie sie heute an den massiven Felsformationen zu sehen sind. Manchmal kam es so auch zum Phänomen der Wackelsteine, bei denen ein Steinbrocken nur auf einer kleinen Grundfläche aufliegt und sich womöglich sogar bewegen lässt.

Es ist nicht verwunderlich, dass diese steinernen Monumente, die klangvolle Namen wie Koboldstein, Teufels Bettstatt, Kas im Loab, Mutter-Kind-Stein oder Pilzstein tragen, Ursprung mancher Sagen und Geschichten sind, die bis heute erzählt werden. Für die Tatsache, dass viele auch als Kraftsteine, Druidensteine und Opfersteine bezeichnet werden, ist jedoch in erster Linie der Esoterik-Tourismus verantwortlich, der bei Besuchern des „mystischen“ Waldviertels besonders große Resonanz findet.

Das Waldviertel ist nicht nur reich an Steinen, sondern auch an Gewässern – angefangen bei den vielen Tümpeln und Teichen (man zählt ca. 1800 künstlich angelegte Gewässer) bis hin zu den Flüssen, die weite Teile der Landschaft prägen und uns auch auf etlichen Wanderungen begleiten. Sie zeichnen sich durch ihr kalkfreies und stark mit Eisen angereichertes und daher rotbräunliches Wasser aus.

Das Zentrum des Waldviertels dominiert der Kamp (vom keltischen „kamb“ für „krumm“), der seinem Namen gerecht wird und zuerst von Westen nach Osten mäandert, bevor er bei Rosenburg Richtung Süden abbiegt und schließlich nach 153 Kilometern bei Altenwörth in die Donau mündet. Seine Quelle liegt im Weinsberger Wald, nördlich von Liebenau im Bereich der Landesgrenze zu Oberösterreich.

Von diesem Gebiet aus gibt es zwei weitere wichtige Zuflüsse. Das ist zum einen der Kleine Kamp, auch Ritterkamp genannt, der sich östlich von Rappottenstein mit dem Großen Kamp (so die Bezeichnung des Oberlaufs) vereinigt. Weiters ist noch der Purzelkamp zu erwähnen, der nördlich von Bad Traunstein entspringt und bei Rastenfeld in den Stausee Ottenstein mündet. Dieser bildet zusammen mit dem Dobra- und dem Thurnberger Stausee die Speicherbecken einer Kraftwerkskette, die ab 1949 errichtet wurde, um den steigenden Energiebedarf der Nachkriegszeit zu decken. Dadurch entstand eine höchst reizvolle, fjordartige Landschaft, die zum Bootfahren ebenso einlädt wie zu Rad- und Wandertouren.

Der wichtigste linke Kamp-Zufluss am Oberlauf ist die 55 Kilometer lange Zwettl. Sie hat ihre Quelle nahe der Europäischen Hauptwasserscheide am Binderberg im Reichenauerwald, westlich von Langschlag, und fließt in Zwettl mit dem Kamp zusammen. Die Taffa als weiterer linker Zufluss speist sich aus drei Quellflüssen, die sich nordwestlich von Horn miteinander vereinigen. Danach setzt sie ihren Weg durch ein naturbelassenes, V-förmiges Tal fort und mündet in Rosenburg in den Kamp.

Als bedeutendster Fluss des Oberen Waldviertels gilt die Thaya, die bei Schweiggers – zwölf Kilometer nordwestlich von Zwettl – entspringt und zunächst Deutsche Thaya heißt. In Raabs vereinigt sie sich mit der Mährischen Thaya, die von der Böhmisch-Mährischen Höhe kommt und hier schon 68 Kilometer hinter sich hat, zu einem gemeinsamen Flusslauf. Wie der Kamp fließt auch die Thaya sehr langsam und schlängelt sich in zahlreichen Windungen durch die Landschaft. Auf ihrem Weg gräbt sie sich zum

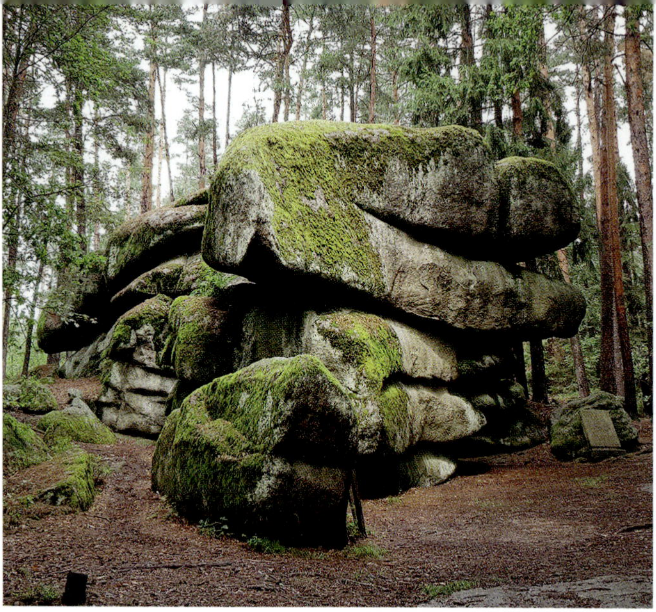

Christophstein in der Blockheide

Teil tief in die urwüchsige Landschaft ein. Die steilen Waldhänge und Felsnasen haben hier vor Jahrhunderten den Bau zahlreicher Befestigungsanlagen wie Raabs, Kollmitz, Drosendorf oder Hardegg förmlich herausgefordert.

Im westlichsten Winkel des Oberen Waldviertels liegt nicht nur dessen höchste Erhebung, der **Tischberg**, sondern ganz in der Nähe auch die Quelle eines ungewöhnlichen Gewässers: der **Lainsitz.** Dieses Flüsschen ist das einzige, das in die Nordsee entwässert. Es entschwindet nach dem Ursprung kurz auf tschechisches Gebiet, kehrt dann nach Österreich zurück und verlässt nördlich von Gmünd unser Land endgültig Richtung Moldau.

Südlich des Kamps, im mittleren Waldviertel, ist noch die **Krems** erwähnenswert, deren zwei Quellflüsse **Große** und **Kleine Krems** sich am Zwickl bei Albrechtsberg vereinigen und dann durch eine malerische Tallandschaft fließen. Diese weitet sich später immer mehr und bildet schließlich den Kern des Weinbaugebiets Kremstal, bevor der Fluss nach 81 Kilometern mit dem Kamp vereinigt in die Donau mündet.

Das markanteste Gewässer des südlichen Waldviertels ist die **Ysper**, die ebenfalls zwei Quellflüsse hat – einer davon stürzt durch die bei Wanderern und Touristen höchst beliebte Ysperklamm steil in die Tiefe. In Hofamt Priel im Strudengau entwässert die Ysper in die Donau.

KLIMA UND VEGETATION

Bedingt durch seine Hochfläche dominiert im Waldviertel ein kontinental geprägtes Klima. Im westlichen Randbereich besitzt es einen atlantischen Einschlag, weist also größere Niederschlagsaktivität auf, und geht im Osten ins pannonische Klima über.

Das Jahrestemperaturmittel liegt im Norden und Westen bei sieben Grad, im Osten bei zehn Grad Celsius. Im Vergleich mit anderen Gegenden gleicher Höhe sind die Temperaturen niedriger, dafür ist es aber insgesamt trockener. Frostbildung kommt in manchen Senken nicht selten vor. So wurde 1929 im Raum Zwettl ein Tiefstwert von minus 36,6 Grad Celsius aufgezeichnet.

Von Oktober bis Februar hält sich in weiten Teilen des Hochlands beständiger Nebel. Im Sommer treten mitunter auch sehr sonnige Perioden auf, die keinen Vergleich mit anderen Gebieten Österreichs scheuen müssen.

Im Waldviertel, wo es während der Eiszeiten keine Gletscher gab, machten sich mit Beginn der Warmphase vor ca. 12.000 Jahren jene Baumarten breit, die zuvor Richtung Süden verdrängt worden waren – also Buche, Tanne, Eiche, Fichte, Föhre und Birke. Das Gebiet war lange Zeit von einem geschlossenen Urwald bedeckt, der erst mit der planmäßigen Besiedlung durch den Menschen im 11. Jh. mehr und mehr gerodet wurde. Dadurch entstand eine kleinteilige Kulturlandschaft, in der im Lauf der Jahrhunderte auch allerlei andere Pflanzenarten Platz fanden. Der steigende Holzbedarf, z. B. durch die Glaserzeugung, führte aber später zu groß angelegten Schlägerungen, die teilweise sogar für einen Holzmangel sorgten.

Mit dem Aufkommen der industriellen Landwirtschaft im 20. Jh. planierte man zudem immer größere Flächen für Wiesen und Felder. Moore und Feuchtgebiete wurden trockengelegt, der

Wald musste immer mehr zurückweichen und war zur schlimmsten Zeit in manchen Gegenden nur noch in spärlich wirkenden Resten vorhanden. Dadurch litt auch die Artenvielfalt in der Tierwelt – Luchse und Wildkatzen sieht man heute bestenfalls noch in Gefangenschaft.

Durch den Rückgang der Landwirtschaft in den vergangenen Jahrzehnten macht der Wald heute wieder etwas mehr als 50 Prozent der Gesamtfläche des Waldviertels aus. Die Klimaveränderung und ein paar lange, trockene Sommer sorgten allerdings dafür, dass in jüngerer Zeit immer wieder ganze Forste gefällt werden mussten. Die Ursache dafür ist zum einen der Borkenkäfer, der durch das wärmere Wetter begünstigt ist, zum anderen aber die Monokultur, die hier betrieben wird: Rund 80 Prozent der bewirtschafteten Wälder bestehen aus Fichten. Durch Umstellung auf ökologische Waldbaumaßnahmen will man nun – in erster Linie mit einer Erhöhung des Mischwaldanteils – wieder für gesunde Forste sorgen.

„SILVA NORTICA“ – EIN WALD MIT GESCHICHTE

Die ersten Spuren des Menschen im Waldviertel stammen aus dem Pleistozän und sind etwa 70.000 Jahre alt. Es handelt sich dabei um Funde, die in der Gudenushöhle an der Kleinen Krems getätigt wurden und Zeugnis davon geben, dass sich eine Gruppe von Neandertalern einige Zeit dort aufgehalten hat. Aus der jüngeren Altsteinzeit vor 20.000 bis 30.000 Jahren stammen dann Belege für Siedlungs- und Rastplätze der damaligen Menschen, die sich vor allem in der Wachau und dem klimatisch begünstigten südlichen Waldviertel aufhielten. Erst im Neolithikum ist von einer dichteren Besiedlung auszugehen, vor allem im Ostteil der Region. Das Hochland im Nordwesten dürfte aber praktisch menschenleer gewesen sein, da es weder ertragreiche Weiden noch bestellbaren Boden zu bieten hatte. Dass die Urgeschichte des Waldviertels so gut dokumentiert ist, hat die Wissenschaft übrigens privaten Forschern wie Johann Krahuletz und Josef Höbarth zu verdanken.

Funde aus der Bronzezeit, der Hallstattkultur und der Eisenzeit belegen, dass damals bereits das gesamte Waldviertel besiedelt war, auch die nördlicher liegenden Gebiete. Das Römische Reich drang bis an die Donau vor und dürfte Handelsbeziehungen mit der keltischen Bevölkerung nördlich des Flusses unterhalten, sie aber ansonsten in Ruhe gelassen haben. Erst im 2. Jh. n. Chr. kam es zum Einbruch germanischer Völker, die die Kelten unterwarfen. Später waren es die Bayern und immer wieder auch slawische Gruppen, die hier Siedlungen errichteten, wobei der dichte *silva nortica* im Norden nach wie vor relativ unberührt blieb.

Ab 976 kam es zu einem planmäßigen Landesausbau durch die Babenberger, die den Urwald roden ließen und so neue Gebiete für die Kolonisierung des Waldviertels urbar machten. Die in dieser Zeit stattfindende massive Abholzung der Wälder ist noch heute an vielen Ortsnamen erkennbar, die auf „-schlag" oder „-brand" enden. Adelsgeschlechter wie die Grafen von Hardegg und die Kuenringer bauten Burgen und gründeten Stifte. Nach dem Sieg Rudolfs I. über den böhmischen König Ottokar II. Přemysl befand sich das Waldviertel zum Großteil unter habsburgischem Einfluss.

Erst im 17. Jh. ging es mit der bis dato hauptsächlich landwirtschaftlich geprägten Region ökonomisch aufwärts. Holz- und Quarzreichtum des Waldviertels begünstigten die Entstehung von Glashütten; zudem entwickelte sich aus den vielen Kleinwebereien schon bald eine Textilindustrie (daher etwa die Bezeichnung „Bandlkramerland").

Dennoch war das Waldviertel lange Zeit weiterhin dünn besiedelt. Die im 12. Jh. gegründeten Städte wie Horn, Weitra oder Gmünd hatten meist keine 100 Häuser, die Dörfer im Durchschnitt 25. Karl Lukan berichtet in seinem „Waldviertelbuch", dass es im Jahre 1590 im gesamten Waldviertel nur 23.000 Häuser gegeben haben soll. Mehr als 300 Siedlungen sind im Lauf der Jahrhunderte auch wieder verschwunden, weil die Umweltbedingungen ungünstig waren oder die Menschen schon im Mittelalter in die sicheren, ummauerten Städte flüchteten; auf unseren Wanderungen begegnen wir einige Male Erinnerungen (in Form von Gedenktafeln) an solche „abgekommenen" Ortschaften oder Wüstungen.

Mit dem 1867 begonnenen Bau der Kaiser-Franz-Josephs-Bahn, die ab 1871 Züge auf dem Weg nach Prag durch das Wald-

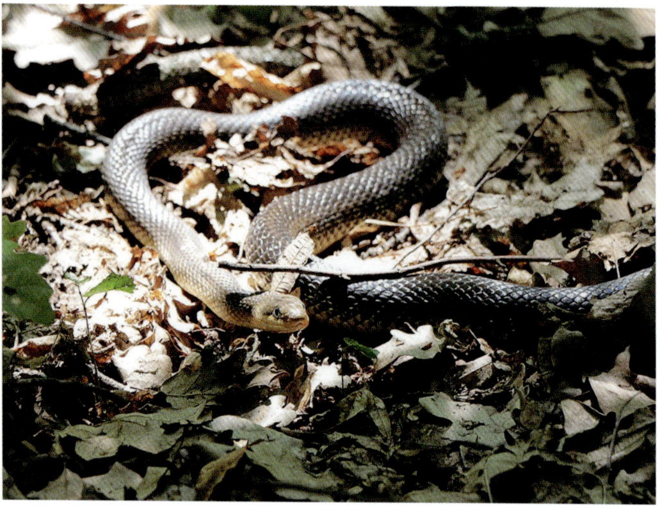

Äskulapnatter im Wald bei Plank am Kamp

viertel führte, erhielt das Waldviertel einen Anschluss ans europäische Eisenbahnnetz. Die Idee zu der neuen Bahnlinie hatte der Großgrundbesitzer Johann Adolf II. Fürst zu Schwarzenberg, der auf dem Schienenweg möglichst kostengünstig Steinkohle aus dem Pilsner Becken nach Wien befördern wollte. Bald erkannten auch die Waldviertler Gemeinden, die sich ursprünglich gegen das Projekt gewandt hatten, dass die Bahn einen wirtschaftlichen Aufschwung für die Gemeinden an der Strecke mit sich brachte. So kam es bald zum Bau lokaler Bahnlinien wie der 1900 eröffneten Waldviertelbahn, die über ihr Schmalspurnetz das nordwestliche Waldviertel erschlossen.

Die bessere und schnellere Anbindung regte natürlich auch den Fremdenverkehr an. Bereits 1900 wurden in einem Reiseführer etwa achtzig Sommerfrischen im Waldviertel erwähnt – wobei einige der angegebenen Orte aber nur wenige Quartiere anzubieten hatten und zudem immer noch nur mit der Postkutsche erreichbar waren. Zum beliebten Ziel für Sommerurlauber, die aus der heißen Hauptstadt wegwollten und kostengünstig ein paar Wochen auf dem Lande verbrachten, wurde die Region jedoch erst in der Zwischenkriegszeit.

Durch den Eisernen Vorhang und die „tote Grenze“ zur kommunistisch beherrschten Tschechoslowakei konnte sich das Waldviertel noch lange nach dem Ende des Dritten Reichs wirtschaftlich nicht richtig erholen. Es galt als rückständiges „Ende der Welt“ und blieb ein vergleichsweise armes Grenzland, aus dem mehr und mehr junge Menschen abwanderten. Erst mit dem Untergang des Ostblocks ging es langsam wieder bergauf – wobei andererseits etliche Industriebetriebe in die neuen Niedriglohnländer abwanderten und die heimische Arbeitslosigkeit dadurch erhöhten.

Da sich „normale“ Landwirtschaft dank EU und Billigimporten kaum mehr lohnt, setzt das Waldviertel seit den 1980er-Jahren zunehmend auf Bio-Ackerbau und -Viehzucht. Außerdem kam es in den letzten paar Jahrzehnten zu einem massiven Ausbau der Tourismuswirtschaft mit immer mehr gehobenen Hotel- und Wellnessbetrieben, anspruchsvoller Gastronomie, Esoterikangeboten und familienfreundlichen Attraktionen. Traditionelle Waldviertler Produkte wie Karpfen und Mohn werden professionell vermarktet – und in den meisten Jahren steigt die Zahl der Übernachtungen.

Die gute Nachricht für Wanderer: Trotz dieser Zunahme des Fremdenverkehrs ist es auf den überwiegend gut beschilderten und markierten Wegen auch in den Ferienmonaten sehr ruhig. Bei den meisten unserer Touren waren wir trotz hervorragenden Wetters praktisch allein unterwegs. Und so angenehm das für Wanderbuchautoren auch sein mag – wir hoffen, das vorliegende Werk wird mehr Menschen dazu bringen, das Waldviertel als attraktives Wandergebiet zu entdecken.

WEITWANDER- UND PILGERWEGE

Das Waldviertel besticht durch die herbe Schönheit seiner urwüchsigen Hochlandnatur, die ihm ein nordisches Gepräge gibt: Wälder, Wiesen und Äcker werden durch Teiche und Haine aufgelockert. Kunstsinnige Wanderer finden hier nicht nur Schlösser, Burgen und Ruinen, sondern auch kulturhistorisch interessante Klöster, Kirchen und Kapellen. Außerdem soll das Waldviertel der Landstrich mit den meisten Marterln Österreichs sein.

Um ihrem Ruf als Ausflugs- und Wandergebiet gerecht zu werden, bietet die Region ein dichtes Netz an Wander- und Radwegen. Neben den im vorliegenden Buch beschriebenen Tagestouren seien hier einige regionsübergreifende Weitwanderwege angeführt.

Niederösterreichischer Landesrundwanderweg (LRWW):
284 km/19 Etappen
Der LRWW beinhaltet insgesamt ca. 1200 Kilometer an Wanderwegen in den niederösterreichischen Grenzbereichen und auch dazwischen. Im Waldviertel verläuft er zwischen Hofamt Priel und Gmünd mit dem Eisenwurzenweg „608" parallel. Danach entspricht der Streckenverlauf dem Thayatalweg „630" und dem Grenzlandweg „607".

Eisenwurzenweg „08", „608": 175 km/11 Etappen
Der Waldviertler Abschnitt dieses Weitwanderwegs, der den nördlichsten mit dem südlichsten Punkt Österreichs über 580 Streckenkilometer verbindet, beginnt in Hofamt Priel, überquert den Ostrong, führt durch die Ysperklamm nach Bärnkopf und über Schönbach, Arbesbach, Groß Gerungs und Bad Großpertholz auf den Nebelstein. Von hier folgt er dem Lainsitzweg bis Litschau und schwenkt abschließend nach Rottal ab.

Thayatalweg „630": 181 km/12 Etappen. Gleichlaufend mit **Ostösterreichischer Grenzlandweg „07", „607"**
Der Waldviertler Abschnitt des Grenzlandwegs, der über ca. 700 Kilometer durch Niederösterreich, Wien, das Burgenland und die Steiermark bis Bad Radkersburg verläuft, ist identisch mit dem Thayatalweg „630". Streckenverlauf: Nebelstein – Weitra – Gmünd – Eugenia – Heidenreichstein – Waidhofen an der Thaya – Dobersberg – Karlstein – Raabs an der Thaya – Drosendorf – Langau – Hardegg – Retz

Nord-Süd-Weitwanderweg „05“, „605“: 90 km/4 Etappen
Wanderstrecke über ca. 500 Kilometer, die den Nebelstein über Mariazell und die Gleinalpe mit Eibiswald verbindet. Der Waldviertler Teilabschnitt beginnt am Nebelstein und führt über den Jauerling nach Spitz an der Donau.

Christophorusweg „650“: 146 km/ca. 8 Etappen
Dieser Wanderweg bindet folgende Orte in eine Schleife ein: Allentsteig – Waidhofen an der Thaya – Dobersberg – Kautzen – Eisgarn – Heidenreichstein – Schrems – Kirchberg am Walde – Schwarzenau.

Thaya-Kamp-Weg „631“: 45 km/ca. 4 Etappen
Streckenverlauf: Bahnhof Rosenburg – Taffatal – Horn – Mödring – Irnfritz-Messern – Diemschlag – Raabs an der Thaya

Kuenringerweg „611“: 78 km/7 Etappen
Die Orte Groß Gerungs, Schloss Rosenau, Zwettl, Großhaslau, Allentsteig, Götzles, Weinern und Raabs an der Thaya werden auf einer Strecke verbunden.

Kamptal-Seenweg „620“: 96 km/8 Etappen
Die Streckenwanderung verbindet Rosenburg mit dem Nebelstein, indem im Kamp- und ein Stück im Zwettltal gewandert wird.

Kremstalweg „625“: 94 km/5 Etappen
Rundweg von Bad Traunstein über Ottenschlag, Lichtenau, Albrechtsberg, Weinzierl, Kottes, Martinsberg und zurück

Niederösterreichischer Mariazellerweg „06“: 137 km/ca. 8 Etappen
Die Gesamtstrecke des Pilgerwegs zwischen dem Nebelstein und Mariazell beträgt 251 Kilometer. Im Waldviertel verläuft die Strecke über St. Martin, Großschönau, Schloss Rosenau, Zwettl, Ottenstein, Krumau, Wegscheid, Rosenburg, Tautendorf, Schiltern und Senftenberg nach Stein an der Donau.

1 Märchenhain und Malerwinkel

Stadtspaziergang in Gmünd

Das Alte Rathaus am Stadtplatz von **Gmünd**, erbaut im 15. und 16. Jh., hätte im Jahr 1957 beinahe einem Parkplatz weichen müssen. Kein Wunder – in der Zeit des Kalten Krieges hatte die um 1200 errichtete Kuenringer-Stadt am Zusammenfluss (Gemünde) von **Lainsitz** (siehe Wanderung 1-7) und Braunaubach viel von ihrer einstigen Bedeutung verloren. Als 1869 die **Franz-Josefs-Bahn** von Wien nach Prag und Budweis eröffnet wurde, stieg die Einwohnerzahl Gmünds von bescheidenen 2500 auf mehr als 10.000 Bürger. Betriebe siedelten sich an der Bahn an, die Waldviertler Schmalspurbahnen hatten in der Stadt ihren Ausgangspunkt und der Fortschritt in Form von elektrischem Strom, Telefon und Kanalisation hielt hier früher Einzug als in anderen Orten im Waldviertel. Doch der Aufschwung nahm 1919, mit dem Zerfall der Habsburgermonarchie, ein jähes Ende. Plötzlich lag Gmünd an der Grenze zur Tschechoslowakei, die nach dem Zweiten Weltkrieg noch dazu durch den Eisernen Vorhang von Österreich getrennt war.

Heute ist die Grenze zum Nachbarort (und ehemaligen Stadtteil) **České Velenice** wieder offen, Gmünd hat sich erneut zum wichtigen Waldviertler Wirtschaftsstandort entwickelt – und das Alte Rathaus wurde vom Bundesdenkmalamt gerettet. Es beherbergt heute das recht überschaubare Stadtmuseum, das wir uns gleich gratis ansehen können. Hier beginnt auch unser ausführlicher, ca. 6,5 km langer Stadt- und Umgebungsspaziergang. Er führt uns zunächst zum schräg gegenüberliegenden Haus Stadtplatz 34, in dem sich das Glas- und Steinmuseum befindet, das für den Besucher viel Lehrreiches zur Geschichte der Glaserzeugung und Steinbearbeitung im Waldviertel bereithält.

Nach der Besichtigung überqueren wir den denkmalgeschützten Stadtplatz noch einmal, um die zwei reich verzierten Sgraffitohäuser zu bewundern. Reiche Bürger schmückten in der Renaissance die Fassaden ihrer Häuser gern mit Motiven aus der Antike

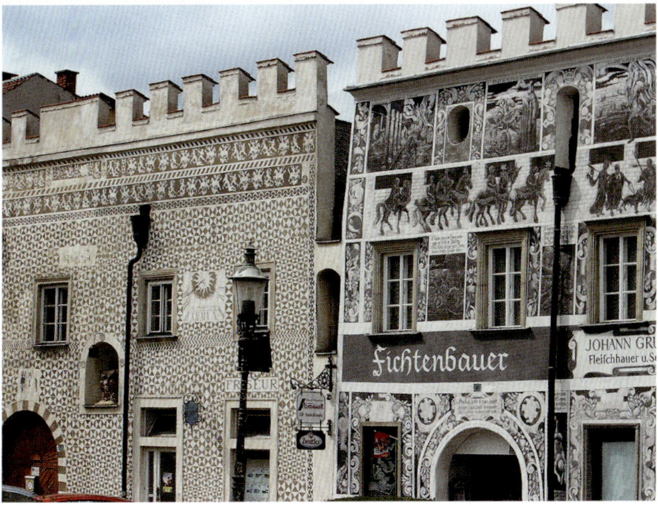

Sgraffitohäuser am Stadtplatz von Gmünd

– wie etwa den Mythen aus Ovids „Metamorphosen“ auf Haus Nr. 33. Am Brunnen vorbei geht es dann weiter in die Bahnhofstraße, der wir ein Stück folgen, um bald rechts in die Schlossparkgasse einzubiegen. Sie bringt uns zum Palmenhaus, das einst Teil des historischen Parks war; heute finden dort Veranstaltungen statt.

Durch das Tor betreten wir die englische Parkanlage, die einen Teich mit Springbrunnen und interessante botanische Raritäten zu bieten hat. Haben wir den Schlosspark durchschritten, wenden wir uns gleich hinter dem Ausgang nach links. Durch ein schmiedeeisernes Tor können wir den prächtigen Innenhof des Schlosses betreten (oder – wenn geschlossen – wenigstens einen Blick darauf werfen). Schloss Gmünd, das älteste Gebäude der Stadt, wurde um 1200 von **Hadmar II. von Kuenring** (siehe „Die Kuenringer – Kolonisatoren des Waldviertels“, S. 65) als Burg gegründet und befand sich später u. a. im Besitz der Adelsgeschlechter Liechtenstein, Puchheim und Habsburg-Lothringen. Nach einem Brand im Jahr 1473 wurde der im Kern romanische Bau mehrmals aus- und umgebaut. Heute befinden sich Eigentumswohnungen darin.

Vom Tor gehen wir die schmale, viel befahrene Schlossgasse hinunter. So kommen wir zum „Alten Brunnen", der einst ein öffentlicher Schöpfbrunnen und später vermutlich im Besitz der letzten Gmünder Brauerei war, und biegen dort rechts in die ruhigere Kirchengasse ein. In ihr gelangen wir zur Pfarrkirche St. Stephan, einer Kombination der unterschiedlichsten Baustile – von Gotik über Romanik, Barock und Neogotik bis hin zur zeitgenössischen Architektur, die in Form der bisher letzten Erweiterung der Kirche durch Clemens Holzmeister vertreten ist. Im Inneren des Gebäudes sehen wir noch die Grundpfeiler des Turms und die Südwand des ersten Kirchenbaus, der ebenfalls um das Jahr 1200 als romanische Ostturmkirche errichtet wurde. Auch ein Kreuzrippengewölbe vom Beginn des 15. Jh.s und Wandmalereien aus dem 14. und 15. Jh. gibt es hier zu bewundern.

Haben wir den Kirchenvorplatz verlassen, so gehen wir nach links und biegen gleich nach dem Gesundheitszentrum in den Durchgang ein, wo eine Tafel auf einen Lift verweist. Wir benützen diesen Aufzug und fahren mit ihm zur Mühlgasse hinunter, in der wir uns nach rechts wenden und zur Kreuzung am Braunauplatz kommen. Dort steht auf einer Verkehrsinsel das Heidemännlein – eine Granitskulptur vom Bildhauer Carl Hermann, die sozusagen das Logo des von Hermann mitgegründeten Naturparks Blockheide ist. Wir überqueren auf einer Brücke den Braunaubach und folgen der Grillensteiner Straße bis zum Schüsselwirt; hier erhält man den Schlüssel für den Märchenhain, falls man diesen zu besichtigen wünscht.

Nun folgen wir der Tafel Richtung Malerwinkel und Märchenhain, gehen kurz in der Schulersteinstraße bergan und dann gleich rechts über einen geschotterten Weg nach unten. Schon bald erreichen wir den angekündigten Märchenhain – eine äußerst obskure Attraktion – und den Malerwinkel, der seinen Namen nicht umsonst trägt. Wir gehen den 1931 zum Naturdenkmal ernannten idyllischen Spazierweg mit seinen imposanten Felsformationen am Ufer des Braunaubachs stromaufwärts, an einer Holzbrücke vorbei und dann geradeaus weiter. Der schmale, zunächst geschotterte Weg verläuft dann durch ein Waldstück etwas bergan; gegenüber

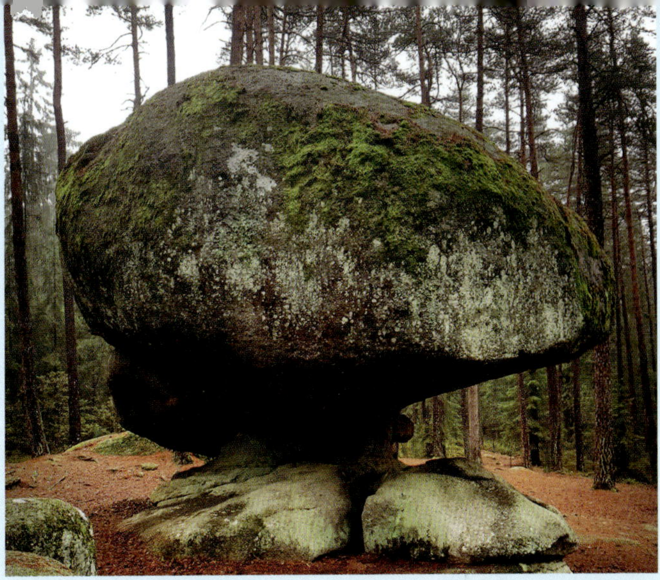

Pilzstein in der Blockheide

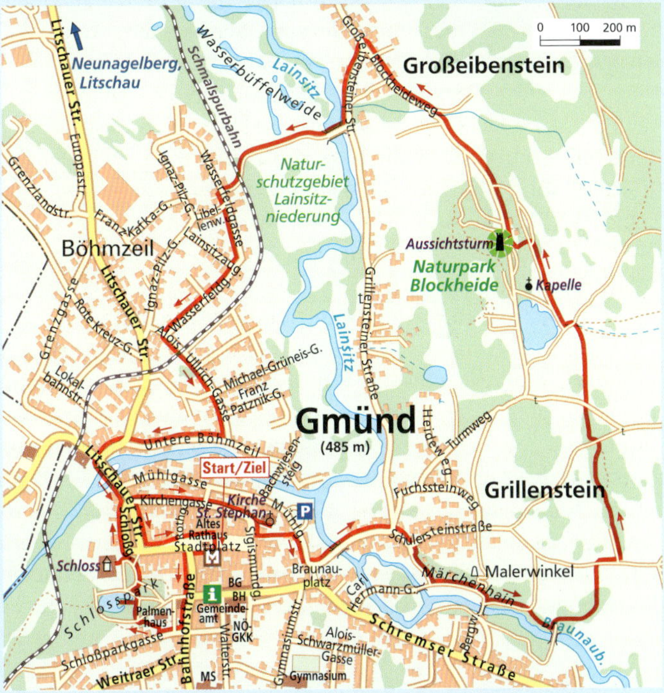

einem alten Wehr steigen wir die paar Meter auf den **Kuhschellenberg** (498 m) hinauf. Nach dem durch eine Steintafel markierten Gipfel gehen wir den deutlich erkennbaren Pfad weiter und halten über eine Wiese auf einen quer verlaufenden Schotterweg zu. In diesen biegen wir rechts ein und folgen kurz darauf einer roten Tafel (Teufelsbett-Laufstrecke) nach links. So gelangen wir über ein kurzes Waldstück in die Blockheide.

Der Legende nach wanderte Gott nach der Erschaffung der Welt vom **Manhartsberg** Richtung Westen und sammelte dabei Steine in einem Tuch. In der Gegend der heutigen Blockheide riss dieses Tuch, worauf sich die Steine in der Landschaft verteilten – und da Gott zu müde war, sie aufzuheben, ließ er sie einfach liegen. Den ersten dieser massiven Granitblöcke begegnen wir bald. Auf einer Lichtung sehen wir Steinriesen wie Teufelsbrotlaib, Schullerstein und Teufels Bettstatt; am Rand der Fläche befindet sich außerdem ein Holzpfeil, der den Verlauf des 15. Meridians östlich von Greenwich anzeigt. Dieser Längengrad verläuft auch durch Gmünd (östlicher Ortseingang) und sorgt dafür, dass dort die Normalzeit unserer Zeitzone (MEZ) genau mit der Sonnenzeit übereinstimmt.

Der Meridian wird durch einen gepflasterten Weg angezeigt, dem wir nach rechts, vorbei an einem moderneren Längengrad-Wegweiser und einer Sonnenuhr aus Granit, folgen, bis zu einem „Geologischen Freilichtmuseum“, in dem uns die verschiedenen Gesteinsarten, ihre Verwendung und Verarbeitung nähergebracht werden. Wir behalten die Gehrichtung bei, passieren Wandertafeln mit Hinweisen auf die diversen Blockheide-Touren und erreichen einen großen, naturbelassenen Teich mit Bänken und Infotafeln. Dort richten wir uns nach dem Pfeil Richtung Infozentrum/Blockheideturm. Etwa 300 m weiter erreichen wir dieses Ziel auf einem Hügel und können gegen eine bescheidene Gebühr den Aussichtsturm besteigen und das kleine Museum im Gebäude besichtigen. Das Schutzhaus Blockheide gegenüber lädt zur Rast ein.

Nach einer Stärkung besichtigen wir noch den großen Wackelstein, die Koboldsteine und den „Picknickplatz der Riesen und Zwerge“ auf der Erhebung, ehe wir das Naturparkareal über den Blockheideweg wieder verlassen. Direkt am Gasthaus Latschen-

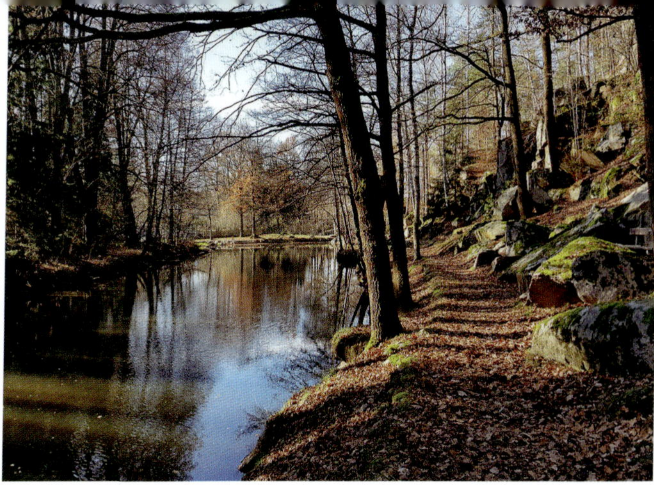

Im Malerwinkel

hütte vorbei führt unsere Route in die Großeibensteiner Straße, wo wir uns nach links wenden. Beim Parkplatz für die Besucher der Blockheide überqueren wir die Straße. Ein Schild weist uns hier zu den Wasserbüffelweiden; wir folgen dem Weg in Pfeilrichtung und gelangen zu einer Brücke, die uns über die Lainsitz zum Naturschutzgebiet Lainsitzniederung führt. Dort kann man auch die im Jahr 2018 hier angesiedelten Wasserbüffel in ihren Gehegen beobachten. Wir gehen den Weg weiter, halten uns links und überschreiten nach einem kurzen Anstieg das Gleis der **Waldviertelbahn** (siehe Wanderung 1-6), um danach in die Wasserfeldgasse zu gelangen, in die wir links einbiegen und bis zur Alois-Ullrich-Gasse weitergehen.

Hier wenden wir uns neuerlich nach links und überqueren noch einmal das Bahngleis. Vor uns sehen wir bereits die Kirche St. Stephan, auf die wir richtungsmäßig zuhalten. Die Alois-Ullrich-Gasse mündet in die Untere Böhmzeil, wo wir uns nach rechts bewegen und an der Lainsitz entlang bis zur Litschauer Straße vorgehen. Dieser folgen wir nach links, gehen knapp an der Grenze zu Tschechien vorbei und kommen schließlich zur stark von Autos frequentierten Brücke über die Lainsitz.

Über die Litschauer Straße gehen wir hinauf zum Stadtplatz, wo unsere Stadt- und Blockheiderunde begonnen hat.

1-1 Stiege zum Himmel

Über den Wackelsteinweg zum Naturpark Hochmoor Schrems

Vom Zentrum von Schrems ausgehend wandern wir durch lichte Nadelwälder, wo wir auf sehenswerte Steinformationen wie den „Kas im Loab" treffen. Nach einer kurzen Durchquerung von Amaliendorf-Aalfang kehren wir in den Wald zurück und gelangen dann auf einem schmalen Pfad ins Schremser Moor mit seinen diversen Attraktionen.

DER WANDERWEG

Unsere Tour beginnt an der Ecke Hauptplatz/Schulgasse in der Stadtgemeinde **Schrems.** Wer mit dem Auto angereist ist, sieht am Parkplatz bereits eine Wandmalerei, die das Schremser Wappen – einen roten Schild mit zwei goldgekrönten Schlangen – zeigt. Die erste Siedlung an diesem Ort wurde um das Jahr 1200 an einer Furt über den **Braunaubach,** der ehemaligen Grenze zwischen Österreich und Böhmen, gegründet.

Von der Westseite des Hauptplatzes führt die Pfarrgasse weg, in die wir einbiegen. Wir gehen an der neubarocken, 1871 nach einem Großbrand wiedererrichteten Pfarrkirche Mariä Himmelfahrt vorbei und folgen dem gelben Pfeil, der uns den Weg zum „Wackelsteinweg" (W11) weist. Bei einer Bildsäule geht rechts die Eichelbergstraße weg, wir bleiben aber in der Pfarrgasse und wandern geradeaus an den letzten Häusern von Schrems vorbei. Nach dem Ortsendeschild führt unser Weg über freies Gelände durch Wiesen und Felder. In einer Linkskurve setzt er sich als fein geschotterter Feldweg fort; hier entdecken wir auch den Wanderpfeil „Gemütlicher Weg" (W10). Die schmale Straße läuft in sanften Kurven niveaugleich auf eine Wegteilung zu, bei der wir uns für den linken Ast, den etwas schmaleren Traktorweg, entscheiden.

Nicht ganz 2 km nach Beginn der Wanderung betreten wir schließlich Waldgebiet. Der Weg führt nun hinter einer rot-weiß-

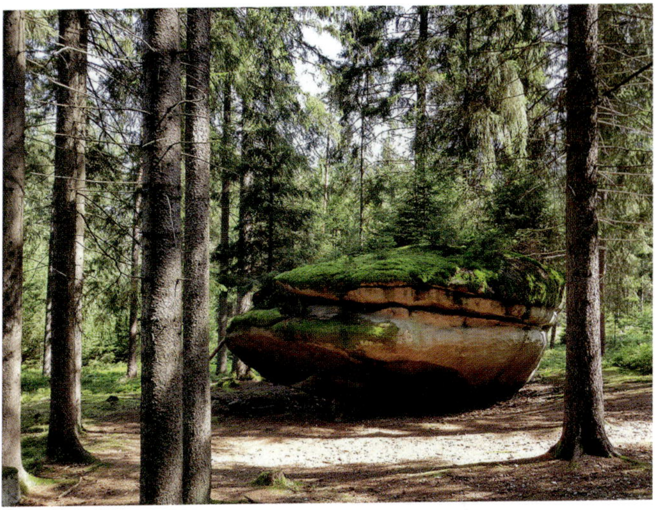

Wackelstein-Spezialität: „Kas im Loab“

roten Schranke als Forststraße weiter und ist nach wie vor mit W10 und W11 ausgeschildert. Eine rot-weiß-rote Markierung mit „650“ auf dem Pfosten eines Verkehrsschilds weist uns zudem darauf hin, dass wir uns jetzt auf dem Christophorusweg befinden. In dem ruhigen Nadelwaldstück kommen wir schnell voran, da es so gut wie keine Höhenunterschiede zu überwinden gibt.

An einer Wegkreuzung sehen wir rechts von uns einen Rastplatz und die kleine Hubertuskapelle. Von hier aus geht es links in die Ortschaft Eugenia, doch unser Weg führt geradeaus weiter – in die Richtung, wo Amaliendorf und Heidenreichstein angegeben sind. Hier sehen wir auch die Wanderwegnummern „607“ und „630“. Bei der nächsten prominenten Wegkreuzung setzt sich die Route ebenfalls nach Norden, also in Gehrichtung fort. Wir kommen dann an eine Stelle, wo mehrerer Forststraßen sternförmig zusammentreffen und ein kleines, dem heiligen Johannes gewidmetes Marterl (Johannesbild) auffällt.

Dort schlagen wir den nach rechts führenden, deutlich rot markierten Wackelsteinweg ein, der nun auch als Mountainbike-

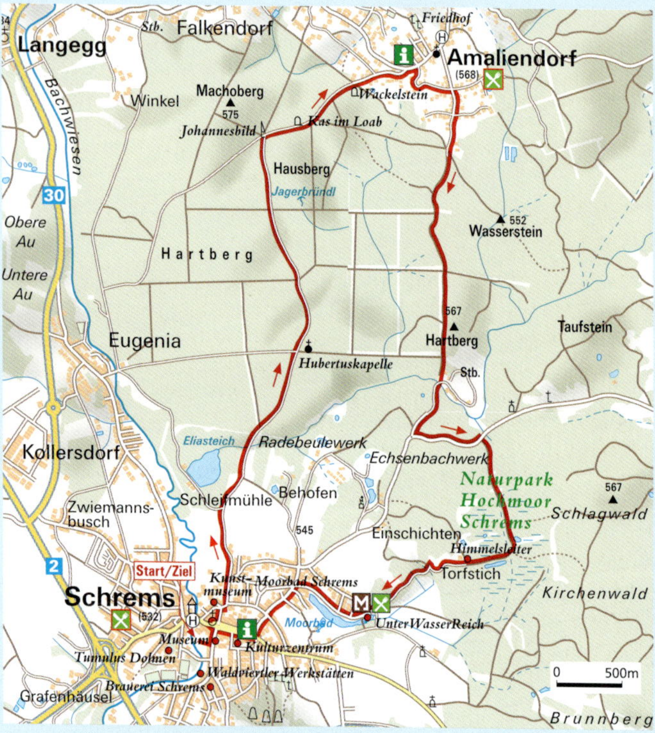

Strecke ausgewiesen ist. 200 m nach der Kreuzung gelangen wir zum sehenswerten Wackelstein „Kas im Loab", dem wir unsere Aufmerksamkeit widmen. Seinen Namen erhielt das Steingebilde, weil es einem Laib Brot mit einem großen Stück Käse darin ähnelt; daraus entwickelte sich die lokale Legende, dass ein Riese einst hier sein Mittagessen vergaß, das dann versteinerte. Nach weiteren 600 m weist uns ein grüner Pfeil nach rechts zu einem weiteren Wackelstein. Wir gehen die paar Meter in den Wald hinein und kommen zu einer Lichtung zwischen hohen Fichten, wo wir zahlreiche sehenswerte Felsblöcke – darunter den prominentesten und bekanntesten Stein seiner Art, der einem Soldatenhelm

WEGVERLAUF: Rundwanderung. Hauptplatz Schrems – Amaliendorf-Aalfang (1 ¼ Std.) – Prügelsteg/Naturpark Hochmoor Schrems (1 ¼ Std.) – UnterWasserReich (½ Std.) – Hauptplatz Schrems (½ Std.)

DAUER: 3 ½ Std.

LÄNGE: ca. 14 km

SCHWIERIGKEITSGRAD: Einfacher Wanderweg, so gut wie ohne größere Niveauunterschiede

WEGMARKIERUNGEN: Gelbe Pfeile („Wackelsteinweg" W11, „Gemütlicher Weg" W10), Rot-Weiß-Rot (Christophorusweg „650"), Wanderwege „607" und „630", grüner Pfeil, grünes Schild (Weg Nr. 20), unmarkiert, „Moor und Feld" (W3)

EINKEHRMÖGLICHKEITEN: Gasthaus Trinkl „Zum Waldviertler Sepp" (Mo Ruhetag), Landgasthof in's Schmankerl (Di Ruhetag), Café-Restaurant Tennisstüberl (Mo, Mi, Fr ab 14 Uhr geschlossen), Café im Besucherzentrum UnterWasserReich (Öffnungszeiten wie UnterWasserReich, s. unter www.unterwasserreich.at), Restaurant Moorbad (Mi Ruhetag, außer Juli und August), div. Lokale in Schrems

ANFAHRT: Mit dem Bus (170 oder 748) von Gmünd/Bezirkshauptmannschaft bis Schrems/Busbahnhof; von dort zu Fuß zur Schulgasse und über diese zum Hauptplatz.
Mit dem Pkw über die Schremser Straße (L 68) Gmünd verlassen, beim Kreisverkehr in die Gmünder Straße (B 41) einbiegen, die direkt nach Schrems führt. Dort die Braunaubachbrücke überqueren, weiter durch die Schulgasse, gleich danach vor dem Hauptplatz rechts in die Josef-Widy-Straße abzweigen; wenige Meter nach der Tankstelle geht es nach rechts auf den Parkplatz hinter dem Wirtshaus „Zum Waldviertler Sepp".

ähnelt und sich mit einiger Anstrengung auch bewegen lässt – und die künstlerisch gestaltete Statue eines Neandertalers betrachten können. Hier lässt es sich gut Rast machen und eventuell mitgebrachten Proviant in freier Natur verzehren. Sind wir dann auf den Hauptweg zurückgekehrt und wandern ihn weiter, verlassen wir fast unmittelbar danach den Wald und betreten das bebaute Gebiet der Marktgemeinde **Amaliendorf-Aalfang** (1 ¼ Std.).

Wir folgen den Wandertafeln, die Richtung Heidenreichstein und Waidhofen an der Thaya weisen, durch die Wackelsteinstraße bis zur Hauptstraße.

Abs
techer: An der Ecke Wackelsteinstraße/Hauptstraße finden wir ein Hinweisschild, das uns nach links zum **Landgasthof in's Schmankerl** in etwa 1 km Entfernung sowie ins 1,5 km entfernte **Café-Restaurant Tennisstüberl** weist. Wer starken Hunger und Durst verspürt, wagt den Abstecher und kehrt danach an diese Stelle zurück.

Wir biegen nun rechts in die Hauptstraße ein, den Wanderwegen „607" und „630" folgend, und erreichen kurz darauf die wiederum rechts abzweigende Moorgasse. In ihr folgen wir vorerst einem grünen Schild Richtung Wasserstein und Torfstich (Weg Nr. 20); dieser Wanderweg zweigt dann nach rechts in die Hartberggasse ab. So erreichen wir wieder den Waldrand und verlassen Amaliendorf.

Im Wald erwarten uns drei mit Schranken versehene Forststraßen – wir wählen die mittlere, die anfangs ein paar Meter bergan führt. Durch einen hochstämmigen Nadelwald marschieren wir auf diesem unmarkierten Weg nun wieder Richtung Süden. So überschreiten wir den sanften Gipfel des 569 m hohen **Hartbergs** und erreichen nach nicht ganz 2 km den Steinbruch Hartberg, wo uns ein Schild darauf hinweist, dass wir die Sprengsignale beachten sollten.

Wir passieren eine weitere Schranke, wandern am Steinbruch vorbei und gelangen nach weiteren 500 m auf der Zufahrtsstraße zum Granitwerk Kammerer zur Landesstraße L 8207 in die Einschicht. Wir biegen hier links – Richtung Gebharts – ein und gehen am Straßenrand entlang. Nach einer scharfen Linkskurve erkennen wir gegenüber den Betriebsgebäuden des Granitwerks einen markierungslosen Weg, dem wir nach rechts in den Wald folgen. Dieser in den **Naturpark Hochmoor Schrems** führende Pfad wird bald schmaler und ist dann stärker überwachsen; wir sollten hier auf rutschige Wurzeln und gelegentliche Löcher im Boden achten. Nach einem kleinen Teich zu unserer Linken vereint sich die Route bald mit einem von links kommenden Karrenweg. Wir behalten die Gehrichtung bei und gelangen so zu einem quer führenden Wanderweg, der als „Moor und Feld" (W3) beschildert ist. Auf ihm wenden wir uns nach links und erreichen gleich darauf den hölzernen Prügelsteg, auf dem wir ein paar Schritte aufs Moor

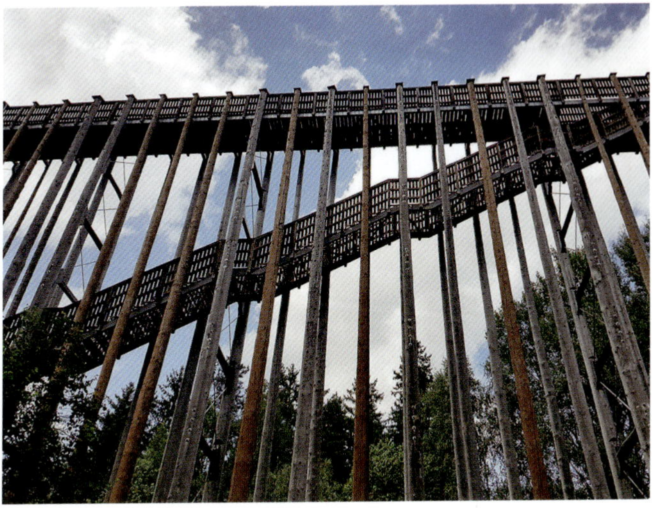

Die Himmelsleiter im Naturpark Hochmoor Schrems

hinaus machen können, um Ringelnattern, Frösche und andere Tiere zu beobachten (2 ½ Std.).

Danach wenden wir uns zur vorigen Wegkreuzung zurück und beschreiten den Wanderweg Nr. 3 nach Westen hin Richtung Schrems. Etwa 5 Min. später sehen wir links vom Weg bereits die 2002 eröffnete, von 58 Fichtenstämmen getragene Touristenattraktion **Himmelsleiter** aufragen; nach Überwindung der 108 Stufen können wir den Blick übers Moor genießen. Wieder unten marschieren wir die Waldstraße weiter zum Torfstich, der ebenfalls zu besichtigen ist. Etwa 1 km nach der Himmelsleiter erreichen wir die Familienattraktion **UnterWasserReich**, wo es die Wasserfauna der Hochmoorgegend zu bestaunen gibt (siehe S. 38, „Am Wege"; 3 Std.).

Haben wir uns im dazugehörigen Café ausreichend mit Speis und Trank versorgt, gehen wir über den Parkplatz der Anlage in die Moorbadstraße und folgen dieser entlang dem Schremser Moorbad – einem Freibad mit moorhältigem Wasser und einem idyllisch angelegten, zu einer kleinen Insel führenden Steinsteg. Im **Restaurant Moorbad** ist ebenfalls ein Zwischenstopp möglich. Die Moorbadstraße stößt schließlich auf eine breitere Straße, die den Namen Gazeile trägt. Hier wenden wir uns nach links, erreichen 500 m weiter den Hauptplatz und nach dessen Durchquerung wieder unseren Ausgangspunkt am Parkplatz bzw. Busbahnhof (3 ½ Std.).

AM WEGE

Das **UnterWasserReich** (www.unterwasserreich.at) liegt direkt am Eingang zum **Naturpark Hochmoor Schrems**, dem größten Hochmoor Niederösterreichs, und ist zugleich Besucherzentrum und Erlebnisausstellung. Letztere informiert in Innenräumen sowie im Freien recht unterhaltsam über die Biologie der Moore und Teiche des Waldviertels (siehe „Moore im Waldviertel", S. 93).

Da das Motto der von Ende März bis Ende Oktober geöffneten Ausstellung im UnterWasserReich „Sehen – Erleben – Begreifen für die ganze Familie" lautet, darf man als Besucher mit einer kindgerechten Aufbereitung des Themas rechnen; so werden etwa ein Wasser-Erlebnis-Parcours und Fahrten auf Seilzug-Flößen geboten. Doch auch interessierte Erwachsene können den Exponaten aus der Tier- und Pflanzenwelt der Waldviertler Feuchtbiotope einiges abgewinnen. In einer eigenen Outdoor-Anlage tummeln sich zum Beispiel Fischotter, denen man auch bei der Fütterung (dreimal täglich) zusehen kann. Aufmerksame Beobachter werden auf den begehbaren Wasserterrassen, die sehr anschaulich verschiedene landschaftliche Entwicklungsstufen vom Teichufer bis zum Niedermoor zeigen, zudem Libellen, Frösche und andere Tiere entdecken.

Im Innenbereich der Ausstellung findet man einen Otterbau sowie zahlreiche Aquarien mit heimischen Fischen, Wasserflöhen, Insektenlarven und vielem mehr. Eine Mikroskop-Liveshow zeigt, wie viel Leben sich in einem Tropfen Wasser aus dem Teich verbirgt. Kinder können dann in einem Forschungslabor selbst Wasserproben entnehmen und sie unter dem Mikroskop auf Kleinstlebewesen untersuchen.

In Kombination mit den informativen Wanderwegen im Naturpark und der **Himmelsleiter** bietet das UnterWasserReich hervorragende Einblicke in die einzigartige Moorlandschaft sowie deren Flora und Fauna.

1-2 Rund um Litschau

In den nördlichsten Wäldern des Waldviertels

Der Luftkurort Litschau ist Ausgangspunkt einer Rundwanderung in die Umgebung, wo wir durch herrliche Waldabschnitte spazieren, an spektakulären Steingebilden vorbeikommen und die Ruhe an einigen Fischteichen genießen. Nach einer großen Schleife halten wir wieder auf das Schloss und den Ausgangspunkt zu.

DER WANDERWEG

Die **Waldviertelbahn** hat ihre Endstation am Kopfbahnhof von **Litschau**, das Ziel der nördlichen Strecke dieser Museumsbahn ist. Durch die Bahnhofstraße gehen wir auf das Zentrum zu, passieren den Busbahnhof und biegen in den Unteren Stadtplatz ein, wo wir auf die Pfarrkirche heiliger Michael zuhalten. Das Gotteshaus entstand um 1150, wurde 1233 erstmals urkundlich erwähnt und 1685 barockisiert. Bei der um 1900 erfolgten Renovierung gestaltete man die Innenausstattung neugotisch. Auf Nr. 25 befindet sich in einem der Bürgerhäuser das Gemeindeamt mit der Stadtinformation. Vor der Kirche steht die Prangersäule aus dem Jahr 1688. Wenn wir den Stadtplatz hinunterblicken, sehen wir im Westen der nördlichsten Stadt Österreichs das Schloss aufragen, dessen älteste Bauteile auf das Jahr 1260 zurückgehen. Das mehrfach umgebaute Schloss befindet sich heute in Privatbesitz und ist öffentlich nicht zugänglich.

Wir bleiben auf dem unteren Teil des Stadtplatzes und gehen zurück bis zum Gasthof Kaufmann, vor dem wir uns über die markierten Rad- und Wanderwege der Gegend sowie die Stadt Litschau informieren können. Den Durchgang zu unserer Rechten benützen wir, um an Resten der Stadtmauer vorbei gleich ans Ufer des Herrensees zu gelangen. Hier fällt eine besonders aufwendig gestaltete Wander-Infotafel auf. Wir lassen uns von den vielen Angaben jedoch nicht verwirren und wenden uns nach rechts. Bei einem Gedenkstein biegen wir in die Promenade ein (Herrensee-Rundweg; Rot-

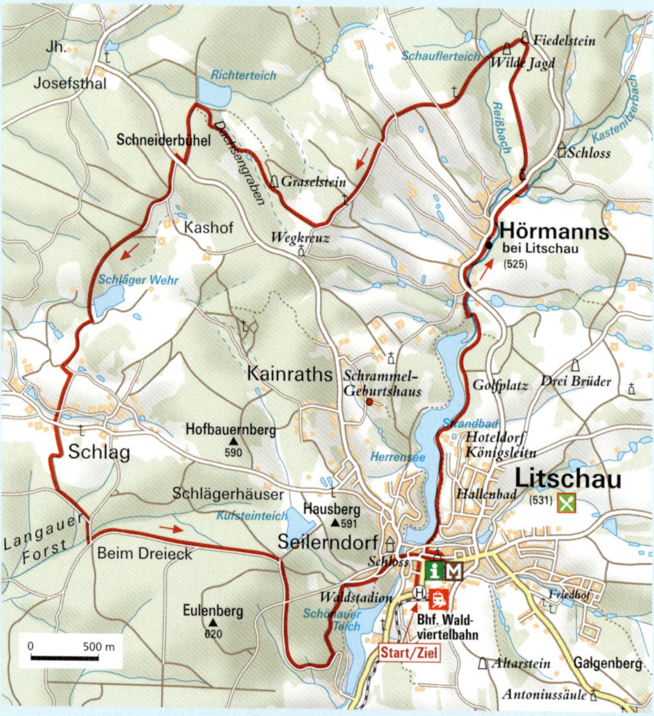

Weiß-Rot mit „10“, „20/20A“, „608“) und marschieren, vorbei am Robert-Hamerling-Denkmal, immer das Ufer entlang.

Der Uferbegleitweg ist auch als Fitnessparcours gestaltet. Nach dem Gedenkstein für den Litschauer (siehe S. 44, „Am Wege“) führt der Weg direkt am Wasser entlang weiter. In Höhe eines in den See ragenden Pavillons, der „Seesalettl“ oder „Sängerhütte“ genannt wird, kommen wir noch am Denkmal des Heimatforschers Karl Zimmel (1862–1927) vorbei und betreten kurz danach durch ein Gittertor das Gelände des Freibads (während des Betriebs muss man rechts um das Areal herum- und am Ferien-

WEGVERLAUF: Rundwanderung. Litschau/Bahnhof – Fiedelstein (1 ¼ Std.) – Richterteich (45 Min.) – Beim Dreieck (45 Min.) – Litschau (1 ¼ Std.)

DAUER: 4 Std.

LÄNGE: 16,6 km

SCHWIERIGKEITSGRAD: Geringe Höhenunterschiede bei überwiegend angenehmen Bodenverhältnissen

WEGMARKIERUNGEN: Rot-Weiß-Rot mit „10“, „20/20A“, „608“, später „13“, Rot-Weiß-Rot mit „12“, unmarkiert, Rot-Weiß-Rot mit „12“ bzw. „20/20A“, dann „10“ bzw. „WLP“, weiter „11“ und „16“

EINKEHRMÖGLICHKEITEN: Keine Einkehrmöglichkeit entlang der Strecke, im Zentrum von Litschau etliche Lokale

ANFAHRT: Mit der Waldviertelbahn von Gmünd nach Litschau (Fahrzeiten unter www.waldviertel bahn.at). Mit dem Bus von Gmünd/Bezirkshauptmannschaft nach Litschau/Busbahnhof. Mit dem Pkw Gmünd über die Litschauer Straße verlassen und über Breitensee nach Neu-Nagelberg fahren. Dann der L 62 über Alt-Nagelberg und Brand nach Litschau folgen und beim Bahnhof parken

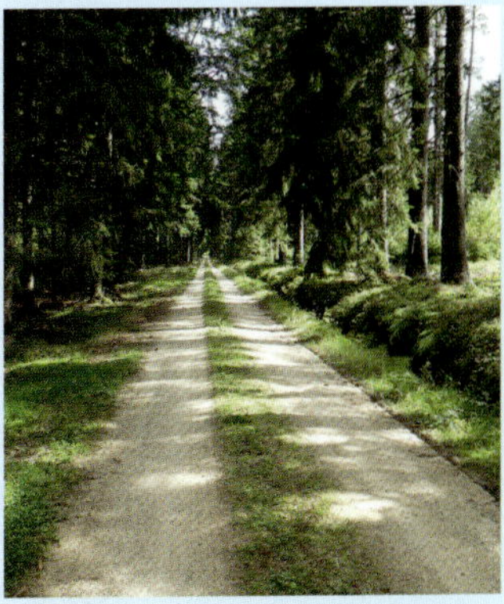

Im Langauer Forst

HINWEIS: Obwohl viel in Wäldern zu marschieren ist, gibt es auch Etappen in freiem Gelände, wo Sonnen- und/oder Regenschutz ratsam sind.

dorf Königsleitn vorbeigehen). Nach den Spielplätzen und -feldern des öffentlichen Bads kommen wir zu den zentralen Gebäuden für Gastronomie und Kultur – hier hat seit 2009 das Herrenseetheater Hin & Weg seine größte Bühne. An WCs und Umkleidekabinen vorbei verlassen wir das Bad wieder, um auf der Promenade im Erholungswald Herrensee unseren Weg fortzusetzen. Am nördlichen Ende des Sees finden wir eine weitere Spielstätte des Theaters (Moorbühne) und biegen nach einer Holzbrücke über den einfließenden Reißbach rechts ab, um 200 m weiter den Ortsbereich von Hörmanns zu erreichen.

Vorbei an der Busstation Hörmanns/Brauhaus folgen wir den Wegnummern „20“ und „608“ durch den Ort. Unmittelbar vor dem Ortsendeschild biegen wir bei einem Wegkreuz links ab und gehen dann gleich bei einer Birke rechts den Hang hinauf („13“ hinten auf dem Baumstamm). Wir gewinnen rasch an Höhe; nach einem Hochstand dehnt sich eine freie Ackerfläche aus und der Anstieg flacht ab. Erst spät taucht wieder die Markierung „13“ auf. Wir dringen neuerlich in den Wald ein und erreichen hier nach einer Stempelbox den einzeln stehenden **Fiedelstein**, der wie eine Gelenkspfanne geformt ist. Der Sage nach soll der Teufel, als er Fiedel spielend auf diesem Stein saß, Menschen ins Moor gelockt haben, wo sie dann ihr Leben lassen mussten (1 ¼ Std.).

Wieder auf dem Hauptweg biegen wir 50 m weiter nach links ab, um nach weiteren 100 m die Steingruppe „Wilde Jagd“ zu erreichen, die sich am linken Wegrand befindet. Wir folgen weiter der Nummer „13“ durch den Forst, kommen zum Schauflerteich und treten dann auf eine freie Hochfläche, die sich nach Südosten erstreckt. Halb rechts gehen wir auf einer Staubstraße (auch MTB-Strecke „St. Peter“) weiter, wo einzelne Baum- und Strauchgruppen unseren Weg säumen und kleine Teiche die freie Fläche auflockern.

Wir treffen schließlich auf einen Orientierungspflock, wo uns Rot-Weiß-Rot mit „12“ (ohne Textangabe) nach rechts weist. Am Waldeingang folgen wir den Angaben „Dachsgraben“ bzw. „12“ und gelangen über wurzeligen Boden in eine Senke, in der sich mächtige Steinblöcke auftürmen. Die Felsbrocken sind unter dem Namen **Graselstein** als Naturdenkmal deklariert. Wir wandern auf eher unruhigem Terrain überwiegend bergab weiter. Die Nadelbäume sind beeindruckend hoch, die Bemoosung ist üppig. Nach einer besonders dichten Passage kommen wir durch ein aufgelichtetes Waldstück an den Richterteich, wo wir neben einem hölzernen Bären eine Rast einlegen und die Ruhe des Orts auf uns wirken lassen können (2 Std.).

Wir setzen unseren Weg auf „12“ Richtung „Schlag 3 km 45 Min.“ fort und entfernen uns in südlicher Richtung vom Teich. Nach 400 m gelangen wir zu einer Asphaltstraße, folgen dem Pfeil nach rechts und biegen 50 m weiter wieder links ein, um auf Asphalt

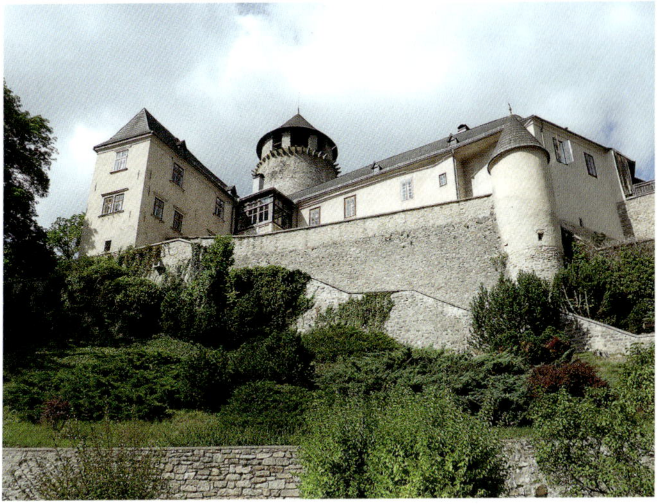

Schloss Litschau

weiterzumarschieren. Ein kurzes Stück geht es dann am Waldrand entlang. Unter uns befindet sich der Kashof mit seinen beiden Teichen. Der harte Untergrund endet, es folgt eine Staubstraße. Wäldchen und Lichtungen wechseln einander ab, die Markierung ist eindeutig. Schließlich kommen wir zum Schläger Wehr, einem privat genutzten Fischweiher.

An dessen Ende biegen wir rechts ab und haben nun einen längeren Abschnitt in freiem Gelände vor uns. Nach einem Links-rechts-Knick marschieren wir auf Asphalt über eine Kuppe und kommen danach in den Ort **Schlag**. „12" weist auf einer Linde vor dem Teich nach links. Wir gehen aber geradeaus zur nächsten Querstraße weiter und nehmen dann den Weg gegenüber dem Gerätehaus der Freiwilligen Feuerwehr. Er führt uns ohne Markierung an den Garagen eines Privatgrundstücks vorbei über freies Feld in den nächsten Wald. Hier treffen wir bald auf einen breiten Querweg, den wieder dichtes Moos säumt, folgen diesem nach links und gelangen nach 250 m zum Dreieck, einem wichtigen Kreuzungspunkt im Langauer Forst (2 ¾ Std.).

„12“ bzw. „20/20A“ führen rechts weiter. Diesen Weg schlagen wir ein, um 100 m weiter wiederum nach links gewiesen zu werden. Es folgt eine nahezu schnurgerade Passage, die uns leicht ansteigend in östlicher Richtung vorwärtsbringt.

Am Kreuzungs- und Kontrollpunkt Kufsteinteich erreichen wir eine Unterstandshütte mit zwei Schautafeln über den Achtzähnigen Fichtenborkenkäfer und den Lärchenblasenfuß. Wir wenden uns aber nicht dem See bzw. Litschau zu, sondern nach rechts, gemäß „10“ und „Waldlehrpfad“ (auch Holztafel „WLP“). Eine Infotafel später erreichen wir auf feinem Kies einen Querweg, wo der „WLP“ nach links und „11“ nach rechts weiterlaufen. Wir gehen aber zwischen hohen Nadelbäumen und üppigen Moosen – zunächst ohne Markierung – geradeaus weiter. Nach einer Linkskurve senkt sich das Gelände, die Wegnummer „10“ taucht auf und wir gelangen in einer Rechtskehre der breiten Forststraße zu den Markierungen „10“ und „16“. Hier verlassen wir den Hauptweg und folgen „16“ leicht bergauf und schließlich hangschräg auf unebenem Boden. Unter uns schimmert gelegentlich das Gewässer des Schönauer Teichs durch die Baumstämme.

Nun treten wir aus dem Wald heraus und setzen auf Asphalt – zwischen zwei Säulen – auf „11“ und „16“ in der Seilerndorfstraße bergab fort. Nach den Häusern gelangen wir zu einer Straßenkehre und spazieren weiter hinunter. Links ragt mächtig das Schloss auf. Unser Weg mündet in die Schläger Straße; gleich danach überqueren wir die mit den Figuren des heiligen Nepomuk (1737) und der heiligen Anna (1774) ausgestattete Brücke über den Reißbach, einen Nebenfluss der Lainsitz. Danach gehen wir zum Stadtplatz von Litschau vor und können in einem der Lokale noch eine Rast einlegen, bevor wir über die Bahnhofstraße zum Ausgangspunkt zurückkehren (4 Std.).

AM WEGE

Der Litschauer, auch Litschower, lebte um 1270 und könnte in den Diensten Ottokars II. von Böhmen und Herzogs von Österreich (um 1230–1278) gestanden sein. Er ist als mittelhochdeutscher Spruchdichter bekannt. Der Dichtername, sofern er überhaupt richtig wiedergegeben wurde, lässt auf eine bürgerliche Herkunft aus Litschau – damals noch eine bäuerliche Ansiedlung – schließen. Über das Leben des Litschauers ist so gut wie nichts bekannt; jedenfalls fand er Aufnahme in die berühmteste deutsche Liederhandschrift des Mittelalters, den „Codex Manesse“. Die darin enthaltene bildliche Darstellung des Autors ist auf dem Steindenkmal an der Herrensee-Promenade wiedergegeben; die Illumination dürfte sich aber der Fantasie des mittelalterlichen Künstlers verdanken. Auf die Bildseite folgen im „Codex“ sechs in eher schulmeisterlichem Ton gehaltene Gedichte.

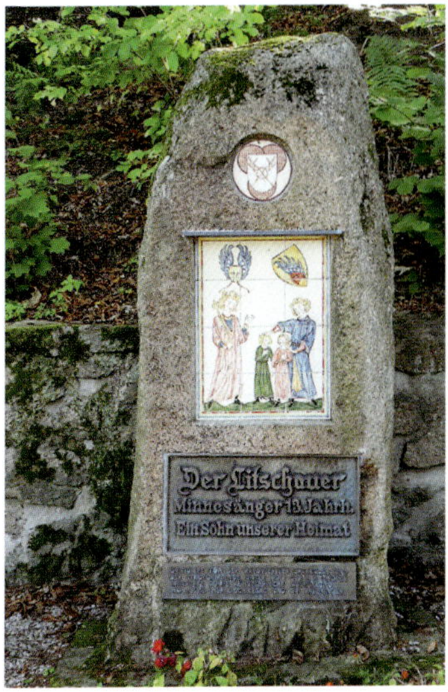

Denkmal für den Litschauer

Das fünfte Gedicht sei hier auszugsweise in einer Übersetzung aus dem 19. Jh. als Beispiel zitiert:

Was tut gar weh dem Herzen, wohl den Augen?
Das tut deine Schöne, weiblich Weib.
Ihre weibliche Schöne, ihr reiner Leib
Durch Mannes Aug ihm in sein Herze dringet;
Danach zuhand die Liebe schleichet taugen
Durch Augen minnebegehrendem Mann
Ihm in sein Herze, sonder Wahn.

1-3 Die Wallfahrt-Konkurrenz

Von Weitra durchs Gabrielental und nach St. Wolfgang

Über einen idyllischen Weg an der Lainsitz erreichen wir die Marktgemeinde St. Martin, wo wir auf einer kaum befahrenen Straße etliche kleine Ortschaften durchqueren. Danach geht es über Wiesen und Felder in den ehemaligen Wallfahrtsort St. Wolfgang, der mit seiner Kirche einst gläubige Pilger aus dem Salzkammergut weglockte.

DER WANDERWEG

Der Startpunkt dieser Wanderung liegt beim Busbahnhof am Sparkassenplatz in **Weitra**. Wir gehen von hier aus Richtung Altstadt, an der Weitra-Bräu-Bierwerkstatt vorbei und auf das Stadttor zu. Vor besagtem Tor (dem Oberen Stadttor, das bereits im 14. Jh. urkundlich erwähnt und 1526 neu errichtet wurde) sehen wir nicht nur Reste der alten Landstraße, sondern auch gelbe Wandertafeln des ÖAV, Sektion Waldviertel, die auf die Weitwanderwege „607", „608" und „630" verweisen.

Wir durchschreiten das Tor und gelangen durch die Obere Landstraße zum Rathausplatz von Weitra. Hier folgen wir vorerst jenen Wandertafeln, die uns Richtung Wultschau, Holzmühle und Nebelstein weisen. Wir bewundern die Sgraffitohäuser, das späthistoristische Rathaus und das Schloss auf dem Hügel, bleiben aber auf dem Rathausplatz, der nach einer kleinen Kurve zum Dr.-Kordik-Platz und dann zur Unteren Landstraße wird. In einer Linkskurve der leicht bergab führenden Straße nehmen wir rechts – am Standort des 1885 abgetragenen Unteren Stadttors – einen Durchgang, wo „Promenade zum Kirchenplatz und zur Altstadt" angeschrieben steht. Danach steigen wir ein paar Stufen hinab und folgen den eingangs angegebenen Weitwanderwegen nach links. Über Stiegen und schmale Wege kommen wir, an einer Glasschleiferei vorbei, zur Böhmstraße hinunter, die wir schräg nach links überqueren und über eine Brücke weiterhin der bekannten Rich-

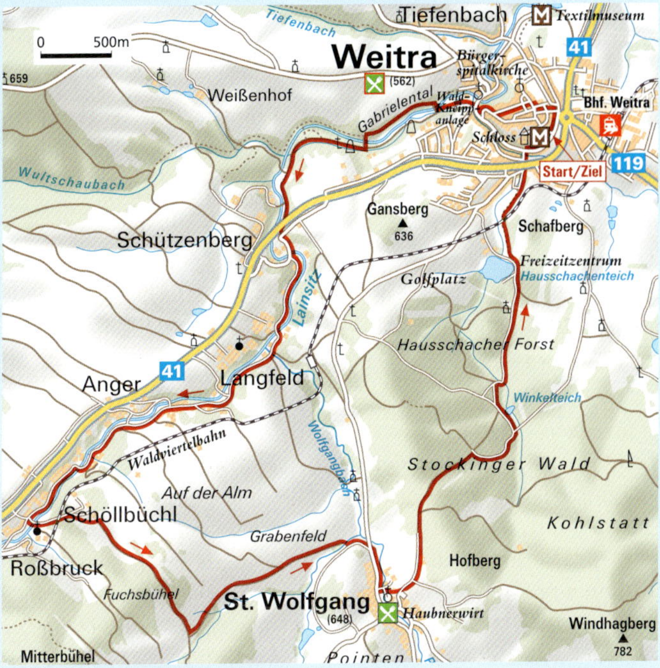

WEGVERLAUF: Rundwanderung. Weitra/Sparkassenplatz – Schützenberg (45 Min.) – Abzweigung in Schöllbüchl (45 Min.) – St. Wolfgang (45 Min.) – Weitra/Sparkassenplatz (1 ¼ Std.)

DAUER: 3 ½ Std.

LÄNGE: 13,8 km

SCHWIERIGKEITSGRAD: Einfach zu gehende Wanderung mit nur einem kurzen stärkeren Anstieg – wobei allerdings fast die Hälfte des Wegs auf Asphalt zurückzulegen ist

WEGMARKIERUNGEN: Weitwanderwege „607“, „608“, „630“, Rot-Weiß-Rot, gelbe Tafeln „Lainsitzweg“ (gelbes „L“), gelber Pfeil „Reitgrabenweg“, Rot-Weiß-Rot mit „73“, dann „33“ und „1“, Wandertafel mit weißem Pfeil auf rotem Grund

EINKEHRMÖGLICHKEITEN: Haubnerwirt (Mo Ruhetag), Willi's Teichstüberl (Sa, So und Fei Ruhetage), Gastwirtschaften in Weitra

ANFAHRT: Mit dem Bus von Gmünd/Bezirkshauptmannschaft oder Bahnhof bis Weitra/Busbahnhof, mit der Waldviertelbahn (Fahrzeiten unter www.waldviertelbahn.at), mit dem Pkw von Gmünd über Weitraer Straße und B 41 (Gmünder Straße) bis Weitra; dort vom Kreisverkehr zum Parkplatz/Busbahnhof am Sparkassenplatz einbiegen

tung folgen. Ein hölzernes Eichhörnchen weist uns zudem den Weg ins Gabrielental.

Durch die schmale Fischergasse gehen wir zunächst einige Meter bergauf und dann an ein paar Wehren und Fischteichen vorbei; nach dem letzten Haus wandelt sich die Asphalt- zur Schotterstraße. Wir orientieren uns an den gelben Wandertafeln und einer rot-weiß-roten Markierung. An einem Bach entlang kommen wir zu einer Wegteilung, wo wir uns rechts halten und gleich danach auf einer Brücke die Lainsitz – einen 43 km auf österreichischem Gebiet verlaufenden Nebenfluss der Moldau –, überqueren (siehe Wanderung 1-7). Nach einer Wiese, die als „Barfußpark" angekündigt wird und auf der sich eine Wald-Kneippanlage befindet, schwenken wir links in den markierten Wanderweg ein. Wir sind nun im Wald und im Tal der Lainsitz unterwegs, die wir praktisch stets vor Augen haben. Bei einer Abzweigung biegen wir, der gelben Wandertafel „Lainsitzweg – St. Martin – Steinbach" folgend, links zu einer Holzbrücke über den Fluss ab, nach der wir einen kleinen Brunnen mit einem etwas ärmlich wirkenden einzelnen Hochstrahl vorfinden. Hier schlagen wir den nach rechts führenden Weg durch das Gabrielental ein.

Etwa 500 m nach der Brücke sehen wir eine Wiese mit Rastbänken und einem hölzernen Pavillon. Von rechts vorne stößt hier der Weg von der anderen Uferseite dazu; wir wählen aber den linken Weg, der uns am Waldrand leicht bergan führt. Beim Zusammenfluss von Lainsitz und Wultschaubach kommen wir zu einer Wehranlage, bleiben auf dem Uferweg und gelangen bei einer weiteren hölzernen Brücke zu einer Wiese. Hier verlassen wir das Gabrielental und wandern auf dem gut erkennbaren Wiesenweg weiter, wobei wir uns nach wie vor am Lainsitzufer stromaufwärts bewegen. Vor uns erkennen wir bald eine hohe Straßenbrücke, auf der die B 41 das Flusstal quert. Wir gehen unter der Brücke durch und nehmen danach den links bergauf führenden Weg, der uns zu einer schmaleren Straße bringt, wo auch wieder Wandertafeln auftauchen. Die Tafel mit dem gelben „L" (für Lainsitzweg) weist uns nach rechts; wir folgen ihr die gepflasterte Straße bergab. Nach einem Marien-Bildstock verrät ein Schild an einem Haus, dass wir uns hier „Am Schützenberg" im gleichnamigen Ortsteil von **St. Martin** befinden (45 Min.).

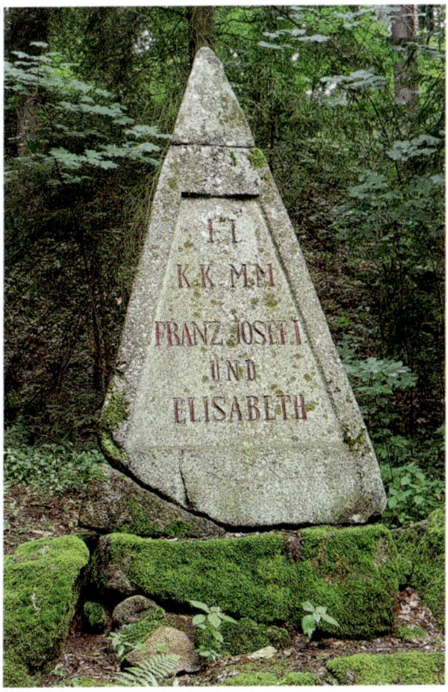

Gedenkstein im Gabrielental

Über eine weitere Brücke gelangen wir neuerlich zu einer Straßenkreuzung, wo wir uns links halten und auf dem Güterweg Schöllbüchl weitergehen. Ab jetzt bleiben wir für längere Zeit auf dieser schmalen Asphaltstraße, die im nun breiter werdenden Lainsitztal nach Schützenberg durch Langfeld, Anger und Schöllbüchl – ebenfalls alles Ortsteile von St. Martin – führt. Das gelbe „L“ und die rot-weiß-rote Markierung begleiten uns auch auf dem Weg durch diese ruhigen und unspektakulären Bauerndörfer. Erst nach ca. 3 km verlassen wir in Schöllbüchl den Lainsitzweg und biegen nach links ab (1 ½ Std.).

Wir überqueren den Fluss auf einer schmalen Brücke und folgen dem gelben Pfeil „Reitgrabenweg“; die Markierung ist rot-weiß-rot und trägt die Nr. 73. Über eine schmale Straße steigen wir aus dem Lainsitztal auf und queren nach etwa 150 m die Gleise der **Waldviertelbahn**. Bei einer Wegteilung halten wir uns weiterhin an den Reitgrabenweg und kommen schließlich von der Asphaltstraße auf einen geschotterten Feldweg, wo wir relativ schnell an Höhe gewinnen. Wir überschreiten eine Kuppe und gehen danach am Hang des 692 m hohen **Fuchsbühels** entlang wieder bergab. Nach einem Jägerhochstand, wo sich der Weg dreiteilt, schreiten wir links hinunter und kommen bald an einer Birke mit einer weiteren rot-weiß-roten Markierung (Weg Nr. 33) vorbei. Die nach links bergauf führende Abzweigung ignorieren wir, behalten die Gehrichtung bei und wandern zwischen Feldern hindurch ins Tal. Bald marschieren wir

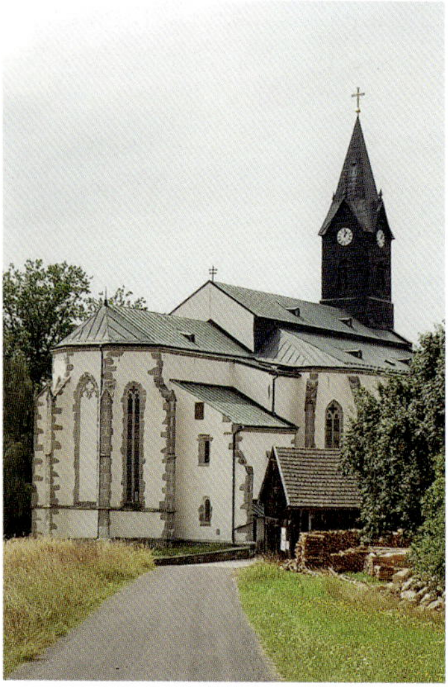

Pfarrkirche St. Wolfgang

wieder auf Asphalt, am Rand des Wegs sehen wir auch einmal eine rot-weiß-rote Holztafel mit „1". Wir überqueren den Sulzer Bach, kommen zu einer weiteren kleinen Asphaltstraße und folgen dieser nach links zu einer breiten Straße, der L 8304. Kurz davor sehen wir eine Wandertafel mit weißem Pfeil auf rotem Grund, die von nun an für uns maßgeblich sein wird. Wir gehen auf der Landstraße nach rechts weiter und betreten die Ortschaft **St. Wolfgang**, deren imposante Kirche mit dem hölzernen Turm schon von weitem auffällt (2 ¼ Std.).

Noch vor Erreichen einer Straßenkreuzung steigen wir den Hügel zur Pfarrkirche St. Wolfgang hinauf und besichtigen den spätgotischen, dreischiffigen Sakralbau, der um 1400 im damals noch Pfaffenschlag genannten Ort erbaut und dem heiligen Wolfgang, Bischof von Regensburg, geweiht wurde. Damit wollte man einen Teil der umsatzbringenden Wallfahrer, die nach St. Wolfgang im Salzkammergut pilgerten, in diese Waldviertler Region umlenken – was tatsächlich fast 200 Jahre lang bestens funktionierte. Der geschnitzte barocke Hochaltar der Kirche wurde in den Jahren 1692 bis 1694 von **Balthasar Threyer** gefertigt und birgt drei spätgotische Schnitzfiguren der Heiligen Erasmus, Wolfgang und Nikolaus von 1490.

Über eine breite Steintreppe und am Pfarrhaus vorbei geht es dann wieder zur Straße hinunter, wo die einzige Einkehrmöglichkeit dieser Wanderung auf uns wartet: der **Haubnerwirt** alias „Gasthaus zur Bruck". Nachdem wir hier Speis und Trank genossen haben, setzen wir unsere Route am Feuerwehrhaus vorbei fort, gehen links hinauf zur Kirchenrückseite und auf dem asphaltierten

Güterweg St. Wolfgang weiter. Wir wandern kurze Zeit bergauf und folgen dem weißen Pfeil auf rotem Grund in einen idyllischen Nadelwald – den Stockinger Wald.

Wir finden hier auch wieder eine rot-weiß-rote Markierung (Nr. 33), der wir bei einer Abzweigung ebenso wie unserem Pfeil folgen. Auf weichem Waldboden wandern wir auf annähernd gleichem Niveau dahin, kommen nach einem grünen Schranken bald zu einer Wegkreuzung und halten uns hier rechts, wo es auf einer breiten Waldstraße weitergeht. Bei der folgenden Wegteilung nehmen wir den linken Ast, wandern kurz darauf an einem Fischteich – dem Winkelteich – vorbei und wählen bei allen weiteren Abzweigungen den weißen Pfeil auf rotem Grund bzw. die rot-weiß-rote Markierung.

Bei der nächsten Wegteilung verweist uns eine Markierungstafel mit den Wegnummern 1 und 2 auf den rechts weiterführenden Weg, der nun als breite, geschotterte Forststraße bergab und dann geradewegs auf den Hausschachenteich zuführt. Wir gehen kurz an diesem beliebten Badeteich entlang (und mitten durch einen Golfplatz), verlassen die Forststraße aber bei einem großen, rechts am Weg liegenden Restling und biegen – den Markierungen folgend – nach rechts auf einen schmalen Waldweg ab. Auf ihm unterqueren wir die Gleise der Waldviertelbahn, die hier auf einer herrlich gestalteten Brücke hoch über uns hinwegführen.

Wenn wir aus dem Wald hinaustreten, sehen wir vor uns Schloss Weitra aufragen und betreten kurz danach Asphalt. Wir marschieren dann unter der Landesstraße hindurch und kommen danach zur Bergzeile, der wir (laut Straßenschild Richtung „Zwettl" und „Gmünd") nach rechts folgen und so unterhalb des Schlossbergs entlanggehen. Nach einem kurzen Anstieg finden wir links das Eingangstor zum Schloss, das wir nun – wenn wir noch ausreichend bei Kräften sind – besichtigen können. Ein paar Meter weiter erreichen wir auch schon den Ausgangspunkt unserer Wanderung am Sparkassenplatz. Hier können wir abschließend das Lokal **Willi's Teichstüberl** besuchen oder durch das Stadttor wieder auf den Rathausplatz von Weitra gehen, wo mehrere Gasthäuser zur Verfügung stehen (3 ½ Std.).

1-4 Ein inszenierter Gipfel

Auf den Nebelstein und nach Moorbad Harbach

Der österreichische Nord-Süd-Weitwanderweg wurde 1970 eröffnet und führt ins südsteirische Eibiswald an der Grenze zu Slowenien. Nach einem Aufstieg aus der Ortschaft Hirschenwies erreichen wir den Beginn dieses beliebten Wanderwegs – den Nebelstein nahe der tschechischen Grenze. Danach marschieren wir im großen Bogen zurück zum Ausgangspunkt.

DER WANDERWEG

Wir parken in **Hirschenwies** gegenüber der **Café-Pension Kristall** an der Straße und beginnen unsere Wanderung bei der (aufgelassenen) Busstation Hirschenwies/Gasthaus Weber. Von hier aus halten wir auf die deutlich sichtbare Gasthof-Pension Nordwald zu. Zahlreiche Wandertafeln weisen uns bereits zum Nebelstein; wir gehen den asphaltierten Güterweg Schleifmühl entlang, vorbei an einer Fischteichanlage. So gelangen wir nach einer Linkskurve zu gelben Wandertafeln mit den Aufschriften „Nebelsteinweg II" (Nr. 21), „Nebelstein-Panoramaweg" (Nr. 24) sowie der Route 2 der „Tut-gut"-Wanderwege.

Wir folgen diesen Tafeln nach rechts über einen Wiesenweg und dringen der rot-weiß-roten Markierung folgend in ein schattiges Nadelwaldstück ein, wo es bergan geht. Auch nach Querung einer Schotterstraße folgen wir der eingeschlagenen Richtung und den Wegen 21 und 24. Ein markierter Abschneider führt durch eine Waldschneise, dann geht es auf der Forststraße weiter. Bei einer Rastbank zweigt unsere Wanderroute nach links auf einen schmalen Waldweg ab, den wir bergauf beschreiten. Auf einer kreuzenden Forststraße wenden wir uns nach links (Nr. 24) und lassen die Wege 21 und Route 2 rechts liegen. Beinahe niveaugleich bewegen wir uns auf dieser Straße ca. 1,2 km durch gesunden Nadelwald, bis kurz nach dem Zusammentreffen mit einer weiteren Straße ein nach rechts weisender gelber Pfeil – wieder bei einer Bank – sichtbar wird.

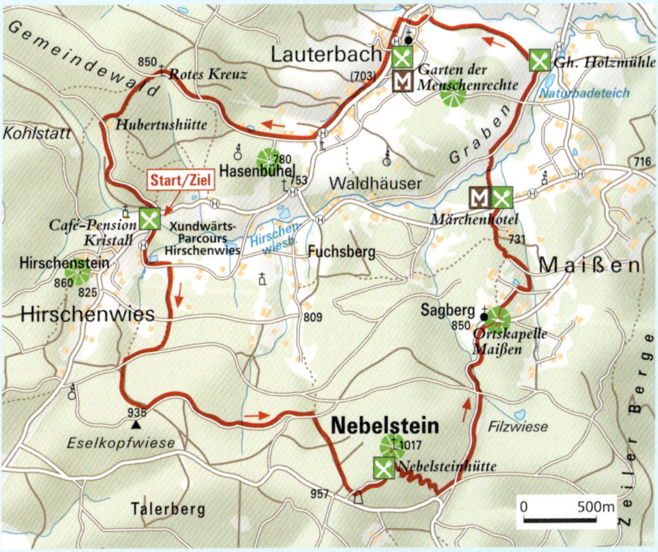

WEGVERLAUF: Rundwanderung. Hirschenwies – Nebelsteingipfel (1 ¼ Std.) – Märchenhotel Waldpension Nebelstein (1 Std.) – Hirschenwies (1 ¼ Std.)

DAUER: 3 ½ Std.

LÄNGE: 13,5 km

SCHWIERIGKEITSGRAD: Leichte Wanderung, bei der zwar ca. 450 m Höhenunterschiede zu bewältigen sind – aber mit fast durchwegs sanften Auf- und Abstiegen

WEGMARKIERUNGEN: Nebelsteinweg II (Nr. 21), Nebelstein-Panoramaweg (Nr. 24), Rot-Weiß-Rot, Nebelsteinweg I (Nr. 20); Moaßlaweg (Nr. 22), rote und blaue Markierung, Wanderweg Nr. 17, Ohynaweg (Nr. 16), Hubertusweg (Nr. 18)

EINKEHRMÖGLICHKEITEN: Nebelsteinhütte (geöffnet Mitte April bis Ende Oktober, Mo Ruhetag), Märchenhotel Waldpension Nebelstein (Mo und Di Ruhetag), Gasthaus Holzmühle (Mo, Di, Do Ruhetag), Haumer's Mostheuriger, Café-Pension Kristall (Mo Ruhetag)

ANFAHRT: Mit dem Pkw von Gmünd über Weitraer Straße und B 41 (Gmünder Straße) bis Roßbruck, rechts abbiegen auf L 8290 Richtung Moorbad Harbach, nach ca. 2 km links abbiegen auf L 8291 Richtung Maißen, dann links auf L 8292 Richtung Hirschenwies – bis zum Parkplatz gegenüber Café-Pension Kristall

Wir folgen nun den Nebelsteinwegen I und II sowie dem Nebelstein-Panoramaweg aufwärts. Der Waldpfad führt uns zum Nebelstein-Parkplatz, zu dem wir aber nicht hinuntergehen (außer wenn wir den Stein sehen wollen, der dort den Beginn des **Nord-Süd-Weitwanderwegs 05** anzeigt), sondern gleich hinter einem grünen Schranken die Forststraße hinaufmarschieren. Nach einem etwa zehnminütigen Aufstieg erreichen wir eine Wegkreuzung mit zahlreichen Wandertafeln; hier gehen wir geradeaus weiter und kommen zur 1949 erbauten **Nebelsteinhütte** des Österreichischen Alpenvereins. Die traditionsreiche Hütte, an der viele Weitwanderwege vorbeiführen oder beginnen (u. a. der **Niederösterreichische Mariazellerweg),** ist bereits nach wenigen Schritten zu sehen. Der Aufstieg über einen felsigen Weg zum Gipfel, der mit einer neuen Aussichtsplattform ausgestattet ist – wie Werbetafeln verkünden, handelt es sich dabei um eine „Gipfelinszenierung" – nimmt ein paar weitere Minuten in Anspruch (1 ¼ Std.).

Der **Nebelstein** ist mit 1017 m einer der höchsten Berge des Waldviertels. Er liegt im **Freiwald (Gratzener Bergland)** und zudem mitten in einem Hochmoor, das häufig auch für den nötigen Nebel sorgt. Nachdem wir den herrlichen Blick vom Gipfelkreuz – unter anderem auf den Ausgangspunkt unserer Wanderung, aber auch auf das Lainsitztal und das Waldviertler Hügelland – genossen und uns in der Hütte erfrischt haben, marschieren wir die kurze Strecke zum letzten Kreuzungspunkt zurück. Hier folgen wir den Wandertafeln Richtung Holzmühle, Wultschau, Harbach und St. Martin sowie dem Nebelsteinweg I, die uns über einen anfangs recht abschüssigen, steinigen und später wurzeldurchzogenen Steig bergab führen.

Die rot-weiß-rote Markierung leitet uns dann auf einem weniger anspruchsvollen Waldweg weiter, der uns nach einem ca. viertelstündigen Abstieg zu einer Asphaltstraße bringt. Wir folgen den Wegen 21 und 24 nach links auf einer geschotterten Forststraße, die gleich von der asphaltierten Straße wegführt. Auf ihr gehen wir geradeaus und sehen hier gelegentlich auch blaue Markierungen. Später wandelt sich der Untergrund zu Asphalt und wir erreichen die gelb gestrichene, um 1826 erbaute Kapelle Maißen. Hinter dem kleinen Sakralgebäude weisen die Wandertafeln sowie ein Holzpfeil mit der Aufschrift „Wanderwege" auf einen Wiesenpfad, den wir hinuntergehen. Hier befinden wir uns laut Beschilderung auch auf den Weitwanderwegen 607, 608 und 630. Auf wurzelreichem Nadelwaldboden und über Wiesenstücke kommen wir zu einer Straße, auf der wir kurz nach rechts marschieren, bevor es nach links ins nächste Waldstück geht. Der rot-weiß-roten Markierung folgend geht es durch dichten Nadelwald steil bergab, bis wir zu etlichen Häusern der Ortschaft Maißen und über eine Wiese zur Waldpension Nebelstein kommen, die auch als kinderfreundliches „Märchenhotel" angepriesen wird (2 ¼ Std.).

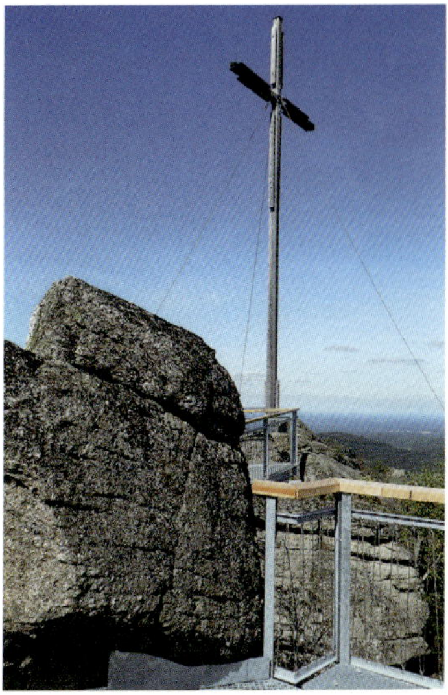

Auf dem Gipfel des Nebelsteins

Vom Parkplatz der Pension aus gehen wir die asphaltierte Auffahrt hinunter und wechseln dann auf den schmalen Pfad, der hinter einer hölzernen Leitplanke entlangführt. Über ein paar Stufen, zwei durch eine Straße getrennte Wiesenstücke und einen Bach – den Hirschenwiesbach – wandern wir auf dem Weg Nr. 20 und dem Moaßlaweg (Nr. 22) weiter. Die Marken sind hier rot und blau. Über ein weiteres Wiesenstück gelangen wir zu einer Kreuzung, wo wir dem Moaßlaweg nach rechts folgen. Auf der baumgesäumten Asphaltstraße sehen wir die Gebäude des Moorheilbads Harbach am gegenüberliegenden Hang. Nach ca. 700 Straßenmetern erreichen wir schließlich das Gasthaus Holzmühle (zugleich Ponyhof und Bio-Bauernhof) in Lauterbach, zu dem wir ein paar Schritte hinuntergehen und dort einkehren können.

Unser Wanderweg führt jedoch gegenüber dem großen Schild, auf dem das Lokal beworben wird, weiter über freie Flä-

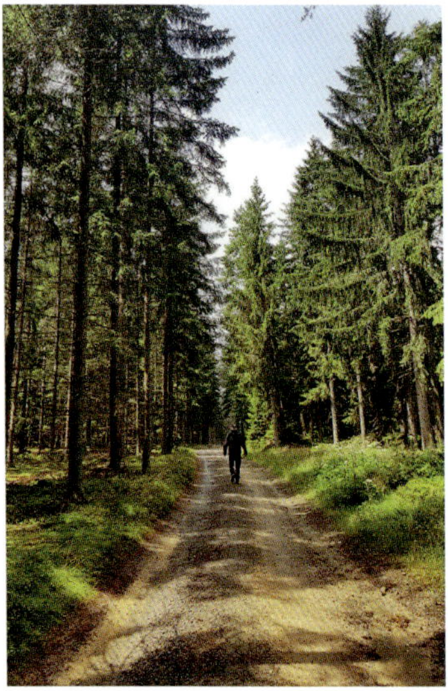

Aufstieg auf den Lauterbachberg

che auf den Ort Lauterbach – einen Teil der Katastralgemeinde **Moorbad Harbach** – zu. Nach etwa 1 km erreichen wir bei der Hausnummer Lauterbach 3 das Ortsgebiet. Wir wenden uns auf dem Wanderweg Nr. 17 auf Asphalt nach links und durchqueren kurz danach einen Bauernhof **(Haumer's Mostheuriger,** Durchgang auf eigene Gefahr) zur Straße des Orts. Hier biegen wir links ab und schreiten am nicht besonders bemerkenswerten „Garten der Menschenrechte" vorbei auf dem Gehsteig der Straße ca. 1 km bergauf.

Kurz nach der (aufgelassenen) Busstation Lauterbach/Gasthaus Magenschab zweigt rechts von der Straße ein Asphaltweg ab, der uns in den Wald führt. Auf dem Ohynaweg (Nr. 16) geht es den **Lauterbachberg** hinauf, bis wir bei einer Wegkreuzung mit einem Christuskreuz mehrere Wandertafeln sehen. Wir entscheiden uns hier für den rot-weiß-rot markierten Hubertusweg (Nr. 18) und Xundwärts-Parcours (ohne Nummer).

Der recht anspruchsvolle Aufstieg über die Forststraße hat sich gelohnt: Nun geht es auf einem wunderschönen Waldweg weiter. Links können wir bald einem Holzpfeil zur Hubertushütte (einem kleinen Jägerunterstand, in dem wir bei Regen Unterschlupf finden) folgen und nach diesem Abstecher die paar Meter zum Hauptweg zurückkehren. Dieser mündet nach einem kurzen Abstieg in eine Forststraße, wo wir dem Hubertusweg nach links folgen und stetig bergab gehen, bald auf asphaltiertem Untergrund. Den letzten Kilometer legen wir auf dieser Straße zurück und kommen so zu unserem Parkplatz in Hirschenwies (3 ½ Std.).

1-5 R(o)utengehen

Rundwanderung von Großschönau zum Johannesberg

Der Waldviertel-Tourismus setzt auf Mythisches – und wir tun es bei dieser Wanderung ebenfalls: Unser Weg führt aus der Gemeinde Großschönau, die neben der Sonnenenergie auch auf geomantische Energien setzt, über den Wünschelrutenweg zur Johanneskirche und im Bogen zurück zum „Kraftplatz" Steinerne Stube mit seinen interessanten Steinformationen.

DER WANDERWEG

Wir beginnen die Wanderung in **Großschönau** auf dem Parkplatz vor dem **Waldviertler Stüberl** und dem Bioenergetischen Zentrum (Mo–Do 8–12, 13–16.30, Fr 8–12 Uhr), wo man sich Wünschelruten ausborgen bzw. diese kaufen kann; hier erhält man auch eine Dokumentation der einzelnen Stationen entlang des Wünschelrutenwegs.

Von diesem Ausgangspunkt gehen wir – einem grünen Pfeil Richtung „Sonnenwelt" und „Sonnenplatz" folgend – die Straße hinauf. Nach etwa 300 m erreichen wir besagte **Sonnenwelt**, eine multimediale Ausstellung zum Thema Energie und Nachhaltigkeit (siehe S. 64; „Am Wege"). Wir sollten sie nach dem Ende der Wanderung aufsuchen, da die Besichtigung einige Stunden in Anspruch nehmen kann.

Unsere Route führt am Sonnenwelt-Gebäude vorbei und noch ein Stück die Straße entlang, bis wir gegenüber einer großen Betonfläche nach rechts auf einen unmarkierten Feldweg einbiegen und auf den Wald zuhalten. An einem Baum erkennen wir eine rot-weiß-rote Markierungstafel (Wanderweg 26) des Fremdenverkehrsvereins Großschönau. Auf diesem Waldweg gehen wir in einem weiten Rechtsbogen am Hang des Schafbergs entlang und sehen auf einer Tafel, dass wir uns bereits im Sternzeichenpark Großschönau befinden. Wir überqueren sodann eine Wiese und schlagen vor Erreichen des nächsten Waldrands einen Weg nach links ein, wo wir zwischen den Bäumen schon die ersten Skulptu-

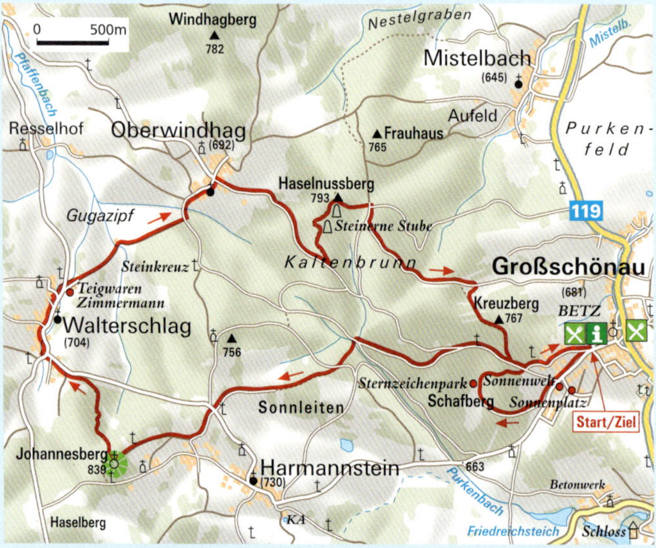

WEGVERLAUF: Rundwanderung. Großschönau/Waldviertler Stüberl – Johannesberg (1 ¼ Std.) – Steinerne Stube (1 ¼ Std.) – Großschönau (45 Min.)

DAUER: 3 ¼ Std.

LÄNGE: 12,5 km

SCHWIERIGKEITSGRAD: Relativ gemütliche Wanderung mit nur einem kurzen steileren Auf- und Abstieg

WEGMARKIERUNGEN: Grüner Pfeil, Rot-Weiß-Rot mit „26", Wünschelrutenweg mit „21", Wege „22" und „24" (Rot-Weiß-Rot), Kamptal-Seenweg/Niederösterreichischer Mariazellerweg mit „620/06", gelbe Pfeile, Holzpfeile zur Steinernen Stube (rote Marken), Rot mit „24" und „22", gelber Pfeil

EINKEHRMÖGLICHKEITEN: Waldviertler Stüberl (bis auf Weiteres geschlossen), Café in der Sonnenwelt (während der Öffnungszeiten der Ausstellung)

ANFAHRT: Mit dem Pkw über die Gmünder Straße (B 41) nach Weitra, dort im Kreisverkehr die dritte Ausfahrt nehmen und über die Zwettler Straße (B 119) weiterfahren, im Ortsgebiet von Großschönau dann nach rechts Richtung Harmannstein und „Sonnenwelt" abbiegen

HINWEIS: Fast die Hälfte dieser Wanderung ist auf Asphalt – wenn auch auf durchwegs wenig befahrenen Straßen – und in freiem Gelände zurückzulegen.

ren des Parks erkennen. Gute 500 m nach Verlassen der Straße treten wir auf eine Lichtung, wo wir künstlerische Darstellungen der einzelnen Zeichen des Tierkreises betrachten können. Die Skulpturen wurden 2007 im Rahmen eines der regelmäßig in Großschönau veranstalteten Holzbildhauer-Symposien von 13 Künstlern aus mehreren Ländern geschaffen.

Vom Sternzeichenplatz aus durchschreiten wir eine kleine Birkenallee, wo wir Anleitungen zum richtigen Atmen und zur richtigen Körperhaltung vorfinden, und folgen einem Pfeil Richtung „Relax-Platz". Über eine schmale Schneise gelangen wir wieder auf den Weg, den wir zuvor verlassen haben, und wenden uns nach links. Nach einem dichten Nadelwaldstück kommen wir zu einer schmalen Asphaltstraße, wo ein nach links weisender gelber Pfeil den „Wünschelrutenweg" mit der Nr. 21 anzeigt. Wir folgen Pfeil und Straße, finden auf einem Baum eine rot-weiß-rote Markierung und sehen, dass wir uns auch auf den Wegen Nr. 22 und 24 befinden, wo wir praktisch niveaugleich dahinwandern.

Kurz nach einem Steinkreuz am Straßenrand zweigt unser Weg nach ca. einem halben Kilometer auf Asphalt nach links auf eine Forststraße ab. Hier sehen wir eine rot-weiß-rote Markierung mit „620/06" (Kamptal-Seenweg/Niederösterreichischer Mariazellerweg), gelbe Wandertafeln Richtung „Johannesberg" und „Harmannstein" sowie einen weiteren Hinweis auf den Wünschelrutenweg. Die breite, sand- und schotterbedeckte Forststraße führt sanft bergab. Auf einer Wegkreuzung mit einer noch breiteren Forststraße verlassen wir den Wünschelrutenweg und schlagen die durch eine Holztafel gekennzeichnete, rot-weiß-rot markierte Route nach Harmannstein und zum Johannesberg ein. Auf einem relativ schmalen Waldweg geht es in eine kleine Senke hinunter und gleich danach bergauf, erst über einen stärkeren Anstieg von ein paar Metern, danach etwas sanfter.

Wir kommen zu einer Forststraße, in die wir rechts einbiegen und nach wenigen Schritten gleich wieder links gehen, um – an einer roten Schranke vorbei – weiterhin dem rot-weiß-roten Pfeil zu folgen. Es folgt ein weiterer gemäßigter Aufstieg über einen ruhigen Forstweg, der sich nach Verlassen des Waldes zu einer schmalen Asphaltstraße wandelt. In leichten Windungen wandern wir über freies Feld bergan – dieser durch Wiesen und Felder charakterisierte Wegteil trägt den passenden Namen Sonnleiten. Wir erreichen dann eine Landstraße, nach deren Überquerung sich unsere Route gleich schräg gegenüber fortsetzt. Hinter einer kleinen Kuppe sehen wir dann die Häuser der Ortschaft **Harmannstein.** Dieses nach seinem Gründer **Hadmar II. von Kuenring** (siehe „Die Kuenringer – Kolonisatoren des Waldviertels", S. 65) benannte Angerdorf zieht sich nach Westen malerisch den Hang zum **Johannesberg** hinauf.

Die Asphaltstraße biegt nach links in den Ort ab; wer die Johannesbergkirche auch innen besichtigen möchte, nimmt diesen Weg und wendet sich auf der Hauptstraße nach rechts, bis er zum Bauernhof mit der Adresse Harmannstein 9 kommt – dort kann man sich den Schlüssel bei Familie Zeilinger abholen. Andernfalls behalten wir die Gehrichtung bei und folgen den Markierungen über einen Wiesenweg, der uns etwas anspruchsvoller bergauf führt, auf die schon deutlich sichtbare Bergkirche zu. Über eine Schotterstraße bewältigen wir dann die letzten ca. 400 m zum Gipfel des 839 m hohen Johannesbergs, wo uns neben der Kirche ein Rastplatz und eine Unterstandshütte erwarten (1 ¼ Std.).

Einst stand hier die Fluchtburg der **Kuenringer,** die 1162 als „novum castrum Hadmarstain" zum ersten Mal urkundlich erwähnt wurde. Als die Kuenringer ihr Herrschaftszentrum dann ins befestigte **Weitra** verlegt hatten, verlor die Burg an Bedeutung und verödete. Ihre Überreste wurden von den Herren von Buchberg dem **Stift Zwettl** übereignet, das an der Stelle der ehemaligen Burgkapelle die Kirche errichten ließ, die dem heiligen Johannes dem Täufer gewidmet ist. Dieser erste Kirchenbau wurde 1381 als Filialkirche erstmals urkundlich erwähnt. Der von einem Tischler aus Groß Gerungs geschaffene Hochaltar stellt Jesu Taufe durch Johannes den Täufer dar.

Die Johanneskirche steht direkt auf der Europäischen Hauptwasserscheide und bietet einen schönen Ausblick in mehrere Himmelsrichtungen – nur im Westen verstellt der Grundberg die Sicht. In unmittelbarer Umgebung des Gotteshauses sind noch Res-

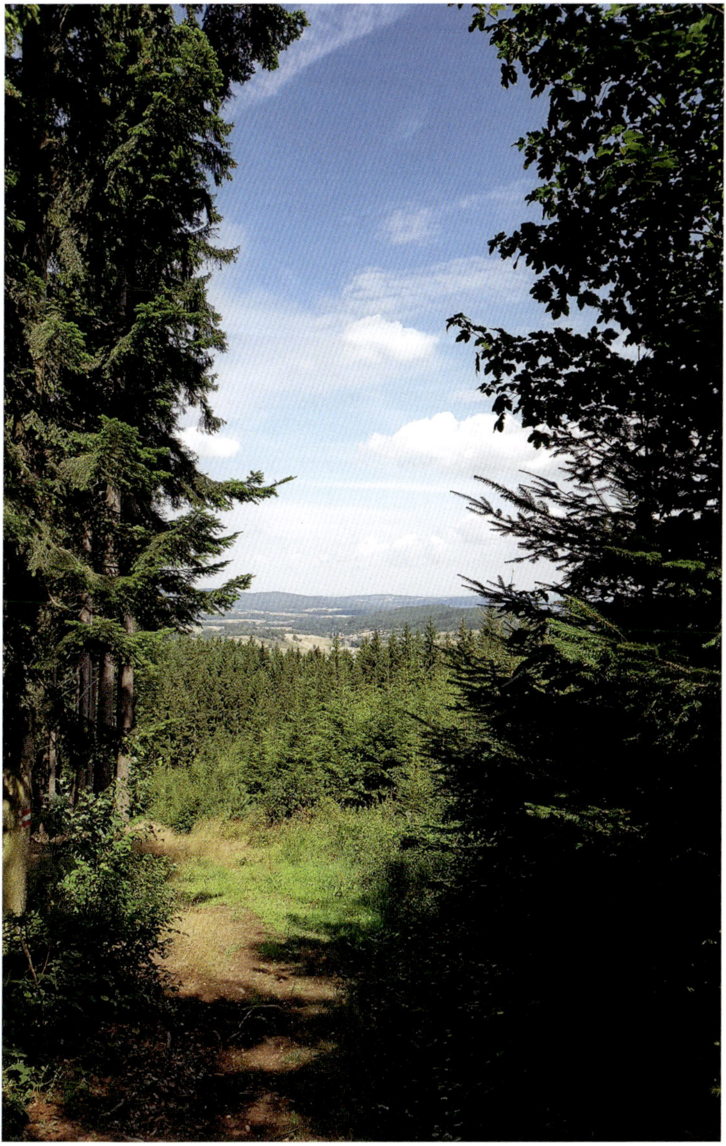

Abstieg vom Johannesberg

te des Burggrabens und einer Ringmauer der ehemaligen Höhenburg erhalten. Esoteriker vermuten hier auch die Kreuzung zweier geomantischer Zonen und diverse Kraftlinien, die sich angeblich über den Berg ziehen. Auch eine „keltische Kultstätte" soll an diesem Ort einmal existiert haben.

Wir besuchen auch das Gipfelkreuz gleich hinter der Kirche und können uns in einer der Unterstandshütten in ein Gipfelbuch eintragen. Danach setzen wir unsere Wanderung fort, indem wir vom Kirchenvorplatz einen rot markierten Weg zuerst am Waldrand, dann durch Jungwald ziemlich steil bergab gehen. Später verflacht der mit Nadeln und Bockerln bedeckte Pfad, um uns nach einem ca. zehnminütigen Abstieg zu einer Straße zu bringen, wo uns die Tafel „620/06" nach links weist, auf eine Häusergruppe zu. So gelangen wir in die Ortschaft **Walterschlag** und folgen hier bei einer Kreuzung den Straßentafeln „Weitra/St. Wolfgang" annähernd in Gehrichtung weiter.

In dieser freundlichen und sonnigen Ortschaft gibt es leider keine Einkehrmöglichkeit. Bei einem Löschteich sehen wir eine Tafel, die uns bereits das nächste Zwischenziel, **Oberwindhag**, anzeigt. Kurz vor dem Ortsende, gegenüber dem Haus Walterschlag 1, führt unsere Route nun schräg rechts weiter, an einer Teigwarenfirma vorbei und über eine schmale Asphaltstraße aus dem Siedlungsgebiet heraus.

Nach einer kleinen Kuppe sehen wir auf diesem asphaltierten Traktorweg schon Oberwindhag vor uns, dessen schmale Hauptstraße wir nach ca. 1 km über freies Feld und am Waldrand erreichen. Auf diesem Wegabschnitt sehen wir zur Linken in einiger Entfernung auch den hölzernen Kirchturm von **St. Wolfgang** (siehe Wanderung 1-3). Wir gehen auf der Straße in den Ortsflecken – ein Gasthaus gibt es auch hier nicht – hinauf und biegen nach der Kapelle rechts in eine weitere schmale Asphaltstraße ein, die weiter bergauf und laut einem Verkehrsschild Richtung „Großschönau" führt. Nach dem bebauten Gebiet führt das Sträßchen auf einen Wald zu und setzt sich bald im Schatten fort; eine rot-weißrote Wandertafel zeigt uns an, dass wir auf dem Wanderweg Nr. 22 unterwegs sind.

Etwa 1 km nach dem Verlassen von Oberwindhag zweigt schließlich ein Weg im spitzen Winkel nach links in den Wald ab. Ein Holzpfeil weist zur „Steinernen Stube", gleichzeitig befinden wir uns wieder auf dem Wünschelrutenweg. Wir wandern nicht allzu steil durch den Wald bergauf; die rot-weiß-roten Markierungen liegen zum Teil auf dem von Nadeln und Ästen bedeckten Boden. Nach etwa 400 m erreichen wir die „Kleine Steinerne Stube", eine Ansammlung von bemoosten Felsbrocken und -formationen, nach einem weiteren Aufstieg ohne konkreten Pfad die **Steinerne Stube** – nur wenige Meter unterhalb vom Gipfel des 793 m hohen **Haselnussbergs** (2 ½ Std.).

Die kantigen Granitbrocken, die hier wie von der Hand eines Riesen hingeworfen scheinen, weisen Durchgänge und Spalten auf, bilden Höhlen und überdachte Formationen, wirken teilweise wie bearbeitet und regen die Fantasie des Betrachters an. Kein Wunder also, dass manche Leute diesen Ort als einen der wichtigsten Kraftorte des Waldviertels bezeichnen oder die Legende verbreiten, hier hätten vor Äonen die „Hüter der Welt" gelebt (siehe dazu auch „Schöne Geschichten, mehr nicht ...", S. 225).

Vor der Informationstafel zur Steinernen Stube wenden wir uns um und sehen etwas weiter unten einen weiteren Pfeil des Wünschelrutenwegs, dessen Station 44 wir ansteuern, um auf dem Waldpfad den gegenüberliegenden Hang des Haselnussbergs bergab zu wandern. Dabei bleiben wir meist am Waldrand oder marschieren durch Jungwald. Bei einer Unterstandshütte mit Jausenplatz gelangen wir dann zu einem breiten Wegdreieck, wo es auf einer breiten Forststraße nach rechts weitergeht. Hier und bei weiteren Wegteilungen halten wir uns stets an den Wünschelrutenweg.

Etwa 1,1 km nach der Hütte führt von diesem sanft bergab laufenden Weg nach einem eingezäunten Bereich zur Rechten im spitzen Winkel ein alter, unmarkierter und zum Teil auch schon recht überwachsener Forstweg weg, dem wir folgen. Nach dem Grundstückszaun biegt dieser Weg – wieder mit der Markierung „24" versehen – nach links ab, führt uns durch einen Fichtenwald über den **Kreuzberg** (767 m) und nach wenigen Minuten wieder auf die asphaltierte Waldstraße, die wir am Beginn der Wanderung, kurz nach dem Besuch des Sternzeichenparks, schon beschritten haben.

Wir folgen ihr nach links und halten auf Großschönau zu. Bei der Ortstafel weist uns ein gelber Pfeil nach links. Auf der schmalen Asphaltstraße gelangen wir – wiederum an mehreren Holzskulpturen vorbei – in den Ort hinunter, wobei wir eine links wegführende Sackgasse ignorieren. So erreichen wir nach ca. 400 m den Parkplatz vor dem Waldviertler Stüberl und somit den Ausgangspunkt unserer Wanderung. Von hier aus können wir noch einmal zur Sonnenwelt zurückkehren, sie besichtigen und auch im dortigen Café einkehren (3 ¼ Std.).

AM WEGE

Wenn heutzutage schon Ausstellung, dann unbedingt interaktiv und nach Möglichkeit auch mit „Erlebniswelt" ... Das alles bietet die mehrfach preisgekrönte **Sonnenwelt** (www.sonnenwelt.at) in **Großschönau**, die seit 2013 existiert, jedes Jahr von Ende März bis Ende Oktober geöffnet hat und mit ihren Exponaten und „Mitmach-Stationen" ausgesprochen familienorientiert ist. Besucher sollen hier auf spielerische und naturgemäß multimediale Art und Weise die „Wunderwelt der Energie" entdecken können – mit Schwergewicht auf Nachhaltigkeit und erneuerbare Energien.

Die Ausstellung führt ihre Besucher durch zwölf Zeitzonen, in denen sie sehen und selbst nachvollziehen können, wie sich das Leben mit der Kraft der Sonne in den vergangenen 10.000 Jahren entwickelt hat. Die dargestellten Epochen beginnen beim Nomadentum und führen über die Ära der Sesshaftwerdung, die Zeit der alten Ägypter und Römer sowie unsere Gegenwart bis in die Zukunft. Im Zuge der Besichtigung kann man mit einem Heimtrainer selbst Strom erzeugen, seinen eigenen Körper (betrachtet durch eine Wärmebildkamera) gegen Energieverluste dämmen oder herausfinden, wie man Erdöl einspart.

Nach dem Besuch der Ausstellung besteht die Möglichkeit, im Waldviertler-Schmankerl-Shop einzukaufen oder sich im hauseigenen Café mit Speis und Trank zu laben.

Die Kuenringer – Kolonisatoren des Waldviertels

„Die Hunde von Kuenring“ versetzten das Bürger- und Bauerntum im Mittelalter in Angst und Schrecken – wenigstens der Sage nach. Als gefürchtete Raubritter sollen die Brüder Hadmar III. und Heinrich III., die wohl bekanntesten Vertreter ihres Geschlechts, donauabwärts fahrende Schiffe von der uneinnehmbaren Burg Aggstein aus gekapert und geplündert haben, bis der Babenberger-Herzog Friedrich II. sie durch eine List in die Schranken wies. Wie so oft in derartigen Überlieferungen handelt es sich auch hier um eine verzerrte Darstellung mit einem wahren Kern. Aber wer waren die Kuenringer, die uns auf unseren Wanderungen immer wieder unterkommen und sowohl für das Waldviertel als auch in der österreichischen Geschichte eine wichtige Rolle gespielt haben, nun wirklich?

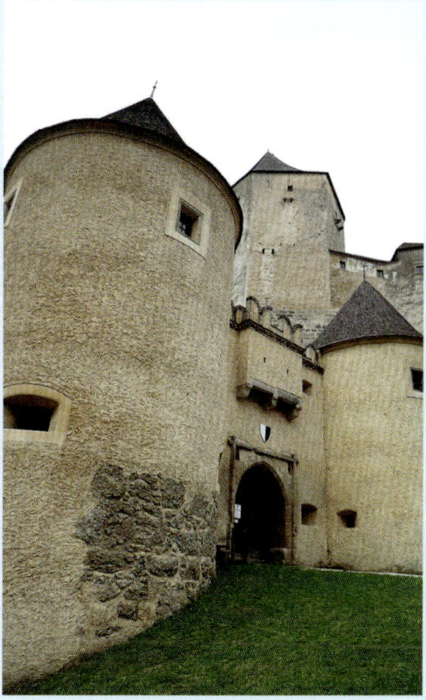

Burg Rappottenstein

Azzo von Gobatsburg, der ursprünglich aus dem bayerischen Raum gekommene Stammvater der Kuenringer, wurde 1056 erstmals urkundlich erwähnt. Aufgrund seiner Verdienste während der Ungarn-Feldzüge unter König Heinrich III. erhielt er neben Ländereien („drei Königshufen“) auch Herrschaftsrechte. Das Gebiet des heutigen Waldviertels bildete in dieser Zeit einen Teil des großen Grenzwalds, der – vom Fichtelgebirge bis zur Donau reichend – böhmisches Land vom deutschen Siedlungsgebiet trennte. In diesen Nordwald („silva nortica“) drangen, von Osten kommend und von adeligen sowie geistlichen Grundherren angeführt, um die Mitte des 11. Jh.s Siedler vor. Der Anstoß zu dieser Siedlerbewegung kam von den Babenberger Markgrafen, die bestrebt waren, ihren Einflussbereich auch auf dieses Gebiet auszudehnen. Um dieses Vorhaben durchzusetzen, billigten sie den Kuenringern als Leitern der Kolonisation außergewöhnliche Rechte zu und übertrugen ihnen immer größere Gebiete zur Erschließung und Sicherung, darunter auch den „districtus Zwettlensis“. Im Laufe des 12. und 13. Jh.s erwarben die Kuenringer dann weitere Besitztümer in der Wachau und dem westlichen Wald-

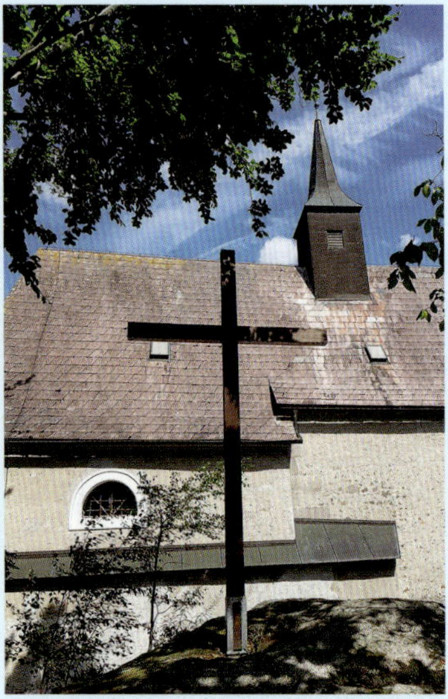

Gipfelkreuz bei Kirche am Johannesberg

viertel. Die bereits existierenden Siedlungen Gmünd, Weitra und Zwettl bauten sie zu Städten aus, die unterschiedlich lang unter ihrer Herrschaft standen. Einige Anlagen wie Weitra – das Machtzentrum der Kuenringer – hatten vor allem militärisch-strategische Bedeutung und sollten das Grenzland bewachen.

In der ersten Hälfte des 12. Jh.s ließ Hadmar I. die Stammburg der Kuenringer erbauen – die Burg Kühnring, nach der sich die Familie benannte. 1138 stiftete er das Kloster Zwettl, das Hauskloster des Adelsgeschlechts. Stift Zwettl war die erste Tochtergründung der Zisterzienser aus dem damals erst fünf Jahre alten Stift Heiligenkreuz. Mit der Kultivierung des Landes durch die Mönche wurde der Nordwald zu einem wichtigen wirtschaftlichen und kulturellen Zentrum nördlich der Donau.

Unter Hadmar II. waren die Kuenringer durch Heirat und Belehnung bereits zur führenden Familie von Ministerialen (Dienstadel/Dienstleute) des Landes aufgestiegen. In ihrem Besitz befanden sich die Burgen und Vesten zu Weitra, Rappottenstein (erbaut und benannt nach Rapoto von Kuenring-Schönberg), Dürnstein, Aggstein, Zwettl, Kühnring, Zistersdorf, Gmünd und Hadmarstein – an einigen kommen wir im Zuge unserer Wandertouren vorbei und können sie auch besichtigen.

Nach dem Tod des Vaters im Jahr 1217 bauten die Brüder Hadmar III. und Heinrich III. ihre Stellung weiter aus. Sie zählten zu den engsten Vertrauten des Babenberger-Herzogs Leopold VI. und unterstützten ihn im Kampf gegen einfallende böhmische Truppen. Leopold vertraute ihnen dafür während seiner vielen langen Auslandsaufenthalte sein Land an. Nach dem Tod des Herzogs endete diese Ära des Friedens und des Wohlstands. Es kam zum Zerwürfnis zwischen Friedrich II. – dem Sohn Leopolds VI., der nicht umsonst den Beinamen „der Streitbare" trug – und den Ministerialen. Letztere waren unter dem vorigen Herrscher mit immer mehr Machtbefugnissen ausgestattet worden und begannen diese nun zu missbrauchen, indem sie illegale Wegzölle einhoben,

Abgaben erpressten oder nach Gutdünken Warenanteile requirierten. Andere Quellen behaupten, Friedrichs neue, härtere Gangart sei mit ein Grund dafür gewesen, dass es zu Aufständen des vorher so gut funktionierenden Dienstadels kam.

Was sich genau abgespielt hat, lässt sich heute kaum mehr verlässlich feststellen. Die Quellen waren damals – wie sie es auch heute noch sind – vom persönlichen Empfinden des Schreibers gefärbt. Fest steht, dass Friedrich II. die Privilegien kurzerhand einschränkte und Sondersteuern einhob. Die Ministerialen ließen sich dieses Vorgehen nicht gefallen. Indem sie – unter der Führung der beiden Kuenringer-Brüder – das herzogliche Krems niederbrannten, die Donau sperrten und den Wiener Burgschatz raubten, wollten sie Friedrich zu Verhandlungen zwingen, um ihre Adelsrechte zu bestätigen. Zur weiteren Aufrüstung eigneten sie sich sogar Güter aus den Klöstern Melk, Göttweig und Zwettl an.

Friedrich II. rang die Aufständischen erfolgreich nieder und nahm eine Burg nach der anderen ein, zeigte sich aber gnädig und beließ die Brüder in ihren Ämtern. Er gab ihnen Güter und Rechte zurück und gewann sie auf diese Weise für sich. Hadmar und Heinrich bemühten sich im Gegenzug um Wiedergutmachung der den Klöstern zugefügten Schäden, indem sie Göttweig und Melk ihre Güter zurückgaben und Zwettl immerhin einen Schuldbrief ausstellten.

1250 teilte sich das Geschlecht der Kuenringer in zwei Linien: Dürnstein und Weitra-Seefeld. Sie verzichteten auf die Aufteilung ihres Besitzes, um ihre wirtschaftliche Stärke zu bewahren. 1278 verbündeten sich die Söhne Hadmars III., Albero V. und Heinrich IV., mit dem böhmischen König Ottokar II. Přemysl und holten ihn mit Zustimmung der österreichisch-steirischen Stände als neuen Herrscher ins Land. Noch vor der entscheidenden Schlacht bei Jedenspeigen (1278) schlugen sie sich jedoch auf die Seite der Habsburger. 1355 starb der männliche Zweig der Linie Dürnstein aus; danach gingen die umfangreichen Besitzungen in der Wachau an die Maissauer und Wallseer über. Anna von Maissau-Kuenring gründete 1380 gemeinsam mit ihrem Gatten die Kartause Aggsbach. Elisabeth von Kuenring legte mit der Stiftung einer Kapelle in Dürnstein im Jahr 1378 den Grundstein für die spätere Gründung des dortigen Augustiner-Chorherrenstifts (1410).

Die Linie Weitra-Seefeld, der nun der gesamte Besitz zufiel, gewann an politischem Ansehen. Zu Beginn des 15. Jh.s war die Familie noch sehr wohlhabend. Der letzte Kuenringer – Johann VI. Ladislaus von Kuenring-Seefeld, der auch Johann Lasla genannt wurde – hatte ein Leben lang mit den Schulden zu kämpfen, die ihm sein Vater hinterlassen hatte. Er starb am 9. Dezember 1594. Politische Bedeutung hatte seine Familie damals schon lange keine mehr gehabt.

1-6 Am Kleinen Semmering

Stationen der Waldviertelbahn – von Langschlag nach Steinbach

Vom Ausgangspunkt unserer Wanderung im Tal der noch jungen Zwettl halten wir uns an den Steinwanderweg, auf dem wir an allerlei Felsformationen vorbei zur Teufelsmühle gelangen. Danach genießen wir einen herrlichen „Waldviertelblick", bevor es über Bad Großpertholz wieder zu einer Bahnstation geht.

DER WANDERWEG

Wir steigen am Bahnhof des kleinen Orts **Langschlag** aus der **Waldviertelbahn** aus. Dort besichtigen wir das in einem alten Eisenbahnwaggon untergebrachte kleine Bahnmuseum und kaufen eventuell im direkt am Bahnhof gelegenen „Langschläger Spezialitätenladen" lokale Produkte ein. Vor der Station wenden wir uns dann in der Bahnhofstraße nach rechts, überqueren bei der ersten Möglichkeit die Bahngleise und auch gleich die **Zwettl**, die hier nur ein schmaler Bach ist. Danach biegen wir links auf einen asphaltierten Weg ein, bleiben bei einer Abzweigung am Wasser und folgen auf einem geschotterten Weg dem Schild „LRWW" (Niederösterreichischer Landesrundwanderweg) und „608" (Eisenwurzenweg). So kommen wir zu mehreren Wandertafeln, von denen uns eine auf den Steinwanderweg mit der

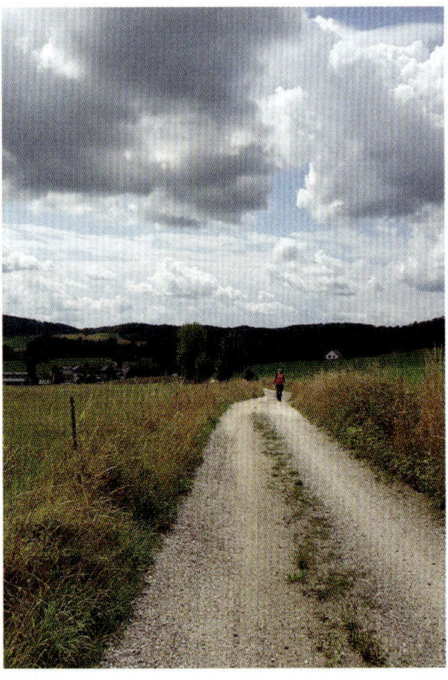

Feldweg nach Bruderndorf

Nr. 91 weist; dieser Route folgen wir nun für längere Zeit.

Gegenüber dem Café-Restaurant und Hotel **Waldviertler-Hof**, wo wir uns erstmals auf dieser Route stärken können, führt uns eine kleine Steinbrücke erneut über die Zwettl. Wir kommen zur Bahnhofstraße, die wir nach rechts weitergehen. So erreichen wir nach wenigen Metern die Abzweigung der Kasbacher Straße, in der wir über freies Feld bergauf gehen. Nach ca. 1300 m zweigt schließlich in einer scharfen Linkskurve der Straße der Steinwanderweg als Feldweg nach links ab und führt uns – wir folgen der Tafel „Kamelstein – Opferstein 15 Min." – in den Wald hinauf. Nach wenigen Minuten erreichen wir die beiden Steinformationen und kehren nach dem kleinen Abstecher zurück zur Wegkreuzung. Der weiterhin mit dem gelben Pfeil bezeichnete Steinwanderweg führt uns wenige Meter entfernt bei einem Marterl nach links über einen Feldweg.

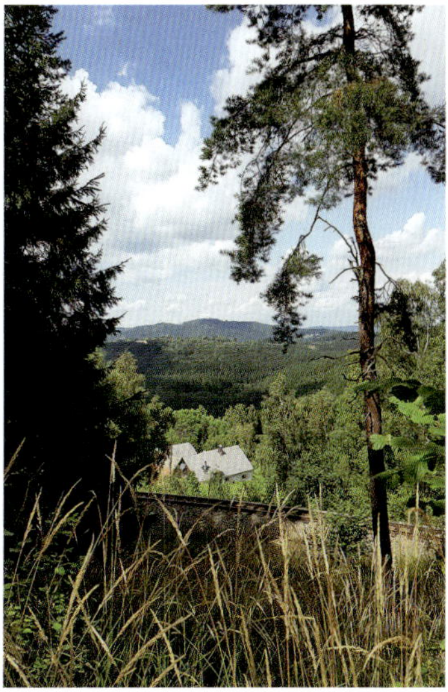

Der „Waldviertelblick"

Im offenen Gelände gelangen wir so zu einer Asphaltstraße, der wir nach rechts bergab in den Ortsflecken Schmerbach folgen, den wir ungefähr 2 km nach der Abzweigung erreichen. Hier besteht wieder die Möglichkeit für einen kurzen Abstecher – diesmal nach rechts, zu den Wackelsteinen, die aber auch von der Straße aus deutlich sichtbar sind.

In Schmerbach halten wir uns links und folgen dem markierten Weg. Vor einem Waldstück haben wir die Möglichkeit, über einen schmalen Pfad ein paar Meter zum Mutter-Kind-Stein hinaufzugehen und diesen zu erklettern. Auf dem Hauptweg geht es

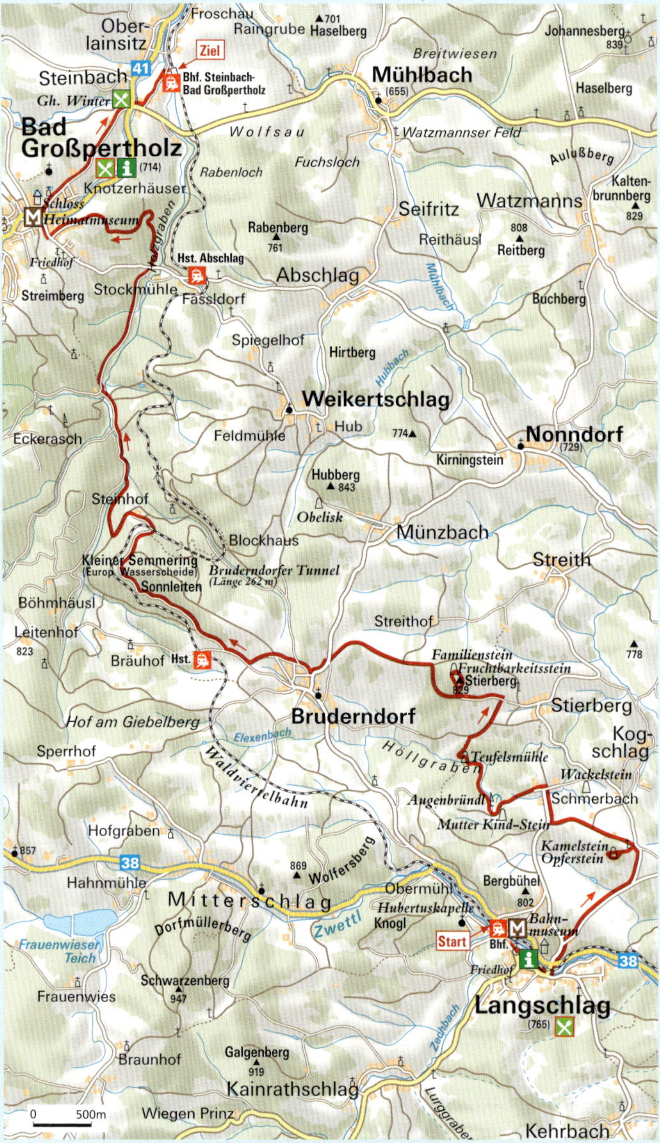
Froschau
Raingrube
701
Haselberg
Johannesberg
839
Ober-
lainsitz
Ziel
41
Breitwiesen
Mühlbach
(655)
Haselberg
Steinbach
Bhf. Steinbach-
Bad Großpertholz
Gh. Winter
Wolfsau
Watzmannser Feld
Bad
Großpertholz
(714)
Rabenloch
Fuchsloch
Aulußberg
Knotzerhäuser
Kalten-
brunnberg
829
Schloss
Heimatmuseum
Holzgraben
Rabenberg
761
Seifritz
Watzmanns
808
Reithäusl
Reitberg
Friedhof
Hst. Abschlag
Abschlag
Mühlbach
Streimberg
Stockmühle
Fassldorf
Buchberg
Spiegelhof
Hirtberg
Hubbach
Weikertschlag
Hub
774
Nonndorf
(729)
Eckerasch
Feldmühle
Kirningstein
Hubberg
843
Steinhof
Obelisk
Münzbach
Blockhaus
Kleiner Semmering
(Europ. Wasserscheide)
Bruderndorfer Tunnel
(Länge 262 m)
Streith
Sonnleiten
Böhmhäusl
Streithof
Leitenhof
823
778
Familienstein
Fruchtbarkeitsstein
Bräuhof
Hst.
Stierberg
829
Stierberg
Bruderndorf
Hof am Giebelberg
Elexenbach
Kog-
schlag
Sperrhof
Höllgraben
Teufelsmühle
Wackelstein
Waldviertelbahn
Augenbründl
Schmerbach
Mutter Kind-Stein
Hofgraben
Kamelstein
Opferstein
857
38
869
Wolfersberg
Bergbühel
802
Hahnmühle
Obermühl
Mitterschlag
Hubertuskapelle
Dorfmüllerberg
Zwettl
Knogl
Bahn-
museum
Start
Bhf.
Frauenwieser
Teich
38
Friedhof
Schwarzenberg
947
Langschlag
(765)
Frauenwies
Zechbach
Braunhof
Galgenberg
919
Kainrathschlag
Lurggraben
0
500m
Wiegen Prinz
Kehrbach

WEGVERLAUF: Streckenwanderung. Langschlag – Teufelsmühle (1 ½ Std.) – Bruderndorf (1 Std.) – Bad Großpertholz (1 ½ Std.) – Steinbach Bahnhaltestelle (30 Min.)

DAUER: 4 ½ Std.

LÄNGE: 17,5 km

SCHWIERIGKEITSGRAD: Mittelschwere Wanderung, hauptsächlich wegen der Länge und des anstrengenden Aufstiegs vor Bad Großpertholz; sonst erträgliche Höhenunterschiede und etwa ein Drittel des Wegs auf Asphalt

WEGMARKIERUNGEN: Niederösterreichischer Landesrundwanderweg LRWW, Steinwanderweg „91" (gelbe Pfeile), Bahnwanderweg Kleiner Semmering mit „90" (Rot-Weiß-Rot), Blau-Gelb, rot-weiß-rote Markierung mit „55", Eisenwurzenweg „608", gelbe Pfeile, Steinbachweg „84" (Rot-Weiß-Rot), grüner Pfeil

EINKEHRMÖGLICHKEITEN: Waldviertler-Hof (kein Ruhetag), Hahn-Buam-Hof (Di, Mi Ruhetag), Nordwaldhof (Mo Ruhetag), Gasthaus Winter (kein Ruhetag)

ANFAHRT: Mit der Waldviertelbahn von Gmünd nach Langschlag (Fahrplan auf www.waldviertelbahn.at). Mit dem Bus (Linie 757) von Gmünd/Bahnhof zur Station Langschlag/Kasbacher Straße. Mit dem Pkw über die Gmünder Straße (B 41) nach Weitra, darauf weiter, dann links über die L 8034 Richtung St. Wolfgang, Watzmanns, Nonndorf, Münzbach und Bruderndorf, danach links abbiegen auf Böhmerwaldstraße (B 38) bis zum Bahnhof Langschlag in der Bahnhofstraße.

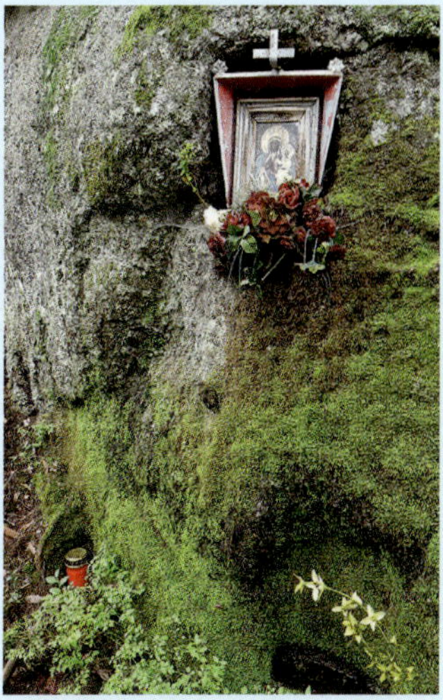

Schwarze Madonna beim Augenbründl

RÜCKFAHRT: Mit der Bahn vom Bahnhof Steinbach-Bad Großpertholz nach Gmünd. Bitte unbedingt Rückfahrzeiten beachten, um den letzten Zug nicht zu verpassen! Mit dem Bus (auch Linie 758) von der Station Steinbach/Bad Großpertholz Ort zurück nach Gmünd. Wer mit dem Auto angereist ist, nimmt die Waldviertelbahn von besagtem Bahnhof zurück nach Langschlag (bzw. fährt mit dem Bus 757 von der Station Steinbach/Bad Großpertholz Ort zur Station Langschlag/Kasbacher Straße) und fährt von dort wie oben angegeben dieselbe Strecke zurück.

dann kurz zwischen Bäumen bergab, bevor wir nach rechts auf einen Wiesenweg einbiegen, wo wir bald die nächste Attraktion auf dem Steinwanderweg zu sehen bekommen: das Augenbründl, zu dem man über einen steinigen, wurzelübersäten Pfad ein paar Meter aufsteigen und das dort angebrachte Bild der schwarzen Madonna von Tschenstochau bewundern kann. Das Bründl mit seinem rechtsdrehenden Wasser ist seit Generationen ein Ziel für Menschen aus der Gegend, die dort ihre Augenleiden lindern wollen.

Der Wanderweg bringt uns dann wieder in einen Wald, wo wir am Elexenbach entlanggehen. Auf dem pittoresken Pfad mit vereinzelten blau-gelben Markierungen gelangen wir in den Höllgraben und zur sogenannten Teufelsmühle. Hier soll der Gottseibeiuns aus lauter Zorn über seine Niederlage bei der Wette mit einem Müller einst gewaltige Felsblöcke in den Bach geworfen haben (1 ½ Std.).

Wir meiden den ersten markierten Übergang über glitschige Felsen und bleiben auf unserer Bachseite, bis wir zu einer kleinen Holzbrücke kommen. Auf ihr queren wir das Gewässer und sehen bald mehrere Schilder vor uns. Der Steinwanderweg führt nach links weiter; hier befinden wir uns auch bereits auf dem Bahnwanderweg Kleiner Semmering mit „90" und folgen einer rot-weiß-roten Markierung.

Nach etwa 300 m treten wir aus dem Wald auf einen geschotterten Feldweg, von dem der Steinwanderweg nach links über einen grasbewachsenen Pfad wegführt. Auf ihm erreichen wir eine schmale Asphaltstraße, in die wir links einbiegen, um wieder in den Wald zu kommen. Hier erkennen wir an einem Schuppen eine gelbe Tafel mit der Zahl 90 und einen rot-weiß-roten Pfeil mit „55". Ein paar Meter danach zweigt ein Weg mit „91" Richtung „Stierberg – Familienstein – Fruchtbarkeitsstein" nach rechts ab. Wir machen diesen Abstecher und ersteigen auf Blau-Gelb den Gipfel des 829 m hohen **Stierbergs,** wo wir uns die genannten Felsformationen ansehen können. Auch hier – wie zuvor beim Opferstein – finden wir wieder Schalensteine, also Steinblöcke mit ausgerundeten Vertiefungen, in denen sich oft Wasser befindet, auch bei trockenem Wetter. Bis heute rätselt die Forschung darüber, ob es sich dabei um

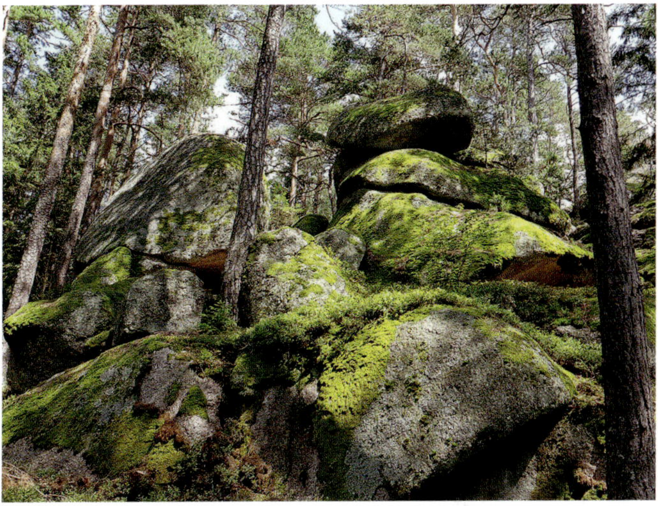

Steinformationen am Stierberg

zufällige geologische Formationen oder bewusst gestaltete „heidnische Opfersteine“ handelt (siehe dazu auch „Schöne Geschichten, mehr nicht …“, S. 225).

Nach einer kurzen Jause auf der Rastbank am Gipfel steigen wir wieder zur breiteren Waldstraße ab und gehen diese in der vorigen Richtung auf Rot-Weiß-Rot weiter. Haben wir den hochstämmigen Nadelwald verlassen, setzt sich die Route etwas mehr als 1 km als Feldweg über freie Fläche fort und bringt uns zu einer asphaltierten Landstraße, die uns nach links in die kleine Ortschaft **Bruderndorf** hinabführt (2 ½ Std.).

Wir halten uns gleich bei der ersten Abzweigung rechts, der roten Markierung gemäß, und gehen auf Asphalt ein Stück weiter. Nach dem letzten Bauernhof wählen wir den Feldweg links und kommen zu einer „Radfahrer- und Wanderoase“ – einer Holzhütte, in der man sich per Selbstbedienung mit erfrischenden Getränken versorgen kann.

Von hier aus gehen wir den geradeaus führenden Feldweg weiter und stoßen nach ca. 150 m auf die Kreuzung mit einem asphaltierten Sträßchen, wo wir dem Eisenwurzenweg „608" nach rechts folgen. Vor uns sehen wir nun wieder die Gleise der Waldviertelbahn, biegen aber davor rechts auf einen Feldweg ab, wo uns ein Stein auf die hier befindliche mitteleuropäische Wasserscheide hinweist; südlich von ihr fließt alles Wasser in die Donau und somit in das Schwarze Meer, nördlich in die Nordsee. Bei einer Abzweigung nach links verlassen wir die hier als „Bahn-Erlebnis-Weg" bezeichnete Route und gehen auf den Wegen „608" und „90" oberhalb des Bahngleises weiter. Wir bewegen uns in diesem Abschnitt an der Flanke der **Sonnleiten** (848 m) und des **Kleinen Semmerings** (820 m) entlang. Später öffnet sich der Wald links von uns, sodass wir den herrlichen „Waldviertelblick" genießen und weit vor uns den **Wachberg** mit seinem Sendeturm sehen können.

Bald danach queren wir die Bahngleise und gehen auf Rot-Weiß-Rot in mehreren Kurven durch den Wald in ein Bachtal hinunter, dessen Grund wir nach ca. 1 km erreichen. Über eine kleine Brücke gelangen wir zu einer Waldstraße, der wir nach rechts – Richtung Bad Großpertholz und Eisenwerk – folgen. Bei einer Wegkreuzung mit einer kleinen Schutzhütte gehen wir nicht den Bahnerlebnisweg geradeaus in den Wald weiter, sondern wählen die nach rechts führende Forststraße. Auf ihr kommen wir im Steinbachgraben nach gut 1 km zu einer Asphaltstraße und gehen geradeaus, ohne ins ehemalige Fassldorf einzubiegen. Die nächste Straße überqueren wir und marschieren auf dem Weg „Bad Großpertholz – Zentrum" (gelber Pfeil) weiter. Dieser Fassldorfweg ist eine breite Forststraße, die in Kurven recht steil bergan führt; wenn wir die Kuppe erreichen, sehen wir wieder den Wachberg vor uns. Nach einer Kurve führt eine zuerst geschotterte, dann asphaltierte Straße nach **Bad Großpertholz.** Wir folgen einer breiteren Querstraße rechts bergab und gelangen so auf die Hauptstraße des Kurorts, die Gmünder Straße. Etwas links von uns sehen wir auf der gegenüberliegenden Straßenseite das Schloss des Ortes, das Mitte des 12. Jh.s zum Schutz der von **Berthold von Schiefern-Arnstein** gegründeten Siedlung als Festes Haus errichtet wurde (4 Std.).

Sollte die Zeit ausreichen, gehen wir nach links in den Ort hinein, um im **Hahn-Buam-Hof** oder im Gasthaus **Nordwaldhof**

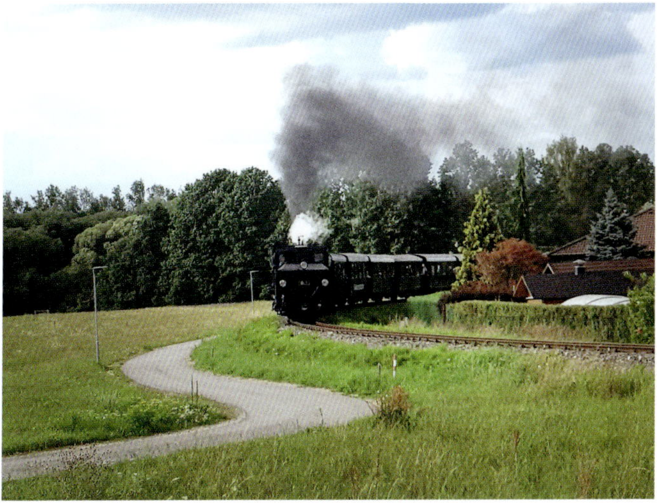

Dampflok der Waldviertelbahn

einzukehren. Wenn sich das nicht ausgeht, wenden wir uns auf der Gmünder Straße nach rechts und biegen gleich nach dem Schlossareal bei einem Bildstock in den links leicht bergan führenden Asphaltweg ein. Es ist der rot-weiß-rot markierte Steinbachweg mit „84", der nach einer Kuppe mit Heiligenstatue und dem Ortsendeschild bald wieder bergab führt. Auf ihm erreichen wir nach ca. 1 km Steinbach, wo wir direkt beim Gasthaus Winter wieder auf die Gmünder Straße treffen. Die Busstationen Steinbach/Bad Großpertholz Ort (beide Richtungen) befinden sich wenige Schritte rechts davon.

Wenn wir jedoch zur Waldviertelbahn wollen, überqueren wir vor dem Lokal die Straße und folgen einem grünen Pfeil. Die letzten 400 m der Wanderung legen wir auf Asphalt zurück und gelangen so auf ebener Strecke zum Bahnhof Steinbach-Bad Großpertholz mit seinem historischen Wasserturm. Dort nehmen wir den Zug, der uns nach Gmünd bzw. Langschlag bringt (4 ½ Std.).

1-7 Gipfelstürmer

Beim Lainsitz-Ursprung und am höchsten Punkt des Waldviertels

Karlstift ist Ausgangspunkt für eine Wanderung zum malerischen Stierhübelteich und zum Moorgebiet Große Heide im Naturpark Nordwald, bevor der Weg zur Quelle der Lainsitz weiterführt. Danach steigt man durch gesunde Nadelwälder zum Dach des Waldviertels auf.

DER WANDERWEG

Der Bus hält direkt vor dem **Gasthof Zeiler** in **Karlstift**, wo wir nach der Wanderung einkehren können. Wir starten die Tour gegenüber dem Lokalparkplatz; hier weist uns eine gelbe Pfeiltafel mit den Angaben „Hochmoor-Aussichtsturm" und „Stierhübelteich" mit „85" auf eine grob geschotterte Stichstraße nach Süden in den Forst. Nach 900 m haben wir das angegebene Gewässer fast erreicht. Der Teichrundweg mit „65" setzt sich hier nach links im Unterholz fort und lässt uns über bemooste Wurzeln zwischen dicht stehenden Stämmen weitergehen. In einem Rechtsbogen wandern wir am malerischen Stierhübelteich, einem erfrischenden Moorbadesee, entlang. Wir erreichen bald das **Badebuffet** mit seinen Einrichtungen für Badegäste und dem angeschlossenen Holzhackermuseum (bei Schönwetter geöffnet), in dem man dem Leben der Holzknechte und ihrer Arbeit in vergangener Zeit nachspüren sowie eine frei zugängliche Holzlehrschau betrachten kann (30 Min.).

Wir bleiben noch kurz am Ufer, biegen dann nach links in die anfängliche Straße ein (wieder „85") und können nach 5 Min. links in eine Senke zum Triftkanal hinuntergehen, wo eine Schautafel zeigt, wie man sich die Anlage und die mühsame Holztrift vorzustellen hat. Die Stämme wurden über die Bäche dieses Gebiets zur Aist getriftet, um von dort zur Donau und damit in den Wiener Raum weiterbefördert zu werden.

Wir kehren zum Hauptweg zurück, passieren einen als Kohlstadelhütte bezeichneten Unterstand und marschieren zwischen mittelhohen Nadelbäumen dahin. Der Weg gabelt sich schließlich. Der Pfeil zum Hochmoor-Aussichtsturm weist nach links und nach weiteren 250 m nach rechts auf einen schmalen Grasweg, über den wir den Turm bequem erreichen und die Große Heide im Naturpark Nordwald (siehe „Moore im Waldviertel", S. 93) überschauen können (1 Std.).

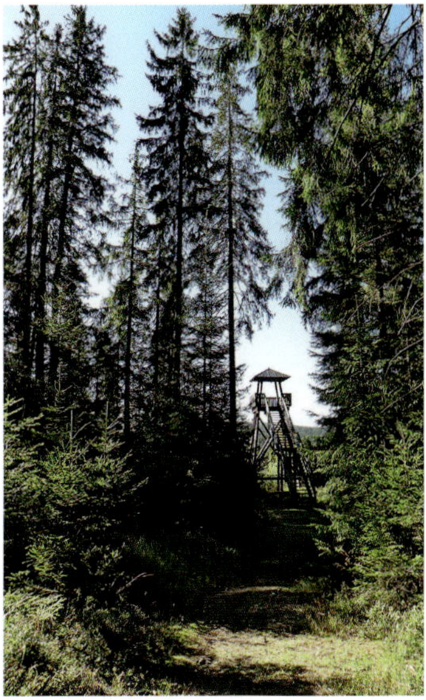

Aussichtsturm beim Hochmoor

Vom Moor selbst ist nichts zu sehen, doch der im Vergleich zu normalen Wäldern niedrigere Baumbewuchs mit Latschen ist durchaus auffällig und lässt den Vergleich mit Gebieten in Skandinavien und Russland zu. Sogar Elche sollen hier schon gesichtet worden sein.

Wir bewegen uns zurück zum Hauptweg, gehen links zur Gabelung und rechts die schnurgerade Forststraße gut 200 m zurück. Kurz nach einer Tafel mit „85" biegt ein Weg nach links in unmarkiertes Gelände ab. Auf ihm marschieren wir durch dichten Wald und überqueren dabei den Kolmbach. Von rechts führt dann ein breiterer Forstweg zu (Tafel „Teichloipe Nr. 32"), wir behalten aber die Gehrichtung bei und wandern bald in einem Rechtsbogen weiter. Zwischen den Stämmen auf der rechten Seite ist der höchste Punkt dieser Gegend zu erahnen: der Stierhübel.

Nachdem die Autostraße schon einige Zeit hörbar war, erreichen wir sie nach einem sanften Anstieg über diese Forststraße. Wir biegen rechts in die lärmige B 38 ein und gehen etwa 100 m an ihrem Rand bis zu den Wegweisern „Stadlberg" und „Staatsgrenze" sowie der grünen Tafel „Bucherser Kapelle" vor. Hier überqueren

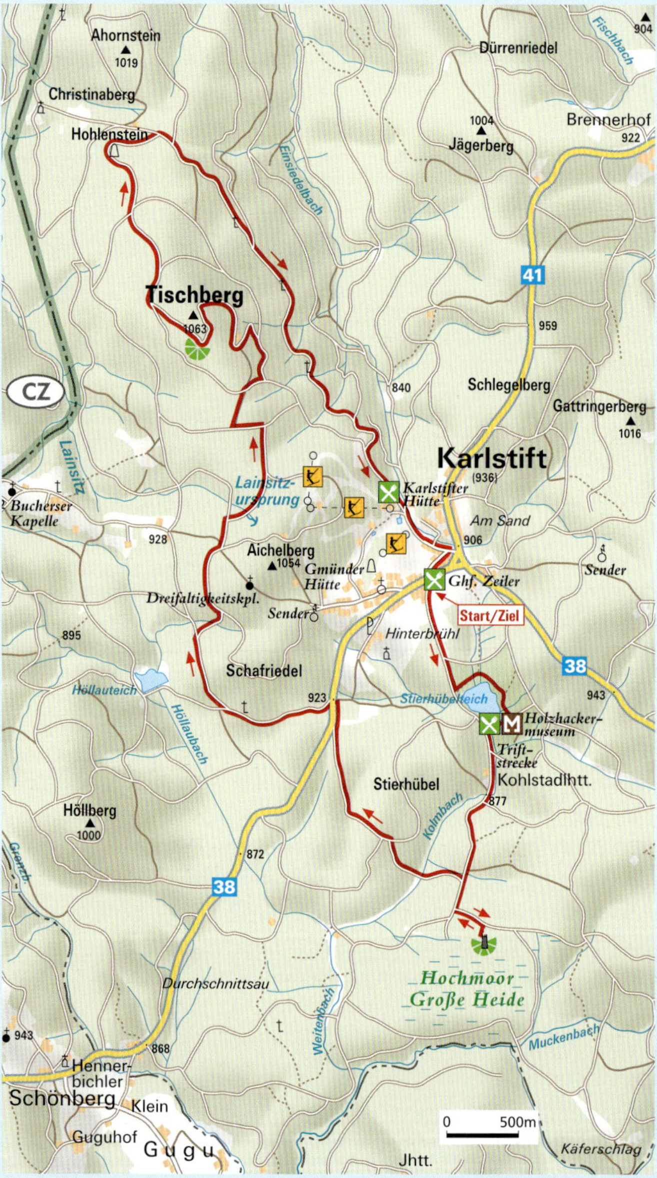
Ahornstein
1019
Dürrenriedel
904
Fischbach
Christinaberg
Hohlenstein
1004
Jägerberg
Brennerhof
922
Einsiedelbach
41
Tischberg
1063
959
CZ
840
Schlegelberg
Gattringerberg
1016
Lainsitz
Karlstift
(936)
Lainsitz-ursprung
Karlstifter Hütte
Bucherser Kapelle
Am Sand
928
906
Aichelberg
1054
Gmünder Hütte
Sender
Ghf. Zeiler
Dreifaltigkeitskpl.
Sender
Start/Ziel
895
Hinterbrühl
Schafriedel
38
Höllauteich
923
Stierhübelteich
943
Höllaubach
Holzhacker-museum
Trift-strecke
Stierhübel
Kohlstadlhtt.
877
Höllberg
1000
Kolmbach
Grenzb.
872
38
Durchschnittsau
Hochmoor
Große Heide
Weitenbach
943
Muckenbach
868
Henner-bichler
Schönberg
Klein
0
500m
Guguhof
Gugu
Jhtt.
Käferschlag

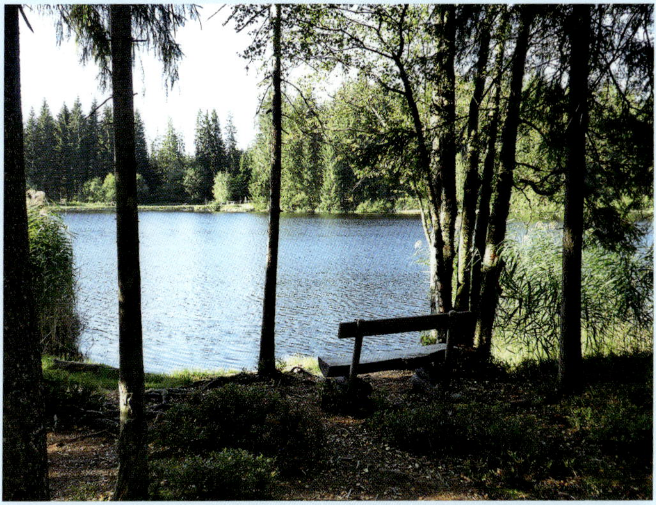

Rast am Stierhübelteich

WEGVERLAUF: Rundwanderung. Karlstift – Stierhübelteich (30 Min.) – Hochmoor-Aussichtsturm (30 Min.) – Lainsitz-Quelle (1 Std.) – Tischberg (30 Min.) – Hohlenstein (30 Min.) – Karlstift (1 ¼ Std.)

DAUER: 4 ¼ Std.

LÄNGE: 17,4 km

SCHWIERIGKEITSGRAD: Nur kurze prägnante Anstiege und Gefälle, sonst bequeme Höhenwanderung

WEGMARKIERUNGEN: Gelbe Tafeln mit „85", „65" bzw. wieder „85", unmarkiert, gelbe Tafeln mit „86", unmarkiert, gelbe Tafeln mit „64" bzw. „86", unmarkiert, gelbe Tafeln mit „86"

EINKEHRMÖGLICHKEITEN: Gasthof Zeiler (Do Ruhetag), Badebuffet am Stierhübelteich (an Badetagen geöffnet), Gasthaus Karlstifter Hütte (bei Skibetrieb Mo und Di Ruhetag)

ANFAHRT: Mit dem Bus von Gmünd/Bezirkshauptmannschaft oder Bahnhof über Weitra zur Station Karlstift/B 38-Abzw. Ort (nur frühe Anreise möglich). Mit dem Pkw von Gmünd über Weitraer Straße und B 41 (Gmünder Straße) über Weitra und Bad Großpertholz nach Karlstift. Hier rechts in B 38 (Böhmerwaldstraße) Richtung Sandl einbiegen und in der Nähe des Gasthofs Zeiler parken

HINWEIS: Über weite Strecken ist in unmarkiertem Gelände zu marschieren. Achten Sie daher auf die genauen Orientierungsangaben.

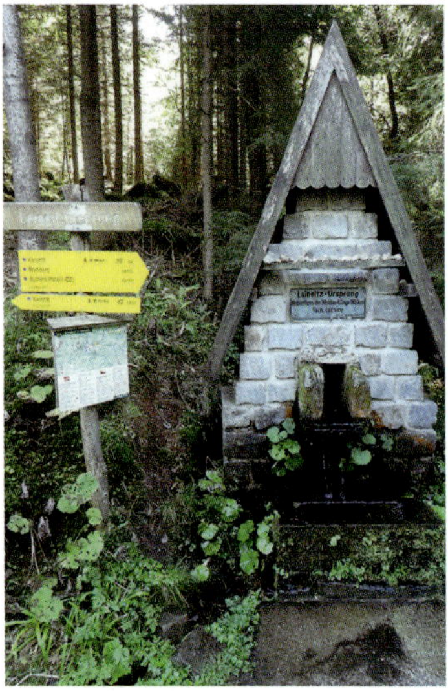
Lainsitz-Ursprung

wir die Fahrbahn und setzen unsere Wanderung auf dem Güterweg Stadlberg fort (Pfeilangabe „Rund um den Aichelberg“ und „86“).

Der Güterweg ist breit, asphaltiert und führt praktisch niveaugleich dahin. Wir passieren ein Gedenkkreuz für einen 1933 verunfallten Forstarbeiter; danach steigt das Gelände leicht an. Auf einer Straßenkuppe biegen wir bei einem Orientierungsbaum (Holzpfeil „Aichelberg-Rundweg“) rechts unmarkiert ab und nehmen nach der Schranke eine kurze, markante Steigung in Angriff. Nach einem Linksbogen führt ein Forstweg von rechts zu. Wir behalten unsere Richtung bei, der Anstieg flacht ab. An der folgenden Wegkreuzung laufen mehrere Wanderwege zusammen und verschiedene Wegweiser sind zu sehen. Wir wählen den Hinweis „Lainsitz-Quelle 10 Min., Nr. 64“. Bei der nächsten Gabelung halten wir uns rechts und erreichen die putzige Unterstandskoje gegenüber dem Ursprung der Lainsitz (siehe S. 82, „Am Wege“), dem wichtigsten in Ostösterreich entspringenden Fluss, der nicht ins Schwarze Meer entwässert, sondern in die Nordsee (2 Std.).

Wir setzen unseren Weg fort, indem wir „64“ und „86“ (nach Karlstift) weiter folgen – auch bei der nächsten Gabelung. So gelangen wir zu einer T-Kreuzung, auf der „86“ rechts nach Karlstift weist. Wir biegen an dieser Stelle jedoch links in unmarkiertes Gelände ab. Nach ca. 250 m auf dieser Forststraße zweigt bei einem mächtigen Baumstumpf eine weitere Straße rechts ab. Zwischen den Baumwipfeln kann man schon die Felsformationen des Tischbergs ausmachen. Wir biegen dann in Gehrichtung in eine grob geschotterte Forststraße ein und gehen auf ihr noch gut 100 m weiter. Danach halten wir uns links auf feinerem Kies konsequent bergwärts und folgen den Serpentinen. Auf diesem Weg passieren wir auch eine Jagdhütte. Wenn der Anstieg bewältigt ist, erreichen wir einen mächtigen flachen Steinblock, den ein Baumskelett mit einer Holztafel ziert: **Tischberg** (siehe S. 82, „Am Wege"). Damit stehen wir unmittelbar neben dem höchsten Punkt, den man im Waldviertel erreichen kann – relativ unspektakulär, aber nun einmal der exponierteste (2 ½ Std.).

Blickt man hier vom Dach des Waldviertels um sich, ist man vom Waldreichtum im letzten Zipfel Österreichs und im angrenzenden Tschechien beeindruckt. Wir marschieren die Forststraße weiter, kommen etwas weiter unten an einer anderen schönen Steingruppe vorbei, blicken nochmals zum Gipfelbereich hinauf und gehen abwärts. Dann biegen wir rechts in einen Forstweg mit groben Steinen ein. Bei der nächsten Gabelung gehen wir nach links und leicht bergab. 400 m weiter läuft von links eine Straße zu, nach der sich etwa 50 m weiter der Weg gabelt. Auch hier halten wir uns links bergab. Bald tauchen rechts zwischen den Stämmen die Steinblöcke des **Hohlensteins** auf. An einer Stelle können wir dann ganz auf sie zugehen und sie betrachten (3 Std.).

In einem Rechtsbogen verlassen wir den Hohlenstein und steuern talwärts auf eine breite Forststraße zu, in die wir rechts einbiegen und im unvermindert dichten Wald etwa niveaugleich weiterwandern. An einer Stelle taucht ein Gedenkkreuz auf, das an einen gewissen Franz Gallistl erinnern soll, der hier verunglückt ist. Wiederum läuft von links eine andere Forststraße zu. Wir behalten aber unsere Richtung bei und erreichen ein weiteres Gedenkkreuz, diesmal für einen Stefan Kräner, verstorben 1935.

Nach einem längeren Marsch aus diesem Forstgebiet heraus passieren wir die Stelle, an der die markierte Route „86" vom Berg kommend zuführt. Wir legen noch die restliche Strecke im Wald zurück und treten beim Josefsteich heraus. Rechts sehen wir das **Gasthaus Karlstifter Hütte** neben der Talstation des Aichelberg-Skilifts und überqueren den Parkplatz für die Wintersportler. Die Zufahrt zum Parkplatz ist eine aufgelockerte Allee, die leicht bergauf auf den Ort zuführt. Vor dem Haus Nr. 73 biegen wir rechts ab und erreichen in wenigen Minuten unseren Ausgangspunkt, den Gasthof Zeiler (4 ¼ Std.).

AM WEGE

Er hat es nicht leicht: Kaum jemand kennt ihn, er fällt nicht sonderlich auf und kein markierter Weg führt auf sein Plateau. Trotzdem ist er der höchste Punkt, den man im Waldviertel erwandern kann: der **Tischberg.** Mit 1063 m überragt der ziemlich genau 1 km Luftlinie von der Grenze zu Tschechien entfernte Gipfel auch alle anderen Punkte im Waldviertler Teil des **Freiwalds,** des österreichischen Teils des **Gratzener Berglands.** Dieses wiederum erstreckt sich über eine Fläche von ca. 20 mal 30 km im Grenzgebiet von Ober- und Niederösterreich sowie Tschechien und weist als höchste Erhebung mit 1112 m den Viehberg bei Sandl (im unteren Mühlviertel) auf. Am **Ostrong** im südlichen Waldviertel hat der Tischberg starke Konkurrenz im **Großen Peilstein.** Dieser verfehlt mit 1061 m die Höhe des Tischbergs nur um zwei Meter.

Etwa 1,5 km südlich des Tischberg-Gipfels entspringt in dieser waldreichen Gegend jener Fluss, der als einer der ganz wenigen letztendlich in die Nordsee entwässert: die **Lainsitz.** Sie umfließt den Gipfelbereich westlich, wendet sich auf tschechischem Boden Richtung Norden und kommt bei Joachimstal wieder nach Österreich, um östlich Richtung Bad Großpertholz und Weitra zu fließen. Nördlich dieses Durchstichs steigt der Freiwald noch einmal an und findet auf 1017 m am **Nebelstein** einen weiteren Gipfelpunkt. Hier nimmt u. a. der 1970 eingerichtete **Nord-Süd-Weitwanderweg 05** seinen Ausgang. Nach Querung des Alpenhauptkamms erreicht man auf diesem Weg nach ca. 500 intensiven Wanderkilometern Eibiswald in der Südweststeiermark.

2 Kirchen, Keller, Kreisverkehre

Stadtspaziergang in Waidhofen an der Thaya

Waidhofen an der Thaya ist mit seinen ca. 5500 Einwohnern die nördlichste Bezirkshauptstadt Österreichs. Sie liegt mitten im Granit- und Gneishochland des Waldviertels am Oberlauf der Deutschen Thaya und ist eine von elf Stadtmauerstädten in Niederösterreich. Seit 2010 gibt es keine Anbindung an das öffentliche Schienennetz mehr. Stattdessen verbinden Busse Waidhofen mit den umliegenden Gemeinden und der Landeshauptstadt.

Als Ausgangspunkt für unseren Rundgang wählen wir den großen Parkplatz an der Ziegengeiststraße nördlich des Zentrums. Hier befindet sich seit 2003 die größte Waldrapp-Voliere der Welt. Eine Abbildung im Stadtbuch aus dem Jahr 1383 wurde dahingehend gedeutet, dass der Waldrapp hier wohl einmal heimisch gewesen sein muss. Man widmete dem streng geschützten Ibisvogel eine eigene Kolonie, um ihn hier in Gefangenschaft zu schützen und zu züchten. (Die Tiere können täglich um 8.30 und 15 Uhr bei der Fütterung beobachtet werden. Für Führungen meldet man sich unter Tel. 0664/949 39 29 an.)

Über Stiegen bzw. einen Steg (mit Lift) wenden wir uns dem Stadtwall zu und erreichen nach einem Hausdurchgang die Böhmgasse, wo wir uns links halten und die schmale Häuserzeile bis zum Hauptplatz vorgehen. Gleich rechts um die Ecke wird das Geheimnis um den Namen der Stadt gelüftet. Auf Nr. 18 steht der Waydhoff, der auf einen Jagdhof aus dem Jahr 1171 zurückgehen und das erste Haus des heutigen Waidhofen gewesen sein soll.

Gegenüber thront auf dem beachtlich dimensionierten und nach Osten hin abfallenden Hauptplatz frei stehend das Rathaus. Es ist ein dreigeschoßiger Bau der Spätrenaissance mit einer bewegten Vergangenheit als Schüttkasten, Lagerstätte und reformierter Kirche. Nach dem Großbrand von 1873 wurde das Gebäude in seiner heutigen Form mit den charakteristischen Stufengiebeln neu errichtet. Auch die Stadtinformation ist hier untergebracht.

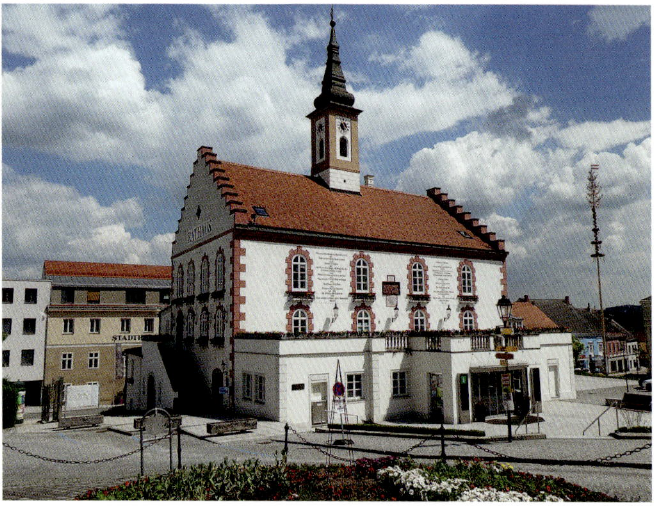

Rathaus von Waidhofen an der Thaya

Daneben fällt der Blick auf die Dreifaltigkeitssäule von 1709, die von Kaiserlinden gesäumt wird, die 1879 zur Silberhochzeit des Kaiserehepaars gepflanzt wurden. Am Hauptplatz 9 steht das barocke ehemalige Gerichtsgebäude (bis 2001), nun in Bankbesitz. 1753 bis 1819 war es die Heimat des Werkamts der Schwechater Baumwollmanufaktur, da Waidhofen zu dieser Zeit eine Hochburg des Weberhandwerks war. Etwa 20.000 Personen wurden von hier mit Spinn- und Webarbeiten versorgt.

Bergauf gewendet bewegen wir uns auf einen gewaltigen Sakralbau zu: die Stadtpfarrkirche Mariä Himmelfahrt mit ihrem 54 m hohen Turm. **Matthias Fölser** errichtete 1713–23 an der Stelle eines gotischen Baus die barocke Saalkirche auf dem höchsten Punkt der Stadt (510 m) – liebevoll als „Dom des Waldviertels" bezeichnet. Das Innere ist durchaus prachtvoll gestaltet: Der beeindruckende Hochaltar zeigt auf zwei Gemälden von **Mathias Mölk** Apostel am Grab und die Himmelfahrt Mariens. Das Ratsherrengestühl ist eindrucksvoll; die Fresken von **Johann Lorenz Daysinger** sind in kräftigen Farben gehalten. In der Marienkapelle befindet sich eine Muttergottes-Statue aus dem 15. Jh. Die Orgel ist die größte des Waldviertels und stammt von Casparides aus dem Jahr 1729.

Der Pfarrhof, wo auch Grabsteine von einem aufgelassenen Friedhof zu sehen sind, grenzt an die alte Stadtmauer. Durch die Pfarrgasse gehen wir weiter und kommen an restaurierten Weberhäusern aus dem 18. Jh. vorbei.

So gelangen wir in die Schlossergasse, an deren Ende wir links in die Böhmgasse mit ihren schönen Bürgerhäusern einbiegen und nun bis zur Ampel vorgehen. Hier halten wir uns wieder links in die Moritz-Schadek-Gasse (richtig: Moriz) und kommen auf Nr. 4 zum Stadtmuseum, dessen Haus 1890 entstanden ist und auf eine „Schweinebaronin" zurückgeht. Das Museum steht von Mai bis Okt. Sa, So und Fei von 10–12 und 14–17 Uhr offen, im Juli und Aug. auch an Freitagen, und beherbergt die Ausstellung „StadtGeschichten" sowie das Waldviertler Webereimuseum. Ein zusätzlicher Blickfang ist die komplett eingerichtete Greißlerei.

Beim Weitergehen überqueren wir die nächste Kreuzung und kommen zur auffälligen Zwiebelkapelle am Beginn der Gymnasiumstraße (50 m weiter befindet sich der Autobusbahnhof). Sie ist das Überbleibsel der Kapelle eines aufgelassenen Friedhofs, der sich an dieser Ecke befand.

Die Moritz-Schadek-Gasse können wir auch noch ein wenig stadtauswärts weitergehen und den deutschen Heldenfriedhof und gegenüber den jüdischen Friedhof besuchen.

Bei der Zwiebelkapelle zweigt neben dem modernen Spitalskomplex der Schubertweg ab, über den wir nach dem Pestkreuz (1787) zur Südpromenade an der Stadtmauer gelangen und neben dem Weißen Kreuz zur Schadek-Bank kommen, die an den Mundartdichter Moriz Schadek (1840–1928) erinnert. Am Wegrand tauchen immer wieder Tafeln des Literaturpfads mit Aphorismen heimischer Dichter auf. Unser Blick schweift auch zur Thaya und über die Dächer von Niedertal, dem ältesten Vorort außerhalb der Stadtmauer, mit seiner Bürgerspitalskirche.

So bewegen wir uns auf den Burgkegel zu, wo im Mittelalter ein Bollwerk als Abschluss und Verstärkung der Stadtbefestigung an der Ostspitze der Stadt über der Thayasenke entstand. 1770

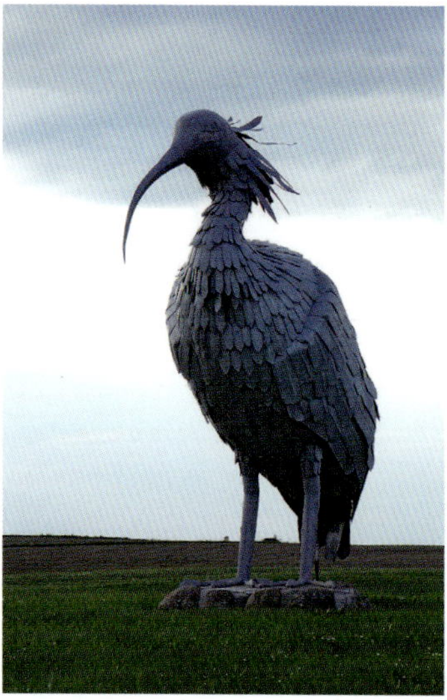

Waldrapp im Kreisverkehr

wurde die Burg schrittweise zum Schloss in der heutigen Form – einem spätbarocken vierflügeligen Bau – umgebaut und kam in Privatbesitz. Der Zugang befindet sich nach dem Stiegenabgang der Höberthgasse in die Wiener Straße in der Schlossgasse gegenüber.

Wir gehen aber links die Wiener Straße bergauf und benützen noch vor dem TAM – dem Theater an der Mauer, dem nördlichsten ständig bespielten Theater Österreichs – einen Durchschlupf in der Biegung, um zur Nordpromenade zu gelangen. Diese schlendern wir abschließend neben dem Grünbereich des ehemaligen Stadtgrabens an weiteren Stationen des Literaturpfads und am auffälligen Pulverturm vorbei weiter und erreichen so beim Überstieg den Ausgangspunkt.

In Waidhofen erwähnenswert sind außerdem die teilweise verbundenen Keller, die im Mittelalter im Gneis des Untergrunds angelegt wurden. Warum dies gemacht wurde, lässt sich heute nicht mehr genau sagen. Sie waren entweder Zufluchtsorte in Belagerungszeiten oder Vorratsräume, aber auch eine Nutzung als Fluchtwege ist denkbar. Eine öffentliche Begehung des groß dimensionierten Kellersystems ist aus Sicherheitsgründen allerdings nicht möglich. (Ein kleiner privater Teil davon ist bei Voranmeldung über die Café-Konditorei Müssauer, Böhmgasse 19, zu betreten: Tel. 02842/526 10.)

Abseits des Zentrums fallen zwei Kreisverkehre auf, die von Waldrappen geziert werden – einem imposanten, 4,5 m großen blechernen Exemplar und einem kleineren aus Stein.

2-1 Moor and more

Vom Heidenreichsteiner Moor nach Waidhofen an der Thaya

Von der Burg Heidenreichstein aus wandern wir in den märchenhaften Naturpark und schwenken dann in den Thayatalweg ein, der uns neben Wäldern und über Felder durch Artolz und Buchbach nach Brunn begleitet. Von dort geht es weiter zum Jägerteich und über die Heidenreichsteiner Straße ins Zentrum von Waidhofen an der Thaya.

DER WANDERWEG

Der Bus hält auf dem Busbahnhof in **Heidenreichstein.** Davor ragt die gewaltige Anlage der **Burg Heidenreichstein** auf – eine Wasserburg, deren älteste Bauteile auf die Gründung eines gewissen Heidenreich aus dem Geschlecht der **Kuenringer** (siehe „Die Kuenringer – Kolonisatoren des Waldviertels", S. 65) im 12. Jh. zurückgehen und die nie eingenommen werden konnte. Über zwei Zugbrücken und ein Tor gelangt man in den inneren Burghof. Die runden Ecktürme haben markante spitzkegelige Dächer. Von April bis Ende Oktober werden von Dienstag bis Sonntag täglich fünf Führungen angeboten.

Unsere Wanderung startet vor der Burg. Wir wenden uns auf der Waidhofener Straße in die Richtung, aus der wir mit dem Bus gekommen sind, gehen über die Romaubachbrücke und biegen danach rechts in die Berggasse ab. Im Weitergehen blicken wir immer wieder auf Schlossteich und Burg, setzen unsere Route dann nach links durch die Gartengasse fort und marschieren kurz über die Angergasse in die Waldgasse, die uns bergauf führt. Kurz vor dem Ende der Waldgasse biegt die Sportgasse links ab – eine weiß-rot-grüne Markierung mit „1" weist uns hier den Weg. Über eine schmalere, deutlich bergauf führende Straße durch hohen Wald erreichen wir nach 250 m den Sportplatz des örtlichen Fußballvereins und gehen geradeaus daran vorbei in den Gemeindewald, der sich durch gesunden Baumbestand auszeichnet und Teil des

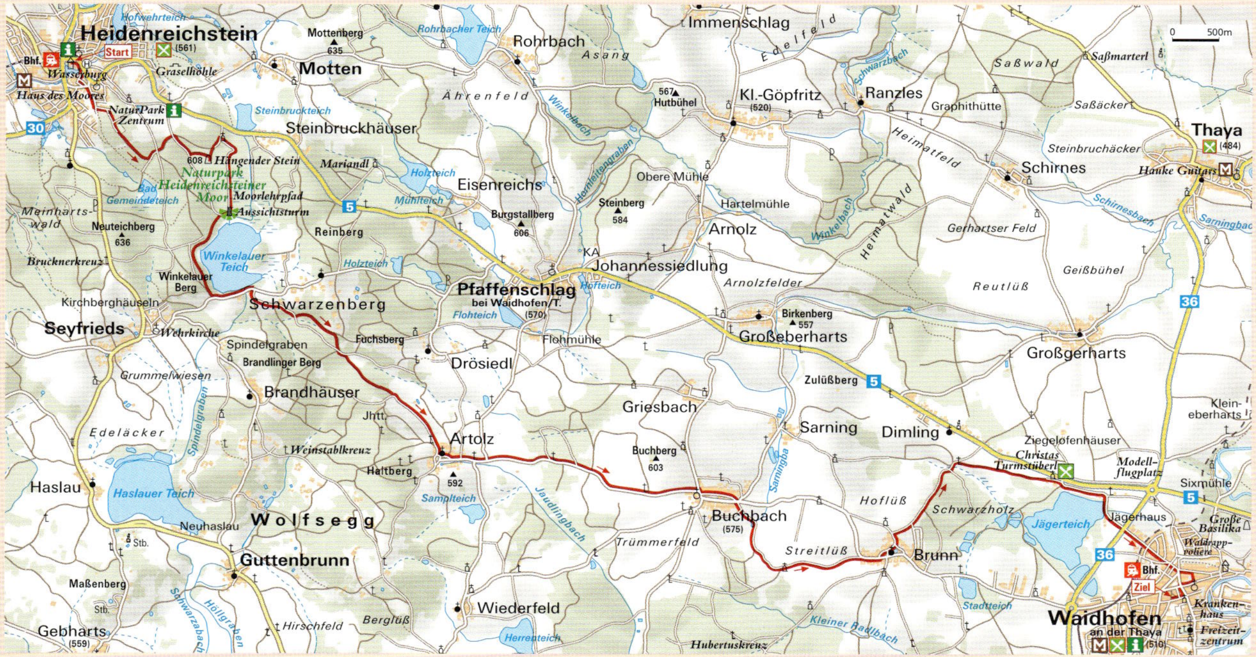
Heidenreichstein
Start
Motten
Rohrbach
Immenschlag
Kl.-Göpfritz
Ranzles
Thaya
Steinbruckhäuser
Eisenreichs
Schirnes
Arnolz
Johannessiedlung
Pfaffenschlag
bei Waidhofen/T.
Schwarzenberg
Seyfrieds
Großeberharts
Großgerharts
Drösiedl
Brandhäuser
Griesbach
Sarning
Dimling
Artolz
Haslau
Haslauer Teich
Wolfsegg
Guttenbrunn
Buchbach
Brunn
Wiederfeld
Gebharts
Jägerteich
Waidhofen
an der Thaya
Ziel

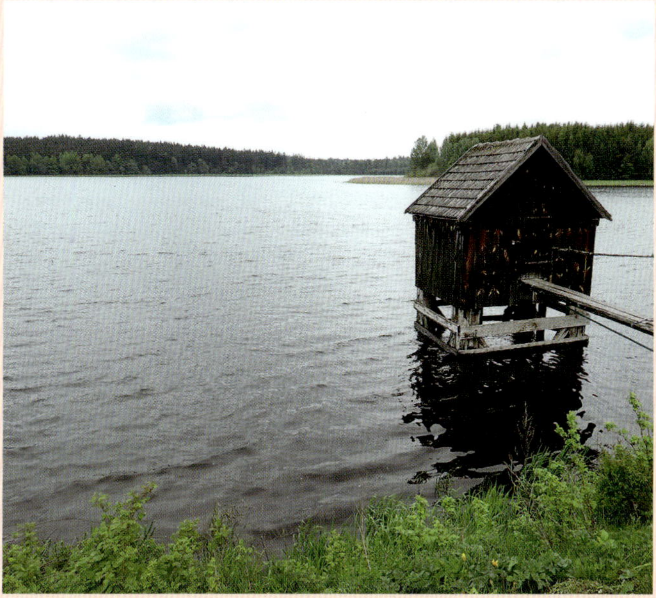

Am Winkelauer Teich

WEGVERLAUF: Streckenwanderung. Heidenreichstein/Burg – Hochstand am Winkelauer Teich (1 Std.) – Artolz (1 Std.) – Buchbach (45 Min.) – Brunn (30 Min.) – Waidhofen an der Thaya (1 Std.)

DAUER: 4 ¼ Std.

LÄNGE: 19,2 km

SCHWIERIGKEITSGRAD: Unkomplizierte Wanderung mit geringen Höhenunterschieden, ca. zwei Drittel auf Asphalt (Bankette weitgehend begehbar)

WEGMARKIERUNGEN: Markierungslos, Weiß-Rot-Grün mit „1", gelbe Pfeile, Rot-Weiß-Rot mit „69", gelbe Pfeile, Thayatalweg Nr. 630 bzw. 607, gelbe Pfeile, Rot-Weiß-Rot, gelbe Pfeile

EINKEHRMÖGLICHKEITEN: Keine Lokale an der Strecke! Labestellen am Startpunkt und am Zielort – dort z. B. Christas Turmstüberl (So Ruhetag), Kirchenwirt Jöch (Sa, So und Fei bis 14 Uhr)

ANFAHRT: Mit dem Bus von Waidhofen an der Thaya/Busbahnhof (Gymnasiumstraße) bis Heidenreichstein/Busbahnhof (vor der Burg)

HINWEIS: Da zwei Drittel der Strecke in freiem Gelände zu absolvieren sind, sollte die Tour bei Hitze bzw. Niederschlägen gemieden werden.

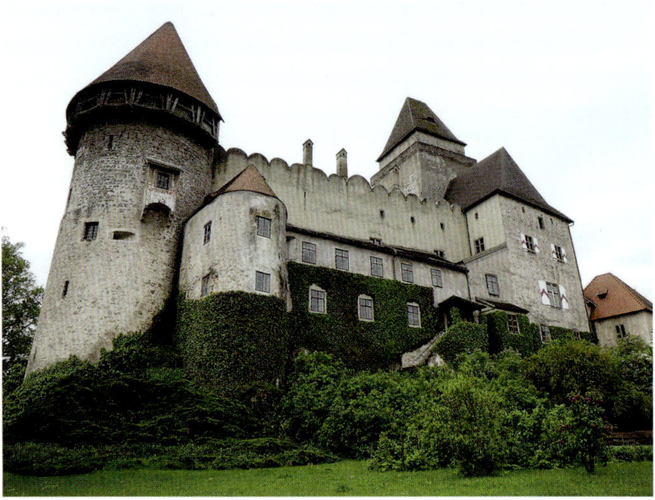

Überdauerte die Jahrhunderte ohne Zerstörung: Burg Heidenreichstein

Naturparks Heidenreichsteiner Moor ist (siehe „Moore im Waldviertel“, S. 93).

Wir biegen 500 m weiter beim gelben Pfeil „Teichweg“ nach links in einen Forstweg ein. Am folgenden Zusammenlauf von drei Forststraßen wandern wir schräg rechts weiter (gelber Pfeil „Teichweg“, „NaturParkZentrum“) und setzen in einem Linksknick fort. 200 m weiter zweigen wir bei einer rot-weißen Schranke rechts Richtung „Hängender Stein“ ab. Der Weg auf weichem Waldboden ist durchaus gelenksschonend. Bei der nächsten Wegteilung folgen wir dem Hinweis „Hängender Stein 0,4 km, 5 Min.“ und erreichen das Naturdenkmal exakt in der angegebenen Zeit. Es handelt sich um eine Formation aus gewaltigen Granitrestlingen, deren auffälligstes Objekt nur auf wenigen Punkten zu ruhen scheint.

Wir verlassen den Rastplatz vor dem Hängenden Stein, indem wir uns zurückwenden und den rechten Ast zu einer breiteren Forststraße benützen. Der gelbe Pfeil „Moorpfad“ weist uns rechter Hand, wo wir bald zur nächsten Abzweigung nach rechts gelangen (gelber Pfeil „Prügelsteg 0,6 km, 10 Min.“, Rot-Weiß-Rot mit „69“).

Besagter Steg führt den Besucher direkt in die offene Hochmoorfläche. Hinter dem Rastplatz kann man noch die Moortretanlage besuchen, die Ziel von Führungen ins Moor ist. Davor steht ein gläsernes Schaubecken, in dem der Aufbau des Moores im Querschnitt anschaulich zu sehen ist. Wir setzen auf dem **Moorlehrpfad** südwärts fort und erreichen das Schutzhaus, gleichzeitig Unterstandshütte, wo Schautafeln über Tiere im und am **Winkelauer Teich** angebracht sind. Gegenüber befindet sich der Hochstand, von dem aus ein unverstellter Blick auf den ca. 50 Hektar großen Teich möglich ist, der alle zwei Jahre abgefischt wird (1 Std.).

Kurz nach dem Hochstand verlassen wir den Moorlehrpfad nach links und gehen auf nadelbedecktem Boden laut Pfeiltafel nach Seyfrieds durch üppigen Wald. Der Teich ist immer wieder zwischen den Stämmen erkennbar. Nach der Steinformation „3 Brüder" biegen wir an der nächsten markierungslosen Verzweigung zum Teich ab und kommen 650 m weiter zur Autostraße. Kurz davor tauchen die rot-weiß-roten Wandertafeln mit „607" und „630" (Thayatalweg) auf. Die folgenden 400 m absolvieren wir am Südufer des Teichs auf der Straße. Bei einem mächtigen Haus biegen wir beim Hinweis „Waidhofen/Thaya 13,4 km, 3h20m" auf gelbem Pfeil sowie bei „607" und „630" rechts in ein Wäldchen ab. Der Wanderweg setzt sich über eine Wiese mit Obstbäumen fort und bringt uns im nächsten Mischwaldstück etwas bergauf. Am höchsten Punkt finden wir einen Rastplatz vor, der sich als europäische Hauptwasserscheide präsentiert. Nach einer märchenhaften Waldpassage treten wir schließlich in freies Gelände und erreichen den Ort **Artolz**, der zu durchqueren ist (2 Std.).

Die Markierung ist eindeutig und leitet uns an einem Wäldchen vorbei, wir bleiben aber immer ungeschützt. Linker Hand fällt dann eine bewaldete Kuppe mit einem Haus auf. Es ist der **Buchberg** mit einer Höhe von 603 m. **Buchbach** ist vor uns erkennbar. Vor der Ortstafel gehen wir noch am Ortsfriedhof vorbei. Wir passieren anschließend die barockisierte gotische Pfarrkirche, die dem heiligen Florian geweiht ist. Im Ort selbst gibt es zwei parallel führende Straßen, die einen Anger umschließen. Am Ortsende führen beide zusammen (2 ¾ Std.).

Wir kommen zu einer Gruppe von vier Linden mit Wegkreuz und gelben Pfeilen. Die Aufschrift „Waidhofen/Thaya 7,3 km, 1h50m“ ist für uns maßgeblich; wir verlassen den Ort und gehen, an einem Weiher vorbei, leicht bergan. Nach einem markanten Linksknick wandern wir an einem Wäldchen entlang und verlassen die sanfte Anhöhe Richtung Osten. Waidhofen ist hier schon erkennbar. Vorher kommen wir aber noch in den Ort **Brunn**, der in einer leichten Senke liegt. Auf Höhe der beiden Bushaltestellen „Ortsmitte“ halten wir uns links und marschieren am Feuerwehrhaus vorbei (3 ¼ Std.).

Nach dem Haus Nr. 18 gehen wir links aus dem Ort hinaus und laut gelbem Pfeil „Diemling 20 Min.“ nach rechts weiter. Über Felder und durch kleine Wäldchen gelangen wir zu einem Wegkreuz („Waidhofen 50 Min.“) und sehen schon die Landesstraße vor uns. 150 m weiter halten wir uns schräg rechts und gehen über das Feld weiter, wobei wir uns der B 5 immer mehr nähern und an einer Häusergruppe vorbeikommen. Am straßennächsten Punkt erblicken wir auf der anderen Seite der B 5 die Einkehrmöglichkeit **Christas Turmstüberl**. Der Weg führt aber rechts von der lärmigen Straße weiter und an Kleingärten vorbei. Nach einer Rechtskurve (Pfeil „Jägerteichweg Nr. 10“) ist ein ausgiebiger Blick auf den erwähnten Teich möglich.

Nun gehen wir die breite Straße weiter und steuern auf eine Kreuzung zu, die wir geradeaus überqueren und somit auf der Heidenreichsteiner Straße bleiben. Vor uns sehen wir schon deutlich die Pfarrkirche von **Waidhofen an der Thaya**. An Straßenmeisterei und Tankstelle sowie am Beginn des Radwegs „Thayarunde-Süd“ vorbei wandern wir direkt auf das Stadtzentrum zu. Am innerstädtischen Beginn der Heidenreichsteiner Straße setzen wir unseren Weg in der Böhmgasse fort, wo wir die zweite Seitengasse nach rechts in die Schlossergasse abbiegen und so zur Pfarrkirche bzw. zum **Kirchenwirt** kommen. Am Ende der Schlossergasse biegen wir rechts ab und gehen die Niederleuthnerstraße zur Ampel vor, halten uns links auf der Moritz-Schadek-Gasse bis zur Zwiebelkapelle und kommen von dieser aus rechts gewendet in der Gymnasiumstraße zum Busbahnhof (4 ¼ Std.).

Moore im Waldviertel

Neben den berühmten Wackelsteinen und den unzähligen künstlich angelegten Fischteichen sind auch die vielen Hochmoore charakteristisch für das außergewöhnliche Erscheinungsbild des Waldviertels. Entstanden sind die meisten dieser Moorlandschaften nach der letzten Eiszeit. Die geologischen und klimatischen Voraussetzungen der Region – wie etwa ein undurchlässiger Boden bzw. eine besondere Geländeform, die das Abfließen des Wassers verhindert, oder die Tatsache, dass die Niederschlagsmenge höher war als die Verdunstung – führten dazu, dass sich vor allem von Litschau bis Karlstift durch den unvollständigen Abbau der Pflanzenreste Moore bilden konnten (Heidenreichsteiner Moor, Hochmoor Schrems, Nordwald).

Obwohl Moore seit jeher als unheimlich und mysteriös gelten, erkannten die Bewohner der Umgebung schon bald, dass man auch diesen Lebensraum nutzen kann, etwa zur Torfgewinnung. Torf wurde in erster Linie als günstiges Brennmaterial verwendet, sowohl für den Privatgebrauch als auch für die Öfen der Glashütten in Eugenia oder Aalfang. Man setzte ihn aber auch als Torfmull oder Einstreu großzügig ein. Um 1930 wurde der Torfabbau im Waldviertel aufgrund zu geringer Wirtschaftlichkeit größtenteils eingestellt. Mancherorts – etwa in Schrems – nutzte man Teile des Moors aber noch bis in die 1980er-Jahre zur Torfgewinnung. Heute

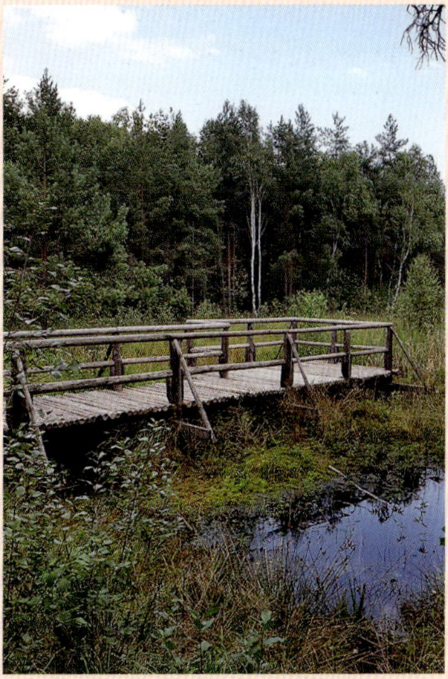

Prügelsteg im Hochmoor Schrems

wird Torf nur mehr zu therapeutischen Zwecken gestochen, z. B. für Kuranwendungen in Bad Großpertholz oder in Moorbad Harbach.

Durch die Trockenlegung der Hochmoore, die man mittels künstlich angelegter Kanäle entwässerte, entstanden zudem äußerst fruchtbare Forst- und Anbauflächen. Zusammen mit dem Torfabbau führte diese landwirtschaftliche Nutzung über einen Zeitraum von 300 Jahren dazu, dass vom einst sehr moorreichen Waldviertel kaum etwas übrig blieb.

In den vergangenen Jahrzehnten wuchs glücklicherweise das Bewusstsein für die ökologische Bedeutung der Waldviertler Moore. Man erkannte, welch wichtige Funktion dieser Lebensraum für die Menschen und die Umwelt übernimmt. So wirken Moore beispielsweise regulierend auf den Wasserhaushalt: Bei starken Niederschlägen nehmen sie Wasser auf und reduzieren so die Gefahr von Überschwemmungen, während sie in Trockenperioden das angesammelte Wasser durch Verdunstung wieder abgeben. Weiters sorgen sie für sauberes Trinkwasser, da sie dem im Boden gespeicherten Wasser Nähr- und Giftstoffe entziehen. Der wachsende Torf ist zudem ein CO_2-Bindemittel und wirkt sich günstig auf Klima und Pflanzenwelt der jeweiligen Region aus.

In Zeiten zunehmenden Umweltbewusstseins erkannte man auch, dass Moore mit ihrer außergewöhnlichen Fauna und Flora einen schützenswerten Lebensraum darstellen. Es gibt nämlich nur wenige Pflanzen, die mit dem geringen Nährstoffgehalt, den sauren Verhältnissen, der Staunässe und den großen Temperaturschwankungen in diesen Gebieten zurechtkommen. Eine Besonderheit sind etwa die sogenannten fleischfressenden Pflanzen wie der Rundblättrige Sonnentau, der den Nährstoffmangel im Boden dadurch ausgleicht, dass er mit klebrigen Drüsenhaaren an seinen Blättern Insekten fängt. Auch viele Torfmoosarten, denen wir den Lebensraum Hochmoor überhaupt erst zu verdanken haben, gedeihen hier prächtig. Ihre abgestorbenen Pflanzenteile können sich bei Nässe und Sauerstoffabschluss nicht zersetzen und wachsen als Torf aus dem Bereich des Grundwassers heraus.

Zahlreiche Tierarten wurden ebenfalls zu Meistern der Anpassung an die speziellen ökologischen Bedingungen, etwa der Hochmoorlaufkäfer oder der Hochmoorgelbling. Die hohe Spezialisierung von Pflanzen und Tieren bringt jedoch auch eine Gefahr mit sich: Wenn ihr Lebensraum verschwindet, sind auch diese Arten vom Aussterben bedroht.

2017 wurde das Projekt „Connecting Nature AT-CZ" ins Leben gerufen, das prüfen soll, inwieweit man die 64 Hoch- und Übergangsmoore im Waldviertel regenerieren kann.

Natürlich haben die verbliebenen Waldviertler Moore mit ihrem einzigartigen biologischen Ambiente auch einen hohen Erholungswert – nicht nur für Einheimische, sondern auch für Touristen, die Hochmoorlandschaften und Naturschutzgebiete besuchen und in Infozentren ihr Wissen vertiefen wollen.

Im **Haus des Moores** in **Kleinpertholz** kann man sich über Details der Entstehung von Mooren in Europa, aber auch über Flora und Fauna sowie die wirtschaftliche und medizinische Nutzung von Mooren informieren. Naturschutz, Märchen und Sagen des Gebiets werden ebenfalls thematisiert; außerdem darf man hier eine Moorleiche betrachten. Ein Besuch des Museums lässt sich jederzeit über das NaturParkZentrum oder unter Tel. 0664/358 27 59 organisieren.

2-2 Zwischen Fluss und Bahn

Entlang der Deutschen Thaya nach Waidhofen an der Thaya

Von Vitis aus bewegen wir uns nahe am Flussufer und über Felder auf Schwarzenau zu, dessen dominierendes Bauwerk das pittoreske Renaissanceschloss ist. Der Weg setzt sich entlang der Trasse der Franz-Josefs-Bahn zur ehemaligen Wallfahrtskirche Rafingsberg fort und verläuft dann wieder an der Deutschen Thaya, die uns nun bis ans Ziel begleitet.

DER WANDERWEG

Der Bus hält auf dem Hauptplatz der Marktgemeinde **Vitis.** Wir gehen in Fahrtrichtung weiter zur Pfarrkirche, die dem heiligen Bartholomäus geweiht ist. Über Stiegen verlassen wir das Plateau des Dreifaltigkeitsplatzes zur Straßenkreuzung hin und setzen unseren Weg in der Bahnhofstraße fort. In ihr unterqueren wir die Waldviertler Straße B 2, gehen über den Jaudlingbach und biegen nach dem Haus Nr. 33 – gegenüber dem Friedhof – links in den Brennereiweg ein. Wir nähern uns dem Bahndamm, queren erstmals die **Deutsche Thaya** auf einem Steg und halten auf den Sportplatz zu, wo bei einer Raststelle erstmals eine Markierung auftaucht (Rot-Weiß-Rot mit „M").

Nun wenden wir uns der Sportplatzzufahrt (Titus-Appel-Straße) zu, die wir rechts bis an ihr Ende weitergehen. Wir überqueren die B 36 neben der Bahnbrücke und marschieren auf einer schmalen Fahrstraße neben dem Damm weiter. Linker Hand ist der Flusslauf zu erahnen. Wenn der Asphaltbelag endet, gehen wir unmittelbar neben dem Gleiskörper der Franz-Josefs-Bahn weiter. Die Thaya fließt stellenweise fast neben dem Bahndamm. In Höhe des Masts mit der Nummer 144/5 verlassen wir den Dammbereich zu einer Häusergruppe hin und gelangen über eine Holzbrücke zu einer Straße, die wir nach rechts weitergehen. Nach einer kurzen Waldpassage und zwei Häusern wandern wir über freies Gelände weiter.

WEGVERLAUF: Streckenwanderung. Vitis – Schwarzenau (1 ¾ Std.) – Rafingsberg (1 ¼ Std.) – Vestenpoppen (1 Std.) – Waidhofen an der Thaya (1 Std.)

DAUER: 5 Std.

LÄNGE: 22,2 km

SCHWIERIGKEITSGRAD: Problemlose Wanderung in flachem Gelände, allerdings ca. 85 % auf Asphalt

WEGMARKIERUNGEN: Rot-Weiß-Rot mit „M“, Thayatalweg Nr. 73, gelbe Pfeile, Rot-Weiß-Rot mit „M“ (tw. auch Christophorusweg „650“), Kamp-Thaya-March-Radweg Nr. 8, Kapuzinerkreuzweg „54“, „650“, gelbe Pfeile, Rot-Weiß-Rot, gelbe Pfeile

EINKEHRMÖGLICHKEIT: Gasthaus Kaminstube (Di und Mi Ruhetag)

ANFAHRT: Mit dem Bus von Waidhofen an der Thaya/Busbahnhof (Gymnasiumstraße) bis Vitis/Hauptplatz

ALTERNATIVE ANFAHRT: In Schwarzenau befindet sich vor dem Schloss die Bushaltestelle Schwarzenau/Ortsmitte-Schloss, die für jene interessant ist, die erst hier starten wollen, um so die Tour abzukürzen.

HINWEIS: Man sollte die Tour bei Hitze oder Niederschlägen meiden, da fast ausschließlich in freiem Gelände zu marschieren ist.
Alternativ dazu kann man in Schwarzenau starten; dadurch reduziert sich die Länge der Wanderung auf 13 km.

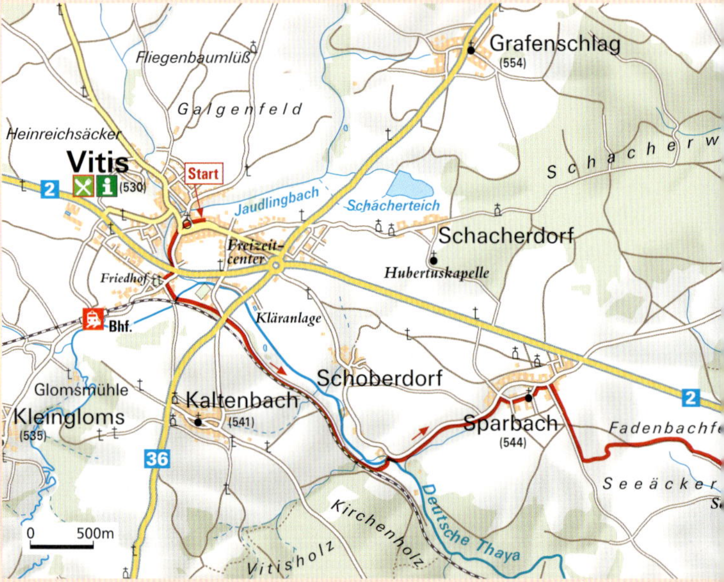

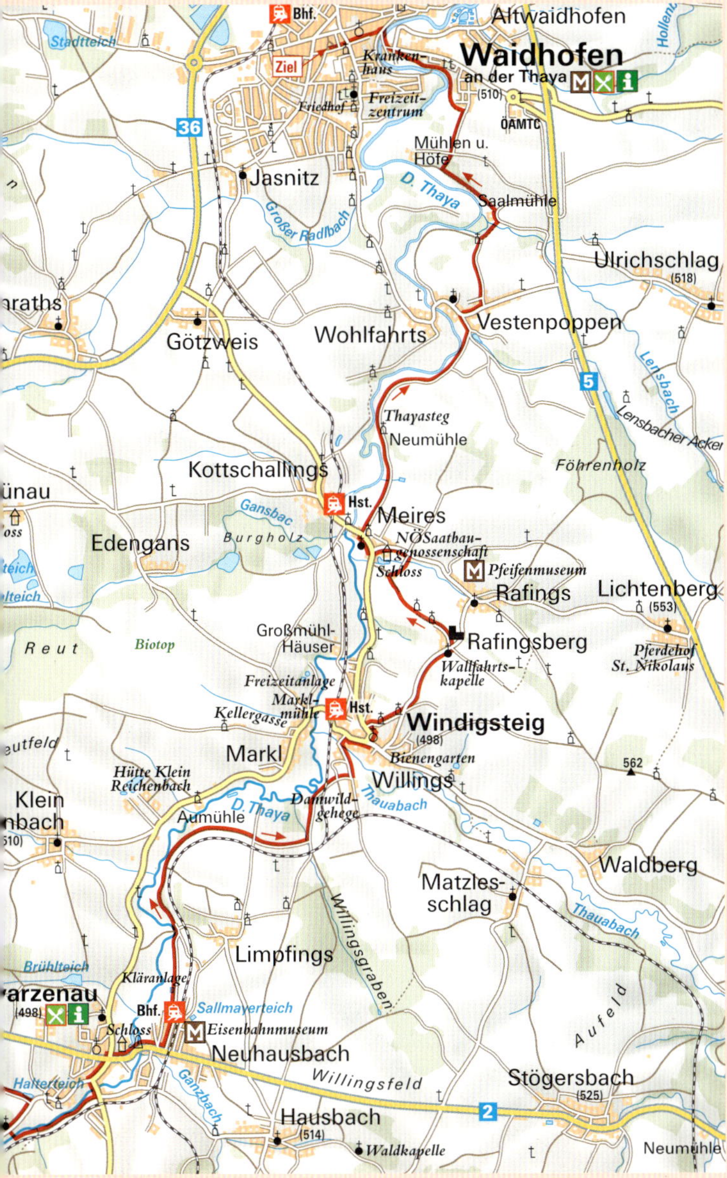
Waidhofen
an der Thaya
Altwaidhofen
Bhf.
Ziel
Kranken-
haus
Freizeit-
zentrum
Friedhof
Stadtteich
Jasnitz
Mühlen u.
Höfe
ÖAMTC
D. Thaya
Saalmühle
Großer Radlbach
Ulrichschlag
(518)
Vestenpoppen
Wohlfahrts
Götzweis
Lensbach
Lensbacher Acker
Thayasteg
Neumühle
Föhrenholz
Kottschallings
Hst.
Meires
Gansbach
Burgholz
Edengans
NÖSaatbau-
genossenschaft
Schloss
Pfeifenmuseum
Rafings
Lichtenberg
(553)
Rafingsberg
Wallfahrts-
kapelle
Pferdehof
St. Nikolaus
Großmühl-
Häuser
Reut
Biotop
Freizeitanlage
Markl-
mühle
Kellergasse
Windigsteig
(498)
Markl
Bienengarten
Willings
562
Hütte Klein
Reichenbach
Klein
Aumühle
Damwild-
gehege
Thauabach
Waldberg
Matzles-
schlag
Willingsgraben
Limpfings
Brühlteich
Kläranlage
(498)
Bhf.
Sallmayerteich
Schloss
Eisenbahnmuseum
Neuhausbach
Aufeld
Halterteich
Willingsfeld
Stögersbach
(525)
Ganzbach
Hausbach
(514)
Waldkapelle
Neumühle
36
5
2

Bald tauchen Gehöfte und Häuser vor uns auf. Noch vor der Ortstafel von **Sparbach** erspähen wir die grüne Biker-Orientierungstafel „Thayatalweg 73" (Richtung Schwarzenau). Wir gehen vor bis zum Haus Nr. 2, wo wir rechts in eine schmalere Straße einbiegen und über den Anger auf die allein stehende Ortskapelle mit ihrem markanten Spitzturm zuhalten. So kommen wir wieder zur Hauptstraße, biegen rechts in diese ein und verlassen den Ort nach dem Feuerwehrhaus wiederum nach rechts in freies Gelände.

Bei einem Wegkreuz tauchen erneut Hinweistafeln zum Thayatalweg Nr. 73 auf, aber auch ein gelber Pfeil mit „Auf dem Weg zum Mittelpunkt der Welt Nr. 11", den wir allerdings nie erreichen. Wir gehen noch weiter bis zu einem Verbotszeichen für Fahrzeuge über sechs Tonnen. Dort biegen wir nach links in einen Schotterweg ein. Nach einem kleinen S-Schwenk setzt sich der Weg markant ostwärts fort – auf Schotter, dann Kies und schließlich wieder Asphalt. Nach einer leichten Kuppe sind bereits die Häuser von Schwarzenau zu erkennen. Beim nächsten gelben Pfeil behalten wir unsere Richtung bei und erreichen bald, bei einer Baumgruppe mit Rastbank, ein interessantes Steingebilde: das Naturdenkmal Schwedenstein. Kurz danach passieren wir den Halterteich in **Schwarzenau.** Unser Fahrweg mündet jetzt in eine breite Straße, die wir nach rechts auf dem Trottoir bis zum Friedhof vorgehen.

Gegenüber dem Gottesacker weisen uns die Markierungen (Thayatalweg, „Auf dem Weg zum Mittelpunkt der Welt Nr. 11") zur Thaya, die wir überqueren und auf einer Promenade zwischen Fluss und Bahndamm zum Ortskern von Schwarzenau weitergehen. Sobald wir zur Autostraße kommen, wenden wir uns links, überqueren noch einmal die Thaya (am Straßenrand ist hier ein Figurenbildstock des heiligen Felix von Cantalice zu sehen) und biegen dann rechts in die Bürgerstraße ein, die auf die Kreuzung vor dem **Schloss Schwarzenau** zuläuft. Gleich gegenüber bietet sich in der Waidhofner Straße das **Gasthaus Kaminstube** zur Einkehr an (1 ¾ Std.).

Auf der anderen Straßenseite ragt hinter einer Mauer das mächtige Renaissanceschloss aus dem 16. Jh. mit Stuckarbeiten aus dem 18. Jh. auf, das in Privatbesitz ist und fallweise Ausstellungen anbietet. Führungen sind bei Voranmeldung möglich: Tel. 02849/22 47.

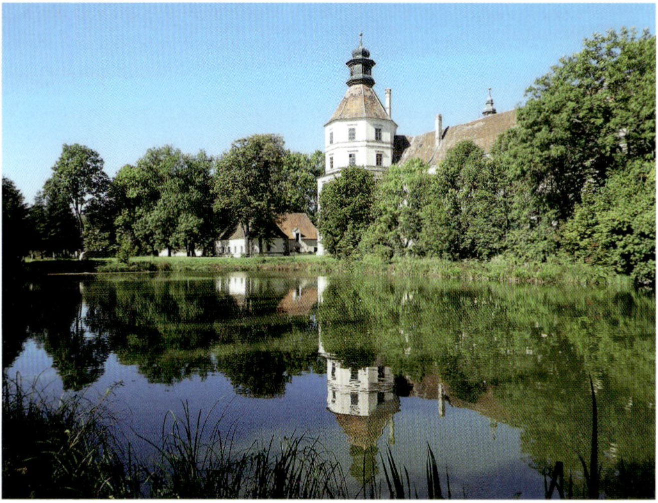

Schloss Schwarzenau

Abkürzung: An der Station Schwarzenau/Ortsmitte-Schloss kann man einen Bus nach Waidhofen nehmen.

Wir kehren zur Kreuzung zurück und wandern neben einer Mauer und einem Gitterzaun an der Südseite des Komplexes weiter (Rot-Weiß-Rot mit „M“ und „650“), wobei wir immer wieder Einblicke in den üppig grünen Schlosspark mit seinem malerischen Teich erhalten. So erreichen wir die Thayabrücke und wandern in einem Rechtsbogen leicht bergauf Richtung Bahnübergang. Noch davor biegen wir aber in die Wiesengasse ein, wo wir gleich auf Nr. 1 den Hinweis auf das im ehemaligen Wasserturm untergebrachte Eisenbahnmuseum erblicken (geöffnet Mai bis Sept., So 10–12 Uhr, oder bei Voranmeldung unter Tel. 02849/23 78).

In der Wiesengasse verlassen wir die Marktgemeinde Schwarzenau wieder und behalten danach die Gehrichtung bei. Vor der folgenden Bahnunterführung dürfen wir die Fortsetzung unserer Route entlang des Damms nach links nicht übersehen. Auf diesem Weg durchqueren wir einen hohen Mischwald und bleiben konsequent zwischen der Thaya links und der Bahn rechts. Bei einem Brückenkopf stößt zum „M“-Wanderweg von rechts der Radweg Nr. 8. Wir gehen noch bis zur nächsten Bahnunterführung und biegen an dieser Stelle nach links in die Fahrstraße ein, die uns auf Asphalt weiterführt. Nach einer kurzen Waldpassage überqueren wir die Trasse der (aufgelassenen) eingleisigen Thayatalbahn.

Nun steuern wir die Häusergruppe **Willings** an, setzen unsere Route nach links fort und gehen ein Stück bergab. Nach dem Ortsende überqueren wir eine Brücke über den Thauabach, den wichtigsten Nebenfluss der Deutschen Thaya, und erreichen gleich danach **Windigsteig.** In der Hauptstraße dieser Marktgemeinde halten wir rechts auf die Pfarrkirche Sankt Laurentius zu und gehen auf dem Marktplatz über die Stiege zum Gotteshaus. Links daran vorbei kommen wir zum Friedhof, vor dem wir rechts einbiegen und auf Rot-Weiß-Rot „650“ durch einen Wirtschaftshof schräg den Hang hinaufwandern. Im Nu sind wir so oberhalb von Windigsteig und steuern einen Bildstock an.

Die gelben Pfeile weisen hier alle gegen unsere Gehrichtung. Wir gehen auf der Straße bergwärts weiter und gelangen nach ca. 700 m in den kleinen Ort **Rafingsberg.** Gleich am Ortseingang fällt eine moderne Kapelle auf, die 1989 errichtet wurde. Auf einer Tafel können wir die Geschichte der alten Wallfahrtskirche nachlesen, die bis 1786 als solche existierte und deren Reste heute wie ein fauler Stockzahn die umliegenden Häuser überragen (3 Std.).

Am Kreuzungspunkt schlagen wir den Kapuzinerkreuzweg „54“ und Christophorusweg „650“ (Richtung „Waidhofen 1 ½ Std.“) ein und gehen nach einer Häuserzeile durch den Wald bergab und an zwei Kreuzwegstationen vorüber. Auf weichem Waldboden gelangen wir zu einem massigen verlassenen Gebäude und gleich nach einem Gehöft zur Straße, in die wir links einbiegen. 200 m weiter kommen wir an einem schön renovierten Renaissanceschloss vorbei. Es ist das Schloss **Meires,** das im 16. Jh. ursprünglich als Wasserschloss angelegt wurde, sich heute in Privatbesitz befindet und für Ausstellungen sowie Konzerte genutzt wird. An der folgenden Straßenkreuzung bewegen wir uns Richtung Kottschallings und Waidhofen an der Thaya weiter und setzen in einer

Linkskurve, bei einer Kreuzwegstation, nach rechts fort (Kapuzinerkreuzweg Nr. 54, Radweg Nr. 8, Rot-Weiß-Rot „650").

Nach dem Ortsende von Meires lässt sich der Verlauf der Deutschen Thaya zunächst nur ungefähr ausmachen. Die Straße – unser Wanderweg – schlängelt sich durch aufgelockerten Wald in nördlicher Richtung am Gebäudekomplex der ehemaligen Neumühle vorbei und durch die Thayaauen auf den nächsten Ort zu. Schließlich treten wir aus dem Wald in den Ortsbereich von **Vestenpoppen** und gehen geradeaus zur Hauptstraße vor (4 Std.).

Die Markierungen der Radwege weisen nach links, wir marschieren aber rechts leicht bergauf, Richtung „Saalmühle 15 Min.". Nach dem Haus Nr. 44 weisen die gelben Pfeile nach links. So verlassen wir auch gleich wieder den Ort und gehen nach einem Stadel über freies Gelände weiter. Nach einer Kuppe mit Bank und Bildstock geht es in eine bewaldete Senke. Gegenüber der Saalmühle überqueren wir auf einem Steg den Lensbach und umrunden den Zaun des Privatgrundstücks zum Haus hin.

Nun gehen wir rechts am Hof vorbei und biegen 100 m weiter laut Pfeil „Waidhofen 35 Min." auf dem Weg „650" links ab. Schmalpfadig geht es nun direkt neben der Thaya weiter. Im Wald türmt sich ein mächtiger Felsblock auf. An einer langgestreckten Wiese geht es danach schräg rechts bergauf und wir erklimmen die letzte Anhöhe vor dem Ziel. Bald erblicken wir den „Dom des Waldviertels" vor uns – das Herzstück von **Waidhofen an der Thaya**. Vor uns im Tal erkennen wir eine Häusergruppe, zu der wir absteigen. Bevor wir sie erreichen, wenden wir uns allerdings auf der Thayapromenade Heimatsleiten, die als Naturlehrpfad dient, nach links. Die Schautafeln geleiten uns hinter den Häusern unter Birken auf die Stadt zu. In der Wiener Straße gehen wir links weiter und überqueren nach einem Rechtsknick auf der Robert-Hamerling-Brücke ein letztes Mal die Thaya. Nach dem Haus Nr. 36 gelangen wir über einen Stiegenaufgang zur Südpromenade und zum Schubertweg. Dann geht es an der Zwiebelkapelle vorbei zur Gymnasiumstraße und damit zum Busbahnhof, wo wir unseren Ausflug begonnen haben (5 Std.).

2-3 Bootsfahrt im Keller

Durch das Thayatal nach Dobersberg

Von Waidhofen an der Thaya aus folgen wir dem Oberlauf der mäandrierenden Deutschen Thaya zunächst in geringer Distanz. Am Weg bekommen wir die „Große Basilika" und einen unterirdischen Teich zu sehen. Nach Niederedlitz verlassen wir das Flüsschen zur „Arena Geomantica" hin und begegnen ihm erst im Naturpark Dobersberg wieder.

DER WANDERWEG

Unsere Tour startet beim stufengiebeligen Rathaus von **Waidhofen an der Thaya.** Wir verlassen den Hauptplatz zum spitzen Winkel hin durch die Wiener Straße, gehen am Theater an der Mauer vorbei und gelangen in der Rechtskurve zum gedrungenen Vierkanter des Schlosses, das in Privatbesitz ist und durch seine renovierungsbedürftige Fassade auffällt. Nach links in die Schlossgasse gewendet lassen wir von der Mauer aus den Blick über das Niedertal – den ältesten Vorort der Stadt – mit der Bürgerspitalskirche und die Schleife der **Deutschen Thaya** am Fuß des Schlosshügels schweifen.

Wir umrunden das Schloss nach links und gehen am Haus Ziegengeistgasse 2 vorbei, wo Wandertafeln auf den Thayatalweg „607" und „630" hinweisen. Wir bleiben jedoch nur 100 m auf diesem Weg und biegen dann in einer Linkskurve rechts ab, um an einem Feld entlang auf eine Wohnhaussiedlung zuzusteuern, die wir durchqueren. An der Kläranlage vorbei kommen wir fast zur B 5, gehen aber noch vorher die parallel führende Straße nach links weiter, bis wir im Feld eine großflächig angelegte Steingruppe erreichen. Es handelt sich gewissermaßen um das Stonehenge des Waldviertels: die „Große Basilika" – 97 Dioritfindlinge, die vom Bildhauer **Franz Xaver Ölzant** in sechs Kreisbögen aufgestellt wurden.

Auf der Straße davor wenden wir uns zurück und setzen unseren Weg durch die Unterführung der B 5 fort (unterm Sichtspiegel davor Tafel „Golfplatzweg Nr. 12"), umgehen dann nach rechts die Umzäunung eines Firmengeländes und stoßen dahinter auf die Thaya, die wir auf einer Steinbrücke überqueren. Neben dem Golfplatz gehen wir kurz auf Wiesenboden und steuern einen Orientierungsbaum (Radweg „Thayarunde") an, wo wir die Richtung „Vestenötting 20 Min." einschlagen und links in einem Waldstück bergauf gehen. Danach flacht der Anstieg am Waldrand ab. In einem hohen Mischwald geht es auch schon wieder bergab – wir erreichen den Ort **Vestenötting**, wo uns ein Kirchlein hoch über den Häusern auffällt.

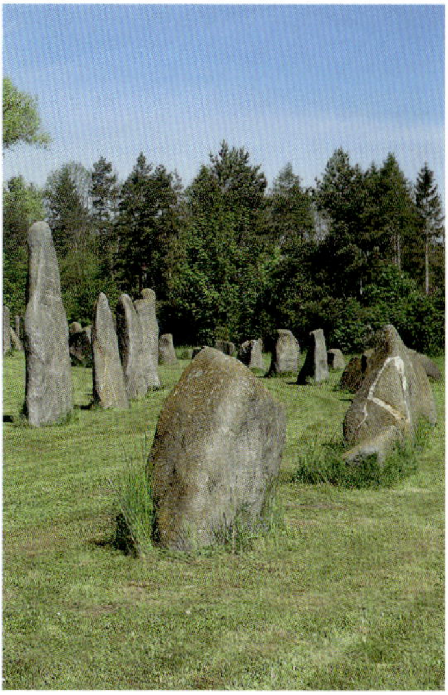

Findlinge in der „Großen Basilika"

Auf der Straße halten wir uns rechts gleich neben der Thaya. Nach dem Gebäude der FF Vestenötting-Kleineberharts wechseln wir die Flussseite über eine Brücke und wandern rechts weiter durch **Kleineberharts.** Gleich nach dem Ortsende tauchen bei einem Wegkreuz die Hinweise „607" und „630" auf, bald darauf queren wir die Radlerstrecke „Thayarunde" auf der Trasse der ehemaligen Thayatalbahn und marschieren eine Hangschräge hinauf in das nächste kleine Wäldchen, das bald von freiem Gelände abgelöst wird. Hier wandern wir fast 2 km weit auf überwiegend hartem Boden auf die Marktgemeinde **Thaya** zu. Über die Felder hat man eine schöne Rundumsicht. Die Gartenzeile läuft schließlich auf das Zentrum des Orts zu. Nach einer kleinen Senke gelangen wir zur schmucken Pfarrkirche (1 ¼ Std).

Gegenüber der Kirche steuern wir aber in der Bahnhofstraße zunächst den **Landgasthof Haidl** an, sehen den Hinweis „Haidl-Keller" und gehen gleich links in den Hofbereich, wo uns

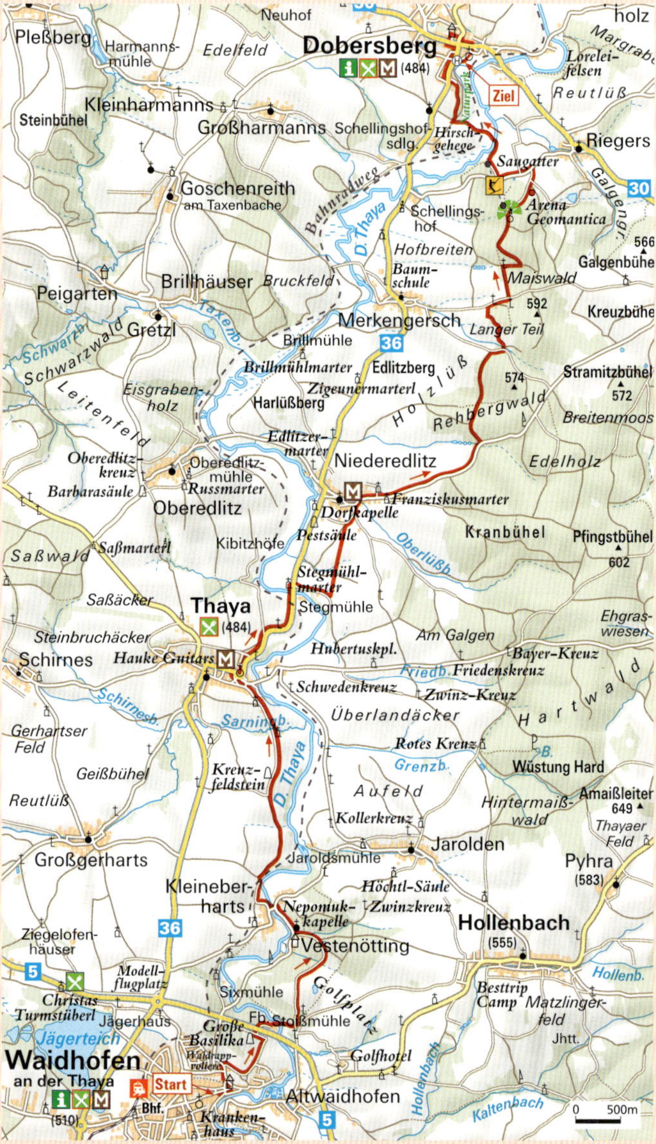

Neuhof
Dobersberg
(484)
Ziel
Pleßberg
Harmanns-mühle
Edelfeld
Lorelei-felsen
Reutlüß
Kleinharmanns
Steinbühel
Großharmanns
Schellingshof-sdlg.
Hirsch-gehege
Naturpark
Riegers
Saugatter
Goschenreith am Taxenbache
Bahnradweg
D. Thaya
Schellings-hof
Arena Geomantica
Galgengr.
30
Hofbreiten
566
Galgenbühe
Peigarten
Brillhäuser
Bruckfeld
Baum-schule
Maiswald
592
Kreuzbühe
Gretzl
Taxenb.
Merkengersch
Langer Teil
Schwarzb.
Schwarzwald
Brillmühle
36
Brillmühlmarter
Edlitzberg
574
Stramitzbühel
572
Leitenfeld
Eisgraben-holz
Zigeunermarterl
Holzlüß
Harlüßberg
Rehbergwald
Breitenmoos
Edlitzer-marter
Oberedlitz-kreuz
Oberedlitz-mühle
Niederedlitz
Edelholz
Barbarasäule
Russmarter
Franziskusmarter
Oberedlitz
Dorfkapelle
Kranbühel
Pfingstbühel
602
Kibitzhöfe
Pestsäule
Oberlüßb.
Saßwald
Saßmarterl
Stegmühl-marter
Saßäcker
Thaya
(484)
Stegmühle
Ehgras-wiesen
Steinbruchäcker
Hubertuskpl.
Am Galgen
Schirnes
Hauke Guitars
Bayer-Kreuz
Friedb.
Friedenskreuz
Schwedenkreuz
Zwinz-Kreuz
Hartwald
Schirnesb.
Sarningb.
Überlandäcker
Gerhartser Feld
Rotes Kreuz
B.
Grenzb.
Wüstung Hard
Geißbühel
Kreuz-feldstein
D. Thaya
Aufeld
Reutlüß
Hintermaiß-wald
Amaißleiter
649
Kollerkreuz
Thayaer Feld
Jarolden
Großgerharts
Jaroldsmühle
Pyhra
(583)
Kleineber-harts
Höchtl-Säule
Nepomuk-kapelle
Zwinzkreuz
Hollenbach
(555)
Ziegelofen-häuser
36
Vestenötting
5
Modell-flugplatz
Hollenb.
Christas Turmstüberl
Sixmühle
Golfplatz
Besttrip Camp
Matzlinger-feld
Jägerhaus
Fb.
Stoißmühle
Jhtt.
Jägerteich
Große Basilika
Waldrapp-volieren
Hollenbach
Waidhofen an der Thaya
Golfhotel
Start
Bhf.
Altwaidhofen
Kaltenbach
(510)
Kranken-haus
5
0
500m

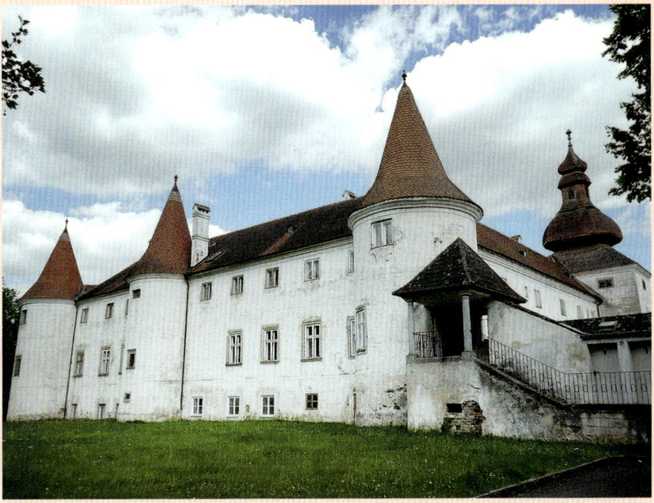

Schloss Dobersberg

WEGVERLAUF: Streckenwanderung. Waidhofen an der Thaya – Thaya (1 ¼ Std.) – Niederedlitz/Ortsende (1 Std.) – Dobersberg/Pfarrkirche (2 Std.)

DAUER: 4 ¼ Std.

LÄNGE: 19,2 km

SCHWIERIGKEITSGRAD: Geringe Höhenunterschiede, im letzten Drittel etwas deutlicher, allerdings ca. die halbe Strecke auf Asphalt (Bankette großteils begehbar)

WEGMARKIERUNGEN: Unmarkiert, Thayatalweg Nr. 630 bzw. 607, gelbe Pfeile, grüne Tafeln, Rot-Weiß-Rot, Thayatalweg, gelbe Pfeile, unmarkiert

EINKEHRMÖGLICHKEITEN: Landgasthof und Pension Haidl (Mi und Do Ruhetag), Treffpunkt Trefanitz (Mo Ruhetag), Bäckerei-Konditorei Kasses (So und Fei Ruhetag), Gasthaus Schmidtmayer (Do Ruhetag, Nächtigungsmöglichkeit), Gasthaus Schloss-Stüberl (Mi Ruhetag), Meli's Café-Restaurant (Mo Ruhetag)

RÜCKFAHRT: Mit dem Bus von Drosendorf/Kirchenstraße bis Waidhofen an der Thaya/Busbahnhof (Gymnasiumstraße)

HINWEIS: Die Tour sollte bei Hitze oder Niederschlägen gemieden werden, da weite Strecken in freiem Gelände zu marschieren sind.

ein Kellerzugang vor dem Gastgarten zu einem 30 m langen, gefluteten Erdstall führt, der mit einem Boot befahren werden kann. Wem das zu beschwerlich ist, der kann sich stattdessen einen kurzen Film ansehen, in dem diese Besonderheit präsentiert wird. Der ursprüngliche Verwendungszweck des Kellers liegt im Dunkeln; es könnte sich auch um eine ehemalige Zisterne handeln.

Wenn wir über die Hauptstraße weiterschlendern, kommen wir zum Treffpunkt Trefanitz, einer weiteren Einkehrmöglichkeit. Neben dem Kaufhaus sehen wir auf Nr. 14 die Aufschrift „Hauke Guitars". Es handelt sich um die einmalige Schausammlung des Gitarrenbauers Roland Hauke, die ca. 70 erlesene Exemplare von insgesamt etwa 250 E-Gitarren umfasst und Sonntag von 10 bis 11 bzw. gegen Voranmeldung (Gemeindeamt: Tel. 02842/526 63) besucht werden kann. Ein Stück oberhalb des Museums steht uns noch der Besuch der Bäckerei-Konditorei Kasses offen.

Wir gehen wieder zurück zur Pfarrkirche hl. Petrus und Paulus, die von den Grafen von Raabs gegründet wurde. Das Langhaus ist romanischen Ursprungs und wurde gotisch erweitert. Der barocke Kirchturm wird von einem Zwiebelhelm bekrönt. Neben dem Stiegenaufgang zur Hauptstraße ist noch die Karnerkapelle, die 1992 auf romanischen Resten des Beinhauses errichtet wurde, einen Besuch wert.

Vor der Kirche erspähen wir den Hinweis „Dobersberg 10,2 km, 2h30m" und gehen die Hauptstraße unterhalb der Kirche in einem Linksbogen weiter. So lassen wir den Ort auf der stark befahrenen Straße zum Friedhof hinter uns. Nach diesem bzw. am Ortsende biegen wir links Richtung Kibitzhöfe ein, folgen der Markierung des Thayatalwegs und verlassen in der Linkskurve den Asphalt. Wir gehen zunächst den Feldweg neben der B 36 weiter und schließlich auf dem Bankett der Straße vor, bis wir nach Querung des Radwegs und der Thayabrücke eine Birkengruppe erreichen.

Hier verlassen wir die Niederungen der Deutschen Thaya. Der Thayatalweg setzt sich den schon bekannten Markierungen folgend auf der anderen Straßenseite fort. Auf Asphalt geht es zunächst sanft bergan, dann setzen wir unsere Wanderung im spitzen Winkel nach links auf einem Feldweg neben einer Strauchreihe schnurgerade und niveaugleich fort. 800 m weiter erreichen wir **Niederedlitz**, wo es nach dem Haus Nr. 15 rechts durch den Ort weitergeht. Die lange Ortsstraße führt auf einem Gehsteig sanft bergauf. Nach dem Ortsende benützen wir das Bankett (2 ¼ Std.).

So gelangen wir in den Rehbergwald oberhalb des Orts, wo wir etwas geschützter sind. In einem leichten Rechtsbogen der Straße weisen uns die Pfeile „607“ und „630“ nach links auf Waldboden, der von Traktoren heftig zerwühlt ist. Stark geschlägerte Abschnitte wechseln sich mit dichtem Gehölz ab. Nach einem kurzen Rechts-links-Knick bergwärts geht es wieder links über einen Hang weiter, dann um den Zaun eines Privatgrundes herum und an einem Feldrain entlang. Im Gras ist der Pfad kaum wahrnehmbar. Die Auen der Thaya sind schwach zu erkennen, der davor liegende Ort **Merkengersch** ist hingegen deutlich sichtbar.

Hinter einer Gruppe von kleinen Häusern gehen wir rechts bergwärts. 150 m weiter biegen wir links in einen Wiesenweg ein. Es folgt eine schöne Waldpassage. Nach einem kurzen Abstieg erreichen wir eine Futterkrippe und ein Wegkreuz sowie das Schild „Jägersteig“, dem wir bergan folgen (auch Rot-Weiß-Rot „4-3“). Der Weg knickt dann nach links ab; es geht weiter zwischen Nadelbäumen bergauf. Wir befinden uns auf dem wenig ausgeprägten **Maiswaldkogel**, wo bald die Bergumkehrstütze des Maiswald-Skilifts auftaucht. Wir verlassen das Plateau neben einem Teich über den „Wünschelrutenweg Nr. 75“ auf einer breiten Waldstraße.

400 m weiter erreichen wir am Waldrand die „Arena Geomantica“ – einen angeblichen Kraft- und Meditationsplatz, wo 16 Steine auf einem Durchmesser von 40 m einen „energetischen Kreis“ bilden.

Nach dem Fußpunkt unseres Abstiegs (gelber Pfeil „Naturparkweg Nr. 73“) halten wir uns links auf Asphalt und erreichen bald darauf das Saugatter – ein Gehege für Wildschweine. Wir bleiben noch bis nach dem Autoparkplatz für Skiliftbenützer auf der Straße, queren auch die Skipiste und wenden uns entlang dieser dem Tal und einem auffälligen Rundbau zu: der Grillhütte. Von dort – ganz nahe bei der Talstation des Lifts – führen uns das Schild „Herrensteig“ sowie die Hinweise auf „607“ und „630“ durch einen schmalen Schlupf ganz zur Thaya hin. Nach dem Jungbrunnen gelangen wir zu einer gedeckten Holzbrücke, die wir benützen, um gegenüber nach einem kleinen, eingezäunten Jungwald die Trasse des Thayatal-Radwegs zu überqueren und den **Naturpark Dobersberg** der gleichnamigen Marktgemeinde zu erreichen.

Bei der Station Bienen-Museum und dem Damwildgehege halten wir uns rechts. Der Thayatal-Wanderweg ist gleichzeitig der Waldlehrpfad, dem wir hier konsequent folgen. Wenn rechts unter uns die Thaya deutlich sichtbar wird, biegen wir in **Dobersberg** beim Haus Nr. 4 in den Naturparkweg, den wir anschließend nach rechts in die Waidhofner Straße verlassen. Auf Nr. 8 erreichen wir das **Gasthaus Schmidtmayer.**

Wir folgen der Straße weiter bis zur wichtigsten Kreuzung des Orts am Hauptplatz. Hier finden wir das **Schloss-Stüberl** vor, links davon schließt der Sparkassenplatz mit **Meli's Café-Restaurant** an. Am Lokal vorbei gehen wir zur Schlossgasse vor, über die wir das **Renaissanceschloss Dobersberg,** einen vierflügeligen geschlossenen Bau mit Ecktürmen, erreichen. Vor dem Zugang zum Schloss kommen wir noch zu Naturparkhaus (Sa, So und Fei geöffnet) und Feuerwehrmuseum (So und Fei geöffnet).

Haben wir einen kurzen Rundgang durch Hof und Park absolviert, gehen wir über eine Stiege vor dem Museum hinunter zur Waldkirchener Straße, über die wir zur Hauptkreuzung zurückkehren, nach links weitergehen und schließlich rechts in die Kirchenstraße einbiegen. Diese führt geradewegs auf die Pfarrkirche St. Lambert zu – eine im Kern gotische, in der frühen Barockzeit und im 19. Jh. veränderte Saalkirche mit barockem Westturm. Nach einem Besuch der Kirche gehen wir die Kirchenstraße weiter und erreichen schließlich die Haltestelle, von der die Busse Richtung Waidhofen an der Thaya abfahren (4 ¼ Std.).

2-4 Bandlkramer-Nostalgie

Von Groß-Siegharts nach Waidhofen an der Thaya

Von der ehemaligen Heimat der „Buglkraxen"-Hausierer aus erwandern wir den Predigtstuhl als höchsten Punkt des Gebiets, besuchen den Gedenkstein an den Ort Ulreichs sowie die Bründlkapelle und marschieren durch das Kaltenbachtal nach Waidhofen an der Thaya, einst Hochburg der Textilweberei.

DER WANDERWEG

Der Bus bringt uns direkt ins Zentrum der Stadtgemeinde Groß-Siegharts. Von der Station aus bewegen wir uns über den angrenzenden Parkplatz mit Blick auf die Pfarrkirche auf eine Nepomukstatue von 1754 zu und betreten nach links gewendet den Schlosspark. An einem Denkmal zu Ehren von Kaiser Joseph II. vorbei benützen wir rechts einen Stiegenaufgang, um auf das Plateau des Schlossplatzes zu gelangen, wo sich die Gemeindeeinrichtungen (Technologie- und Bildungszentrum, Stadtsaal, Volksheim) befinden. Der Zutritt zum Schloss, das auf einen Befestigungsbau von Cotsrelve von Siegharts aus dem 12. Jh. zurückgeht, ist zu den Amtsstunden des Gemeindeamts Montag bis Freitag am Vormittag und zusätzlich am Mittwochnachmittag möglich. Der Rittersaal, die ehemalige Schlosskapelle mit Fresken von Carlo Carlone, das Sparkassenmuseum sowie die Fotogalerie und die Teppichstickerei können zu diesen Zeiten besucht werden. Mitten auf dem Schlossplatz prangt die Regionssäule von Willibald Edlinger mit symbolischen Darstellungen regionalen Bezugs.

Wir verlassen den Platz über einen zweiten Stiegenaufgang nach dem Salettl und gehen unter alten Bäumen zum Teich und den Tennisplätzen. Gleich nach dem Gitterzaun schlendern wir die Mühlgasse rechts weiter. Wir biegen an deren Ende links in die Hamerlingstraße ein, marschieren zur Raabser Straße vor und setzen gegenüber in der Schwabengasse fort. Sanft bergauf kommen wir gut voran und erspähen beim Haus Nr. 25 den ers-

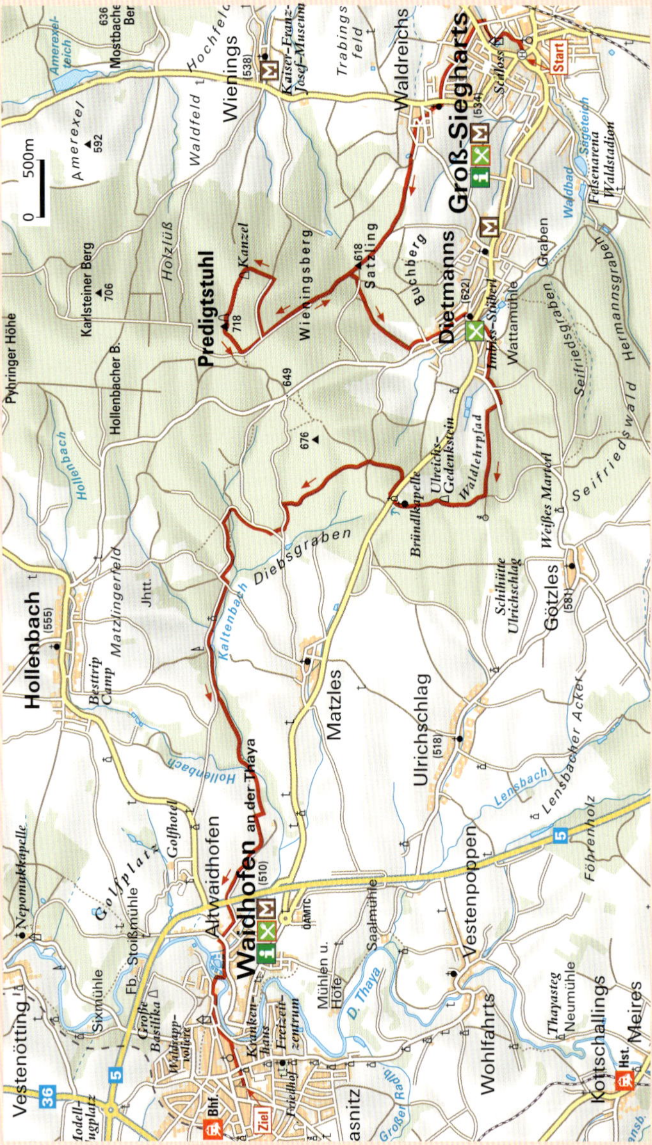

0 500m
Start
Schloss
Groß-Siegharts
(534)
Waldreichs
Wienings
(538)
Kaiser-Franz-Josef-Museum
Trabings feld
Waldfeld
Hochfeld
Amerexel
592
Amerexel-teich
Mostbacher Berg
636
Karlsteiner Berg
706
Holzlüß
Pyhringer Höhe
Hollenbacher B.
Predigtstuhl
718
Kanzel
Wieningsberg
618
Satzling
Buchberg
Dietmanns
(622)
Imbiss-Stüberl
Wattamühle
Graben
Seifriedsgraben
Hermannsgraben
Seifriedswald
Waldbad
Sägeteich
Felsenarena
Waldstadion
649
676
Ulreichs-Gedenkstein
Waldlehrpfad
Bründlkapelle
Weißes Marterl
Diebsgraben
Kaltenbach
Hollenbach
(555)
Besttrip Camp
Matzlingerfeld
Jhtt.
Matzles
Ulrichschlag
(518)
Schihütte Ulrichschlag
Götzles
(581)
Lensbach
Lensbacher Acker
Föhrenholz
Vestenpoppen
Waidhofen an der Thaya
(510)
Altwaidhofen
Golfplatz
Golfhotel
Stoißmühle
Nepomukkapelle
Vestenötting
Sixmühle
Große Basilika
Waldhappvoliere
Krankenhaus
Freizeitzentrum
Friedhof
ÖAMTC
Mühlen u. Höfe
Saalmühle
D. Thaya
Wohlfahrts
Thayasteg
Neumühle
Kottschallings
Meires
Hst.
Bhf.
Ziel
Modellflugplatz
Großer Radlb.
36
5

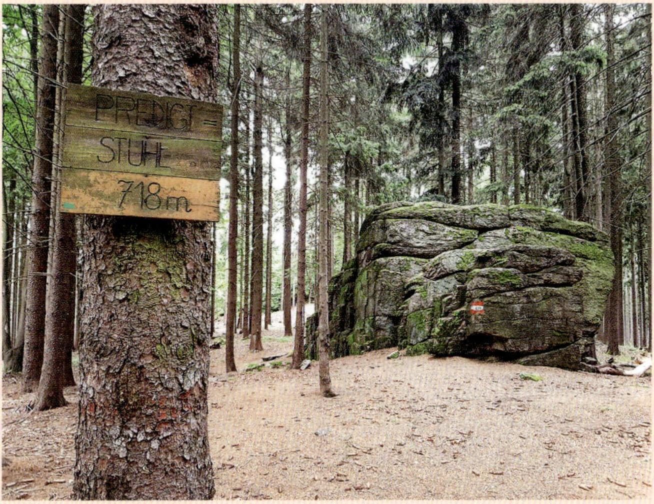

Der „beruhigende" Steinblock auf dem Predigtstuhl

WEGVERLAUF: Streckenwanderung. Groß-Siegharts/Zentrum – Satzling (45 Min.) – Predigtstuhl (45 Min.) – Satzling (30 Min.) – Dietmanns (30 Min.) – Bründlkapelle (30 Min.) – Breitpfeiler-Marterl (45 Min.) – Waidhofen/Busbahnhof (1 ¼ Std.)

DAUER: 5 Std.

LÄNGE: 20 km

SCHWIERIGKEITSGRAD: Unkomplizierte Wanderung mit mäßigen Höhenunterschieden, fallweise aber verwirrenden Orientierungsangaben, ca. ein Drittel des Weges auf Asphalt

WEGMARKIERUNGEN: Markierungslos, gelbe Pfeile mit „33", Rot-Weiß-Rot mit „611" und gelbe Pfeile „20", markierungslos, gelbe Pfeile mit „23" und „21", dann „22", Rot-Weiß-Rot mit „611", gelbe Pfeile mit „24", gelbe Pfeile mit „15" bzw. „12" und „13", unmarkiert

EINKEHRMÖGLICHKEITEN: Rich's und Romana's Imbiss-Stüberl (täglich geöffnet, nur So ab Mittag geschlossen), Gasthaus Stadler (Mo und Di Ruhetag), diverse Lokale in Waidhofen an der Thaya bei Hauptplatz und Stadtpfarrkirche

ANFAHRT: Mit dem Bus von Waidhofen an der Thaya/Busbahnhof (Gymnasiumstraße) bis Groß-Siegharts/Raabser Straße

HINWEIS: An einigen Stellen fehlen offenbar schlägerungsbedingt wichtige Markierungen, daher ist auf die genaue Beschreibung zu achten.

ten Wanderhinweis (gelber Pfeil mit „33", Predigtstuhlwanderweg). Auf einer Infotafel wird die Bedeutung dieses Viertels erklärt: **Graf von Mallenthein** (1682–1749), auf dessen Initiative der Aufschwung der Gemeinde zum Textilzentrum zurückgeht, ließ um 1720 hier die Weber-Kleinhaussiedlung Neugebäu anlegen, wo schwäbische, sächsische und mährische Fachleute der Baumwollspinnerei angesiedelt wurden. Durch das Privileg von Kaiser Joseph II., ihre Ware selbst verkaufen zu dürfen, entstand Jahrzehnte später ein neuer Beruf: jener des Bandlkramers, der in der gesamten Monarchie von Haus zu Haus unterwegs war, um aus der „Buglkraxen" seine Produkte anzubieten.

Am Ende der Schwabengasse biegen wir beim Wegkreuz rechts in die Karlsteiner Straße ein, wechseln die Seite, kommen nach der Nr. 65 zur 2002 erbauten Kapelle Waldreichs und gehen den schmalen Bäckersteig rechts davon weiter. Dieser Durchstieg endet bei einer alten Dampfbäckerei in einer breiten Gasse, in die wir links einbiegen und gleich halb rechts zur Hauptstraße gelangen, die wir überqueren, um weiter bergwärts in der Waldgasse das Ortsende von Waldreichs anzusteuern. Es taucht auch wieder ein Richtungspfeil mit „33" auf. Nach Nr. 29 behalten wir die Gehrichtung bei und wenden uns dem ersten Waldstück zu, wobei sich im Zurückschauen ein guter Blick auf die Stadt bietet.

Am Waldeingang empfängt uns eine alte Tafel, die auf den Predigtstuhl hinweist. Auf einer breiten Forststraße wandern wir zwischen hohen Bäumen oder am Waldrand dahin. Eine blassgelbe Markierung taucht auf, ebenso ein alter Holzpfeil mit „Predigtstuhl Nr. 4". Etwa niveaugleich marschieren wir weiter und erreichen den etwas freieren Sattelpunkt Satzling, der durch einen Hochstand und eine querende Hochspannungsleitung gekennzeichnet ist (45 Min.).

Der Forstweg steigt in der Folge sanft an; nun fallen auch erhebliche Ausholzungen auf. Nach einer Abschrankung setzen wir den Aufstieg unvermindert fort. Etwa 15 Min. später zweigt an der Stelle, wo der gelbe Pfeil „Predigtstuhlwanderung Nr. 20" gegen unsere Richtung zeigt, ein Weg nach rechts ab, den wir einschlagen. Nach ca. 500 m mit minimalem Gefälle erreichen wir eine Stelle, an der wir nicht mehr geradeaus weitergehen, sondern uns an den Markierungen „Predigtstuhlwanderung Nr. 20", „611" und einer Tafel mit Werbeaufschrift links bergauf orientieren. Durch aufgelockerten, hochstämmigen Wald, in dem entlang des Pfads vereinzelte Steinblöcke erkennbar sind, steigen wir zum Gipfel auf.

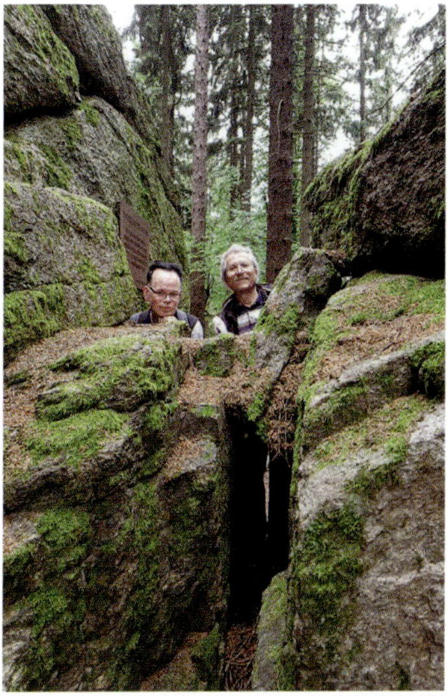

Wanderer beim Predigtstuhl-Felsen

Nach dem steilsten Stück wandern wir auf der Anhöhe weiter und entdecken einen Holzpfeil, der zur „Kanzel" weist, wovon sich der Name des Bergs herleiten dürfte. Eine blasse rote Markierung zeigt uns einen kurzen Abstecher nach links – zu einem Felskopf mit morscher Sitzbank, der stark überwachsen ist und so gut wie keinen Ausblick bietet. Wir kehren danach auf „611" zurück und erreichen auf nadelbedecktem Boden unter altem Baumbestand den höchsten Punkt des Bezirks Waidhofen, den **Predigtstuhl** in 718 m Höhe. Dominierendes Objekt auf dem Gipfel ist ein gedrungener, massiver Steinblock, der angeblich eine beruhigende Wirkung hat. Außerdem kann man sich hier oben in ein Gipfelbuch eintragen und am Picknicktisch neben den Pfeilern eines ehemaligen Aussichtsturms eine Rast einlegen (1 ½ Std.).

Den Schildern „Bründlkapelle 40 Min." und „Georgenberg" folgend setzen wir auf „611" zum Abstieg vom leider aussichtsarmen Gipfelbereich an. Nach wenigen Minuten eines Gefälles über Wurzeln und Steine sollten wir am rechten Wegesrand die eher unscheinbare Tosikohöhle nicht übersehen. Kurz darauf folgt eine Kreuzung mit Markierungen. „37" führt geradeaus zur Kapelle, wir schwenken aber nach links auf den Forstweg ein („Waldreichs

Nr. 4"). Nach gut 200 m gelangen wir zu jener Stelle, an der wir beim Aufstieg rechts abgebogen sind. Nun wandern wir aber dem Pfeil „Predigtstuhlwanderung Nr. 20" folgend geradeaus und bergab die bequeme Forststraße zurück bis zum Sattelpunkt Satzling (2 Std.).

Die Hochspannungsleitung dient nun optimal als Orientierung, indem wir uns mangels konkreter Richtungsangaben nach rechts wenden und immer danach trachten, ihr zu folgen. Auf einem Karrenweg marschieren wir schließlich nach einer Schranke aus dem Wald bzw. an einem Wasserschutzgebiet und am Feldrand entlang auf **Dietmanns** zu, das wir an der Adresse Scherzerberg 5 erreichen, nach links einbiegen und wenige Schritte danach auf der Alten Straße fortsetzen. Gelbe Pfeile mit „23" und „21" tauchen auf und zeigen uns die Richtung an. Wenn wir die Kapelle dieses Ortsteils erreichen, biegen wir gemäß den Schildern „Schiliftwanderung Nr. 22" und „Bründlkapellenwanderung Nr. 23" rechts zur Hauptstraße ab. Hier erreichen wir mit **Rich's und Romana's Imbiss-Stüberl** eine willkommene Raststation (2 ½ Std.).

Nach einer Labung setzen wir in der Waidhofner Straße fort und kommen zur geschlossenen Gasthaus-Pension Piringer. Danach folgen wir der Sechshauser Straße. Eine große Wandertafel mit „Waldlehrpfadwanderung Nr. 21", „Schiliftwanderung Nr. 22" und „Bründlkapellenwanderung Nr. 23" gibt die Richtung vor. Nach einem Linksknick in die Waldstraße verlassen wir beim Ortsendeschild den Ort auf der Autostraße und biegen 250 m weiter rechts zu einer Rastbank am Waldrand hin ab. Der Weg verläuft nun kurz zwischen Wald und Feld. Wir gehen leicht bergauf und folgen dem Holzpfeil für den Waldlehrpfad, nach Unterquerung der Hochspannungsleitung auch wieder durch dichten Wald. An der folgenden Wegkreuzung gehen wir nicht zur Skiwiese vor, sondern folgen „611" und den Holzpfeilen „Lehrpfad" und „Bründlkapelle" nach rechts. Nach wenigen Minuten ist der **Ulreichs-Gedenkstein** erreicht (siehe S. 117, „Am Wege").

Auf Waldboden geht es danach bequem weiter, bis wir zur **Bründlkapelle** kommen, die hier unweit der Landesstraße platziert ist. Die mit privaten Mitteln finanzierte Kapelle mit ihren attraktiven Spitztürmchen wurde 1902 geweiht, um den Marienbildstock an der Straße als Andachtsort abzulösen. Grund für einen Besuch dieser Örtlichkeit war aber das Marienbründl, das seit dem 18. Jh. als „Augenbründl" regen Zulauf genoss. Der Bildstock befindet sich direkt an der Straße – ebenso, aber einige Meter links davon, die 1961 hierher verlegte und in eine gemauerte Senke gefasste Bründlquelle, deren Wasser nie einfriert (3 Std.).

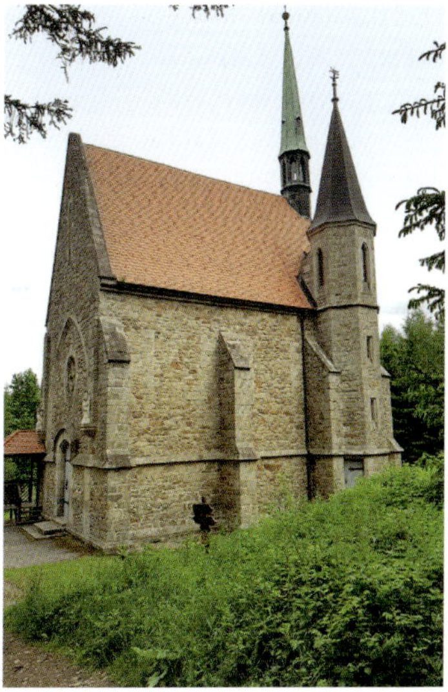

Bründlkapelle

Neben dem Bildstock steht ein Orientierungsbaum. Wir gehen kurz rechts in Richtung „Predigtstuhl" auf „611" zur anderen Straßenseite und biegen nach 100 m gegenüber in den Wald ein. Hier halten wir uns nebst anderen Markierungen auf „611". Bei einer fünfstrahligen Waldstraßenkreuzung entdecken wir den gelben Pfeil für „Kaltenbachwanderung Nr. 24", die nun kurz für uns maßgeblich ist, und marschieren halb links auf Gelb weiter. Der Eindruck eines üppigen Waldes wird immer wieder durch Schlägerungsabschnitte getrübt.

Bei einer Wegteilung nehmen wir den linken Ast und biegen danach in einem dichten Fichtenwald und dem Pfeil „Rund um Dietmanns" folgend links ab, um 200 m danach in einem rechten Bogen auf „24" fortzusetzen. Nach weiteren 200 m führt die Markierung „24" auf Schotter nach rechts. Hier nehmen wir aber den mittleren Weg geradeaus in eine kleine Senke. Es taucht der Hinweis „Altwaidhofen 1h, Nr. 15" (entgegen der Gehrichtung) auf. Danach überqueren wir in einem Linksbogen fast unmerklich den Kaltenbach. Der bequeme Weg führt uns durch unterschiedlich dichten Nadelwald. Wir folgen der nun breiten Forststraße und sehen den Hinweis auf den „Golfplatzweg Nr. 12" in unserer Richtung.

Der nächste Hinweis ist dann zusätzlich „Altwaidhofen 50 Min.". An einer Stelle zum Bach hin können wir zum Breitpfeiler-Marterl gehen, einer vom Waidhofner Kaufmann Josef Hettler privat errichteten Andachtsstätte mit Rastplatz, daher auch Hettler-Marterl genannt (3 ¾ Std.).

Etwa 250 m weiter, über das Terrain des mittelalterlichen Ortes Kaltenbach (siehe S. 117, „Am Wege"), erreichen wir einen Weiher und einen Bildstock mit dem sogenannten Reisig-Bild, das an ein Gewaltverbrechen mit zwei Toten im Jahr 1879 erinnert. Nach dem folgenden Waldstück verlassen wir bei den Pfeilen „Golfplatzweg Nr. 12", „Heimatsleitenweg Nr. 13" und „Altwaidhofen 35 Min." den breiten Fahrweg zum Bach hin, den wir hier erstmals auch wirklich deutlich sehen können. Es folgt ein schöner Wegabschnitt auf Wiesenboden durch das letzte Waldstück vor dem Endpunkt. Auch ein großes gelbes Quadrat mit „15" taucht auf.

Schließlich treten wir aus dem schützenden Wald. Rechts von uns breiten sich Äcker und Kornfelder aus. Wir bleiben am Waldrand und kommen zu einem eingegrenzten Privatgrundstück mit einer Containerhütte. Am Maschendrahtzaun und das Kornfeld entlang gehen wir rechts zu einer Schotterstraße hinauf und dann links weiter über das Plateau. Vor uns ist auch schon die Pfarrkirche von Waidhofen an der Thaya zu sehen, auf die wir zusteuern. An zwei braun überdachten Gebäuden vorbei wandern wir nun auf Asphalt über die Feldwegbrücke, die die B 5 überspannt, nach **Altwaidhofen** hinein (gelbe Pfeile mit „12" und „13").

Etwas abwärts geht es an den ersten Häusern vorbei und in einem Rechtsbogen zur Hauptstraße hinunter. Nach der Nr. 25 biegen wir laut den Pfeilen für „12" und „13" links ab und steuern geradeaus auf den „Dom des Waldviertels" zu. So erreichen wir das **Gasthaus Stadler**. Noch vor der Ortsendetafel weisen uns „12" und „13" nach rechts zu mehreren Teichen und zur Thaya, die nach einem Stück auf schmalem Uferweg überbrückt wird. An einer kleinen Kapelle vorbei geht es die Schlossgasse vor und hinauf zum dominierenden Gebäude von **Waidhofen an der Thaya**, dem Schloss, das durch seine gedrungene Form und eine nicht sanierte Fassade auffällt.

Wir gehen links daran vorbei zur Wiener Straße, die wir in der engen Kehre überqueren, und benützen dann den Stiegenaufgang zum Zentrum. In der Höberthgasse biegen wir auf den Literaturpfad an der Südpromenade ein, blicken auf die Dächer von Niedertal am Thayaufer hinunter und gelangen an der Schadek-Bank und am Pestkreuz vorbei zum Schubertweg, der uns neben dem Krankenhauskomplex zur Zwiebelkapelle bringt. Dahinter beginnt die Gymnasiumstraße, in der wir den Busbahnhof erreichen (5 Std.).

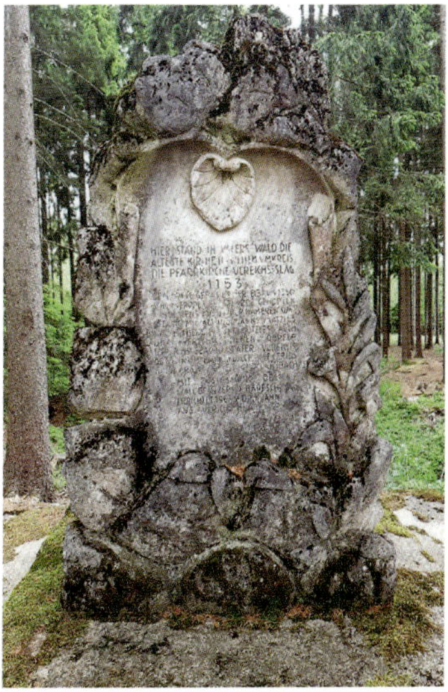

Ulreichs-Gedenkstein

AM WEGE

Von der Bründlkapelle ein Stück waldeinwärts findet man auf einem quadratisch gemauerten Sockel den Ulreichs-Gedenkstein, der 1963 errichtet wurde und an einen nicht mehr existierenden Sakralbau in einem ebenfalls nicht mehr vorhandenen Ort erinnert. Die Pfarrkirche Ulreichsschlag soll nach ca. 200 Jahren ihres Bestands bereits um 1350 wieder verödet sein. Schon vor dem Jahr 1150 ist ein Ort namens Ulreichs bzw. Ulreichsschlag belegt, der – offenbar durch kriegerische Auseinandersetzungen bedingt – verlassen wurde und in der Folge verfiel. Ein ähnliches Schicksal dürfte auch die Orte Kaltenbach (etwa zwischen Breitpfeiler-Marterl und Bildstock mit Reisig-Bild gelegen), Seyfrids, Hadmars, Hierweis und Lansbach ereilt haben, die allesamt von der Landkarte und damit aus dem öffentlichen Bewusstsein verschwunden sind. Die letzten Reste der Grundmauern der Kirche sollen um 1890 abgetragen und für den Unterbau der Bründlkapelle verwendet worden sein.

3 Besuch beim „Heiligen Grab“

Stadtspaziergang in Drosendorf

Dem Charme von **Drosendorf** kann sich kaum ein Besucher entziehen. Idyllisch liegt das Städtchen im nördlichen Waldviertel, eng umschlossen von seiner Stadtmauer, oben auf einem Felsrücken. Im Tal fließt die **Thaya**, die tschechische Grenze ist nur drei Kilometer entfernt. Kein Wunder, dass es Ende des 19. Jh.s Sommerfrischler aus Brünn, Wien und Graz in diese Umgebung zog.

Es war ein gut geschützter Platz, an dem die Grafen von Pernegg in den Jahren 1180 bis 1200 eine Dorfsiedlung an der Mündung des Thumeritzbachs in die Thaya anlegen ließen. Schon bald begann der Ausbau zur wehrhaften Burgstadt mit Stadtmauer; dadurch kam es zu einer Siedlungsverschiebung auf den nahe gelegenen und vor Angriffen besser geschützten Hausberg. Die Dorfsiedlung blieb erhalten und wurde von da an als „Altstadt“ (heute: Drosendorf Altstadt) bezeichnet – was immer noch für Verwirrung sorgt.

Wir starten unseren Rundgang direkt im Zentrum von Drosendorf, beim Infopavillon am Hauptplatz, wo wir uns mit Prospektmaterial versorgen können. Von hier aus sind es nur wenige Meter zur Dreifaltigkeitssäule aus dem Jahr 1714, die an die überstandene Pest erinnert. Ihr gegenüber befindet sich das Rathaus mit seiner prächtigen Sgraffito-Fassade. Die Abbildungen stammen von **August Hoffmann** und zeigen Stephan von Maissau, den heiligen Martin (Schutzpatron der Stadtkirche), Oswald von Eyczing (Stifter der Martinskirche) und eine Ehrentafel für die Bürger mit den Worten „Ein Ehrenplatz dem schlichten Mann, der ungenannt seine Pflicht getan“.

Nachdem wir die in den 1930er-Jahren gestaltete Fassade ausreichend betrachtet haben, wenden wir uns vor dem Rathaus nach links und kommen am Bergamtshaus vorbei – einem Patrizierhaus aus dem Jahre 1576, das dem Besitzer eines Alaunbergwerks gehörte. Beim Haus mit der Adresse Hauptplatz 4 biegen wir in die Bürgerspitalgasse ein, die uns leicht bergab und auf Nr. 11 zum ehemaligen Bürgerspital führt, das 1536 von **Johann Mrakesch** von Noskau, dem damaligen Herrschaftsinhaber von Drosendorf, gestiftet wurde. Daran vorbei marschieren wir zur Horner Straße hinauf, die wir überqueren und auf einem schmalen Weg (ebenfalls als Horner Straße bezeichnet) auf das Portal von Schloss Drosendorf zuhalten.

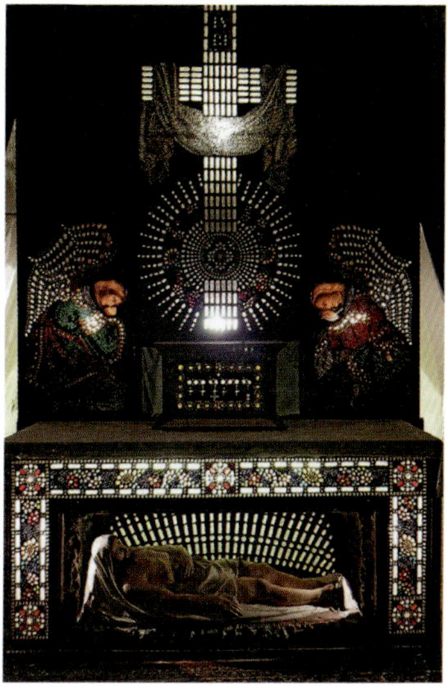

„Heiliges Grab" in St. Martin

Ein Informationsschild erklärt uns, dass hier die mittelalterliche Burg stand, die später von Mrakesch von Noskau erweitert und zum Schloss umgebaut wurde. Noch gegen Ende des 17. Jh.s war das Drosendorfer Schloss mit Wehreinrichtungen versehen; nach einem Brand baute man den romanisch-gotischen Gebäudekern im Renaissancestil aus. Heute dient das Gebäude als Seminar- und Bildungsstätte sowie Frühstückspension.

Wir wenden uns vom Schlosseingang zurück, gehen nach links und gelangen zum alten Häuschen der Freiwilligen Feuerwehr (Schlossplatz 5). Gegenüber befindet sich die alte Kirche, die heute kaum noch als solche zu erkennen ist. Eine Tafel informiert darüber, dass sie einst auch als Stockkasten und Gefängnis diente. Wir folgen einem Schild zum Schlossparkplatz und zum Abgang Sommerpromenade und gehen bergab.

Bald kommen wir zu einer Holzhütte an der Stadtmauer, die den Abgang zur Promenade (ein Teil des „Erlebniswegs Sommerfrische an der Stadtmauer") birgt: steile Steinstufen, die innerhalb der Mauer nach unten führen. So erreichen wir ein Wiesengelände – die ehemalige Schießstätte –, gehen an einem niedrigen Steinmäuerchen entlang, biegen nach links in einen geschotterten Gehweg ein und befinden uns auf der Sommerpromenade. Die Promenaden rund um die Stadtmauer wurden – genauso wie Aussichtspavillons, Wanderwege, Einkehrmöglichkeiten und Badeanstalten, von denen das Städtische Bad mit seinen hübschen Holzpavillons noch heute in Betrieb ist – für erholungsbedürftige Städter angelegt, die ihre Sommer gern hier verbrachten.

Wir folgen dem Weg entlang einer Lindenallee, die 1740 anlässlich des Regierungsantritts Maria Theresias gepflanzt wurde. An einem ehemaligen Aussichtspavillon vorbei gehen wir den Burghügel zur Horner Straße hinauf, wo wir uns nach links wenden und über eine Steinbrücke die Stadtmauer und das leider nicht mehr erhaltene Horner Tor (13. bis 15. Jh.) erreichen. Links und rechts der Straße stehen die beiden gut erhaltenen Wohntürme, die zwischen 1260 und 1300 entstanden sind. Bei den Überresten des Horner Tors sehen wir auch eine frühe Darstellung des Stadtwappens von Drosendorf; es handelt sich um den gotischen Schlussstein aus der Altstadtkirche. Eine Tafel weist uns darauf hin, dass sich gegenüber das ehemalige „Torwartlhaus" befindet, in dem bis ca. 1840 der Torwächter wohnte. Vom Horner Tor gehen wir wieder zurück, die Straße hinab bis zu einer Bankfiliale (Nr. 23), wenden uns danach auf Höhe eines Kreisverkehrs nach links in die Winterpromenade und damit wieder auf den geschotterten Erlebnisweg.

Hier kommen wir am östlichen Zwinger vorbei und erreichen bald danach den Brückenturm, der etwa von 1470 bis 1510 erbaut wurde und ursprünglich mit einer kleinen Zugbrücke versehen war. Zur Rechten bietet sich uns bald ein schöner Blick auf die Thaya am Fuße des Hügels. Hier wird deutlich, wie wichtig der Fluss – neben den massiven Wallanlagen – für den Schutz der Stadt vor Angreifern war. Schließlich führt am westlichsten Punkt der Stadtmauer ein abzweigender Weg nach links, dem wir auf einen Durchgang zu folgen. Direkt davor steigen wir über ein paar Stufen links hinauf und gehen am ältesten Mauerabschnitt (um 1220) entlang.

Die erste massive Stadtmauer wurde bereits Mitte des 13. Jh.s errichtet. Sie hielt 1278 dem Angriff **König Ottokars II. von Böhmen** mit seinem Heer von 18.000 Mann 16 Tage stand und verschaffte seinem Kontrahenten **Rudolf I. von Habsburg** Zeit, sich auf die Schlacht bei Jedenspeigen und Dürnkrut vorzubereiten, aus der er siegreich hervorging. Nach den Stufen stehen wir vor dem Raabser Tor – dem zweiten noch teilweise erhaltenen Stadttor von Drosendorf. Im 17. Jh. musste man noch zwei Gräben und drei Tore passieren, wenn man die Stadt betreten wollte. Heute spazieren wir gemütlich in die Altstadt und gelangen so wieder auf den Hauptplatz. An beiden Seiten ist ein sehenswertes geschlossenes Häuserensemble zu bewundern. Zwei schwere Brände zerstörten 1742 und 1846 große Teile der Stadt, wodurch ein buntes Nebeneinander von Fassaden im Barock-, Biedermeier- und Jugendstil entstanden ist.

Rechter Hand erblicken wir bald Gasthof und Hotel „Zum Goldenen Lamm“ und mittig die Pfarrkirche St. Martin. Die ursprüngliche Martinskapelle, die vermutlich im 13. Jh. entstand, wurde zwischen 1461 und 1464 zu einem spätgotischen Hallenbau erweitert und im 18. Jh. außen und innen barockisiert. Auf dem Hochaltar steht unter einem Baldachin eine um 1900 entstandene Skulptur des heiligen Martin; die beiden Seitenaltäre stammen aus der Wallfahrtskirche **Maria Schnee** (siehe Wanderung 3-3). Besonders interessant sind die in einem barocken Glassarg aufgebahrten Gebeine der im Jahre 317 hingerichteten Märtyrerin Valentina. Sie stammen aus den Katakomben Roms und wurden der Gräfin Lamberg von Papst Clemens XI. zum Geschenk gemacht. In der Kirche finden wir auch das „Heilige Grab“, eine Jugendstilarbeit aus transparenten Glasmosaiken, die 1881 von der Manufaktur Eduard Zbitek aus dem mährischen Olmütz angefertigt wurde und sich mittels Lichtschaltern höchst eindrucksvoll beleuchten lässt.

Nach Verlassen der Kirche bewegen wir uns wieder auf den Ausgangspunkt unseres Stadtspaziergangs zu. Davor gehen wir noch am alten Stadtbrunnen und der Roland- bzw. Prangersäule von Anfang des 16. Jh.s vorbei, die mit ihren sieben Metern die höchste im deutschsprachigen Raum ist. Der Stadtbrunnen ist mittelalterlichen Ursprungs und wurde bis 1926 zur Wasserversorgung genutzt. Am Ende unseres Rundgangs können wir uns noch im Mohnkaffeehaus MOKA erfrischen, das dem Infopavillon gegenüberliegt.

3-1 Bachstelzen

Drosendorf-Umrundung durch den Gaberwald

Wir verlassen die mauerbewehrte Stadt Drosendorf zur Altstadt hin, ersteigen die Julienhöhe und erkunden das Gabertal mit seinen vielen Bachwindungen in der gesamten Ausdehnung. Nach dem Besuch der Gaberkirchen-Ruine geht es entlang einer malerischen Thayaschlinge zurück in den Schutz der Stadtmauern.

DER WANDERWEG

Auf dem Hauptplatz von **Drosendorf** startet die Tour vor dem Info-Pavillon und der Busstation. An der Dreifaltigkeitssäule und am Rathaus vorbei marschieren wir durch die schmale Horner Straße zum Horner Tor, durch das wir über die Brücke zu einem Kreisverkehr gelangen. Auf den Infotafeln und Orientierungshinweisen zur Linken erkennen wir neben „607“ und „630“ in Rot noch mehrere gelbe Pfeile, von denen wir dem Hinweis „Julienhöhe 45 Min.“ folgen und über die Waldpromenade Altstadtberg in die Senke der Altstadt wandern. Dort gehen wir in der Talsohle rechts vor und erreichen nach einer Steinbrücke bald die **Gasthof-Pension „Zur Hammerschmiede“.**

Nach dem Lokal bleiben wir auf der Straße Haidweg, kommen bald auch an einem Tischlereibetrieb vorbei und wechseln nach dem Ortsendeschild von **Drosendorf Altstadt** zur Bergseite hin. Hier befindet sich an einer Vogel-Schautafel der Hinweis auf den Weg Nr. 12, zur „Julienhöhe 30 Min.“, der sich an dieser Stelle von der Straße entfernt und mit der Bezeichnung „Ing. Otto Planer Weg“ beginnt. Der Steig ist von einigen Rastbänken gesäumt und zieht sich schräg den Berghang hinauf. So erreichen wir bald das Salettl auf der Julienhöhe, wo wir den Blick über **Thaya,** Stadt und Altstadt von Drosendorf schweifen lassen können (30 Min.).

Den Hinweisen von „12“ und „13“ folgen wir kurz weiter bergwärts durch einen recht dichten Mischwald. Der Abstieg verflacht, wir erreichen eine Forststraße, auf der wir gemäß „13“ nach links fortsetzen und zügig vorankommen. Wenn der Wald auflockert,

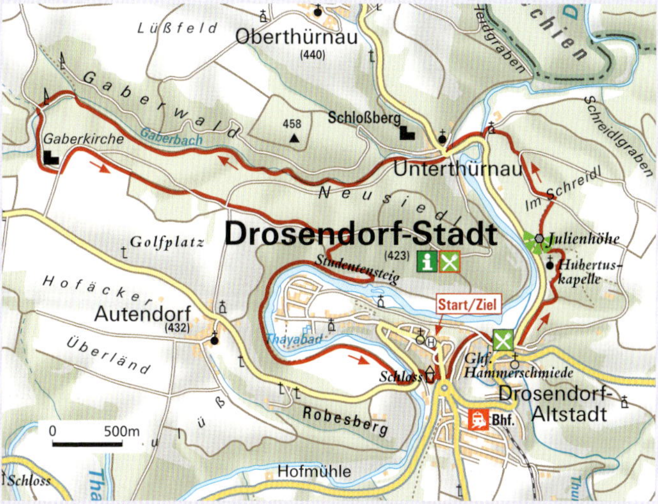

WEGVERLAUF: Rundwanderung. Drosendorf – Julienhöhe (30 Min.) – Unterthürnau (30 Min.) – Gaberkirche (1 Std.) – Drosendorf (1 ¾ Std.)

DAUER: 3 ¾ Std.

LÄNGE: 13,1 km

SCHWIERIGKEITSGRAD: Anfangs und abschließend markante Höhenunterschiede, sonst bequeme Wanderung. Entlang des Thayaufers ist Trittfestigkeit gefragt.

WEGMARKIERUNGEN: Rot-Weiß-Rot mit „607“ und „630“, gelbe Quadrate mit „12“, dann „13“, Blau bzw. gelbes Quadrat mit „15“, gelbes Quadrat mit „N 632“, unmarkiert, gelbes Quadrat mit „11“

EINKEHRMÖGLICHKEITEN: Gasthof-Pension „Zur Hammerschmiede“ (Mi und Do Ruhetag), Lokale auf dem Hauptplatz von Drosendorf

ANFAHRT: Fußweg zum Hauptplatz von Drosendorf

HINWEIS: Auf dem Thayatal-Uferweg ist besondere Vorsicht geboten. Nach heftigen Niederschlägen ist der Steig nicht zu empfehlen.

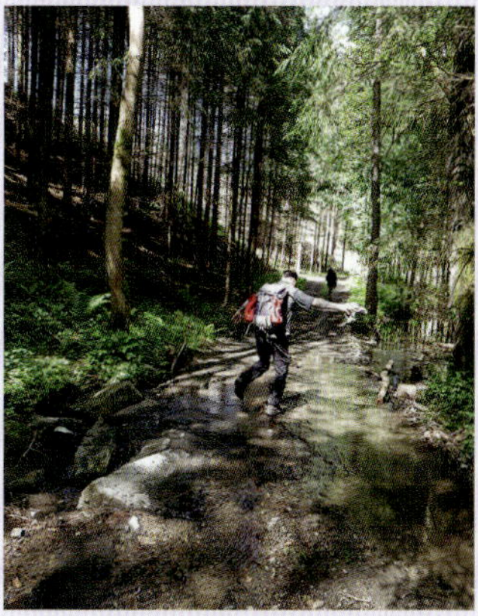

Waghalsige Bachüberquerung

macht die Straße eine Rechtskurve zu einem abgeholzten Hang hin. Wir bleiben aber am Waldrand und gehen auf einem schmaleren und überwachsenen Weg bergab. Nach einem Linksbogen wird der Weg ebenso wie der Abstieg markanter. So durchqueren wir ein weiteres Waldstück und erreichen die Talsohle bei einem Bildstock mit einer Madonnendarstellung. 50 m nach links gewendet erreichen wir die Autostraße und auch gleich eine Holzbrücke über die Thaya, die wir überqueren. Danach steuern wir an einer Wehranlage vorbei den Ort **Unterthürnau** an. Die Autostraße macht hier eine deutliche Rechtskurve. In diesem Bereich finden wir einen Holzpfeil, der auf Blau geradeaus die Richtung zur Gaberkirche angibt (1 Std.).

Nun bewegen wir uns ins Gabertal hinein. Ein gelbes Quadrat mit „15“ taucht auf, ist aber in weiterer Folge selten zu sehen. Bei einer Wegteilung wandern wir zunächst auf einem breiten Weg in das ebenso breite Tal, wobei uns der Gaberbach begleitet, der im weiteren Streckenverlauf an mehreren Stellen überquert bzw. sogar übersprungen werden muss – was bei größeren Wassermengen durchaus herausfordernd sein und zu nassen Füßen führen kann. Auf den Hängen neben dem Pfad am Bach sind immer wieder Spuren großflächiger Abholzungen zu erkennen, die wegen der Schädigungen durch den Borkenkäfer vorgenommen wurden. Es folgt ein engerer Wegabschnitt, der stark überwachsen ist, danach eine breite Forststraße, in die wir einbiegen. Die blaue Markierung ist wieder deutlich zu erkennen. Der Wald öffnet sich dann zu einer Lichtung hin. Wir halten uns links, indem wir der Forststraße einen Hang hinauf folgen und die Ruine der **Gaberkirche** erreichen (2 Std.; siehe S. 126, „Am Wege“).

Nachdem wir die Überreste dieses historischen Sakralbaus betrachtet haben, setzen wir den Aufstieg fort und kommen bald zu einer geschotterten Fahrstraße, die nach links zwischen Kornfeldern auf den Waldrand zuläuft. Rote und blaue Pfeilmarkierungen zeigen an, dass wir rechts weitergehen und am Waldrand bleiben sollen. 250 m weiter teilt sich die Route in einen waldseitigen (ohne Markierung) und waldrandseitigen (mit „15“) Weg auf. Beide Varianten sind für uns begehbar, da sie nach 700 m wieder zusammenführen. Kurz später dehnt sich rechter Hand das Areal des Golfclubs Thayatal-

Dobersberg aus; danach biegt der Weg Nr. 15 scharf rechts ab. Wir bleiben jedoch gemäß dem verdeckt aufgestellten Hinweis auf „N 632“ und marschieren geradeaus weiter. Nach dem Ende eines Getreidefelds kommen wir in einen sehr aufgelockerten Wald, wo sich Aufforstungs- und Abholzungsareale abwechseln. Die Dächer von Drosendorf sind von hier aus schon gut zu erkennen. Schließlich dehnt sich rechts von uns eine große Schlägerungsfläche aus, an deren Ende eine nicht bezeichnete und kaum wahrnehmbare Abzweigung zu einem Rechtsbogen nicht übersehen werden sollte. Auf diesem überwachsenen Weg verlassen wir zunächst entlang einer Aufforstungsfläche die Anhöhe und gelangen auf einem Karrenweg durch dichten Laubwald zügig ins Tal.

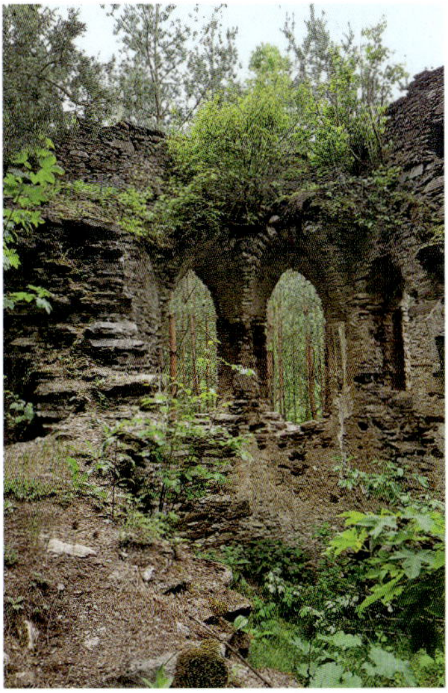

Die Reste der Gaberkirche

Bei einem Hochstand erreichen wir schon fast die Senke der Thaya-Auen und biegen nach rechts in die Route Nr. 11 ein. Zunächst setzt sich der grasbewachsene Weg etwa niveaugleich fort. Näher an der Thaya wird der Pfad wesentlich schmaler und anspruchsvoller. Immer wieder sind auch Felsvorsprünge zu überwinden, die das Weiterkommen erschweren. Auf genauen Tritt ist unbedingt zu achten; nach Regengüssen ist dieser Abschnitt nicht anzuraten. Wir überschreiten nun den westlichsten Punkt dieser Thayaschleife, unmittelbar vor dem malerisch gelegenen Strandbad der Stadtgemeinde am gegenüberliegenden Ufer. Deutlich rauscht hier der sonst so stille Fluss über ein niedriges Wehr hinab.

Nach einem kurzen steilen Anstieg des Pfads können wir bei einem Blick den Hang hinauf die Hollerhöhle erkennen. Der

Zugang ist aber ziemlich verwachsen und beschwerlich, also nicht anzuraten. Wo der anspruchsvolle schmale Pfad endet, bewegen wir uns auf einem Wiesenweg über freies Gelände in etwas größerer Distanz zur Thaya weiter. Aus diesem Blickwinkel erscheint die Stadt Drosendorf, deren Befestigung durch das Grün der Bäume hervorlugt, beeindruckend erhöht zu liegen. Wir erreichen die Autostraße, wo auch wieder die Markierung „11" auftaucht, und überqueren auf dem schmalen Fußweg der Thayabrücke den Fluss.

Unmittelbar danach setzen sich zahlreiche Markierungen nach rechts fort und weisen zu einem Waldweg bergauf nach „Drosendorf Stadt 20 Min.". Einige Kehren später erreichen wir die Sommerpromenade, die uns nach rechts in die Horner Straße bringt. Über das Horner Tor betreten wir den befestigten Stadtkern und gehen links durch eine schmale Gasse auf das Schloss zu. Davor fällt das sogenannte Stockkastl auf, das älteste Gebäude der Stadt. Über den Schlossplatz gehen wir zum Hauptplatz vor, wo die Tour zu Ende ist (3 ¾ Std.).

AM WEGE

Die neben dem Wanderweg aus dem Gabertal heraus auftauchenden Mauerwerkreste aus Bruchstein sind trotz des nur mehr spärlichen Vorhandenseins als Sakralbau zu erkennen und dem 14. Jh. zuzuordnen. Es sind die Ruinen der **Gaberkirche**, der Kapelle einer um 1300 errichteten Burg mit angeschlossener Siedlung. Der Wanderer nähert sich zunächst der Südwestfront, die sich turmartig erhebt und in der ein Spitzbogenfenster auffällt. Die Südostseite, in der der Chor zu erahnen ist, ist ebenso noch erhalten. Hinter den beiden Fassaden kann man vorsichtig über die nordöstliche Grundmauer ins Innere der Ruine steigen, um einen Eindruck vom Langhaus zu bekommen. Abenteuerlustige werden im unwegsamen Unterholz des Waldgeländes noch etliche Mauerreste entdecken. Die heute auf dem Gemeindegebiet von Luden befindliche ehemalige Burganlage geht auf das Geschlecht der Gaber zurück, das im 14. Jh. nachweisbar ist. Allerdings galten Burg und Siedlung bereits im späten 15. Jh. als verödet. Zu Entstehung und Ende der Nutzung sind keine konkreten historischen Daten bekannt.

3-2 Hoch über der Thaya

Von Raabs an der Thaya zur Ruine Kollmitz

Aus der Stadt Raabs am Zusammenfluss der Thaya-Quellflüsse Deutsche und Mährische Thaya kommend, wandern wir zunächst am Wasser entlang und steigen dann zu einer eindrucksvollen Ruine hinauf. Nach Kollmitzgraben bringt uns ein weiterer Anstieg auf das Plateau des Thaya-Hochlands und zurück zum Anfang.

DER WANDERWEG

Unsere Wanderung beginnt und endet in **Raabs an der Thaya**, das erstmals in der 1119 bis 1125 verfassten „Chronica Boemorum" schriftlich erwähnt wird. Das Gebiet um die spätere Stadt wurde bereits vor etwa 900 Jahren planmäßig besiedelt; die Geschichte von Raabs beginnt mit der Errichtung der Burg im letzten Viertel des 11. Jh.s. Die tschechische Bezeichnung für Österreich – „Rakousko", also „das Land hinter Raabs" – leitet sich übrigens vom einstigen Namen der Herrschaft ab, die ein Bollwerk gegen den Norden bildete.

Am Hauptplatz der Kleinstadt mit ihren rund 2600 Einwohnern gehen wir zum gelb gestrichenen Rathaus mit Touristeninformation (Hauptstraße 25) vor. Gegenüber erkennen wir eine Einfahrt, die uns nach wenigen Schritten zu einem gut erhaltenen Eckturm der alten Stadtmauer bringt. Gleich daneben befindet sich auch das Grenzlandmuseum der Stadtgemeinde. Wenn wir ans Ufer vortreten, können wir die hier aufgestaute Thaya und rechts über uns die prächtige **Burg Raabs** sehr schön sehen.

Nun kehren wir aber zurück zum Hauptplatz, wo uns eine gelbe Wandertafel den „Ritterweg ‚60', Ruine Kollmitz 1 ½ Stunden" anzeigt. Wir wenden uns auf dem Gehsteig der Hauptstraße nach rechts und erreichen nach ca. 300 m eine Abzweigung, wo uns bei einer mächtigen Linde und einer rot-weiß-roten Markierung zahlreiche Tafeln (u. a. Ritterweg „60", Thayatalweg „607" bzw. „630" sowie zwei Holzpfeile „Mausoleum" und „Ruine Kollmitz") schräg nach rechts in den Kollmitzsteig weisen. Durch diese Gasse gehen

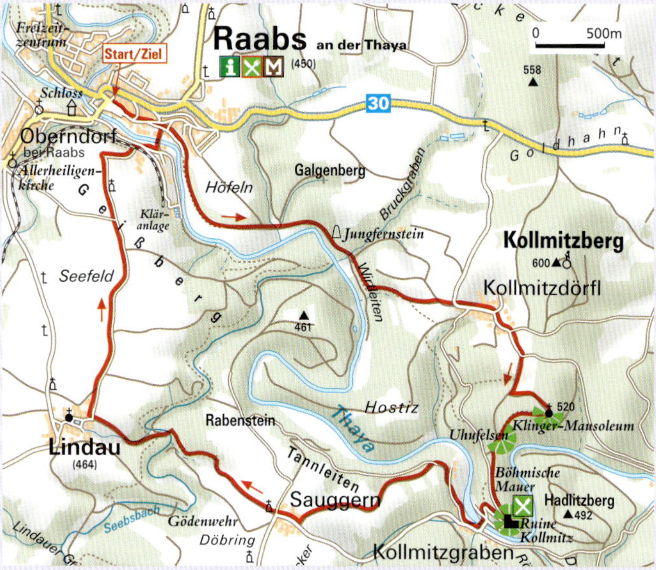

WEGVERLAUF: Rundwanderung. Raabs an der Thaya/Hauptplatz – Kollmitzdörfl (45 Min.) – Ruine Kollmitz (45 Min.) – Sauggern (45 Min.) – Raabs an der Thaya/Hauptplatz (1 ¼ Std.)

DAUER: 3 ½ Std.

LÄNGE: 13,5 km

SCHWIERIGKEITSGRAD: Gemütliche Wanderung an der Thaya und in der Umgebung des Flusses; nur zwei markantere Anstiege sind zu bewältigen.

WEGMARKIERUNGEN: Ritterweg „60“ und Rot-Weiß-Rot, ohne Markierung, hölzerne Tafeln „Mausoleum“ und „Ruine“, Silbersteig „71“, Thayatalweg Nr. 607 bzw. 630, Rot-Weiß-Rot, Ritterweg, unmarkierte Asphaltstraße

EINKEHRMÖGLICHKEITEN: Jausenstation Ruine Kollmitz (Anfang Mai bis Ende Okt. tägl. 10–17 Uhr, im Sommer bei Schönwetter bis 18 Uhr), div. Lokale in der Hauptstraße und am Hauptplatz von Raabs an der Thaya

ANFAHRT: Mit dem Bus von Drosendorf/Hauptplatz bis Raabs an der Thaya/An der Stadtmauer (Mo–Fr Abfahrt nur 6.54 Uhr, Rückfahrt nur 16.32 Uhr). Mit dem Pkw über die Thayatalstraße (B 30) von Drosendorf nach Raabs, in der Nähe des Hauptplatzes parken

HINWEIS: Etwa die Hälfte der Wanderung ist auf freiem Feld zurückzulegen, daher sollte man auf Sonnen- bzw. Regenschutz achten.

wir, vorbei an prächtigen Villen, bis zum Ende des asphaltierten Teils und setzen unseren Weg dann auf Waldboden fort, zwischen einer Felswand linker und der Thaya rechter Hand.

Der wunderbar angelegte Promenadenweg entfernt sich nach einiger Zeit zunehmend vom Flussufer und führt über eine sonnige Wiese weiter. Danach mündet er in eine sandige und geschotterte Fahrstraße, auf der wir weiterhin niveaugleich in Gehrichtung weitermarschieren, um bald darauf bei einer kleinen Unterstandshütte wieder auf die rot-weiß-rote Markierung zu stoßen. Danach geht es in einem Jungwald knapp neben der Thaya weiter und wir erreichen den Jungfernstein, der als Naturdenkmal ausgewiesen ist.

Bald danach wendet sich die Route zur Ruine Kollmitz ganz von der Thaya ab. Bei einer Tafel mit Wendesymbol führt der Ritterweg als breiter Forstweg kurz, aber steil bergauf. Nach dem Aufstieg durch Waldgebiet geht es auf einem Feldweg weiterhin bergan, bis wir vor einer kleinen Baumreihe neuerlich eine gelbe Wandertafel wahrnehmen. Hier zweigt der Ritterweg rechts ab; wir gehen aber ohne Markierung geradeaus weiter. Links vor uns können wir den Fernsehsender auf dem Kollmitzberg erkennen. Nach einer kleinen Kuppe mündet unser Wanderweg in eine Schotterstraße, der wir nach rechts in die Katastralgemeinde **Kollmitzdörfl** folgen (45 Min.).

Auf der nun asphaltierten Straße spazieren wir geradeaus durch die kleine Ortschaft hinauf und kommen dabei an einem Brunnen sowie an einer alten Linde mit Rastbank vorbei. Bei einer Straßenverzweigung, wo gleich zwei Sackgassenschilder angebracht sind, stoßen wir auf eine nach rechts weisende große hölzerne Wandertafel mit der Aufschrift „Mausoleum", die uns den Weg weist. Wir bleiben auf Asphalt, nun auch auf dem durch eine gelbe Pfeiltafel markierten Weg Nr. 71 (Silbersteig), und passieren einen Erdkeller sowie zwei alte Linden, hinter denen wir die schmale Straße verlassen und auf Schotter- bzw. Waldboden weiterwandern.

Nach einem Stück am Feldrand geht der Silbersteig schräg rechts weiter; wir biegen jedoch, weiterhin den „Mausoleum"-Tafeln folgend, links in ein Waldstück ein. Zwischen den Bäumen sehen wir bereits das **Klinger-Mausoleum**, das nur mehr wenige Schritte entfernt ist. Das Bauwerk lässt sich leider nur von außen betrachten, doch die Aussichtsplattform ist durch das geöffnete Gittertor erreichbar und bietet einen herrlichen Blick auf die Thaya und die Ruine Kollmitz, unser nächstes Zwischenziel.

Wir gehen vom Mausoleum ein paar Schritte zurück, wo links ein weiterer Waldweg abzweigt (Holzpfeil: „Ruine“). Deutlich bergab führt uns dieser Pfad durch Mischwald auf die Ruine Kollmitz zu. An einer Stelle, wo auf zwei Bäumen zur Rechten die Schilder „Ruine“ respektive „Mausoleum“ zu sehen sind, führt links ein schmaler Pfad weg, der uns zum Aussichtspunkt Uhufelsen bringt. Von dieser ungesicherten Felsnase aus können schwindelfreie Wanderer auf eine Thayaschleife herunter- und auch aufs Mausoleum zurückschauen.

Nach der Rückkehr zum Hauptweg geht es bis zu einer Stelle weiter, wo wiederum links eine fahrzeugbreite Waldpassage bergab führt. Sie bringt uns nach wenigen Minuten auf eine Schotterstraße, wo wir nur ein paar Schritte vor uns bereits die ca. 5 m hohe Böhmische Mauer sehen. Wir durchschreiten diese an der schmalsten Stelle des Thaya-Umlaufbergs errichtete vorgelagerte Fortifikation der ehemaligen Burg Kollmitz durch ein Tor. Danach wandern wir entlang einer rot-weiß-roten Markierung – und wieder einmal auf dem Thayatalweg – auf den Haupteingang der heutigen **Ruine Kollmitz** zu, der nach 300 m erreicht wird (1 ½ Std.).

Die einst imposante Burg, die seit dem 13. Jh. in Dokumenten erwähnt wird, wurde auf einem Felssporn über einer engen Thayaschleife errichtet und gehörte zu einer Kette von Festungen an der Thaya, die dem Grenzschutz gegen Böhmen dienten. Im Mittelalter wechselte sie häufig den Besitzer, von 1398 bis 1620 gehörte sie den Freiherren von Hofkirchen. 1708 wurde die Herrschaft Kollmitz mit der Herrschaft Raabs vereinigt – damit begann der Verfall der Burg, die nicht mehr genutzt wurde bzw. sogar als Steinbruch herhalten musste. Seit 1974 kümmert sich ein Verein um die Erhaltung der weitläufigen Anlage, die heute aus zwei renovierten Türmen, Resten eines Wohngebäudes und hohen Mauern besteht. Ein kleines Museum zeigt Exponate zur Geschichte der Burg sowie eine Ausstellung über den Kartografen **Georg Matthäus Vischer** (1628–1696), der das frühere Erscheinungsbild des Bauwerks festhielt. Das

Betreten der Ruine ist gegen einen geringen Erhaltungsbeitrag möglich; die Schlüssel zu den Türmen, dem Museum und der Ausstellung erhält man in der gemütlichen **Jausenstation Ruine Kollmitz**, die auch zur Einkehr einlädt.

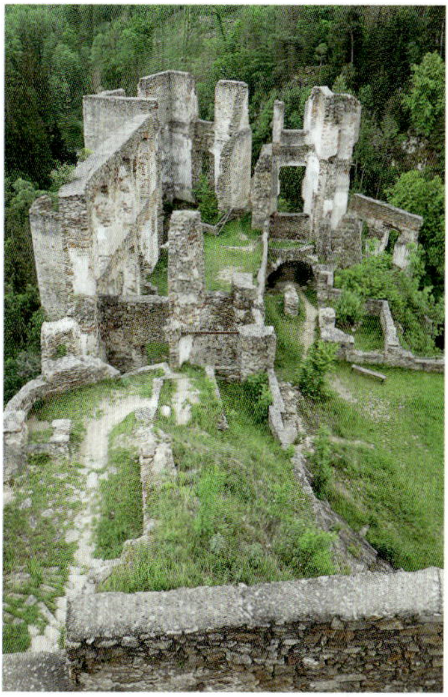

Ruine Kollmitz

Nach Besichtigung und Verköstigung marschieren wir auf Rot-Weiß-Rot die schmale Asphaltstraße in die kleine Ortschaft **Kollmitzgraben** mit ihren nur 24 Einwohnern hinunter. Wir gehen auf einer Straßenbrücke über die hier wegen eines Kleinkraftwerks ebenfalls aufgestaute Thaya; mit etwas Glück können wir in der Flusslandschaft unter uns Schwarzstörche erblicken. Von der Brücke aus bietet sich auch noch ein schöner Blick zurück zur Ruine.

Auf der anderen Flussseite finden wir neuerlich Wandertafeln; wir halten uns wieder an den Ritterweg und gehen nach rechts weiter. Auf Asphalt führt der Rittergraben durch ein ehemaliges Mühlgebäude bald steil bergauf, bis wir etwa 400 m nach der Brücke einen links wegführenden Traktorweg nehmen, der uns weiter auf ein Plateau hinaufbringt. Vor dem Verlassen des hier tief eingeschnittenen Thayatals werfen wir noch einen Blick auf das gegenüberliegende Ufer, um die Böhmische Mauer ein letztes Mal zu bewundern. Dann geht es zwischen Wiesen und Feldern auf die Ortschaft **Sauggern** zu, die wir gleich neben der Ortstafel erreichen, wobei wir rechts in die Hauptstraße einbiegen (2 ¼ Std.).

Wir sind immer noch auf Rot-Weiß-Rot und dem Ritterweg unterwegs. Dort, wo die Dorfstraße nach links abbiegt, halten wir uns geradeaus und marschieren auf einem Feldweg wieder bergab.

Gleich am Beginn eines Waldstücks zweigt unsere Route bei einer roten Markierung mit der Nr. 5 links und weiterhin dem gelben Ritterweg-Pfeil folgend links ab. Auf diesem anfangs nur schwer erkennbaren Pfad geht es zügig ins Tal des Seebsbachs hinab, an dessen Ufer der nadelbedeckte Weg dann weiterführt. So gelangen wir zu einem schmalen, improvisiert wirkenden Steig aus Stahlschienen und Brettern, auf dem wir den Bach überqueren. Fast unmittelbar danach stoßen wir auf einen Forstweg, wo uns ein gelber Pfeil absurderweise zur Ruine Kollmitz weist. Wir folgen ihm dennoch nach rechts und schreiten über den geschotterten und dann asphaltierten Weg bergan, um ca. 10 Min. nach der Brücke die ersten Häuser der Ortschaft **Lindau** zu erreichen, die wir nach rechts gewendet sofort wieder verlassen.

Auf einer schmalen, so gut wie unbefahrenen Landstraße (dem „Agrarweg“) bewegen wir uns nun etwa 2 km über freies Gelände, von dessen höchstem Punkt aus sich ein großartiger Blick auf Raabs an der Thaya und Umgebung bietet. Danach gehen wir bergab, bis wir nach einer Rechtskurve zum Raabser Lagerhaus in der Bahnstraße kommen. Hier verlief bis 2013 die Lokalbahn Göpfritz–Raabs, deren Strecke dem Thayarunde-Radweg (der auch die ehemalige Trasse der Thayatalbahn nutzt) weichen musste.

Wir finden uns hier gleichzeitig auf dem Hamerlingplatz, wo wir uns nach rechts wenden und durch die Hamerlingstraße bergab gehen. Gegenüber dem JUFA-Hotel nehmen wir die Linksabzweigung, die uns zu einer stählernen Thayabrücke bringt. Nach deren Überquerung biegen wir links in den Kollmitzsteig ein, erreichen so die Hauptstraße und über diese unseren Ausgangspunkt.

Nun können wir noch in einem der Gasthäuser von Raabs an der Thaya einkehren oder uns – sofern noch Zeit bleibt – die Burg Raabs auf dem Sporn über dem Zusammenfluss von Mährischer und Deutscher Thaya genauer ansehen. Die Anlage befindet sich heute im Besitz des Verlegers Richard Pils (Bibliothek der Provinz) und ist daher nicht nur wegen ihrer Architektur, sondern auch als Veranstaltungsort und „Bücherburg“ interessant. Besichtigungen sind nur im Rahmen einer Führung und nach Vereinbarung möglich (3 ½ Std.).

3-3 Pilgern durch Feld und Wald

Von Geras über Maria Schnee zur Drosendorfer Altstadtkirche

Nach einem Besuch des Stifts Geras beschreiten wir eine alternative Strecke zum Thayatalweg – erst entlang der Trasse des Reblaus-Expresses nach Zissersdorf, dann zur Wallfahrtskirche Maria Schnee und weiter durch die Auwälder des Bründl- und Thumeritzbachs nach Drosendorf.

DER WANDERWEG

Wir beginnen unsere Wanderung bei der Busstation Geras/Stift, direkt vor der nach Süden ausgerichteten Hauptfassade des Prämonstratenserklosters in der Stadtgemeinde Geras. Nach einem Besuch der Stiftskirche und des Kräutergartens kann man **Stift Geras** (geöffnet täglich außer Mo und Di ab 10 Uhr) betreten, besichtigen und im Klosterladen einkaufen. Danach geht man geradewegs durch den Stiftshof und kommt zu einem Durchgang im Wirtschaftstrakt, der direkt zu zwei Teichen führt.

Sind wir vor 10 Uhr angereist, folgen wir stattdessen einer gelben Wandertafel, die den Weg nach Drosendorf anzeigt. Wir spazieren zum Parkplatz und dann um den Stiftskomplex herum; ein gelber Pfeil zeigt uns die Routen 1 und 3 der „Tut gut"-Wanderwege an. Auch so gelangen wir zu Gartenteich und Klosterteich. Die „Tut gut"-Route 1 führt uns zwischen ihnen durch und auf den Fischhälter des Stifts zu, den ältesten in Betrieb befindlichen seiner Art in Österreich. Hier kann man sich zu den Verkaufszeiten mit den vielfach gerühmten und schmackhaften Karpfen der Teichwirtschaft des Klosters eindecken. Wir gehen vor dem Gebäude nach links und – dem gelben Pfeil folgend – auf einem geschotterten Weg und dann einer schmalen Asphaltstraße ca. 150 m Meter bergauf.

So kommen wir in eine breitere Straße (Vorstadt) und zum ca. 1670 entstandenen Schüttkasten, in dem sich heute ein gehobenes Restaurant und ein Hotelbetrieb befinden. Wir wandern links

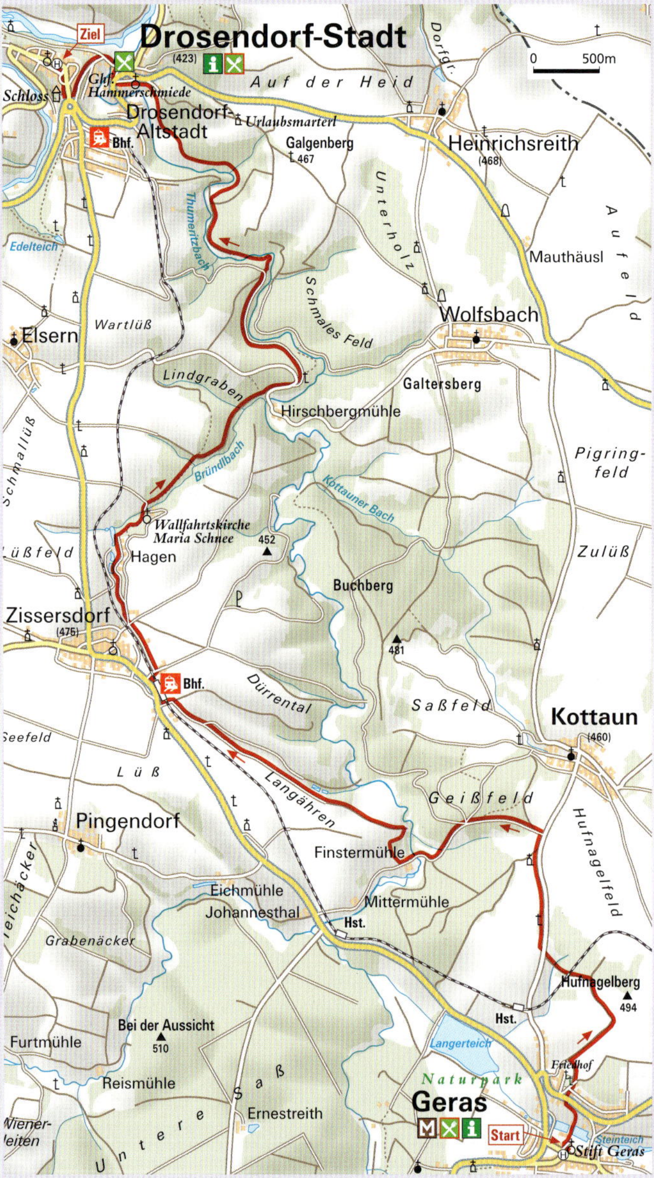
Drosendorf-Stadt
Ziel
(423)
Schloss
Gh.
Hammerschmiede
Auf der Heid
Drosendorf-Altstadt
Urlaubsmarterl
Bhf.
Galgenberg
467
Heinrichsreith
(468)
0
500m
Dorfgr.
Thumeritzbach
Edelteich
Unterholz
Aufeld
Mauthäusl
Schmales Feld
Wolfsbach
Wartlüß
Elsern
Lindgraben
Galtersberg
Hirschbergmühle
Schmallüß
Bründlbach
Pigring-feld
Kottauner Bach
Wallfahrtskirche Maria Schnee
452
Hagen
Lüßfeld
Zulüß
Buchberg
Zissersdorf
(475)
481
Bhf.
Dürrental
Saßfeld
Kottaun
(460)
Seefeld
Lüß
Langähren
Geißfeld
Hufnagelfeld
Pingendorf
Finstermühle
Eichmühle
Johannesthal
Mittermühle
Hst.
Grabenäcker
Hufnagelberg
494
Hst.
Langerteich
Bei der Aussicht
510
Furtmühle
Friedhof
Naturpark
Reismühle
Saß
Geras
Ernestreith
Start
Steinteich
Stift Geras
Untere

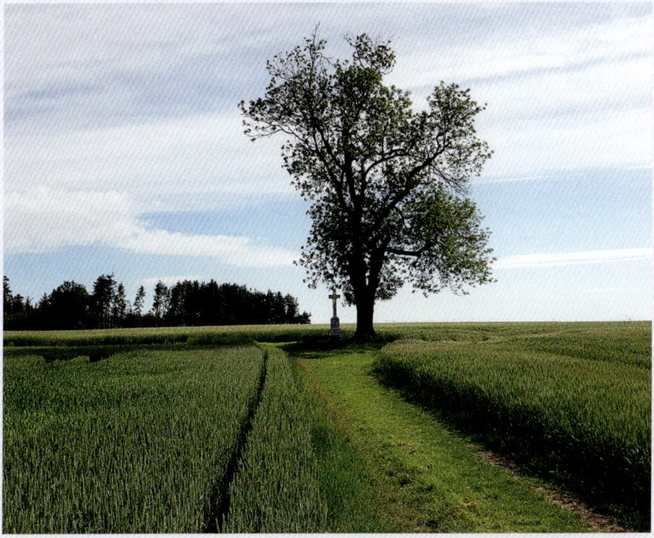

Rast am Hufnagelberg

WEGVERLAUF: Streckenwanderung. Stift Geras – Finstermühle (1 Std.) – Maria Schnee (1 Std.) – Drosendorf (1 ¾ Std.)

DAUER: 3 ¾ Std.

LÄNGE: 14,8 km

SCHWIERIGKEITSGRAD: Bequeme Wanderung ohne bedeutende Höhenunterschiede

WEGMARKIERUNGEN: „Tut gut"-Routen, gelbe Pfeile mit „N 632", Thayatalweg Nr. 630 bzw. 607, gelbe Pfeile mit „633" und auch „632", Thayatalweg

EINKEHRMÖGLICHKEITEN: Gasthof-Pension „Zur Hammerschmiede" (Mi und Do Ruhetag), Lokale auf dem Hauptplatz von Drosendorf

ANFAHRT: Mit dem Bus von Drosendorf/Hauptplatz bis Geras/Stift

HINWEIS: Etwa die Hälfte der Strecke ist in freiem Gelände zu marschieren – Sonnenschutz nicht vergessen!

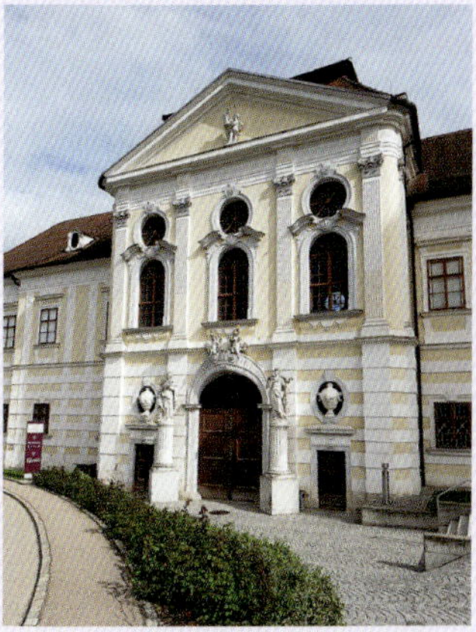

Stift Geras

weiter, bis uns ein grünes Schild nach rechts zum Friedhof weist. Hier finden wir auch eine kleine gelbe Tafel mit Pfeilen und der Wegbezeichnung „N 632", die bis zum Ende dieser Wanderung für uns maßgeblich ist. Auf Asphalt geht es leicht bergan, wir lassen die „Tut gut"-Wanderwege rechts liegen und sehen einen weiteren gelben Pfeil mit der Aufschrift „Hufnagelberg 30 Min.". Am Friedhof vorbei verlassen wir den asphaltierten Bereich und marschieren auf einem breiten Wiesenweg geradeaus weiter, bis wir einen schattenspendenden, schönen alten Baum neben einem Christuskreuz und einer Sitzbank erreichen, wo sich der Weg nach links fortsetzt. Wir bewegen uns über eine freie Fläche auf einen Wald zu, vor dem die gelbe Tafel „N 632" nach links weist und der Weg sich wieder zu einer asphaltierten Fahrstraße wandelt, die wir leicht bergab gehen. Nach kurzer Zeit queren wir das Gleis der Bahnlinie zwischen Retz und Drosendorf, wo heute nur mehr an Wochenenden (in den Monaten Juli bis Okt.) der Reblaus-Express verkehrt, und halten danach auf eine Autostraße zu.

Bei der Einmündung sehen wir wieder einmal ein Schild, das uns den Thayatalweg mit den Nummern 630 und 607 anzeigt. Wir wenden uns auf der wenig befahrenen Landesstraße nach rechts (auch das Beschreiten des Banketts ist möglich), entdecken auf der linken Straßenseite nach einem Gedenkkreuz die rot-weiß-rote Tafel „630" und verlassen die Straße nach einem Marsch von ca. 900 m nach links auf eine breite Schotterstraße, wo ebenso sämtliche der genannten Wege angezeigt werden.

Auf diesem rot-weiß-rot markierten Weg halten wir auf einen Wald zu und wandern dann zwischen Bäumen dahin. Bei einer Wegteilung verlassen wir den rechts wegführenden Thayatalweg und setzen geradeaus fort. Schließlich gelangen wir zu einem sehr gut renovierten Gutshof im Ortsflecken Finstermühle (1 Std.).

Danach geht es auf Asphalt leicht bergauf, bis wir linker Hand an einem Zaun die gelben Tafeln für „N 632" sehen, die uns nach rechts auf einen hier beginnenden Wiesenpfad weisen. Auf ihm marschieren wir zwischen Feldern und dem wegen des starken Buschsaums kaum sichtbaren Thumeritzbach dahin und sehen am Horizont bereits den großen Raiffeisen-Silo von **Zissersdorf**, den wir

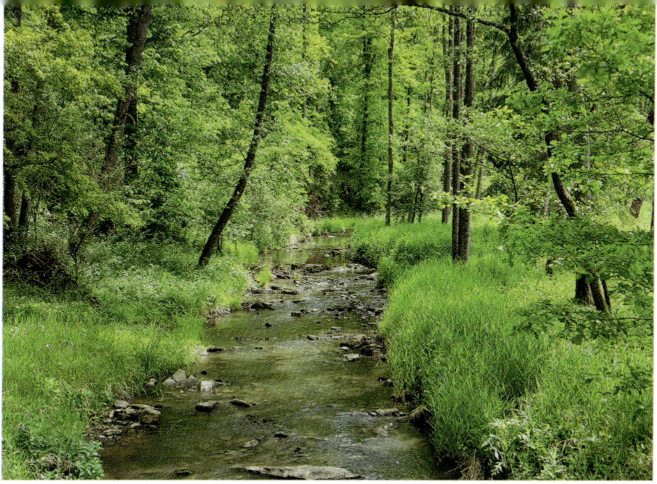

Im Auwald am Thumeritzbach

über durchwegs freies Gelände anpeilen. Der Pfad wendet sich dann vom Bachlauf nach links ab und führt zwischen Wiesen, Feldern und gelegentlich auch Bäumen auf die Gebäude der landwirtschaftlichen Genossenschaft Zissersdorf zu. Kurz vor dem unansehnlichen Lagerhauskomplex wandelt er sich zur Schotter- und dann zur Asphaltstraße; links über uns nehmen wir den Bahndamm der erwähnten Nostalgiestrecke wahr. Nach dem Lagerhausturm queren wir das Bahngleis, halten auf die Straße (B 30) zu und biegen rechts in sie ein, wobei wir auf dem rechten Gehsteig bleiben. Wir gehen an der Bahnhofszufahrt vorbei und kommen zu einer Gasse, wo uns ein gelber Pfeil mit der bekannten Nr. 632 auf den Wanderweg nach Maria Schnee weist, das von hier in 20 Min. erreicht werden soll.

Wir überqueren noch einmal das Gleis, wenden uns danach auf Asphalt nach links und sehen, dass wir uns auf dem „Nepomukweg" befinden. Am Bahngleis entlang und an einer Gruppe Privathäuser vorbei kommen wir zu einer Wegteilung, wo wir den mittleren Weg halb rechts wählen, an einem gelb getünchten Haus mit der Aufschrift „Brennerei" vorüberkommen und bis zu einem Sackgassenschild weitergehen. An dieser Stelle schlagen wir, den bekannten Tafeln folgend, einen links leicht bergab führenden Weg ein. Hier wird erstmals auch „Altstadt Drosendorf" als Ziel erwähnt. Auf einer schmalen Asphaltstraße zwischen Privathäusern geht es weiter, bis das Sträßchen sich neuerlich zu einem Feldweg wandelt und wir bei einer weiteren Wegteilung den linken Ast wählen.

Wir durchschreiten ein lichtes Waldstück und kommen nach wenigen Minuten zur Wallfahrtskirche **Maria Schnee**, die dem heiligen Florian, aber auch dem „Schneewunder" der Jungfrau Maria geweiht ist. Es handelt sich um eine dreijochige Saalkirche mit spitzem Turmhelm, in der nur gelegentlich Gottesdienste stattfinden (Gottesdienstordnung am versperrten Eingangstor). Hier finden wir auch ein Brünnlein, dessen Wasser angeblich direkt unter der Kirche entspringt, aber laut Schild nicht trinkbar ist. Rastbänke und -tische neben der Kirche laden zum Verzehr einer mitgebrachten Jause ein; auch die – leider nur wenig gepflegte – Toilettenanlage können wir benützen (2 Std.).

Vom Rastplatz weg führt ein Weg – mit einem gelben Pfeil markiert (für uns maßgeblich: „Drosendorf Stadt 1 ½ Std." mit „633", darunter eine kleine gelbe Tafel mit „16") – zu einer Brücke, auf der wir den Bründlbach überqueren und danach zum Parkplatz der Andachtsstätte hinaufgehen. Wir folgen nun den Markierungen nach rechts in den Wald. Auf einer Forststraße geht es gemütlich und praktisch niveaugleich dahin, rechts unter uns gurgelt der Bach. Nach 1,3 km kommen wir zu einer Straße, wo wir rechts unterhalb den Wirtschaftskomplex der Hirschbergmühle sehen. Wir folgen der Straße aber in Gehrichtung bergauf, bis in einer scharfen Linkskurve nach ca. 300 m unser Wanderweg bei einem Bildstock rechts fortsetzt. Neuerlich wandern wir oberhalb des Bachs (nun wieder des Thumeritzbachs, in den der Bründlbach nahe der vorigen Mühle gemündet ist) – manchmal leicht bergab, dann wieder bergauf. Etwa 600 m nach dem Straßenstück kommen wir zu einer Wegteilung, wo wir „632" und „633" nach rechts folgen, zum Bach hinunter, an dem wir dann auf einem gut gemähten Wiesenweg mit weichem Boden direkt entlanggehen. An einem Drahtzaun vorbei kommen wir zu einer neuen Holzbrücke mit alten Steinstufen (beim Abstieg aufpassen!), auf der wir den Bach queren.

Auf der anderen Bachseite setzt sich der Wald- und Wiesenweg ebenso idyllisch am Bach entlang fort, oft auf hufzerfurchtem Boden. Wenn von rechts ein steiler Forstweg herunterkurvt, sehen wir wieder mehrere Tafeln. Wir wählen auch hier die Wege „632“ und „633“, gehen rechts einen Wiesenweg kurz hinauf und dann niveaugleich weiter ins nächste Waldstück entlang des Thumeritzbachs. Der Weg ist promenadenhaft mit Rastbänken ausgeführt.

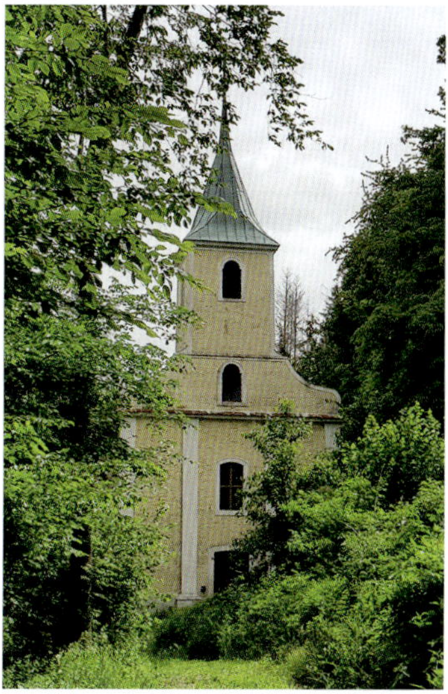

Mitten im Wald: Maria Schnee

Wir sehen bald einen weiteren Raiffeisen-Silo vor uns, diesmal jenen von **Drosendorf**, und dann auch die Altstadtkirche, auf die wir zuhalten. Sobald wir die asphaltierte Straße neben dem Kirchenfriedhof erreichen, schreiten wir zum Friedhofseingang vor, werfen einen kurzen Blick in die Kirche (deren Innenraum durch ein Gittertor versperrt ist) und gehen danach auf dem Kirchenplateau weiter und zur Straße hinunter. Auf dieser bewegen wir uns nach rechts, an der Busstation Drosendorf Altstadt vorbei, und marschieren auf die **Gasthof-Pension „Zur Hammerschmiede“** zu.

Vor dem Gasthaus biegen wir ein und erblicken sogleich einen gelben Wanderpfeil „Drosendorf Stadt 20 Min.“ und Nr. 632. Über eine Asphaltstraße und entlang einer rot-weiß-roten Markierung gelangen wir zur steinernen Thumeritzbachbrücke, die wir überqueren und kurz danach zu einer Abzweigung nach links kommen, wo wir die Wege „632“ und „633“ verlassen und der Thayatalweg-Markierung folgen. Erst auf Asphalt, dann auf Waldboden gehen wir entlang der roten Markierung den Altstadtberg hinauf und landen schließlich bei einem Kreisverkehr, wo wir rechts zum Horner Tor in der Drosendorfer Stadtmauer schwenken. Dieses durchschreiten wir und gehen über die Horner Straße zum Hauptplatz hinauf, wo die Tour endet (3 ¾ Std.).

3-4 Grenzfluss-Safari

Durch den Nationalpark Thayatal zur kleinsten Stadt Österreichs

Die Tour beginnt beim Nationalparkhaus des grenzüberschreitenden Naturschutzprojekts, führt über die Ortschaft Merkersdorf zur Ruine Kaja und von dort am Kajabach entlang zur Thaya. Danach geht es auf einem Uferweg und über den Überstieg weiter in die Stadt Hardegg mit ihrer sehenswerten Burg.

DER WANDERWEG

Der am 1. Jänner 2000 eröffnete und im Jahr 2012 erweiterte **Nationalpark Thayatal** ist ein österreichisch-tschechisches Gemeinschaftsprojekt, d. h. er schließt direkt an den in Tschechien gelegenen Nationalpark Podyjí an. Hier soll sich die Natur möglichst ohne menschliche Eingriffe entwickeln und entfalten können. Im Durchbruchstal der Thaya werden heimische Pflanzen- und Tierarten gefördert und erforscht, sodass man als Besucher die Gelegenheit hat, durch Eichen-Hainbuchen-Wälder und am Fluss entlang zu wandern, wobei Tiere wie Fischotter, Smaragdeidechsen, Hirschkäfer, Schwarzstörche und Feuersalamander zu beobachten sind. Zudem findet sich in diesem mit 13,6 km² kleinsten Nationalpark fast die Hälfte aller Pflanzenarten Österreichs.

All diese Informationen und noch einige mehr erhalten wir am Start- und Endpunkt unserer Wanderung, dem vom 20. März bis 1. Oktober geöffneten **Nationalparkhaus Thayatal-Podyjí** mit seinen Ausstellungen, Werkstätten, Veranstaltungsräumen sowie dem Gehege mit den höchst liebenswerten Wildkatzen Carlo und Frieda.

Wir beginnen unsere Tour, indem wir uns über die Ausfahrt des Parkplatzes vor dem Nationalparkhaus zur ca. 100 m entfernten Busstation bewegen. Von dort aus gehen wir weiter zur Straße vor, überqueren diese und gelangen auf einen asphaltierten Rad- und Fußgängerweg (Kamp-Thaya-March-Radweg) neben der Straße, dem wir nach rechts erst eben und dann leicht bergan folgen. Bald kommen wir an der kleinen Flurkapelle „Kurze Marter“ vorbei. Auf Höhe der Abzweigung nach Waschbach, bei einer kleinen Kuppe, sehen wir auf der gegenüberliegenden Straßenseite einen Rastplatz und dahinter die „Lange Marter“, ein Pestkreuz aus dem Jahre 1694. Danach geht es neben der Straße weiter auf die Ortschaft **Merkersdorf** zu. Kurz vor der Ortstafel mündet der Radweg in die Straße, der wir weiter folgen. Bei einem Straßendreieck kommen wir zur Busstation Merkersdorf/Hardegg-Ortsmitte.

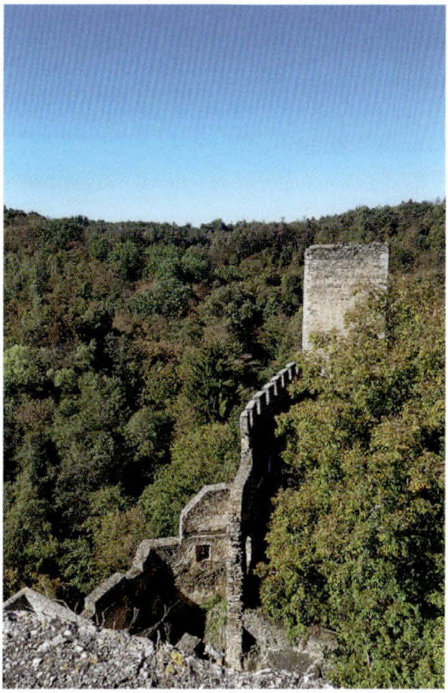

Auf der Burgruine Kaja

Abkürzung: Wanderer, die sich die erste Etappe auf Asphalt ersparen wollen, können auch direkt bis zu dieser Station fahren; die Gehzeit verkürzt sich dadurch um etwa eine halbe Stunde.

Wir bleiben auf der Hauptstraße und kommen etwa 100 m nach der Busstation zu einer Abzweigung. Rechts, auf Nr. 31, bietet **GugCha's Erfrischungsstation „Guggy und Charly“** die Möglichkeit für einen kleinen Imbiss und ein Getränk – vor allem bei Hitze sollte man dieses Angebot wahrnehmen, da das nächste Lokal an der Wanderstrecke noch einige Stunden entfernt ist.

Bei der erwähnten Abzweigung weist uns ein Schild nach links zur „Feste Kaja“, die 1 km entfernt sein soll. Wir folgen ihm und wandern am Rand einer schmalen asphaltierten Dorfstraße, die nach den letzten Häusern von Merkersdorf im Wald verläuft, weiter bergab. So gelangen wir zum Parkplatz unterhalb der Ruine Kaja, gehen dort über eine kleine Brücke und folgen dem gelben Pfeil mit der Aufschrift „Kajaweg 30 Min.“. Auf der ebenfalls noch

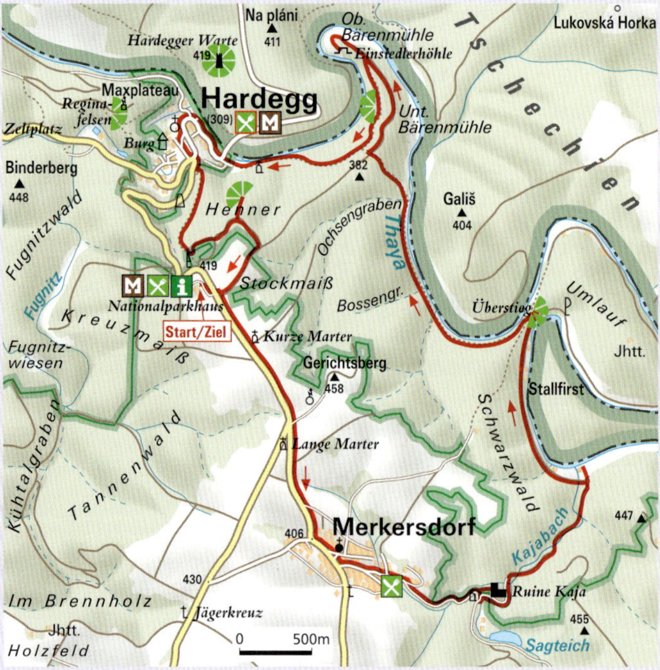

asphaltierten Waldstraße erreichen wir nach ca. 200 m das Tor zu einer Holzbrücke, die zur **Burgruine Kaja** führt (45 Min.).

Der Vorläufer dieser ehemaligen Höhenburg gehörte bereits Mitte des 11. Jh.s zur ersten Befestigungskette entlang der Thaya. Erbaut wurde die Feste dann wahrscheinlich im 12. Jh. – und Heinrich von Kamegg (der Enkel des Azzo von Kuenring) sowie sein Sohn Hartung von Kaja benannten sich auch als Erste nach ihrem Herrschaftssitz. Später fiel die Burg böhmischen Adeligen in die Hände, genoss einen zweifelhaften Ruf als Raubritterburg, wurde durch Hussiteneinfälle zerstört und um 1432 zum heutigen Ausmaß erweitert. Im 17. Jh. verfiel sie dann endgültig zur Ruine.

Sehenswert auf Kaja sind vor allem der angeblich einst 90 m tiefe Brunnen, die Waffenkammer, die Kapelle, der Rittersaal, der

WEGVERLAUF: Rundwanderung. Nationalparkhaus Thayatal – Burgruine Kaja (45 Min.) – Überstieg (1 Std.) – Einsiedlerhöhle (45 Min.) – Thayabrücke (30 Min.) – Nationalparkhaus (1 Std.)

DAUER: 4 Std.

LÄNGE: 15,6 km

SCHWIERIGKEITSGRAD: Beschauliche Bach- und Flusswanderung mit einigen markanteren Auf- und Abstiegen

WEGMARKIERUNGEN: Unmarkiert (Fußgänger- und Radweg), gelbe Pfeile, Wandertafeln: Kajaweg Nr. 5 und Thayatalweg Nr. 1, Rot-Weiß-Rot, Einsiedlerweg Nr. 2, Kirchensteig, Hardegger Rundwanderweg Nr. 3, Hennerweg Nr. 6

EINKEHRMÖGLICHKEITEN: GugCha's Erfrischungsstation (Mo bis Do Ruhetag), Gasthaus Thayabrücke (April bis Okt. Mi Ruhetag), Café-Restaurant Nationalpark Thayatal (Mai und Okt. Mo Ruhetag, Juni bis September kein Ruhetag)

ANFAHRT: Mit dem Bus (nur Sa, So und Fei) von Drosendorf/Hauptplatz bis Hardegg/Nationalparkhaus bzw. Merkersdorf/Hardegg-Ortsmitte (siehe Abkürzung, S. 141). Achtung: Rückfahrzeiten überprüfen und das Wander-/Besichtigungstempo entsprechend anpassen. Mit dem Pkw von Drosendorf nach Langau, dort auf B 30 (Thayatalstraße) über Riegersburg und Waschbach nach Merkersdorf, dann dem Schild bis Nationalparkhaus Thayatal folgen

HINWEIS: Wenn Sie in Hardegg den Themenweg „Auf den Spuren des Nachtwächters" beschreiten wollen, erhalten Sie das „Brevier des Nachtwächters" und den Schlüsselcode im Nationalparkhaus oder später im Gasthaus Thayabrücke.

Bergfried und das Verlies. Bei Führungen erfahren Besucher auch von den Sagen um den schwarzen Ritter und um Hinz, den Teufel von der Kajaburg. Die Ruine ist nur von 1. Mai bis 31. Oktober an Wochenenden und Feiertagen (jeweils 10–17 Uhr) zu besichtigen – und das auch nicht immer verlässlich, weil sie von einem privaten Verein betrieben wird. Man sollte sich daher vor Antritt der Wanderung im Nationalparkhaus erkundigen, ob sie geöffnet ist.

Nach dem Besuch der Ruine folgen wir einem breiten Waldweg, der von der Brücke aus links und mäßig bergab führt (Markierungsschilder Thayatalweg Nr. 1 und Kajaweg Nr. 5) – erstmals nicht mehr auf Asphalt. Bei einer Abzweigung gleich in der ersten Kehre bleiben wir auf den erwähnten Routen; danach zeigt sich eine rot-weiß-rote Markierung am Wegesrand. Wenn wir zum Kajabach hinunterkommen, sehen wir rechts am anderen Ufer die Kajahöhle, in die man ein paar Meter hineingehen kann.

Im Kajabach kann man gelegentlich auch **Flusskrebse** beobachten (siehe S. 148, „Am Wege“). Bei der nächsten Kreuzung zweigt der Weg Nr. 5 nach links zum Parkplatz ab, wir halten uns aber weiterhin an die rot markierte Nr. 1. Im tief eingeschnittenen Bachtal gehen wir zwischen dem Gewässer und links von uns aufragenden hohen Felsformationen hindurch. Etwa 1,5 km nach der Ruine macht die Wanderstrecke einen deutlichen Linksknick; wir können aber hier noch – an einer kleinen Holzhütte vorüber – ein paar Meter vorgehen, um direkt ans Ufer der **Thaya** zu gelangen und auf den Fluss hinauszublicken, dessen Mitte die Staatsgrenze zu Tschechien bildet. Anschließend kehren wir zum Weg zurück, überqueren eine kleine Holzbrücke und folgen dann der Nr. 1 am Ufer bzw. den Uferwiesen entlang. Nach 1,2 km gelangen wir zu einer Abzweigung.

Variante: Wer hier aus Gründen der Trittsicherheit nach feuchtem Wetter – oder weil man länger die Flusslandschaft genießen möchte – nicht den kurzen, aber steilen Aufstieg auf sich nehmen will, geht geradeaus auf dem Thayatalweg (hier mit Nr. 1a) weiter und rund um den Umlaufberg, wodurch sich die Route allerdings um 3,5 km verlängert.

Wir wenden uns nach links und klettern auf einem felsigen und wurzelübersäten Steig, der durch ein Holzgeländer gesichert ist, steil bergauf. In wenigen Minuten überwinden wir einen Höhenunterschied von ca. 40 m und gelangen so zum **Überstieg** – einem Aussichtspunkt, von dem man einen herrlichen Blick auf die Schleife der Thaya, die bewaldeten Hänge und bei weniger dichtem Blattwerk auf der tschechischen Seite auch die Ruine Neuhäusel hat (1 ¾ Std.).

Auf der anderen Seite des Umlaufbergs geht es auf einem rot-weiß-rot markierten Waldpfad, ebenfalls mit Holzgeländer, über Steine und Wurzeln etwas weniger markant wieder bergab. An der Thaya angekommen, sehen wir den Thayatalweg 1a von rechts zulaufen. Wir wenden uns hier aber nach links und wandern

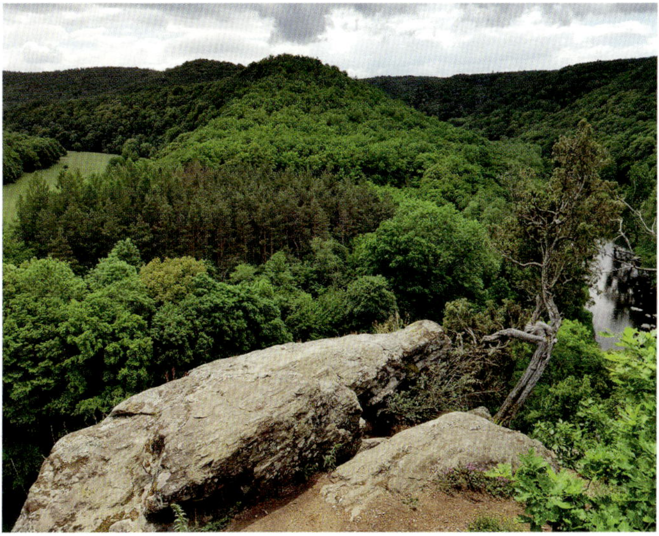

Blick vom Überstieg

einen schmalen Uferpfad am Rand des Auwalds den Fluss stromaufwärts. Der Weg ist immer wieder von Steinen bedeckt; man sollte daher darauf achten, wohin man (vor allem bei feuchtem Boden) den Schritt setzt.

Nach knapp 1,5 km erreichen wir eine langgestreckte Wiese, auf der wir zum nächsten Waldstück vorgehen. Nun führt der rot markierte Weg wieder eine Zeitlang recht anspruchsvoll bergan, bis wir eine Wegkreuzung mit einer gelben Rastbank erreichen. Hier wählen wir den rechts wegführenden, breiten Einsiedlerweg mit der Nr. 2, der uns durch den Wald stetig bergab führt. Er bringt uns nach etwas mehr als 1 km zu einer weiteren Thayaschleife und der **Einsiedlerhöhle**, wo der Sage nach zur Zeit der Kreuzzüge ein Eremit seine Klause eingerichtet haben soll. Heute sind davon allerdings nur mehr ein paar Steinreste in 12 m Höhe sichtbar (2 ½ Std.).

Nach dem Blick auf die Eremitage gehen wir dieselbe Route zurück und sehen nach ca. 400 m einen rechts abzweigenden Weg, der mit „Einsiedlerweg nach Hardegg“ bezeichnet ist. Wir steigen ein kurzes wurzeliges Steilstück mit Geländer hinauf; danach führt der schmale Waldweg sanfter bergan. Auf ihm erreichen wir einen umzäunten Aussichtspunkt, von dem aus man viel Wald und ein wenig Thaya sieht. Weiter geht es noch kurz auf der Anhöhe und dann schmalpfadig sanft bergab durch jungen Laubwald. Bald darauf eröffnet sich die Möglichkeit, nach rechts zu einem weiteren Aussichtspunkt vorzugehen, von dem aus Stadt und Burg Hardegg sehr schön zu sehen sind.

Die Fortsetzung des Wegs bringt uns wieder zu einem Kreuzungspunkt, wo wir erneut auf den Weg Nr. 1 treffen und nach rechts weitergehen. Rechts unter uns fließt hörbar die Thaya; wir bleiben noch kurze Zeit auf der Anhöhe und gelangen am Rand eines Wiesenhangs entlang wieder in dichteren Wald. Nun senkt sich der Weg nach einem Rastplatz über den in Stufen und mit Holzgeländer ausgeführten Gabrielensteig deutlich zum Flussufer ab, an dem wir dann weiterhin flussaufwärts marschieren. Schließlich umgehen wir eine Kläranlage und gelangen in den asphaltierten Bereich der Stadt Hardegg.

Direkt vor uns sehen wir die Thayabrücke, über die wir nach Tschechien spazieren können. In den Zollhäuschen auf beiden Seiten sind häufig Ausstellungen zu sehen; im Gebäude auf österreichischer Seite, das mit dem Zahlencode aus dem „Nachtwächterbrevier" zu betreten ist, kann man sich über die Zeit des Eisernen Vorhangs und die Grenzöffnung 1990 informieren. Ein riesiger Perlmuttknopf bei der Brücke weist auf die in der Region einst florierende Perlmuttverarbeitung hin. Das Gasthaus Thayabrücke kurz vor der Brücke bietet eine langersehnte Möglichkeit zur Einkehr (3 Std.).

Wir folgen nun der schmalen Straße, die von Brücke und Lokal weiterführt, in einer Linkskurve durch die kleinste Stadt Österreichs bergauf und kommen an einem Karner und dem Guckkastenmuseum vorbei. Bei einer Verzweigung der Straße wählen wir den rechten Ast (auch als Kirchensteig und Hardegger Rundwanderweg Nr. 3 bezeichnet). Wenn direkt vor uns der Uhrturm aufragt, biegen wir im spitzen Winkel nach rechts ab und gehen über einen erst asphaltierten, dann geschotterten Weg zum Tor der **Burg Hardegg** hinauf.

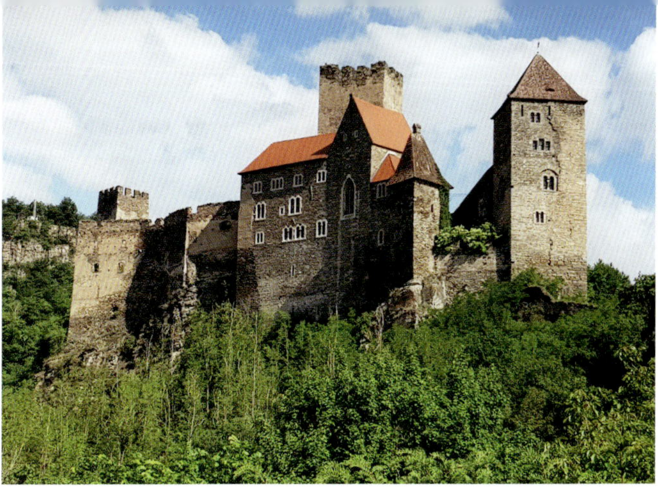

Über der kleinsten Stadt Österreichs: Burg Hardegg

Die Höhenburg entstand im 12. Jh. im Zuge der Grenzbefestigung. Später wurde sie zu einer der größten Burgen des Landes erweitert und diente als Verwaltungszentrum der Grafschaft Hardegg. Mitte des 17. Jh.s kam sie in den Besitz der Grafen Khevenhüller, deren Erben bis heute Eigentümer der Burg sind.

Nach einer Besichtigung spazieren wir den asphaltierten Weg wieder hinunter und erreichen unterhalb des Uhrturms eine größere Straßenkreuzung, von der aus wir am Rand der bergseitigen Straße („Nationalparkhaus 2 km") kurz bergauf schreiten. Wenige Meter nach dem Ortsendeschild von Hardegg biegt unser hier auch als „Kirchensteig" bezeichneter Wanderweg links in den Wald ab. Auf dem steinigen Pfad, anfangs mit Holzgeländer, kommen wir bald zu einer Kreuzung, wo der von der Thayabrücke herführende Ast des Einsiedlerwegs zuläuft; wir wenden uns nach rechts und gehen weiter bergauf. Nach einem moderaten Aufstieg von etwa 20 Min. Dauer erreichen wir einen weiteren Kreuzungspunkt und biegen nach links in den Hennerweg Nr. 6 ein. Auf diesem gemütlichen Waldweg wandern wir praktisch niveaugleich an den Stationen eines Naturlehrpfads auf den Aussichtspunkt am Henner zu, der uns noch einmal einen wunderbaren Blick auf Stadt, Burg, Thaya sowie diverse touristisch erschlossene Felsen und Plateaus bietet. Wenn wir uns sattgesehen haben, gehen wir ein Stück des Hennerwegs zurück und kommen so zu einer vorher schon wahrgenommenen (und ignorierten) Abzweigung, wo wir uns nach links wenden, dem Wanderschild zum Nationalparkhaus folgend. Nach einem leicht bergab führenden breiten Waldweg gelangen wir auf dieser letzten Etappe zur nächsten Kreuzung und halten uns an dieser rechts. So treten wir auf das Plateau hinaus, wo schon das Nationalparkhaus sichtbar ist, und gehen auf einem Feldweg über freies Gelände auf die Straße und von dort zur Busstation bzw. zum Parkplatz. Im **Café-Restaurant Nationalpark Thayatal** können wir auch noch eine Erfrischung zu uns nehmen (4 Std.).

AM WEGE

Er heißt *Astacus astacus* oder Edelkrebs und ist die größte europäische Krebsart. Er kann eine Länge von 20 cm und ein Gewicht von 350 g erreichen. Und er ist nachtaktiv, sodass ihn Spaziergänger und Wanderer gar nicht so häufig zu Gesicht bekommen, weil er sein Versteck erst in der Abenddämmerung verlässt.

Wenn man am Kajabach im Nationalpark Thayatal entlanggeht, hat man dennoch immer wieder Gelegenheit, den **Flusskrebs** zu erspähen. Vor allem beim aufmerksamen Blick unter Brücken lassen sich seine rot gefärbten Scheren erkennen; manchmal kann man auch die verlassene Häutungshülle eines der seltenen Tiere finden. Übrigens sind die urtümlichen Flusskrebse Kannibalen und delektieren sich gern an ihren frisch gehäuteten Artgenossen.

Der Gliederfüßer, der früher in vielen Flüssen Niederösterreichs beheimatet war, ist heute eine stark gefährdete Art und hat hier im nördlichen Waldviertel einen seiner seltenen Rückzugsorte gefunden; neben dem Kajabach kommt er laut aktuellen Untersuchungen nur noch im Thaya-Nebenfluss Fugnitz vor. Zu den Gründen für die stark gesunkene Krebspopulation zählt neben der Gewässerverbauung und -verschmutzung auch die Krebspest – ein Fadenpilz, der erstmals 1860 in Italien auftrat und sich binnen weniger Jahrzehnte in ganz Mitteleuropa ausbreitete. Durch die Bemühungen der Nationalparkverwalter, eine möglichst naturbelassene Landschaft wiederherzustellen, scheint der Weiterbestand von *Astacus astacus* aber wenigstens vorläufig gesichert.

4 Von Mauern und Türmen

Stadtspaziergang in Zwettl

Die Stadt **Zwettl** wurde von den **Kuenringern** (siehe „Die Kuenringer – Kolonisatoren des Waldviertels“, S. 65) gegründet und im Jahr 1139 erstmals in einer Urkunde der nahen Zisterzienserabtei **Stift Zwettl** – die ebenfalls einen Ausflug lohnt – erwähnt. Ihr Name lässt sich vom Altslawischen „světla“ für „Lichtung“ oder „Rodung“ herleiten. Wir beginnen unseren Stadtspaziergang vor dem Alten Rathaus, einem imposanten Profanbau aus der Zeit der Kuenringer auf dem Sparkassenplatz. Heute sind in dem mit Renaissance-Sgraffiti verzierten Gebäude die „Zwettl-Info“ sowie das sehenswerte Zwettler Stadtmuseum untergebracht. Untertags bietet sich hier auch die Gelegenheit, fünf Minuten nach jeder vollen Stunde dem Glockenspiel im Rathausturm zu lauschen.

Wir wenden uns nach links, Richtung Hauptplatz. Dieser hat im Laufe seiner Geschichte mehrfach den Namen gewechselt: von Kaiser-Franz-Joseph-Platz über Adolf-Hitler-Platz und – unter den russischen Besatzern – zu Stalin-Platz. Es war auch der sowjetische Stadtkommandant, der in Zwettl kurz die Moskauer Zeit (zwei Stunden Verschiebung gegenüber der MEZ) eingeführt hat. Heute befindet sich hier der 1994 errichtete Hundertwasserbrunnen. Direkt daneben sehen wir die historischen Bürgerhäuser (Nr. 9–12) der wohlhabenden Ackerbürger.

Vom Hauptplatz aus geht es durch die schmale Kirchengasse vorbei am Pfarrhof, an dessen Fassade wir in einer Nische die spätbarocke Statue der Maria Immaculata entdecken. Über ein paar Stufen gelangen wir schließlich zur katholischen Pfarrkirche, die erstmals 1280 urkundlich als „ecclesia inferior“ („untere Kirche“) erwähnt wurde. Vor der Kirche wenden wir uns in der Landstraße nach rechts und gelangen so zur links wegführenden Babenbergergasse. Wir folgen dieser und kommen am ehemaligen Baderhaus (Nr. 4) – einst ein beliebter gesellschaftlicher Treffpunkt – vorbei. Seit dem frühen 17. Jh. lebte hier der Bader von Zwettl, der sich nicht nur um die Badeanstalt kümmerte, sondern auch um Zähne, Knochenbrüche und Wundversorgung.

Ein Stückchen weiter unten erreichen wir dann die Promenade am Flüsschen Zwettl, das sich 250 m weiter mit dem Kamp vereinigt, wenden uns hier nach rechts und folgen nach Querung der Kuenringerstraße weiter dem nun am Mühlbach entlangführenden Weg. Rechts sehen wir Reste der alten Stadtmauer und den Hofbauerturm. Der kleine Erker, der im zweiten Geschoß nahe der Stadtmauer vorspringt, war einst eine Toilette, die ins Freie mündete und für damalige Verhältnisse als besonders hygienisch galt. Bereits in der ersten Hälfte des 13. Jh.s war Zwettl von einer Befestigungsanlage umgeben, die der Stadt – übrigens eine der ältesten des Landes – und ihrer Bevölkerung Schutz vor Feinden bieten sollte. Ursprünglich umfasste die Mauer drei Tore und vermutlich acht Türme; heute sind noch 917 m Stadtmauer und sechs Türme erhalten, die seit 2004 unter Denkmalschutz stehen. Zwettl ist eine von elf niederösterreichischen Stadtmauerstädten.

Wir bleiben auf der Promenade und sehen schon bald auf einem freien Felsen den Antonturm – einen mächtigen Wehrturm und das Wahrzeichen von Zwettl – aufragen. Seinen Namen hat er von der Rauchfangkehrerfamilie Anton, deren Sammelleidenschaft zu einer Dauerausstellung im Stadtmuseum geführt hat. Unterhalb des Turms weist uns eine rot-weiß-rote Markierung mit der Nr. 12 über eine Holzbrücke nach rechts; wir gehen den betonierten Weg leicht bergan bis zur überdachten Talbergstiege. Über sie oder den in Serpentinen führenden Weg schreiten wir bergan.

Links von uns, wo der durch ein Schild bezeichnete „traditionelle Wanderweg" die Stiege kreuzt, sehen wir die 1903 erbaute und von Georg Ritter von Schönerer gestiftete evangelische Kirche, auf die wir nun zugehen. Vom Vorplatz steigen wir über einige Betonstufen zur Weitraer Straße hinauf und folgen dieser nach rechts.

Auf der gegenüberliegenden Seite, Ecke Bahnhofstraße, sehen wir das gelb gestrichene Jubiläumshaus, vor dem eine Florianistatue steht. An dieser Stelle befand sich einst einer der Zwettler Freihöfe, die das Privileg hatten, von allen Steuern und Abgaben befreit zu sein, solange der Hof nicht in bürgerliche Hände überging. Mitte des 18. Jh.s verlor der Freihof seinen Status und wurde zur Poststation, bevor er 1897 von der örtlichen Sparkasse gekauft und – anlässlich des 50-jährigen Thronjubiläums von Kaiser **Franz Joseph I.** – zum Wohnhaus umgebaut wurde.

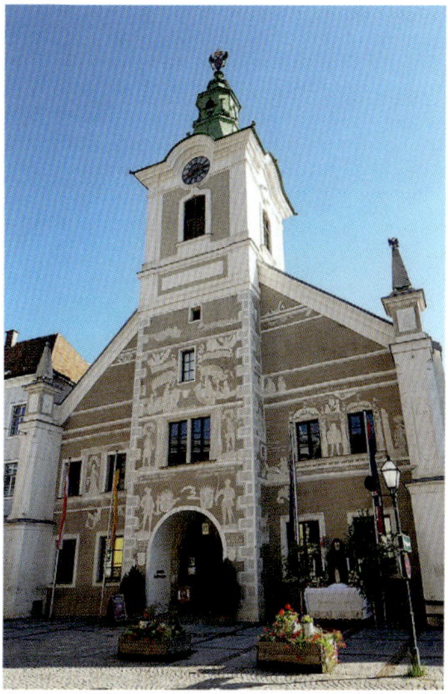

Stadtmuseum Zwettl

Auf unserer Seite, direkt an den Antonturm angrenzend, befindet sich der unter Denkmalschutz stehende Pernerstorferhof. Haben wir die im Renaissancestil renovierte Fassade ausreichend bewundert, folgen wir der Landstraße hinunter, an einer geschlossenen Reihe barocker Häuser (Nr. 43–49) vorbei und auf den Dreifaltigkeitsplatz zu. Hier sehen wir linker Hand das ehemalige k. u. k. Poststallamt, dessen Erbpostmeister dazu angehalten war, „stets sechs taugliche Pferde im Stall zu halten", um die täglichen Postauslieferungen ohne Verzögerung vornehmen zu können.

Wir kommen zur prachtvollen Dreifaltigkeitssäule, die 1727 aus Dankbarkeit für die Überwindung der Pestjahre und Türkenkriege vom Eggenburger Steinmetz **Johann Caspar Högl** angefertigt wurde. Hier befindet sich auch das ehemalige Schildwirtshaus „Zur goldenen Rose"; Schildwirtshäuser hatten das alleinige Recht, Pferde, Wagen und Mannschaft zu beherbergen. Das aus der Gründungszeit der Stadt stammende Gebäude fiel mehrere Male Feuersbrünsten zum Opfer. 1814 nahm hier sogar ein Großbrand seinen Ausgang, bei dem 58 Häuser zerstört wurden.

Kurz vor dem Sparkassenplatz biegen wir links in die Hamerlingstraße ein, gehen in ihr zum Neuen Markt, der um 1230 bei der ersten Stadterweiterung angelegt wurde, und biegen in diesen links ein. An diesem Ort fanden bis ins 20. Jh. die gut besuchten Viehmärkte statt. Nach Überquerung des Platzes gehen wir die anschließende Berggasse etwas bergauf, bis wir auf die querführende Bahnhofstraße stoßen. Rechts von uns sehen wir wieder ein Stück Stadtmauer und den Kesselbodenturm, einen wuchtigen, dreigeschoßigen Wehrturm.

Nach dem Turm wenden wir uns nach rechts in die steil bergab führende Kesselbodengasse, die uns zur Klosterstraße bringt. Ein paar Schritte weiter rechts können wir uns die Bürgerspitalskirche ansehen; das zugehörige Spital wurde 1427 von den Hussiten zerstört. Nach diesem Abstecher gehen wir zurück zur Kreuzung und folgen der Gartenstraße weiter bergab, bis wir uns bei einer Sporthalle nach rechts wenden. Eine überdachte Stiege führt uns zum Martini-Platzl und dem Schulturm, einen weiteren Wehrturm, der heute die „Naturkundliche Sammlung Schneider" beherbergt. Führungen, auch für Einzelpersonen, sind mit der MS Zwettl (Tel. 02822/523 26) oder dem Tourismusbüro der Stadt (Tel. 02822/503 129) zu vereinbaren.

An einem Seniorenheim vorbei gelangen wir zur Rückseite der Bürgerspitalskirche und wenden uns in der Schulgasse nach links. Durch eine Passage betreten wir das Haus Schulgasse 2 und kommen so zu einem gut versteckten Lift und etlichen Holzstufen, über die wir zum Moserturm, einem noch bewohnten Wehrturm, gelangen. Beschreiten wir den Weg unten noch etwas weiter, so können wir über einen Holzzaun hinweg auch noch den ebenfalls bewohnten Passauerturm betrachten. Dessen Kellergeschoß diente einst als Gefängnis. Einer seiner letzten Insassen war 1814 **Caspar Pomeisl**, der gemeinsam mit **Johann Georg Grasel** (siehe „Der Grasel", S. 204) einen Raubüberfall auf die Zwettlerin Anna Maria Schindler verübt hatte. Damit haben wir nun alle erhaltenen Türme gesehen, kehren in die Schulgasse zurück, gehen die paar Meter bis zum Hundertwasserbrunnen und kommen wieder zu unserem Ausgangspunkt.

Anmerkung: Einen Folder mit weiteren empfohlenen Stadtrundgängen erhalten Sie im Stadtmuseum.

4-1 Mit hundert Wassern gewaschen

Von Zwettl ins Kamptal und zur Weißenbachklamm

Statt einfach nur gemütlich am Kamp entlangzuschlendern, stürzen wir uns auf dieser Wanderung ins Abenteuer: Gleich nach dem steilen Kaltenbrunnersteig durchqueren wir eine abgründige Sumpfwiese. Wenig später geht es vom Fluss schon wieder bergauf – zur Kletterpartie durch eine beeindruckende und viel zu wenig bekannte Klamm.

DER WANDERWEG

Unsere Wanderung beginnt in **Zwettl** vor dem Stadtmuseum am Sparkassenplatz. Wir wenden uns dem Dreifaltigkeitsplatz mit seiner Säule zu, biegen davor links ein und befinden uns nach Überquerung der Landstraße in der Kuenringerstraße, die wir bergab gehen. Auf einer kleinen Brücke überqueren wir die **Zwettl** und dann die Gerungser Straße, wo uns ein paar Meter weiter rechts eine Reihe überdachter Stiegen erwartet, die wir nun hinaufsteigen. Auf dem kleinen Platz, wo die Stiegen als Wendeltreppe weiter zum Gebäude der Bezirkshauptmannschaft führen, wenden wir uns nach links und kommen in die Propsteigasse, der wir bergan folgen. Bei Erreichen der Hermann-Feucht-Straße biegen wir links in diese ein und gehen danach unter einer Straßenunterführung hindurch. Linker Hand sehen wir nun das Landesklinikum Zwettl, wenden uns nach dem Krankenhausgelände rechts und erreichen nach dem Haus Moidrams 24 eine freie Fläche.

Hier verlassen wir den asphaltierten Bereich und halten uns am Rand des Grundstücks an einen nur schwer erkennbaren unmarkierten Weg, der bald darauf nach rechts auf ein Waldstück zuschwenkt. Hinter einem kleinen Marterl sehen wir einen verblassten rot-weiß-roten Pfeil, der uns bei einer Wegteilung die Richtung weist. Der Pfad mündet schließlich in einen etwas breiteren Wald-

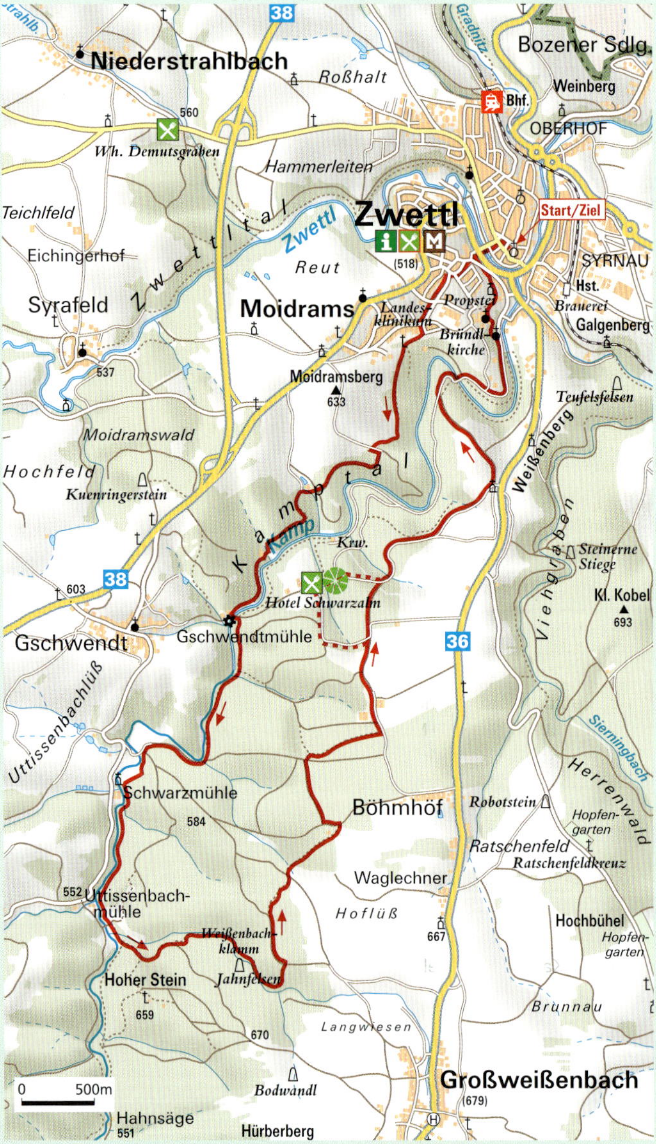
Niederstrahlbach
Roßhalt
Bozener Sdlg.
Weinberg
Bhf.
OBERHOF
Wh. Demutsgraben
Hammerleiten
Teichlfeld
Eichingerhof
Zwettltal
Zwettl
Start/Ziel
Reut
SYRNAU
Syrafeld
Moidrams
Landesklinikum
Propstei
Bründlkirche
Brauerei
Galgenberg
Moidramsberg
633
Teufelsfelsen
Moidramswald
Hochfeld
Kuenringerstein
Kamptal
Kamp
Weißenberg
Steinerne Stiege
Kl. Kobel
693
Hotel Schwarzalm
Gschwendt
Gschwendtmühle
Uttissenbachlüß
Viehgraben
Schwarzmühle
584
Böhmhöf
Robotstein
Herrenwald
Ratschenfeld
Ratschenfeldkreuz
Waglechner
Uttissenbachmühle
Weißenbachklamm
Hoflüß
Hochbühel
Hoher Stein
Jahnfelsen
659
670
Brunnau
Langwiesen
Bodwandl
Großweißenbach
(679)
Hahnsäge
551
Hürberberg
0 500m

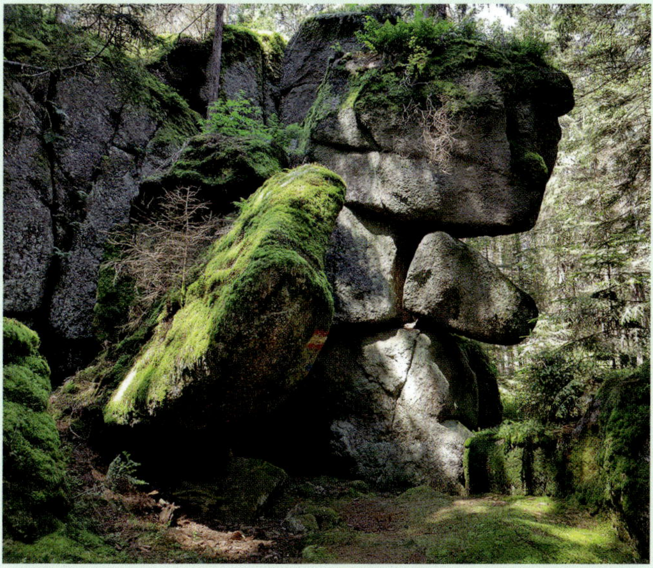

Jahnfelsen in der Weißenbachklamm

WEGVERLAUF: Rundwanderung. Zwettl/Sparkassenplatz – Kampufer (1 Std.) – Uttissenbachmühle (1 ¼ Std.) – Jahnfelsen (30 Min.) – Abzweigung zur Schwarzalm (1 Std.) – Zwettl/Sparkassenplatz (45 Min.)

DAUER: 4 ½ Std.

LÄNGE: 16,7 km

SCHWIERIGKEITSGRAD: Einfache Wanderung, teilweise aber anspruchsvolle kurze Ab- und Aufstiege (Kaltenbrunnerfelsen, Klamm)

WEGMARKIERUNGEN: Rot-weiß-rote Markierung, Wanderweg 2 (rote Marken), gelbe Pfeile (Hundertwasserweg, Wasserwunderweg), rote Markierung (Nr. 1), rot-blaue Markierung, Rot-Gelb-Blau, rote Markierung (Nr. 3), Zwettler Bierweg, Wanderweg 1

EINKEHRMÖGLICHKEIT: Hotel-Restaurant Schwarzalm (kein Ruhetag)

ANFAHRT: Fußweg zum Sparkassenplatz im Zentrum von Zwettl

HINWEIS: Etwa die Hälfte der Strecke ist in freiem Gelände zu marschieren – Sonnenschutz nicht vergessen!

weg, dem wir nach links folgen. Links unter uns hören wir bereits den Kamp rauschen, behalten aber auf diesem Waldrandweg die Gehrichtung bei. Bei der Kreuzung mit einem asphaltierten Weg, wo wir auf einem Baum eine rote Markierung erkennen können, wenden wir uns nach links in den Wald.

Sobald wir statt auf Asphalt auf Waldboden weitergehen, sehen wir eine rote Markierung, „Wanderweg 2" (Niederösterr. Naturfreunde). Von hier an folgen wir dem gut markierten Weg am Hang des 633 m hohen **Moidramsbergs** – auch Steinhügel genannt – auf weichem Waldboden. Wenn wir einen kleinen Fischteich am Waldrand erreichen, gewährt uns ein Blick über den Kamp die Sicht auf die **Schwarzalm** und das gleichnamige Hotel. Auf einem Pfad, der gelegentlich recht überwachsen sein kann (je nach Saison), kommen wir zu einem Schild der Naturfreunde, das den Kaltenbrunnerfelsen ankündigt; von hier aus führt uns ein mit Holzstufen und Geländer versehener Steig steil bergab. Über eine nasse Sumpfwiese treten wir schließlich ans Ufer des **Kamps** (1 Std).

Der nach rechts führende Uferweg lässt uns nach etwa 500 m die Gschwendtmühle erreichen. Kurz vor dem Gebäude überqueren wir auf einer schmalen Holzbrücke bei einem Wehr den Fluss und gelangen zu einem breiten Wanderweg. Wir folgen den gelben Pfeilen „Hundertwasserweg" und „Wasserwunderweg" nach rechts und schreiten auf dem idyllischen Uferbegleitweg, der leider auch als Mountainbike-Strecke dient, am Kamp flussaufwärts. Die Markierung ist rot und trägt die Nummer 1. Nachdem der Weg ein kurzes Stück vom Fluss weg- und am Rand einer Wiese entlanggeführt hat, kommen wir zu einer kleinen Steinbrücke, vor der uns eine Bank zur Rast einlädt.

Wir bleiben auf dieser Seite des Kamps und schneiden über einen unmarkierten Weg zwischen Wald- und Wiesenrand eine Schleife des Flusses ab, bis wir wieder an dessen Ufer gelangen. Gegenüber liegt ein Privathaus, die Schwarzmühle. Nun wandern wir durch ein besonders schönes Waldstück, vorbei an bemoosten Felsformationen, und sehen nach ca. 1 km am gegenüberliegenden Ufer die **Uttissenbachmühle.** Der Weg dorthin über eine kleine Holzbrücke ist uns allerdings verwehrt (2 ¼ Std.).

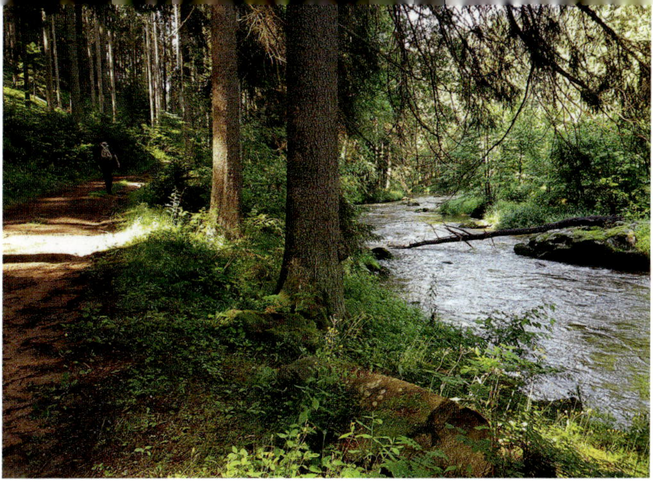

Der Kamp am Wasserwunderweg

Am Rand einer Wiese gehen wir weiter bis zu einer breiten Holzbrücke, bei der wir wieder auf Wandertafeln und Markierungen treffen. Wir nehmen den Hundertwasserweg „Nr. 55", kommen in den Wald und sehen zur Linken eine Tafel, die uns über die Weißenbachklamm informiert. Bei einer Wegteilung halten wir uns – einer roten und blauen Markierung folgend – an die Route „Weißenbachklamm – Jahnfelsen – Schwarzalm – Zwettl"; ab hier geht es etwas steiler bergauf. Nach einiger Zeit führt von diesem Waldweg eine Abzweigung zum Gipfelkreuz des **Hohen Steins** (659 m).

(Für einen Abstecher zum Gipfel, der ca. 100 m über dem Kamptal aufragt, sind zusätzlich etwa 30 Min. einzurechnen.)

Bei einer gelben Tafel (Hundertwasserweg) und einem rot-weiß-roten Schild mit der Nr. 3 biegen wir von unserem Waldweg links ab und gehen über einen Pfad zum Weißenbach hinunter. Wir folgen dem Bachlauf flussaufwärts und bewundern die großen, bemoosten Steinbrocken, zwischen denen das Wasser herunterstürzt. Nun folgt ein abenteuerlicher Aufstieg durch die **Weißenbachklamm**, bei dem es auf festes Schuhwerk und Trittsicherheit ankommt. Auch beim Überqueren des Bachs ist höchste Vorsicht geboten. Wir empfehlen den zweiten in Gehrichtung markierten Übergang, der auf etwas weniger gefährlichem Terrain verläuft als der erste. Wenige Meter nach dieser Schlüsselstelle überqueren wir den Bach noch einmal, besichtigen kurz den **Jahnfelsen**, an dem es eine Büste des „Turnvaters“ **Friedrich Ludwig Jahn** (1778–1852) zu entdecken gibt, und kehren dann ans andere Ufer zurück (2 ¾ Std.).

Wir bleiben nun auf dem rot markierten Weg (auch gelb und blau), verlassen auf ihm den Weißenbach und schreiten durch einen Wald stetig bergan. Beim Queren eines brutal geschlägerten Geländes müssen wir darauf achten, auf der anderen Seite die Markierung wiederzufinden. Nachdem wir einen weiteren kleinen Bach überschritten haben, gehen wir in einem sanften Rechtsbogen bergauf, wo die Markierung bald wieder auftaucht. Wir gelangen schließlich über Wald- und Feldwege zu einer freien Fläche, folgen den Marken nach links und sehen anhand eines Straßenschilds an einer großen Scheune, dass wir uns hier auf dem „Karnauwinkelweg“ befinden. Bei der nächsten Abzweigung, wo Hundertwasserweg und „Nr. 3“ nach links führen, folgen wir nicht diesen Tafeln, sondern bleiben auf der Straße (3 ¾ Std.).

Abstecher: Wer das **Hotel-Restaurant Schwarzalm** – die einzige Einkehrmöglichkeit auf dieser Tour – aufsuchen will, folgt der erwähnten Abzweigung und erreicht den Hotelkomplex nach etwa 600 m. Nach Genuss diverser Waldviertler Spezialitäten beschreiten wir einen in östliche Richtung führenden Weg, der uns nach wenigen Minuten über die Kamptalstraße wieder zur Wanderroute zurückbringt.

Der geschotterte Weg mündet in eine asphaltierte Straße, von links kommen hier Besucher der Schwarzalm auf unsere Route. Wir gehen ein kleines Stück die Straße hinauf, dringen aber gleich in der ersten Rechtskurve in den Wald ein. Bald stoßen wir auf den quer verlaufenden „Zwettler Bierweg“ und biegen in diesen rechts ein. Weiterhin folgen wir der roten Markierung mit Nr. 3, marschieren auf einem breiten Waldweg und umgehen eine Schranke, die quer über den Weg ragt. Kurz danach zweigen wir links ab, gehen auf einem von Bäumen und Büschen überdachten Pfad weiter und steigen schließlich über einen Feldrain bergan, auf ein am Hügel sichtbares Haus zu.

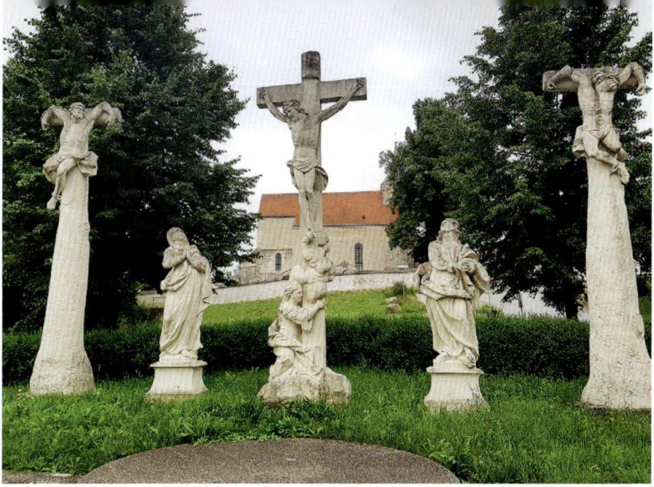

Kreuzigungsgruppe bei der Propstei Zwettl

Wir erreichen die Kuppe nach ca. 200 m in der Nähe eines Bildstocks und folgen einer alten Wandertafel Richtung Zwettl, das wir auch schon vor uns sehen. Über Traktorwege geht es bergab auf das bewaldete Kamptal zu. An einem Hochstand sehen wir wieder die rote Markierung mit der Nr. 3 und gehen nach einer zweiten schwarz-weißen Schranke auf einer Forststraße weiter bergab. Kurz danach treffen wir wieder auf Hundertwasserweg, Wasserwunderweg und die anderen Wanderrouten, die auf dieser Kampseite zur Uttissenbachmühle führen; wir wenden uns aber nach rechts. Über eine Holzbrücke überqueren wir den Kamp, kommen zu einem Wasserwerk der Stadtgemeinde Zwettl und verlassen die Fahrstraße nach rechts, wo wir einen schmalen Weg beschreiten, der als Zwettler Bierweg, Hundertwasserweg und mit „Nr. 1" markiert ist.

Über dieses Wegstück gelangen wir schließlich auf einen Parkplatz, wo wir auf der anderen Kampseite das Flussbad der Stadt Zwettl sehen. Wir gehen ein paar Meter die Kamptalstraße entlang und erkennen über uns die Bründlkirche, in deren unterem Vorbau sich eine schön gestaltete Lourdesgrotte befindet. Hier fanden Hirtenknaben der Sage nach einst eine Marienstatue in einer als heilkräftig geltenden Quelle, die bis heute neben der Kirche entspringt. Die Kirche wurde 1897 an der Stelle einer Kapelle aus dem späten 18. Jh. erbaut.

Vor dem ersten Haus (Kamptalstraße 31) biegen wir scharf links ab und gehen über die Stufen zur Kapelle. Es folgt rechts ein mit Holzstufen und Geländer versehener Weg, der in den Wald hinauf abzweigt. Auf diesem strapaziösen Pfad gewinnen wir noch einmal schnell an Höhe und genießen hoch über dem Kamptal einen Blick auf die Privatbrauerei Zwettl. Haben wir nach etwa 10 Min. die Kuppe erreicht, sehen wir linker Hand eine Kirche mit Friedhof, die **Propstei Zwettl**, für deren Besichtigung wir uns ein wenig Zeit nehmen sollten (siehe unten, „Am Wege").

Nach diesem kleinen Abstecher gehen wir an der restaurierten Kreuzigungsgruppe vorbei und über den ebenfalls erneuerten Kreuzweg bergab, wo rechts auch ein kleiner russischer Soldatenfriedhof zu sehen ist. Wir gelangen so in die Gerungser Straße, der wir nach links folgen. So kommen wir wieder zu der Brücke über die Zwettl und kehren über diese sowie die Kuenringerstraße zu unserem Ausgangspunkt zurück (4 ½ Std.).

AM WEGE

Angeblich soll an der Stelle der Pfarrkirche „Sancti Joannis Evangelistae extra muros oppidi Zwetel" („Zum hl. Johannes dem Evangelisten außerhalb der Mauern der Stadt Zwettl"), die in der zweiten Hälfte des 12. Jh.s entstanden sein dürfte, schon vorher ein Gotteshaus gestanden sein. Und daneben vielleicht sogar die Burg der **Kuenringer** (siehe „Die Kuenringer, S. 65), die 1231 vom Babenberger-Herzog **Friedrich II., dem Streitbaren** zerstört wurde – für diesen Bau gibt es jedoch keine archäologischen Nachweise.

1484 wurde der Pfarrhof auf dem Berg in eine Propstei (auch Kollegiatstift genannt) umgewandelt – eine klösterliche Gemeinschaft, die nicht von Ordensbrüdern, sondern von Säkularklerikern (Weltpriestern) bewohnt wurde. Sie wurde 1751 von **Maria Theresia** aufgehoben; ihre Gebäude und der Friedhof, die über einen Kreuzweg aus der Altstadt zu erreichen sind, blieben allerdings bis heute erhalten. Zu besichtigen gibt es auf dem Propsteiberg die Johanneskirche, den Propsteifriedhof mit den sehenswerten Totenleuchten am Eingangstor, einen Karner aus dem 13. Jh. und die Michaelskapelle mit ihren schönen Wandmalereien.

4-2 Tempel, Opferstein und Pyramide

Eine symbolträchtige Wanderung rund um das Schloss Rosenau

An Wäldern und Wiesen entlang durchwandern wir die sanfte Hügellandschaft um das Schloss Rosenau, entdecken dabei kleine Ortsflecken und ruhige Landschaften, kommen am runenbedeckten „Opferstein“ vorbei und besuchen schließlich die geheimnisvolle Steinpyramide, bevor wir uns auf den Rückweg zum Freimaurermuseum machen.

DER WANDERWEG

Wir stellen unser Fahrzeug auf dem großen Besucherparkplatz rechts vor der Ortstafel von **Rosenau Schloss** ab und gehen von dort am **Gasthaus Weissenhofer** – das sich in der 1604 erbauten Alten Remise befindet – vorbei auf das Gelände vor dem **Schloss Rosenau** zu. Das 1593 von einer mächtigen Vierkantanlage zu einem Renaissancegebäude umgebaute Schloss kam 1720 in den Besitz von Leopold Christoph Graf von Schallenberg, der es später mit Räumlichkeiten für eine Freimaurerloge ausstatten ließ; in dieser Zeit entstand auch die fast vollständig erhaltene Gutshofsiedlung. 1883 gelangte das Schloss in den Besitz von **Georg Ritter von Schönerer.** Heute – nach einer umfassenden Renovierung – beherbergt es nicht nur ein Schlosshotel und ein Restaurant, sondern auch das **Österreichische Freimaurermuseum,** dessen Besuch wir uns allerdings für später aufheben.

Wie wir einer Informationstafel über die Wanderwege der Gegend entnehmen können, sind für uns der Weg mit der Nr. 53 – ein Abschnitt des Pyramidenwegs – sowie der Weg Nr. 56 (Rundwanderweg Schloss Rosenau) maßgeblich. Diese Routen schlagen wir nun auch ein, indem wir neben dem Hotel „Die Residenz“, das in der alten Meierei untergebracht ist, die Straße hinuntergehen. Die gelbe Tafel

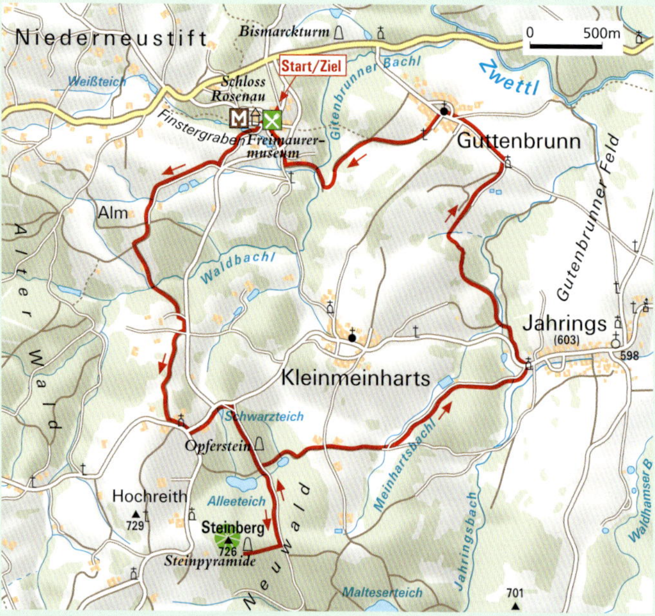

WEGVERLAUF: Rundwanderung. Schloss Rosenau – Parkplatz „Kraftarena Groß Gerungs" (1 Std.) – Jahrings/Zufahrtsstraße (1 Std.) – Guttenbrunn/Kapelle (30 Min.) – Schloss Rosenau (30 Min.)

DAUER: 3 Std.

LÄNGE: 12,1 km

SCHWIERIGKEITSGRAD: Einfache Wanderung mit problemlosen Auf- und Abstiegen, nur relativ kurze Streckenteile auf Asphalt

WEGMARKIERUNGEN: Pyramidenweg „53", Rundwanderweg Schloss Rosenau „56", Rot-Weiß-Rot, Waldviertler Kulturpfad „665", gelbe Pfeile, Rot-Weiß-Rot, Opfersteinweg „54", rote Markierung, rot-weiß-rote Tafeln (Nr. 1), gelbe Tafeln, Wanderweg Nr. 56

EINKEHRMÖGLICHKEITEN: Gasthaus Weissenhofer (Mo und Di Ruhetag), Meierhof-Heuriger (Sa ab 16 Uhr und So ab 12 Uhr), Restaurant Schlosshotel Rosenau (kein Ruhetag)

ANFAHRT: Mit dem Pkw von Zwettl auf der Landstraße Richtung Norden, dann über Weitraer Straße und ein kurzes Stück L 71, links abbiegen auf L 74 Richtung Schickenhof/Schloss Rosenau, nach etwa 5 km wieder links abbiegen auf die L 8250 bis Schloss Rosenau

für die Wege „53“ und „56“ weist neben Hotel und Meierhof leicht bergab. Wir kommen einer rot-weiß-roten Markierung folgend auf einer schon etwas angegriffenen Asphaltstraße an einem Fischteich vorbei und gehen dann in der Waschteichallee sanft bergan.

Die Allee endet bei einem Zusammentreffen mehrerer Straßen und Wege, wo uns die rote Markierung mit einem Pfeil nach rechts in die Röhrenteichallee weist. Auch hier tauchen immer wieder Fischteiche auf; gelegentlich sehen wir Reiher vom Rand der Gewässer auffliegen. Nach dem Ende der Allee führt die Straße auf eine Gruppe von Häusern und Gehöften zu. Hier gehen wir geradeaus weiter über eine Kuppe und danach nicht mehr auf Asphalt, sondern auf geschottertem Untergrund. Wir behalten die Gehrichtung bei und befinden uns hier – wie eine Tafel anzeigt – kurz auf einem Abschnitt des **Waldviertler Kulturpfads** mit der Nr. 665. Nach einer scharfen Rechtskurve folgen wir einer Abzweigung nach links und passieren ein Gehöft. Nun geht es weiterhin leicht bergab auf einem Wiesenweg direkt auf den Wald zu, wo wir auch schon eine rote Markierung sehen.

Kaum sind wir unter den Bäumen angekommen, überschreiten wir auf einer Steinbrücke das Waldbachl. Dahinter führt der mit Fichtenzapfen und -nadeln bedeckte Weg leicht bergauf. Nach dem kurzen Waldstück gelangen wir wieder zu einer Schotterstraße, der wir laut rotem Pfeil nach links folgen, um gleich wieder rechts in eine Asphaltstraße einzubiegen. Etwa 60 m weiter geht es bei einer Kreuzung neuerlich nach rechts, wo wir nur wenige Schritte danach einen links wegführenden Feldweg nehmen. An Wiesen und Feldern entlang schreiten wir auf diesem Weg etwa 700 m lang auf eine Gruppe von Häusern und Höfen zu, die zur Ortschaft **Ober Neustift** gehören. Hier wenden wir uns nach links, kommen an einem Marterl vorbei und folgen den Wanderpfeilen noch einmal nach links. Auf der Asphaltstraße passieren wir ein kleines Gewässer – den Schwarzteich. Kurz danach öffnet sich rechts ein Parkplatz, wo uns eine Tafel über die **Kraftarena Groß Gerungs** (siehe Wanderung 4-3) informiert (1 Std.).

Vom Parkplatz bis zur **Steinpyramide** sind es laut Angaben auf einem gelben Pfeil 1300 m oder 20 Min. Gehzeit. Wir folgen der angegebenen Richtung und wandern auf einem geradeaus laufenden breiten Waldweg – der früher viel befahrenen Allee, die Rosenau mit Josefsdorf und Rottenbach verbindet – durch den sogenannten Neuwald. Am Wegesrand sehen wir zu unserer Linken bald den „Opferstein", einen von drei Runensteinen, die Ritter von Schönerer in seiner Zeit als Besitzer des Gutes Rosenau aufstellen ließ. Die in altnordischen Runen verfasste Inschrift auf dem Stein heißt übersetzt „Heil Bismarck!".

An der nächsten Wegkreuzung bleiben wir in Gehrichtung, um fünf Minuten später den Weg nach rechts zur Steinpyramide einzuschlagen. Der Pfad führt einen Hügel hinauf, auf dessen Gipfel **(Steinberg)** wir bereits den Staketenzaun rund um das mysteriöse Monument erkennen können. Nach ca. 200 m erreichen wir die Pyramide, die gleichzeitig der höchste Punkt unserer Wanderung ist, und lassen uns von zahlreichen Informationstafeln darüber belehren, warum sich hier ein auch bei Wünschelrutengängern sehr beliebter „Kraftplatz" befinden soll (siehe dazu „Schöne Geschichten, mehr nicht ...", S. 225).

Der aus aufgeschichteten Findlingssteinen bestehende, 6,8 m hohe Stufenkegel ist in vier Kreisringebenen angeordnet, wobei der unterste Kreis 16,5 und der oberste 7,2 m Durchmesser hat. Das Bauwerk war von der Natur und den Elementen bereits stark angegriffen, als die Gemeinde Groß Gerungs und das österreichische Bundesdenkmalamt es im Jahr 2000 renovierten, doch mittlerweile sind bereits wieder deutliche Verfallsspuren feststellbar. Bis heute wissen die Archäologen nicht, wann diese in Mitteleuropa einzigartige Pyramide errichtet wurde und welchem Zweck sie einst gedient haben mag – vermutet werden u. a. germanische, keltische oder gar urzeitliche Ursprünge. Da es aber keine nachweisbare ur- oder frühgeschichtliche Besiedlung in diesem Gebiet gab, geht die etablierte Wissenschaft von einem Zusammenhang mit der 1747 in Schloss Rosenau gegründeten Freimaurerloge aus.

Nach einer ausgiebigen Besichtigung gehen wir vorerst den Weg zurück, auf dem wir gekommen sind. Wenn wir zur Abzweigung gelangen, bei der wir beim Hinweg geradeaus weitergegangen sind, biegen wir (vor dem Opferstein!) rechts ab und sehen auf

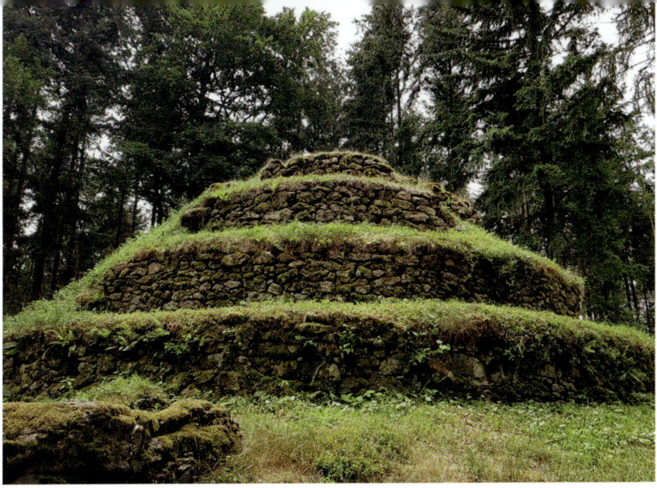

Die geheimnisvolle Steinpyramide

diesem Karrenweg bald eine rot-weiß-rote Markierung. Nach einer rot-weiß-roten Schranke kommen wir an einem Fischteich vorbei; danach folgt eine weitere Schranke, hinter der sich unsere Route als schmaler Wiesenweg zwischen jungen Bäumen und Sträuchern fortsetzt. Beim Verlassen des Waldes sehen wir, dass wir soeben auch auf dem Opfersteinweg Nr. 54 unterwegs waren.

Wir halten auf einem Feldweg auf eine schmale Straße zu, die wir überqueren, danach folgen wir auf einem geschotterten Weg weiterhin der roten Markierung. Hier finden wir auch die bewährten gelben Tafeln wieder und sehen zur Linken einige kleine Weiher und dann ein allein stehendes Privathaus. Anschließend gehen wir auf einem Traktorweg annähernd niveaugleich an Wiesen- und Feldrainen entlang und auf einen Wald zu. Am Waldrand und an Heidelbeersträuchern vorbei führt uns eine schmale asphaltierte Zufahrtsstraße schließlich kurz vor der Ortstafel von **Jahrings** zu einer Landstraße (2 Std.).

Wir folgen der schmalen Straße auf dem Wanderweg mit „56" nach links und verlassen sie nach ca. 200 m in einer Linkskurve nach rechts in den Wald; hier finden wir auch eine Markierung, die uns die Richtung nach Guttenbrunn anzeigt. Nun gehen wir auf einer Forststraße weiter, die Markierung ist rot-weiß-rot bzw. hat rot-weiß-rote Tafeln mit der Nr. 1 und führt ein Stück am Meinhartsbachl entlang. Die Waldstücke sind – typisch für diese Gegend – recht schmal, sodass man immer wieder freie Flächen erreicht. So treten wir auch hier bald auf eine Wiese hinaus, an deren rechten Rand wir hinuntergehen, bis wir am Waldrand rote Pfeile sehen. An dieser Stelle wenden wir uns nach links, queren die Wiese und halten auf einen deutlich erkennbaren Einschnitt zwischen Bäumen zu. Nach dem nächsten Wiesenstück erspähen wir auf einem Baum neuerlich die rote Markierung, marschieren noch ein Stück am Waldrand entlang und verlassen nach einer weiteren Wiese den Opfersteinweg, wo uns ein Pfeil mit „56" nach rechts weist.

Nun geht es ein Stück über freies Gelände leicht bergauf, wieder an Feldern und Wiesen vorbei. Nach einer kleinen Kuppe wandelt sich der Untergrund auf diesem Traktorweg abermals zu Asphalt, bis die schmale Straße bei einem Marien-Bildstock in eine Landstraße mündet, wo wir dem gelben Pfeil mit „56" nach links folgen. Etwa 200 m danach passieren wir die Ortstafel von **Guttenbrunn** und marschieren bis zur Kapelle des Orts (2 ½ Std.).

Hier halten wir uns an die Tafel, die den Rundwanderweg Schloss Rosenau anzeigt. Die leicht bergan führende, gewundene, schmale Asphaltstraße mit rot-weiß-roter Markierung wird bald zu einem Feldweg, der nach den Markierungen auf einem Baum neben einem Christuskreuz in einem Linksbogen auf den Wald zuführt. In diesem Nadelwaldstück führt der Weg stetig bergab. Wenn wir wieder ins Freie treten, überschreiten wir auf einer Steinplatte einen Bach und gehen dann auf Asphalt an den ersten Häusern der Ortschaft Rosenau Schloss vorüber. Bald stoßen wir auf eine weitere Asphaltstraße, biegen rechts in diese ein und erkennen beim Bergaufgehen bereits einzelne Gebäude des Schlosskomplexes.

Nach der Ortstafel erreichen wir den **Meierhof-Heurigen**, in dem wir uns (wenn auch nur in manchen Monaten) stärken können. An der Längsseite der Meierei vorbei gelangen wir wieder auf den Weg, wo wir vor einigen Stunden gestartet sind, und können nun zum Schloss Rosenau hinaufgehen. Dort können wir das Freimaurermuseum besichtigen und zum Abschluss noch im **Restaurant Schlosshotel Rosenau** einkehren (3 Std.).

4-3 Herz-Kreislauf-Training

In der Kraftarena von Groß Gerungs

Die Stadtgemeinde Groß Gerungs ist Ausgangspunkt einer Rundwanderung über die sanften Hügel, die den Erholungsort mit seinem bekannten Reha-Zentrum säumen. Die junge Zwettl durchfließt gesunde Nadelwälder mit spektakulären Steingebilden, von denen wir einige im Zuge dieser Route zu sehen bekommen.

DER WANDERWEG

Die südliche Strecke der **Waldviertelbahn** endet am Kopfbahnhof von **Groß Gerungs.** Wir gehen die Bahnhofstraße vor zur Arbesbacher Straße, in die wir um die Tankstelle herum nach rechts einbiegen. Nach Überquerung der Schulgasse schlendern wir an der Pfarrkirche zur heiligen Margareta vorbei und erreichen direkt den Hauptplatz mit seinen zwei Marktbrunnen, der Marien- und der Prangersäule sowie der Infostelle mit Ortsübersicht und Plänen. Wir befinden uns hier am Ausgangspunkt aller Wanderwege des Gebiets, direkt neben der Haltestelle des Busses, wo man losgeht, wenn man auf dem Straßenweg angereist ist.

Unter den vielen Angaben picken wir uns „33", den Opfersteinweg, heraus und bewegen uns auf das moderne Rathaus zu. Völlig überraschend weisen weitere gelbe Pfeile in das Gebäude hinein und hindurch auf den dahinter befindlichen Parkplatz. Ihn überqueren wir und verlassen danach die Zufahrtsstraße nach links zu einem Kreisverkehr hin. Hier folgen wir nicht den Markierungen in Richtung Thail, sondern wechseln gleich an der ersten Ausfahrt nach dem Unimarkt auf die Straßenseite beim Gasthaus zum Haider (abends geöffnet) hinüber, um uns in der Folge an den Radfahrer-Hinweisen „Hochberg-Strecke" und „Granittrail" zu orientieren und eine Senke anzusteuern.

An deren tiefstem Punkt entfernen wir uns vom Wall auf der rechten Seite und wandern nach links weiter, bis wir hinter der Strauchgruppe am Fuß des Hangs Pfeile für Reiter und ein Xund-

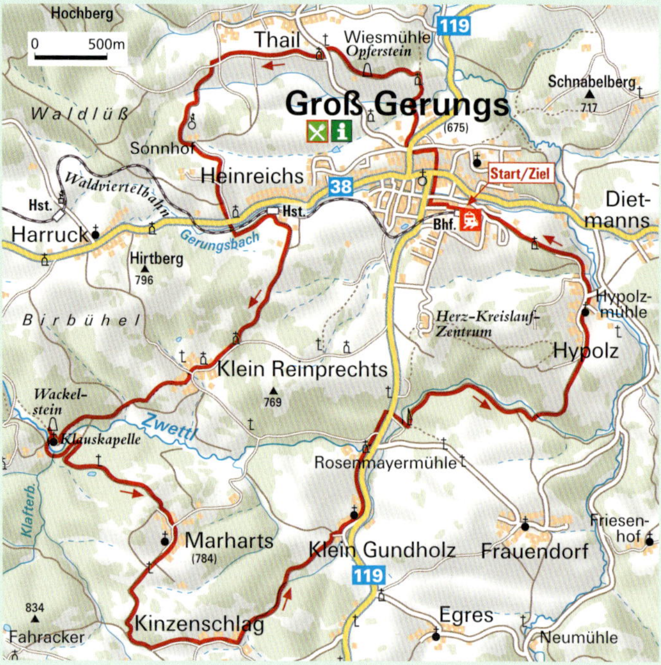

wärts-Schild zum Sonnhof mit der Nr. 2 erspähen und den Wiesenhang hinaufgehen. Vor einem Wäldchen erreichen wir eine Steinfigur, die durch einen Glaskäfig geschützt ist. Hier tauchen Hinweise auf die Wanderwege „31", „33" und „33A" auf. Unser Weg knickt links ab (Schild „Durchgehen erlaubt") und lässt uns auf einer Nutzwiese leicht an Höhe gewinnen. 300 m weiter sollten wir die verkehrt stehende grüne Tafel „Opferstein 50 m" nicht übersehen, die uns in ein kleines Waldstück nach rechts weist. Am Baumtelefon vorbei gelangen wir zum Summstein, dessen akustische Eigenschaften wir auch gleich ausprobieren können. Gleich oberhalb kommen wir zum Opferstein, einem der größten Schalensteine des Waldviertels und eine von fünf Stationen der Kraftarena Groß Gerungs. Über eine Holzleiter kann man zu seiner Schale hinaufsteigen (45 Min.).

WEGVERLAUF: Rundwanderung. Groß Gerungs – Opferstein (45 Min.) – Sonnhof (30 Min.) – Klein Reinprechts (30 Min.) – Klauskapelle (30 Min.) – Kinzenschlag (45 Min.) – Schafsteg (45 Min.) – Groß Gerungs (30 Min.)

DAUER: 4 ¼ Std.

LÄNGE: 16,7 km

SCHWIERIGKEITSGRAD: Mäßige Höhenunterschiede; Übermarkierung macht die Orientierung nicht einfacher.

WEGMARKIERUNGEN: Rot-Weiß-Rot auf gelben Tafeln mit „33", MTB-Strecke „Hochberg", Xundwärts-Parcours Nr. 2, Rot-Weiß-Rot mit „33A", „608", „612", „36", „42", Xundwärts-Parcours Nr. 2 und 3, dann 1, Rot-Weiß-Rot mit „35", dann „38" und „39"

EINKEHRMÖGLICHKEITEN: Dampfbahnstüberl (Di Ruhetag), etliche Lokale im Zentrum von Groß Gerungs

ANFAHRT: Bus von Zwettl/Busbahnhof Gerungser Straße bis Groß Gerungs/Rathaus (Mo–Fr). Mit dem Pkw über die Böhmerwaldstraße (B 38) über Merzenstein nach Groß Gerungs. Alternativ mit der Waldviertelbahn von Gmünd über Weitra nach Groß Gerungs (Fahrzeiten unter www.waldviertelbahn.at). Mit dem Bus von Gmünd/Bezirkshauptmannschaft (Mo–Fr über Zwettl) nach Groß Gerungs/Rathaus

HINWEIS: Auf drei Viertel der Strecke führt die Wanderung über viel freies Gelände; Sonnen- und/oder Regenschutz sind anzuraten. Die Bankette neben den Asphaltstraßen sind gut begehbar. Entlang der Route gibt es keine Einkehrmöglichkeit.

Wir verlassen anschließend den lieblichen Mischwaldhain, gehen wieder zum Hauptweg zurück und bewegen uns über den Hang auf die Verbindungsstraße nach **Thail** zu. Der Ort taucht rechts auf, wir überqueren die Straße schräg nach links zu einem Bildstock. Die Markierungen geben an, dass auf „33A" und „608" westwärts und leicht ansteigend auf Asphalt fortzusetzen ist. Etwa 800 m nach der Straße quert eine schmalere Asphaltstraße; 20 m danach biegen wir links auf einen Feldweg ab (keine Markierung, „33A" verläuft weiter geradeaus), der nach einem Hochstand und einer Senke zu den beiden deutlich aufragenden Sendemasten hinaufführt. Bei einer Strauchreihe sind dann Pfeile für Reiter und der Hinweis auf den Xundwärts-Weg Nr. 2 angebracht. Nach den Masten schwenken wir gleich zum Sonnhof hin (1 ¼ Std.).

Wir passieren den Hof und benützen die Zufahrtsstraße für unseren Abstieg. Auf ihr erreichen wir die B 38 und überqueren die Straße sowie auch gleich den parallel führenden Gleiskörper der Waldviertelbahn. Links gewendet halten wir neben den Schienen auf **Heinreichs** zu. Nach der Haltestelle des Orts und einer weiteren Querungsmöglichkeit der Gleise wandern wir rechts durch den folgenden Hof bergwärts (Xundwärts-Strecke Nr. 2). Wir bewegen uns nun auf einem Feldweg über freies Gelände. Nach links gewendet erkennen wir bald zwischen den Bäumen den Komplex des Herz-Kreislauf-Zentrums von Groß Gerungs. Schließlich treffen wir auf eine Asphaltstraße mit Orientierungsbaum. Rechts sehen wir schon das Ortsschild von **Klein Reinprechts,** das wir ansteuern und durch den Ort fortsetzen (1 ¾ Std.).

In der Ortsmitte halten wir uns links („Klauskapelle-Wanderweg Nr. 36", „612" und „608"). Zwischen den Häusern Nr. 5 und 6 setzt sich der Wanderweg fort. Wir erreichen bald einen Föhrenhain und danach eine ausgedehnte Futterwiese, nach der wir in einen hochstämmigen Föhrenwald einbiegen. An einer Brücke weist der Weg „36" rechts die noch junge Zwettl entlang „Zur Klause". Herrliche Steinformationen ragen im Flussbett und rechts im Wald auf. Schließlich erreichen wir ein weiteres Objekt der Kraftarena Groß Gerungs – die **Klauskapelle,** einen schlichten Holzbau in Form einer Unterstandshütte mit einem Glockentürmchen, dessen „Wunschglöcklein" auch angeschlagen werden kann (2 ¼ Std.).

Wir gehen 200 m rechts im dichten Pierbichlwald weiter und gelangen zur Steingruppe mit dem ehemaligen Wackelstein, der 2011 auseinanderbrach, nachdem er infolge eines zu intensiven „Bewegungsversuchs" abstürzte. Die beruhigende Wirkung der Steine an dieser Stelle und im Flussbett können wir noch auf uns wirken lassen, bevor wir den Rückweg zur Kapelle antreten.

Wir benützen hier die Brücke über die Zwettl, um gegenüber nach links weiterzugehen. Auf dem Weg neben dem Flüsschen erreichen wir die Gebäude der Klausmühle. Unmittelbar davor setzt sich der Weg in spitzem Winkel rechts bergauf fort („608" und „612"). Auf Waldboden gewinnen wir schnell an Höhe und kommen so zum 1989 errichteten Klausmühle-Kreuz. In einem hochstäm-

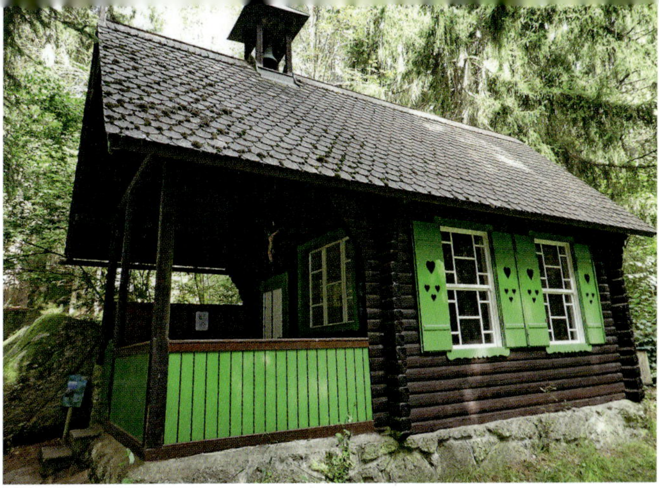

Klauskapelle mit dem „Wunschglöcklein“

migen Fichtenwald faszinieren wunderbare, jedoch unbezeichnete Steingruppen. Nun taucht eine rot-weiß-rote Markierung mit „42“ (mit Pfeil gegen unsere Gehrichtung) auf. Wir treten nahe einer Stelle mit weiteren Steinblöcken aus dem Wald und sehen vor uns schon die Häuserdächer von **Marharts,** wo wir dem Straßenverlauf durch den Ort folgen. Nach dem Ortsausgang wandelt sich die Asphalt- zu einer Staubstraße. Durch einzelne Waldstücke und in freiem Gelände steuern wir den höchsten Punkt der Tour an. Wenn wiederum Häuser auftauchen, gabelt sich die staubige Straße ohne weitere Hinweise. Wir wählen den linken Ast und steuern ein Haus mit drei Dachgiebelfenstern an. Dortselbst erreichen wir das Ortsschild von **Kinzenschlag** und marschieren links auf der Straße an den folgenden Häusern vorbei (3 Std.).

Beim Haus Nr. 2 teilt sich die Asphaltstraße, wir wählen den linken Ast mit „42“ und marschieren auf Bäume zu. Nach einem Fischteich senkt sich der Wanderweg in ein dichtes Waldstück. Ca. 500 m weiter treten wir wieder aus dem Wald heraus und haben schon die Häuser des nächsten Orts im Blick, die wir über ein Feld ansteuern. Wir erreichen **Klein Gundholz,** biegen vor dem ersten Haus (Nr. 19) rechts ein, bleiben dann in Gehrichtung und durchqueren auf der neben der Hauptstraße verlaufenden Nebenstraße den Ort. Nach der Bushaltestelle bleiben wir weiterhin direkt neben den

Häusern. Erst am letzten Haus nach dem Ortsendeschild wandern wir rechts vorbei und danach auf dem Bankett der B 119 weiter.

Nach der Kläranlage Klein Gundholz und der Brücke über die Zwettl verlassen wir 200 m weiter die Straße nach rechts; eine schwache rot-weiß-rote Markierung auf einem Telegrafenmast gibt den Hinweis darauf. Wenige Meter weiter weisen ein gelber Pfeil („42") und die Xundwärts-Routen Nr. 2 und 3 zum Wald hin. Am Waldrand überqueren wir die junge Zwettl auf einem massiven Steg. Unmittelbar danach zeigen die Markierungspfeile bei einer Rastbank und einer Andachtsstätte nach rechts. Wir bleiben aber links und folgen dem Flusslauf auf einem Kiesweg durch einen schönen Mischwald. Mittelhohe Bäume säumen unseren Weg. Zunächst ist keine Markierung zu sehen, bei einer Bank taucht dann aber eine Xundwärts-Routentafel mit der Nr. 1 auf. Auf einem Sattelpunkt erspähen wir ein Holzschild mit „35" in Rot-Weiß-Rot. Wir schwenken dann ganz zur Zwettl hin und gelangen zu einer Brücke, dem Schafsteg, den wir überqueren. Die Markierungen „38" und „39" weisen in diese Richtung (3 ¾ Std.).

Nach der Senke geht es leicht bergauf und halb rechts an einem Wäldchen vorbei, bevor wieder über freies Gelände fortzusetzen ist. Der Feldweg geht in Asphalt über, wir steuern den nächsten Ort an: **Hypolz.** Auf der Ortsstraße bewegen wir uns hindurch und wieder hinaus. Neben Wald und Feld steigt der Wanderweg nun ein letztes Mal leicht an und bringt uns bald zu einer Anhöhe mit einem Bildstock. Am Hang liegt die Pletzensiedlung, an der wir vorbeigehen. Wir kommen so zur Querstraße und treffen schräg rechts auf den Hinweis „Das Betreten der Bahnanlage durch Nichtberechtigte ist verboten". Wir missachten diese Anweisung und nehmen genau diesen offensichtlich häufig benützten Aufstieg, der uns auf das Plateau des Bahnhofs der Waldviertelbahn bringt. Im Vorbeigehen können wir noch das alte Heizhaus bewundern, das seit 2005 als Kulturraum genützt wird und als „Theater im Kopf-Bahnhof" bekannt ist. Wer mit dem Bus oder Pkw angereist ist, geht nun die Bahnhofstraße vor zur Arbesbacher Straße, biegt rechts ein und steuert den Ortskern von Groß Gerungs an – also den Hauptplatz, wo die Busse vor dem Rathaus haltmachen (4 ¼ Std.).

4-4 Zwischen Himmel und Hölle

Wasserfallweg von Arbesbach nach Rappottenstein

Diesmal geht es vom „Stockzahn des Waldviertels“ in der Gemeinde Arbesbach zu zwei bei Wanderern höchst beliebten Naturschauspielen – dem Höllfall und dem Lohnbachfall. Danach besuchen wir einen Skulpturenpark, kommen zur „Schütt“ am Kleinen Kamp und steigen zur sehenswerten Burg Rappottenstein hinauf.

DER WANDERWEG

Die Marktgemeinde **Arbesbach** nahe der Grenze zu Oberösterreich hat Besuchern einiges zu bieten. Das beginnt mit ihrer größten Touristenattraktion, dem „Bärenwald“ unweit der Ortschaft, wo eine Tierschutzorganisation nicht artgerecht gehaltenen Bären eine neue Heimat gibt; der Tierpark wird aber auf dieser Wanderung nicht besucht. Auch der „Stockzahn des Waldviertels“ ist von Interesse. Es handelt sich um die Ruine der Ende des 12. Jh.s von **Hadmar II. von Kuenring** (siehe „Die Kuenringer – Kolonisatoren des Waldviertels“, S. 65) errichteten **Burg Arbesbach**, unterhalb derer Anfang des 13. Jh.s die Ortschaft Arbesbach entstand. Auf den Resten des früheren Bergfrieds (eben des „Stockzahns“), der in 900 m Seehöhe auf einem Granitfelsen steht, wurde 1884 eine Aussichtsplattform errichtet, die heute ein beliebtes Ausflugsziel ist. An Wochenenden und Feiertagen zwischen April und Allerheiligen wird sie von Mitgliedern des Arbesbacher Verschönerungsvereins betreut, unter der Woche kann man sich den Schlüssel in der Bäckerei Huber (Arbesbach 27) abholen.

Bemerkenswert ist weiters die um 1200 gegründete, dem heiligen Ägidius geweihte Pfarrkirche, die unter Denkmalschutz steht. Die heutige spätbarocke Hallenkirche wurde zwischen 1761 und 1772 über den Resten des durch einen Brand zerstörten alten Gotteshauses errichtet und wird wegen ihrer ungewöhnlichen Ausmaße auch als „Dom des nördlichen Waldviertels“ bezeichnet.

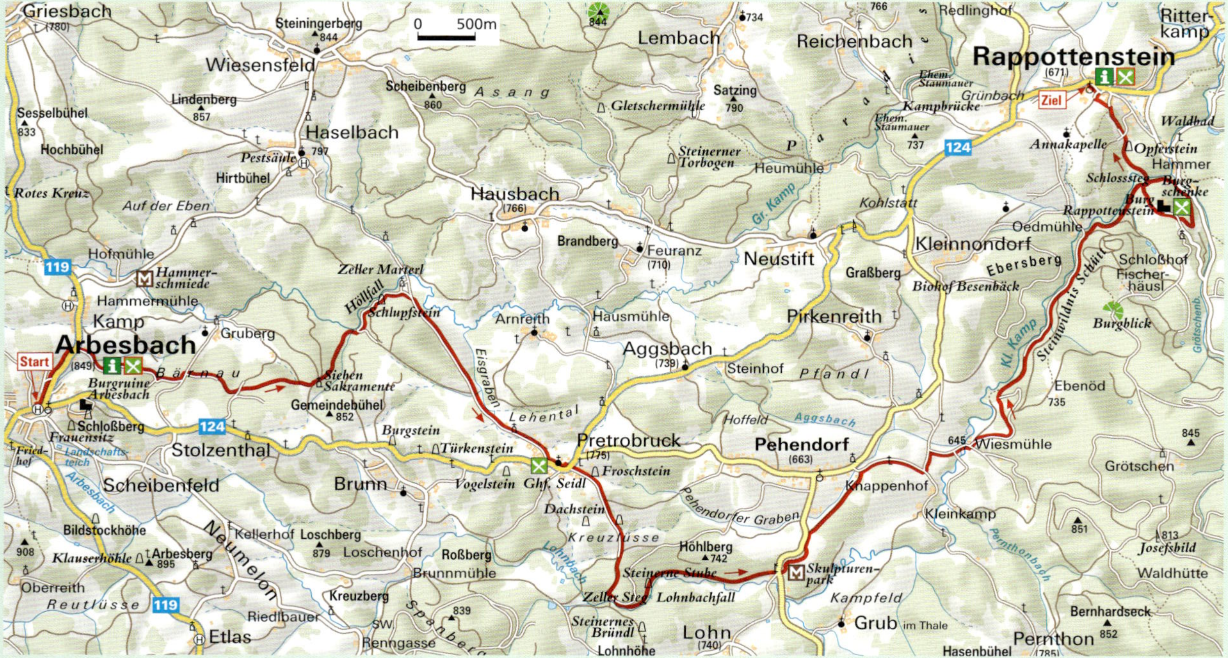

Start
Ziel
0 500m
Arbesbach
Rappottenstein
Griesbach
Steiningerberg
Wiesensfeld
Lembach
Reichenbach
Redlinghof
Ritterkamp
Scheibenberg
Asang
Lindenberg
Haselbach
Sesselbühel
Hochbühel
Pestsäule
Hirtbühel
Rotes Kreuz
Auf der Eben
Hausbach
Gletschermühle
Satzing
Steinerner Torbogen
Heumühle
Kamprücke
Grünbach
Annakapelle
Opferstein
Hammer
Waldbad
Schlosssteg
Burgschenke
Burg Rappottenstein
Oedmühle
Kohlstatt
Kleinnondorf
Ebersberg
Schloßhof
Fischerhäusl
Burgblick
Biohof Besenbäck
Graßberg
Neustift
Brandberg
Feuranz
Hofmühle
Hammerschmiede
Hammermühle
Kamp
Gruberg
Zeller Marterl
Höllfall
Schlupfstein
Arnreith
Hausmühle
Pirkenreith
Aggsbach
Steinhof
Pfandl
Bärnau
Sieben Sakramente
Burgruine Arbesbach
Gemeindebühel
Schloßberg
Frauensitz
Stolzenthal
Burgstein
Türkenstein
Eisgraben
Lehental
Pretrobruck
Pehendorf
Hoffeld
Aggsbach
Wiesmühle
Ebenöd
Steinwildnis Schütt
Kl. Kamp
Gr. Kamp
Grötschen
Froschstein
Ghf. Seidl
Vogelstein
Brunn
Scheibenfeld
Knappenhof
Kleinkamp
Pehendorfer Graben
Dachstein
Kreuzlüsse
Höhlberg
Steinerne Stube
Skulpturenpark
Zeller Steg
Lohnbachfall
Steinernes Bründl
Lohn
Lohnhöhe
Kampfeld
Grub im Thale
Pernthon
Hasenbühel
Bernhardseck
Josefsbild
Waldhütte
Pernthonbach
Bildstockhöhe
Kellerhof
Loschberg
Loschenhof
Roßberg
Brunnmühle
Neumelon
Klauserhöhle
Arbesberg
Oberreith
Reutlüsse
Kreuzberg
Riedlbauer
Renngasse
Spanberg
Etlas
Lohnbach
Arbesbach
Landschaftsteich
Friedhof
119
124

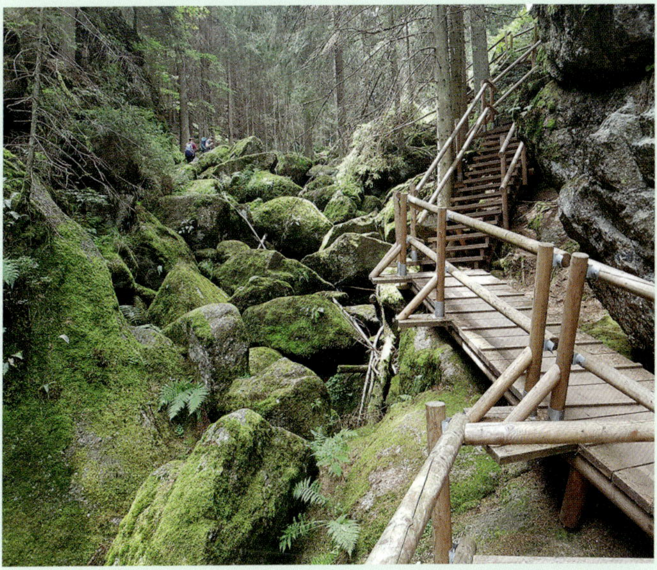

Holzsteig am Lohnbachfall

WEGVERLAUF: Streckenwanderung. Arbesbach/Ortsmitte – Einstieg Höllfall (1 Std.) – Pretrobruck (45 Min.) – Einstieg Lohnbach (30 Min.) – Wiesmühle (1 Std.) – Burg Rappottenstein (1 ¼ Std.) – Rappottenstein/Ortsmitte (45 Min.)

DAUER: 5 ¼ Std.

LÄNGE: 18,1 km

SCHWIERIGKEITSGRAD: Großteils gemächlich bergab führende Wanderung mit zwei beschwerlichen Anstiegen gegen Ende

WEGMARKIERUNGEN: Rot-Weiß-Rot mit „1" (bzw. „zu 1"), Wanderweg Nr. 12 („Die Kraft des Wassers"), Rot-Weiß-Rot mit „2", Nr. 12 & Nr. 4, Holztafeln „Zur Burg", Rot-Weiß-Rot, grüner Pfeil „Rappottenstein", Waldviertler Kulturpfad (mit „665"), grüner Pfeil „Rappottenstein", rote Markierung, Weg Nr. 12

EINKEHRMÖGLICHKEITEN: Gasthof-Pension Seidl (Mo, Di Ruhetag), Burgschenke Rappottenstein (Mo Ruhetag), div. Lokale in Rappottenstein

ANFAHRT: Mit dem Bus (Mo–Fr) von Zwettl/Busbahnhof bis Arbesbach/Ortsmitte.

RÜCKFAHRT: Mit dem Bus (Mo–Fr) von Rappottenstein/Ortsmitte bis Zwettl/Busbahnhof

Nachdem wir den Bus bei der Station Arbesbach/Ortsmitte verlassen haben, halten wir auf besagte Kirche zu und biegen gleich gegenüber in die bergab führende Greiner Straße ein. Die Route ist auch als Mountainbike-Strecke „Stockzahnweg“ markiert. Wenn wir zurückschauen, haben wir einen schönen Blick auf die Burgruine. Wir passieren das Ortsende von Arbesbach und überqueren vor einer Linkskurve bei einem steinernen Bildstock zwischen Birken die Straße. Ein blauer Markierungspfeil mit Rot-Weiß-Rot „1“ weist uns hier zum Höllfall, der in eineinhalb Stunden über Bärnau (und „zu 1“) erreicht werden soll. Der Feldweg führt auf einen Wald zu; nach einer grün-weißen Schranke geht es auf einer breiten Forststraße zwischen hohen Bäumen annähernd niveaugleich weiter. Hinter der nächsten grün-weißen Schranke setzt sich der Weg nach Querung einer schmalen Asphaltstraße geradeaus fort.

Wenige Minuten später gelangen wir neuerlich zu einer Wegkreuzung und einer Rastbank. Hier führt unsere Route zum Höllfall links weiter und zweigt gleich in der ersten Kurve der Forststraße als Waldweg nach rechts und bergauf ab. Neben dem Pfad, der nach einem kurzen Aufstieg recht schnell wieder abwärts führt, fallen immer wieder stark bemooste Felsformationen auf. An einer Wegteilung, wo der Boden stark grasbewachsen ist, gehen wir nicht bergauf, sondern halten uns links. Wir überqueren Lichtungen, wandern gelegentlich auch am Wiesenrand entlang, orientieren uns auf jeden Fall aber an der deutlich erkennbaren rot-weiß-roten Markierung.

So kommen wir zu einer Forststraße und einem hölzernen Marterl, das die „sieben Sakramente“ zeigt. Hier ist wieder deutlich die Richtung zum Höllfall angegeben, der in einer halben Stunde erreicht werden soll. Wir folgen der Markierung stetig bergab bis zum **Großen Kamp**, der hier mitten durch den Wald fließt. Der Weg führt nun flussabwärts, wobei es mehrere kleine Holzbrücken zu überschreiten und eindrucksvolle Felsgebilde zu bestaunen gibt. Schließlich erreichen wir bei einer Rastbank vor einigen Informationstafeln den Einstieg zum **Höllfall** (1 Std.).

Bei diesem Naturdenkmal rauscht der Große Kamp mehrere hundert Meter weit über gewaltige Felsblöcke hinweg durch eine enge Schlucht. Der Sage nach soll hier einst der Teufel aus Zorn über den Fluss, der zwei seiner Sprösslinge verschlungen hatte, eine Mauer errichtet haben, die den Kamp am Weiterfließen hinderte. Der sonst so friedliche Bach sammelte daraufhin Wasser aus all seinen Zuflüssen und erhielt durch ein „entsetzliches Gewitter" noch himmlische Hilfe, bis er die Mauer zerstören und über deren verstreute Reste wieder seinen Weg ins Tal finden konnte. Satan jaulte auf, biss sich in den Schwanz und verschwand spurlos. Aus diesem Grund heißen die beiden Felskanzeln, zwischen denen der Wasserfall seither fließt, auch „In der Hölle" und „Im Himmel".

Wir bleiben auf dieser, also der höllischen Seite des Flusses. Man kann aber auch eine Holzbrücke unweit der Informationstafeln überqueren und auf der anderen Seite flussabwärts gehen, um von dort aus die Stromschnellen und wasserumtosten Felsen im Flussbett zu betrachten – beide Wege führen zur selben Zufahrtsstraße. Auf der rechten Seite können wir jedoch auch noch zu mehreren Steinformationen wie dem „Schlupfstein" (als solcher nicht angeschrieben; wir sehen aber einmal handgemalte Pfeile auf einem Baum, die zu ihm weisen) hinaufsteigen und später links vom Weg, wo voraus schon die Straße erkennbar ist, auch die kärglichen Mauerreste der verfallenen Höllmühle erkunden.

Bei einem kleinen Rastplatz verlassen wir den Wald und folgen der Nr. 1 rechts weiter. Zwischen Bäumen erreichen wir bei einem Parkplatz die asphaltierte Straße, folgen ihr in Gehrichtung und bleiben möglichst auf dem Bankett. Wir bewegen uns hier großteils über freies Gelände und sehen bald auch eine Markierung mit der Nr. 12 („Die Kraft des Wassers"). Nach ca. zwei Straßenkilometern erreichen wir die Ortschaft **Pretrobruck** und sehr bald auch die B 124, die Königswiesener Straße, auf der wir mit dem Bus nach Arbesbach gefahren sind. Schräg gegenüber bietet sich mit der **Gasthof-Pension Seidl** eine Einkehrmöglichkeit (1 ¾ Std.).

Abkürzung: Wer die Wanderung bereits hier (sehr früh) abkürzen will, kann bei der Station Pretrobruck/Ortsmitte den Bus nach Zwettl nehmen.

Wir setzen unsere Wanderung am Straßenrand fort, wobei wir zuerst auf die kleine Dorfkapelle und die Feuerwehr der Ortschaft zuhalten, um danach in einer Linkskurve nach rechts in eine schmalere Asphaltstraße einzuschwenken, wo uns ein grüner Pfeil zum „Naturdenkmal Lohnbachfall" weist. Nach wenigen Metern auf diesem stetig bergab führenden Güterweg können wir zur Linken den Froschstein besichtigen. Auch später werden immer wieder Felsblöcke mit faszinierenden Namen wie „Steinerne Liebe" am Wegesrand sichtbar. Auf diesem Abschnitt taucht auch eine rote Markierung mit der Nr. 2 auf. Nach knapp 1 km zwischen Wiesen und Feldern treten wir bei einem kleinen Parkplatz mit Rastbänken wieder vom Asphalt auf Waldboden. Ein Schild zeigt hier an, dass der vor uns liegende Weg (nun wieder mit Nr. 12 bezeichnet) zum Lohnbachfall führt. Nach kurzem Abstieg stehen wir bei einer kleinen Brücke schon direkt vor dem **Lohnbach** (2 ¼ Std.).

Wir bleiben auf dieser Seite des Gewässers und gehen in Fließrichtung auf einem idyllischen Pfad (nun auch blau markiert) durch das ca. 1 km lange Lohnbachtal. Später geht es über einen stark wurzeldurchzogenen Hangweg und zwei mit Geländer gesicherte Serpentinen stärker bergab, bis wir zur „Steinernen Stube" – wo der Bach ganz unter Felsen verschwindet – und damit zum ausgebauten Teil des **Lohnbachfalls** gelangen.

Im Hinuntergehen können wir von den hölzernen Stufen, Rampen und Plattformen aus die spektakulären Stromschnellen dieses Naturdenkmals betrachten und fotografieren. Kurz nach dem Abstieg verlassen wir die Lohnbachschlucht und wandern auf einem gemütlichen Karrenweg zwischen Wald und Wiese weiter, wobei der Bach nun ganz friedlich neben uns her plätschert. Nach etwa 15 Min. Gehzeit kommen wir zu einer Autostraße, wo uns der großartige **Skulpturenpark** „Kunst zwingt Rost" des Künstlers **Helmuth Hammel** erwartet, der eine längere Besichtigung lohnt.

In dem größeren und mit einem „Eingangsportal" versehenen Teil des Ausstellungsgeländes gehen wir anschließend unterhalb der Straße nach hinten, wo unsere Route am Wiesenrand schwach rot markiert bergan führt. Auf dem folgenden Querweg wenden wir uns nach links und erreichen so wieder die Straße, der wir nach rechts folgen. Bei der ersten Abzweigung rechter Hand (links auf der Leitplanke ist auf dieser Höhe ein Schild mit den Zahlen 3 und 6 sichtbar) nehmen wir den Schotterweg, der uns zum Waldrand bringt. An ihm marschieren wir auf sandigem Boden leicht, aber stetig bergab. Links von uns sehen wir die Ortschaft **Pehendorf.** Vor dem Ortseingang biegen wir beim Gehöft Pehendorf 28 rechts ab, auch hier wieder den roten Marken des Wanderwegs Nr. 12 und jetzt auch dem Weg Nr. 4 folgend.

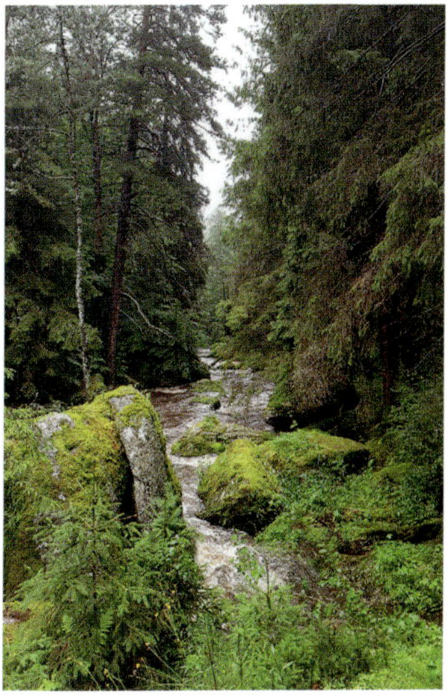

Am Kleinen Kamp

Eine Asphaltstraße führt uns zwischen Wald und Feld leicht bergan. Nach ca. 700 m biegen wir auf nun freiem Gelände im spitzen Winkel links ab, folgen diesem Sträßchen abwärts und nehmen kurz darauf die Abzweigung rechts, wo wir wieder die Wegnummern 4 und 12 erkennen. Auf einer Brücke überqueren wir sodann den **Kleinen Kamp** und kommen zur Wiesmühle – das modernisierte Gebäude ist allerdings nicht mehr als Mühle zu erkennen (3 ¼ Std.).

Nun geht es auf einem Weg links bergauf weiter; ein Holzschild weist uns Richtung Rappottenstein und Ritterkamp „über die Schütt“. Die gelegentlich rot markierte Schotterstraße führt in einem weiten Bogen auf ein Waldstück zu. Dort biegen wir der Holztafel „Zur Schütt“ folgend links auf einen Waldweg ein, der uns zügig und leicht abschüssig zum Kleinen Kamp hinunterbringt. Auf einem schmalen Uferweg wandern wir über Stock und Stein weiter, während neben uns der Fluss durch die erwähnte „Schütt“ sprudelt. Dieser naturbelassene Abschnitt zeichnet sich durch die vielen moosbedeckten Granitbrocken aus, die einst durch die Kraft des Wassers aus der Böhmischen Masse gelöst und seither vom Kleinen Kamp geformt wurden. Der Fluss ist übrigens durch aus dem Gestein gelöste Huminsäuren bernsteinbraun gefärbt.

Wenn der Weg auf eine Forststraße trifft, gehen wir diese richtungsgleich nach links weiter. Kurz vor einer Brücke, die zu einem Haus auf der anderen Kampseite führt, nehmen wir rechts einen Karrenweg, wo uns ein kleiner Holzpfeil „Zur Burg" weist. Wir bleiben auf der Flusspromenade, bis wenige Meter vor einer schmalen Holzbrücke ein Steig, durch den Holzpfeil „Zur Burg" gekennzeichnet, nach rechts erst durch den Wald und dann über eine Wiese steil bergauf führt. Auf ihm erreichen wir nach einem Aufstieg von etwa 20 Min. das Haupttor der **Burg Rappottenstein** (4 ½ Std.).

Die ebenfalls von einem Kuenringer – diesmal aber **Rapoto,** daher der Name – um 1150 gegründete Burg diente zum Schutz des Verbindungswegs von der Donau über den Nordwald nach Böhmen. Unter ihren späteren Herren widerstand sie allen Angriffen, wurde nie erobert und ist aus diesem Grund eine der am besten erhaltenen Burgen Österreichs. Die Festungsanlage vereint Bauelemente aus Romanik, Gotik und Renaissance in sich, ist durch mehrere Höfe zu betreten und kann im Rahmen von Führungen besichtigt werden. Geöffnet ist die Burg von Mitte April bis Ende Oktober täglich außer Montag.

Vom Burgtor gehen wir ein Stück die Zufahrtsstraße vor und sehen gleich nach dem Besucherparkplatz die **Burgschenke,** die während der Führungszeiten der Burg geöffnet hat und unter anderem hausgemachte Mehlspeisen anbietet. Nach einer Einkehr marschieren wir weiter die Zufahrt hinunter, wo nach wenigen Metern ein rot-weiß-rot und mit einem grünen Pfeil „Rappottenstein" markierter Pfad nach links in den Wald abzweigt. Auf der steingepflasterten alten Zufahrt zur Burg kommen wir zu einer Wegteilung, auf der wir den rechten, abwärts führenden Ast wählen und nach einer Lichtung konsequent weiter bergab gehen. Bei einer bewohnten alten Mühle mit der Hausnummer 82 erreichen wir schließlich die Straße, die wir aber gleich wieder verlassen, um den rot markierten Waldviertler Kulturpfad (Nr. 665) auf einem schönen Uferweg am Kleinen Kamp einzuschlagen. Fünf Minuten nach dem Parkplatz er-

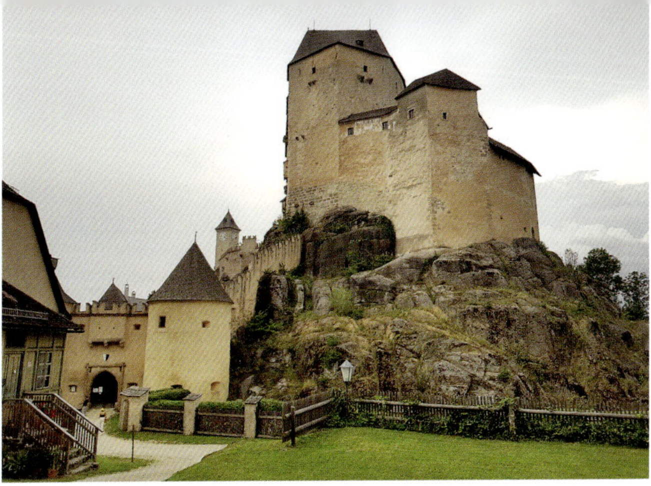

Burg Rappottenstein

reichen wir wieder die kleine Holzbrücke, in deren Nähe wir zuvor das Steilstück zur Burg in Angriff genommen haben.

Diesmal überschreiten wir diese Brücke, indem wir der grünen Tafel nach Rappottenstein folgen. Wir verbleiben kurz am Flussufer, bis der schmale Pfad nach rechts abbiegt und markant bergan führt. Der kräftezehrende steilere Aufstieg über diesen stückweise recht überwachsenen Wiesenweg nimmt etwa 15 Min. in Anspruch. Sobald es flacher weitergeht, sehen wir rechts von uns hinter einem Drahtzaun den Opferstein – einen 20 m hohen Felsblock mit einer deutlich erkennbaren Mulde auf der Oberseite.

Wir halten uns weiterhin an die roten Marken und bekannten Orientierungstafeln und wandern auf der „Kaiser-Allee" am Waldrand Richtung Rappottenstein. Bevor wir aber in den Ort hinuntergehen, zweigt unser Weg (mit Nr. 12) bei einer Scheune links ab, führt noch ein paar Meter bergauf und hält dann zwischen Gärten auf den Kirchturm zu. Sobald wir Asphalt erreichen, wenden wir uns nach rechts, sehen ein paar Meter weiter eine rote Markierung, nehmen nun die nächste Straße links und erreichen nach wenigen Minuten die Bushaltestelle Rappottenstein/Ortsmitte, wo unsere Wanderung endet. Bevor wir die Rückfahrt antreten, können wir noch in einem der Lokale in der Nähe einkehren (5 ¼ Std.).

4-5 Fjorde im Nordwald

Von den Kamp-Stauseen zur Ottensteiner Teichplatte

Vom Stausee Ottenstein aus wandern wir den Kamp stromabwärts und fühlen uns von den Buchten und Seearmen des Dobra-Stausees immer wieder an norwegische Fjordlandschaften erinnert. Der Weg bringt uns an sehenswerten Burganlagen vorbei und führt dann über höhergelegenes Ackerland zurück zur Ottensteiner Teichplatte.

DER WANDERWEG

Unsere Wanderung beginnt am hinteren, seefernen Ende des Parkplatzes beim **Stausee Ottenstein.** Hier können wir die paar Schritte zur Gedächtniskirche machen, die zur Erinnerung an die verunglückten Arbeiter beim Bau der Kamp-Kraftwerke errichtet wurde. Wir marschieren dann vom Parkplatz los und gehen einen asphaltierten Weg bergab, Richtung „Schloss Ottenstein“ und „Fußwegbrücke Sperre Ottenstein“. Er führt uns zur 69 m hohen Staumauer des 1957 eröffneten Pumpspeicherkraftwerks Ottenstein, das wir rechts unter uns liegen sehen. In den Kraftwerksanlagen finden regelmäßig Veranstaltungen statt; auch Führungen sind möglich.

Der 4,3 km^2 große Ottensteiner Stausee ist vor allem im Sommer ein beliebtes Ausflugs- und Bootsfahrziel. Wir überschreiten die Staumauer auf der 2007 eröffneten, vorwiegend aus Holz bestehenden Fußgängerbrücke und erblicken dabei zu unserer Linken die **Burg Lichtenfels,** die als Ruine einer ehemaligen Höhenburg auf einer Halbinsel im See liegt. Nach der Mauer geht es auf einem Waldweg etwa 120 m leicht bergauf, bis von rechts ein weiterer Waldweg dazustößt, in den wir in spitzem Winkel einbiegen. Über eine freie Fläche mit Hochspannungsmasten führt dieser unmarkierte Karrenweg in ein Jungwaldgebiet, in dem es zügig und in mehreren Serpentinen bergab geht. Es dürfte sich um einen aufgegebenen Wanderweg handeln, da wir hier über alte Steinstufen und neben rostigen Geländerpfosten zur B 38 – der Böhmerwaldstraße – hin-

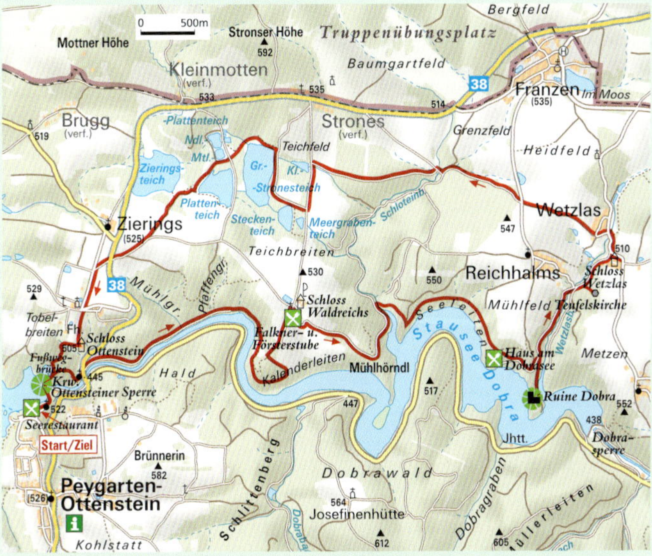

WEGVERLAUF: Rundwanderung. Parkplatz Infozentrum Stausee Ottenstein – Schloss Waldreichs (1 ¼ Std.) – Ruine Dobra (1 ¼ Std.) – Schloss Wetzlas (30 Min.) – Einmündung in den Teichwanderweg (1 Std.) – Schloss Ottenstein (45 Min.) – Parkplatz Infozentrum (15 Min.)

DAUER: 5 Std.

LÄNGE: ca. 20 km

SCHWIERIGKEITSGRAD: Längere Wanderung mit problemlosen Anstiegen im ersten Teil, in der zweiten Hälfte relativ eben, allerdings auf fast schattenlosen Wegen

WEGMARKIERUNGEN: Gelbe Tafeln, Rot-Weiß-Rot, Kamptal-Seenweg „620", Niederösterr. Mariazellerweg 06, rote Marken, gelber Pfeil, Sagenweg „50", rot-weiß-rote Markierung („620", „06"), unmarkiert, Teichwanderweg „51", gelbe Tafeln

EINKEHRMÖGLICHKEITEN: Falkner- und Försterstube im Schloss Waldreichs (Mo Ruhetag), Haus am Dobrasee (geöffnet 15. März bis 20. Okt.; bei Schlechtwetter empfiehlt das Lokal eine vorherige Kontaktaufnahme), Terrassencafé/Seerestaurant Ottenstein (kein Ruhetag)

ANFAHRT: Mit dem Pkw in Zwettl via Schwarzenauer und Kremser Straße zur Umfahrung Zwettl (B 38 Böhmerwaldstraße) und Richtung Krems/Wien bis Rastenfeld, dort links abbiegen (auf B 38 bleiben), kurz danach noch einmal links, Richtung Peygarten-Ottenstein, bis zum Parkplatz beim Infozentrum Stausee Ottenstein. Achtung: Bei sommerlichem Badewetter kann der Parkplatz bereits am mittleren Vormittag voll besetzt sein!

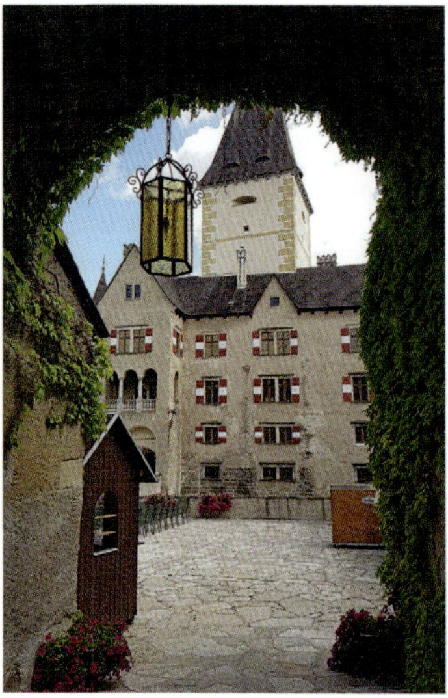
Schloss Ottenstein

untergehen, die wir bei einer kleinen Kapelle erreichen.

Wir überqueren die Straße und sehen links über uns das **Schloss Ottenstein** aufragen, das wir erst gegen Ende der Wanderung erreichen werden. Eine rot-weiß-rote Wandertafel mit den Nummern 620 und 06 (wobei 620 den **Kamptal-Seenweg** bezeichnet und 06 den niederösterreichischen Abschnitt des **Mariazellerwegs)** leitet uns auf eine geschotterte Fahrstraße direkt neben dem **Kamp.** Der Fluss ist anfangs im engen Kamptal recht schmal, erweitert sich dann aber zunehmend zum **Stausee Dobra** hin. Nach etwa 2,5 km gewinnen wir auf unserem Weg an Höhe und entfernen uns über die sogenannte Kalenderleiten vom Wasser; der nunmehrige Waldweg führt in einer Linkskrümmung stetig bergan. Bei einem Drahtgitterzaun treten wir aus dem Wald und gehen am Zaun entlang nach links weiter. Wir durchqueren ein Nadelwaldstück, ignorieren einen von links dazustoßenden Waldpfad und bleiben auf dem Weg, der sich bei der nächsten Kreuzung zu einer feingeschotterten Fahrstraße wandelt. Auf ihr bewegen wir uns geradeaus weiter und gelangen so direkt zum Parkplatz von **Schloss Waldreichs,** einem Falknerei- und Greifvogelzentrum. In der **Falkner- und Försterstube** ist eine erste Einkehr möglich (1 ¼ Std.).

Nach Verlassen des Schlossgeländes setzt sich unsere Route vor dem Parkplatz nach links fort, wo der Asphalt bei einem gelben Schild mit „620“ wieder zu einer geschotterten Forststraße wird. Wir folgen einer rot-weiß-roten Markierung und kommen an mehreren gewaltigen Eichen vorbei, die als Naturdenkmäler gekennzeichnet sind. Etwa niveaugleich wandern wir auf dieser Waldstraße ca. 1,5 km dahin (rote Markierung, „620“), zuerst an einer Einbuchtung des Dobra-Stausees und später an einem kleinen Bach – dem Schloteinbach – entlang. Links vom Weg erkennen wir dann an einer Felswand ein Schild des Österr. Alpenvereins, Sektion Horn, das uns anzeigt, dass wir uns auf dem Kamptal-Seenweg zwischen Rosenburg und Nebelstein befinden. An dieser Stelle ist ein Baum rechts vom Weg mit einem roten Pfeil versehen, dessen Richtung wir folgen. Hier führt im spitzen Winkel nach rechts ein Traktorweg zum Bach hinunter, den wir 100 m danach problemlos in einer kleinen Furt übersteigen. Wenige Minuten später erreichen wir nach einem kurzen Bergaufstück einen Rastplatz mit zwei Parkbänken und einem Picknicktisch, wo wir eine Pause einlegen können. Hier finden wir auch die Markierung „620“ wieder.

Nach kurzer Rast marschieren wir auf dem so markierten Weg weiter und sehen unter uns den Dobra-Stausee. Wir bleiben am Hang neben dem See, bis sich nach Querung eines kleinen Bachlaufs der Weg zum Wasser hin senkt. Rechts unter uns erken-

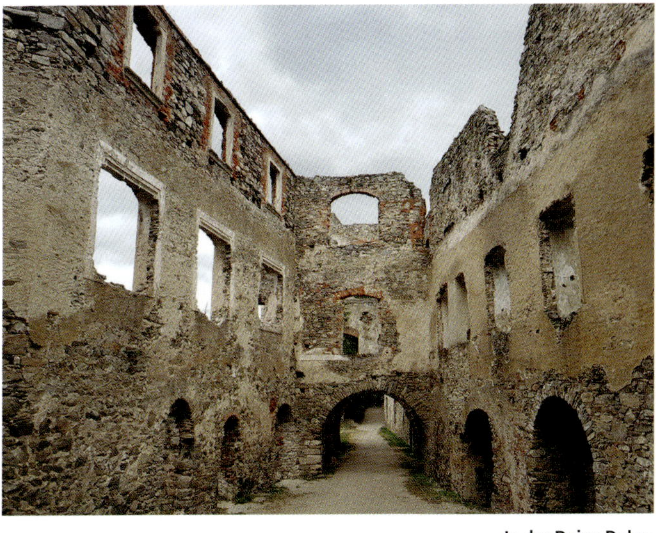

In der Ruine Dobra

nen wir bereits den ersten Campingplatz. Sobald der Wanderweg in eine Asphaltstraße mündet, können wir diese rechts hinunter zum Lokal **Haus am Dobrasee** gehen, das zu einem Besuch einlädt. (Achtung: Hier können Sie sich auch den Schlüssel für den Bergfried der Ruine Dobra ausborgen!) Unsere Route führt aber die Straße nach links weiter, auf der uns nach wenigen Minuten ein gelber Pfeil auf dem Wanderweg „50" zur **Ruine Dobra** weist. Wir folgen der Richtungsangabe auf einer Waldstraße leicht bergab und gelangen so nach etwa 200 m zur Ruine, unterhalb derer sich ein weiterer Campingplatz befindet (2 ½ Std.).

Die Ruine einer Höhenburg aus dem Mittelalter wurde 1186 mit **Hertnit von Dobra** erstmals urkundlich erwähnt und ging seither durch viele adelige Hände, unter anderem jene der **Kuenringer** und derer von Liechtenstein. 1958 gelangte die Windhagsche Stipendienstiftung in den Besitz des ehemaligen Wehrbaus, der seit 1996 von einem örtlichen Verein saniert wird. Mittlerweile ist die Ruine wieder zugänglich, der Bergfried der mittelalterlichen Burg wurde zum Aussichtsturm umgebaut, im „Festsaal" finden Veranstaltungen statt. Nur den Goldschatz von Dobra, der angeblich vom Teufel höchstpersönlich gehütet wird, hat bisher noch niemand gefunden ...

Nach Verlassen des pittoresken Bauwerks gehen wir zur Asphaltstraße zurück und beschreiten diese nunmehr auf dem „Sagenweg" mit der Nr. 50 entlang des Wetzlasbachs leicht, aber stetig aufwärts. Wenn der Kamptal-Seenweg bei einer Straßenkreuzung nach links in die Ortschaft Reichhalms abbiegt, halten wir uns geradeaus.

Variante/Abstecher: Gleich nach der erwähnten Kreuzung können wir einen Abstecher zur **Teufelskirche** unternehmen. Dazu folgen wir der rechts wegführenden roten Markierung über einen steilen, von Fichtennadeln bedeckten Waldpfad bergauf und sehen dann am Wiesenhang schon den ehemaligen Gartenpavillon vom Ende des 18. Jh.s, der von einer Familie Teufl errichtet wurde. Obwohl die Erbauer mit dem Satan eher nichts zu tun hatten, rankt sich eine höllische Sage um den Bau: Einst trafen sich hier „finstere Gesellen" zum Kegeln; der Verlierer löste sich in Rauch auf und hinterließ nur den Abdruck eines Pferdehufs. Der Gottseibeiuns kann uns hier

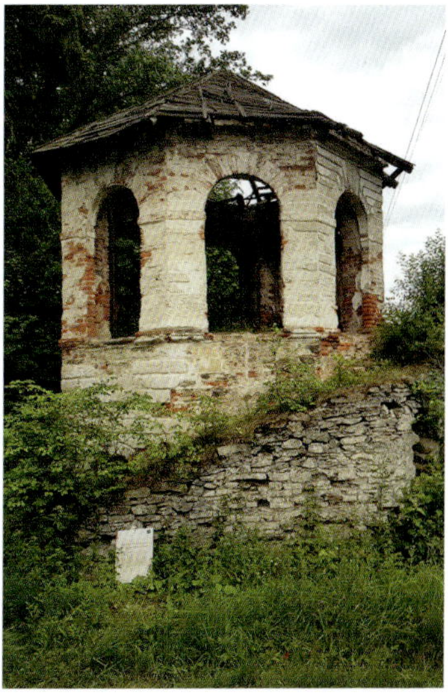

Teufelskirche

und heute nicht mehr gefährlich werden – eher schon der einsturzgefährdete Pavillon, den man besser nur von außen besichtigen sollte, bevor man zur Straße zurückkehrt. Die reine Gehzeit hin und zurück beträgt etwa 10 Min.

Auf der Straße gehen wir den rot-weiß-rot markierten (mit „620" und „06") „Sagenweg" zum **Schloss Wetzlas** weiter. An der halbverfallenen Mauer des Schlossgeländes und etlichen renovierungsbedürftigen Gebäuden vorbei kommen wir zur Einmündung in eine weitere Straße, der wir nach rechts zum „Ferienschloss Wetzlas" folgen. 200 m danach erreichen wir den Haupteingang des heutigen Jugendgästehauses, Camping- und Veranstaltungsgeländes, das nur Hausgästen und angemeldeten Besuchern Zutritt gewährt. Eigentümer von Schloss Wetzlas – einem ehemaligen Meierhof, der um 1720 zu einem Herrenhaus umgebaut wurde – ist seit 1991 übrigens **Hans Pretterebner**, der mit seinem Sachbuch „Der Fall Lucona" einst legendären Aufdeckerjournalismus betrieb (3 Std.).

Da wir somit den östlichsten Punkt unserer Wanderung erreicht haben, wenden wir uns auf der Straße wieder zurück, halten uns aber nun geradeaus und kommen nach ca. 150 m in die Ortschaft **Wetzlas**. Gleich nach der Ortstafel biegen wir in die erste Straße links ein, wo wir zwischen Häusern leicht bergauf gehen und einer Rechtskurve folgen. Nach dem letzten Anwesen wird die Asphaltstraße zu einem geschotterten Feldweg, auf dem wir unter freiem Himmel weitermarschieren und bei einem rechts dazustoßenden Weg die Gehrichtung beibehalten. Rechts von uns können wir die Ortschaft Franzen erkennen; bald danach queren wir die von Reichhalms hinaufführende Landstraße. Auf diesem Wegabschnitt kann man bei Heeresübungen immer wieder Kanonendonner und anderen Militärlärm vom nahen **Truppenübungsplatz Allentsteig** vernehmen.

Hinter einer Schranke marschieren wir auf einer Forststraße weiter, die uns nach ca. 1 km schließlich zu einer kleinen Brücke führt. Hier treffen drei Forstwege aufeinander und zwei Schilder zeigen die Richtung nach Waldreichs bzw. Franzen an. Wir überqueren die Brücke und wählen die unmittelbar danach links bergan führende geschotterte Forststraße, die uns am Waldrand und auf freier Flur nach einer rot-weiß-roten Schranke zu einer Asphaltstraße unmittelbar vor dem Kleinen Stronesteich bringt. Hier wenden wir uns nach links, gehen durch eine kleine, asphaltierte Baumallee und biegen bei der ersten sich bietenden Gelegenheit rechts ab, wo hinter einer weiteren Schranke eine geschotterte Forststraße beginnt. Diese mündet nach 50 m in den von links kommenden **Teichwanderweg** mit der Nr. 51 (4 Std.).

Auf ihm wandern wir in Gehrichtung weiter und befinden uns nunmehr auf der **Ottensteiner Teichplatte**, die für ihren Vogelbestand mit mehr als 90 Vogelarten bekannt ist. Der Weg führt an Steckenteich und Großem Stronesteich entlang – und biegt am Ende des Letzteren bei einer Tafel „Teichwanderweg" als Wiesenweg links ab. Am Ufer kommen wir so zu einem Feldweg, folgen diesem nach links und halten uns bei der nächsten Wegkreuzung geradeaus. Nun gehen wir am mittleren Plattenteich vorbei und biegen dann links auf einen Weg ein, der uns am Westrand des Plattenteichs auf wohltuend weichem Wald- und Wiesenboden weiterführt. Nach dem Gewässer finden wir bei einem Jägerhochstand wieder den gelben Pfeil für den Teichwanderweg und folgen ihm nach rechts. Vor uns sehen wir den Zieringser Teich, den wir aber nicht erreichen, sondern davor auf einem Feldweg nach links abbiegen.

Nach weiteren 10 Min. auf dem Teichwanderweg kommen wir zu einer schmalen Asphaltstraße, die zum Schloss Waldreichs führt. Wir queren sie, setzen auf einer weiteren Straße unseren Weg in Gehrichtung fort, überschreiten dann die B 38 und gelangen

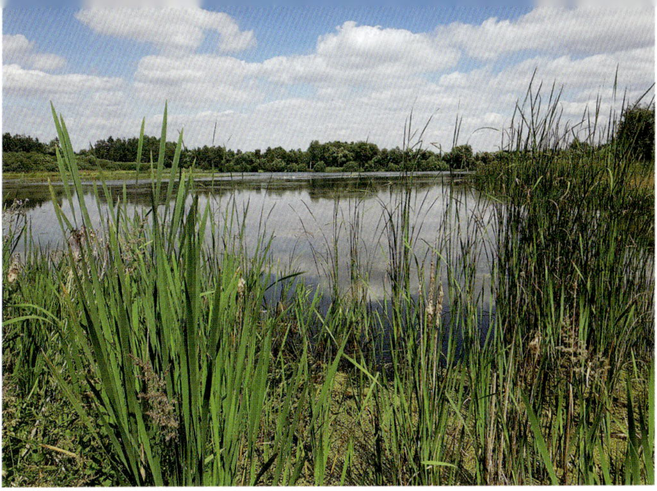

Teichwanderweg auf der Ottensteiner Teichplatte

nach weiteren 100 m zu einer querführenden Straße, der wir nach links folgen und am niederösterreichischen Landesforstgarten Ottenstein entlang schließlich direkt zur Haupteinfahrt des **Schlosses Ottenstein** kommen (4 ¾ Stunden).

Das gut erhaltene Gebäude ist eigentlich eine Burg, die 1177 erstmals urkundlich erwähnt und als Wehrbau gegen die nördliche Grenze angelegt wurde. Im Dreißigjährigen Krieg wurde sie zweimal erfolglos belagert und in der zweiten Hälfte des 17. Jh.s dann von den Eigentümern – den Grafen Lamberg – umgebaut. Heute ist das Gebäude ein „Event-Schloss", das für Besichtigungen und Führungen offensteht; das Schlossrestaurant wurde leider 2014 wieder geschlossen.

Nachdem wir das Schloss nach einem kurzen Rundgang wieder verlassen haben, wenden wir uns gleich nach dem Eingang nach links, gehen an einer Mauer entlang und durch ein kleines hölzernes Tor, wo uns eine gelbe Tafel zur „Fußwegbrücke Sperre Ottenstein" weist. Auf einem Waldweg kommen wir wieder zur Abzweigung vom Beginn der Wanderung, gehen weiter über die Staumauer und erreichen ca. 1 km nach Schloss Ottenstein wieder unseren Ausgangspunkt. Wenn wir zum See hinuntergehen, können wir uns zum Abschluss der Wanderung noch im **Terrassencafé/ Seerestaurant Ottenstein** stärken (5 Std.).

5 In der Stadt der Vielfalt

Stadtspaziergang in Horn

<u>Horn</u> mit seinen ca. 6500 Einwohnern liegt im fruchtbaren Horner Becken an der Taffa am östlichen Randbereich des Waldviertels. Die Stadt ist eine der elf niederösterreichischen Stadtmauerstädte. Die Bedeutung des historischen Namens „Hornarun", um 1050 erstmals erwähnt, ist nicht eindeutig herzuleiten. 100 Jahre später begann die Errichtung einer Burgstadt, deren Stadtmauer und Wehrtürme zu einem großen Teil noch heute erhalten sind. 1282 wurde die wehrhafte Siedlung erstmals als Stadt bezeichnet.

Als Ausgangspunkt für unseren Rundgang wählen wir den freien Parkplatz im Taffatal im Osten der Stadt (Zufahrt über die Wiener Straße, nach dem Museum der Stadt Horn mit Stadtinformation links zum P 5 abbiegen). Von dort gehen wir in die Wiener Straße hinauf, biegen links ein und stehen gleich vor der löwengesäumten Schlosseinfahrt. Es handelt sich um die mittelalterliche Stadtburg der Puchheimer, die durch wiederholte Umbauten ihre heutige Gestalt annahm. Seit 1682 ist das Schloss im Besitz der Familie Hoyos-Sprinzenstein, wobei auch das Finanzamt Waldviertel einige Räumlichkeiten nutzt. Die romantische Schloss- und Parkkapelle kann man für Trauungen und Suiten für eine Nächtigung mieten. Sonst ist der Privatbesitz nur von außen zu besichtigen.

Kurz danach erreichen wir das Kunsthaus – ebenso ein Gebäude mit vielen Gesichtern. Ursprünglich 1590 als Sitz der Familie Puchheim errichtet, wurde es 1657 den Piaristen zur Einrichtung ihrer Schule überlassen, die bis 1872 bestand. Dann war das Gebäude bis 1960 ein öffentliches Gymnasium. 1988 richtete man rund um den Renaissance-Arkadenhof ein Zentrum für Kultur und Kunst ein, in dem Veranstaltungen von „Allegro Vivo" und „Szene Waldviertel" Besucher von nah und fern anlocken. Ein Blick in die seit 1658 bestehende Piaristenkirche nebenan ist obligatorisch: Das Altarbild des Kirchenpatrons, des heiligen Antonius, aus 1777 stammt von <u>Martin Johann Schmidt</u>, dem „Kremser Schmidt".

Bei der Adresse Kirchenplatz 1, auf Höhe der Mariensäule, befindet sich der Durchgang zum Piaristensteg – einer 77 m langen Fußgängerbrücke über den Graben der Taffa, die wir benützen, um in den Schlosspark außerhalb der Stadtmauern zu gelangen. Nach Überquerung des Stegs bleiben wir rechts flussseitig, richten im Weitergehen unseren Blick auf die südlichen Mauerteile, die zwischen Gärten und neuer Bausubstanz hervorlugen, und setzen unseren Weg über die Gasse Im Naturpark und die Riedenburgstraße fort.

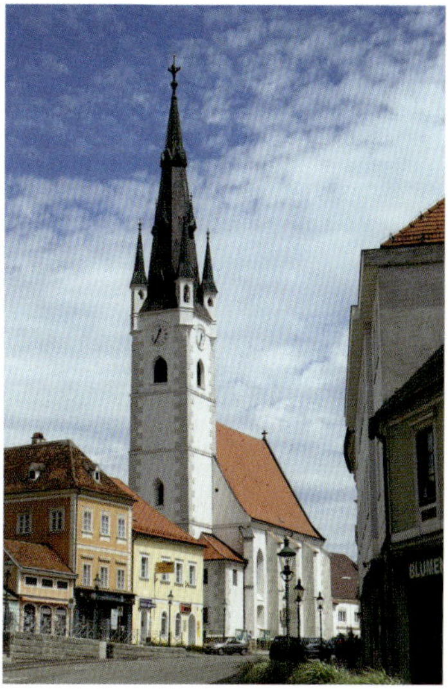

Kirche St. Georg

Halb links vor uns erkennen wir die Pfarrkirche St. Stefan, die etwa 1250 entstand, später erweitert und im 17. Jh. barockisiert wurde. Wir benützen aber noch vor der Prager Straße eine Brücke über die Taffa, wo es nach rechts zum Geschützturm von 1594 geht, der nun zwischen modernen Bauten eingezwängt ist. Am mächtigsten Turm der Stadtmauer vorbei schlüpfen wir durch den Öhlknechthof, eine Einkaufspassage mit einem Hotel-Restaurant. Nach dem Durchgang kommen wir in die Prager Straße und halten uns links. Auf Nr. 9 befand sich bis 1895 das Prager Tor. Das Allianzwappen Hoyos-Sprinzenstein ist noch erhalten und gegenüber im Stadtpark unter einer Weide aufgestellt.

Nach dem kleinen Rundgang im Erholungsbereich gehen wir wieder vor zur BH Horn, biegen links um die Ecke in den Stadtgraben ein und schlendern am kleinen und danach am 16 m hohen großen Westturm vorbei. Gegenüber Stadtgraben 19 folgen wir dem Pfeil „Fußweg Zentrum" und benützen einen Durchgang zur Florianigasse, wo wir nach rechts zum Hauptplatz vorgehen.

Dominierendes Bauwerk zwischen Hauptplatz und Kirchenplatz ist die während der Reformation 1593–97 entstandene Georgskirche – nun die neue Pfarrkirche. Der spitze Turm überrascht mit seinen vier kleineren Ecktürmchen, da er nach einem Brand 1880 neu aufgebaut und der Prager Teynkirche nachempfunden wurde. Im Inneren finden wir ein Gemälde der schwarzen Madonna von Krakau, das ebenfalls der „Kremser Schmidt" gestaltet hat.

Gegenüber auf Kirchenplatz 3 steht das Sgraffitohaus von 1587. Es diente 1767 bis 1850 als Rathaus, seither ist es Bezirksgericht. Zentrales Element des Kirchenplatzes ist die Mariensäule, die nach der Pestepidemie von 1679 als Pestsäule errichtet wurde.

Wir spazieren durch die Pfarrgasse weiter, kommen zur Thurnhofgasse und setzen unseren Weg neben der Nr. 13 in einem schmalen Durchgang fort, um zu den nördlichen Stadtmauerteilen zu gelangen. So erreichen wir das Rondell, das als Bauelement der Zwingermauer, einer zusätzlichen Verteidigungslinie, eingegliedert war. Wir gehen die Mauerteile weiter am Rand der Robert-Hamerling-Straße entlang und am Vereinshaus vorbei. Auf einem Parkplatz können wir nochmals die Struktur der Stadtmauer bei einer Rundbastion begutachten.

Danach benützen wir einen Fußweg neben dem Mödringbach, der der Taffa zufließt. Auf ihm steuern wir den Graselturm an, der Teil des Höbarth- und Madermuseums ist (April bis Okt., Di–So 10–17 Uhr). Dort gibt es urzeitliche, stadtgeschichtliche und volkskundliche Fundstücke zu sehen, die von Josef Höbarth (1891–1952) gesammelt wurden. Ernst Mader (1892–1979) hingegen trug in seinem Sammlerleben unzählige landwirtschaftliche Geräte und Maschinen zusammen.

Dies alles und eine Antikensammlung kann man hier im Museum der Stadt Horn besichtigen. Der Außenbereich grenzt an die alten östlichen Mauerteile. Ins Museum integriert ist auch die Bürgerspitalskapelle von 1398, die ein Dreikönigsfresko birgt. Im Graselturm, der Ende des 15. Jh.s erbaut wurde, findet man eine Dokumentation über Johann Georg Grasel (siehe „Der Grasel", S. 204). Um die Bürgerspitalskapelle herum gehen wir abschließend Richtung Schloss vor und biegen links ins Taffatal zum Parkplatz 5 ab.

5-1 Auf gallischen Pfaden

Durch die Wälder nördlich von Horn

Am Ausgangspunkt Pernegg besuchen wir die Gebäude des vor Jahrhunderten florierenden Klosters – heute Gesundheitszentrum und „Ort der Stille“. Dann marschieren wir durch aufgelockerte Wälder ins Tal des Trampelbachs mit der Feriensiedlung Gallien, über den Buchgraben und am Zeiselberg entlang nach Horn.

DER WANDERWEG

Der Bus, den wir in Horn genommen haben, hält in der kleinen Gemeinde Pernegg, die 1230 das Marktrecht erhielt, auf einem Platz vor dem Haus Nr. 55. Gegenüber befindet sich das Gasthaus Schmutzer. Wir starten die Wanderung, indem wir den hier ansässigen Installateursbetrieb umrunden und nach dem Haus rechts abbiegen (Klosterweg, gelber Pfeil „Weg der Stille“ Nr. 70). An Häusern vorbei und weiter durch eine aufgelockerte Allee bewegen wir uns in freiem Gelände auf die ehemalige Klosteranlage zu.

Schon nach ca. 15 Minuten haben wir Kirche und Klosterkomplex erreicht. Graf Ulrich von Pernegg gründete 1153 parallel zu Geras dieses Kloster als Frauenstift und besiedelte es mit Prämonstratenserinnen. Nachdem die letzte Chorfrau 1585 gestorben war, übernahmen die Chorherren von Geras das Kloster. Heute ist hier ein privates Seminar- und Gesundheitszentrum mit Hotelbetrieb.

Wir treten vom Parkplatz her durch das Tor ins Innere und gehen den Kirchenhügel entlang zum Empfangsgebäude vor. Noch bevor wir es erreichen, schlüpfen wir aber links durch einen Ausgang in der Ziegelmauer hinaus und gehen leicht bergab am modernen Seminaranbau vorbei. So umrunden wir die südöstliche Ecke des Komplexes und können Ringmauer und Rundtürme auf uns wirken lassen. Durch ein hohes Tor kommen wir wieder ins Innere der Anlage, gehen zwischen einem neuen Haus und dem Kräuterlabyrinth über Stufen in einen Innenhof, wo wir in einem

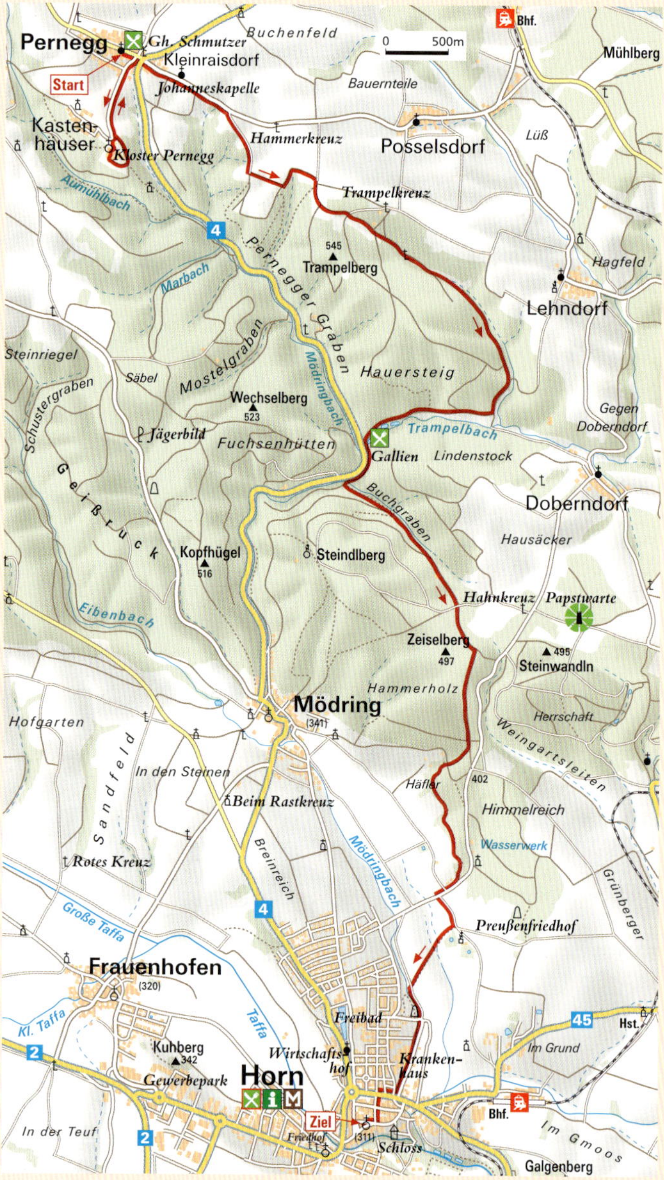
Pernegg
Gh. Schmutzer
Kleinraisdorf
Buchenfeld
0 500m
Bhf.
Mühlberg
Start
Johanneskapelle
Bauernteile
Kasten-häuser
Hammerkreuz
Posselsdorf
Lüß
Kloster Pernegg
Aumühlbach
Trampelkreuz
545
Trampelberg
Pernegger Graben
Hagfeld
Marbach
Lehndorf
Steinriegel
Mostelgraben
Schustergraben
Säbel
Hauersteig
Wechselberg
523
Mödringbach
Gegen Doberndorf
Trampelbach
Jägerbild
Fuchsenhütten
Gallien
Lindenstock
Doberndorf
Geißruck
Buchgraben
Hausäcker
Kopfhügel
516
Steindlberg
Eibenbach
Hahnkreuz
Papstwarte
Zeiselberg
497
495
Steinwandln
Hammerholz
Mödring
(341)
Hofgarten
Herrschaft
Weingartsleiten
In den Steinen
Häfler
402
Sandfeld
Beim Rastkreuz
Himmelreich
Breinreich
Wasserwerk
Rotes Kreuz
Grünberger
Große Taffa
4
Preußenfriedhof
Frauenhofen
(320)
Taffa
Kl. Taffa
Freibad
45
Hst.
Kuhberg
342
Wirtschaftshof
Kranken-haus
Im Grund
2
Gewerbepark
Horn
Ziel
Bhf.
In der Teuf
Friedhof
(311)
Schloss
Im Gmoos
Galgenberg

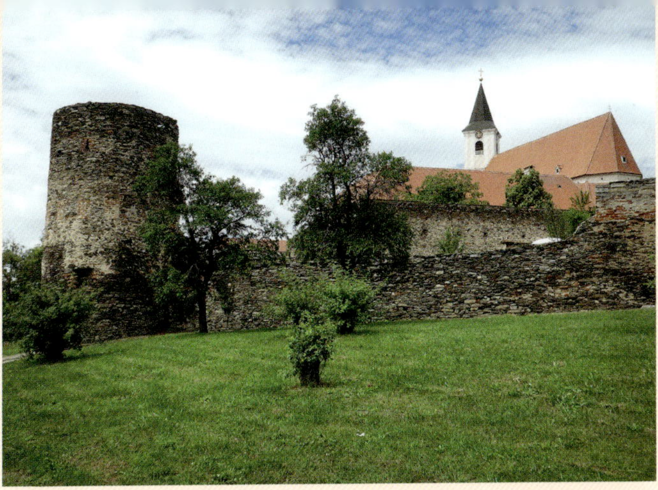

Kloster Pernegg

WEGVERLAUF: Streckenwanderung. Pernegg – Kloster Pernegg – Pernegg (45 Min.) – Gallien (1 Std.) – Doberndorfer Straße (1 Std.) – Horn/Hauptplatz (45 Min.)

DAUER: 3 ½ Std.

LÄNGE: 15,2 km

SCHWIERIGKEITSGRAD: Minimale Höhenunterschiede, bequeme Wanderung

WEGMARKIERUNGEN: Gelbe Pfeile, unmarkiert, rote Tafeln mit „2“, gelbe Quadrate mit „42“, unmarkiert, Rot-Weiß-Rot mit „631“

EINKEHRMÖGLICHKEITEN: Gasthaus Schmutzer (Mo–Mi Ruhetag), Restaurant in Gallien (April bis Juni und Sept./Okt. Mo–Mi Ruhetag, Nov./Dez. Mo–Fr Ruhetag), diverse Lokale in Horn

ANFAHRT: Mit dem Bus von Horn/Hauptplatz bis Pernegg/Ort (Haus 55)

HINWEIS: Im ersten und letzten Viertel ist viel in freiem Gelände zu marschieren. Sonnen- und Regenschutz sind angeraten.

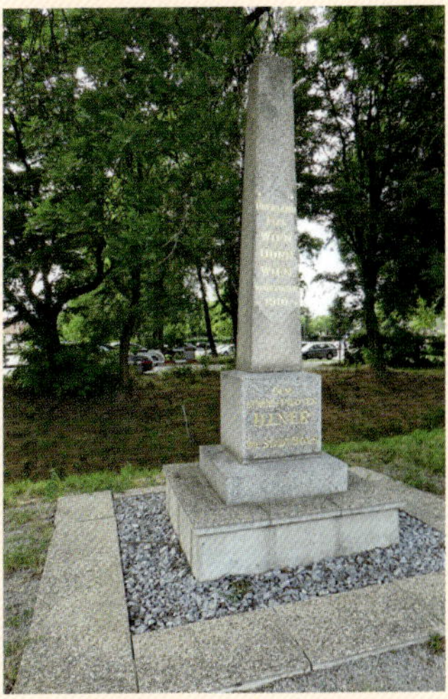

Denkmal für den Piloten Karl Illner

Torbogengang rechts in den Unterbau kommen und den umgestalteten Kreuzgang durchqueren. So erreichen wir den Philosophischen Garten und wenden uns links wieder hinaus, am Empfang vorbei, um am Weg zurück noch zum Friedhof und zur spätgotischen ehemaligen Stiftskirche hinaufzugehen. Deren Hauptschiff wird von einem schönen Kreuzrippengewölbe gekrönt und ist durch Seitenkapellen gegliedert, allerdings wird man durch eine Glaswand am Vorgehen gehindert.

Durch das Gittertor verlassen wir den Gottesacker und danach durch das Tor beim Parkplatz den Stiftskomplex. Nun wandern wir die Straße in den Ort zurück. An der Kreuzung fällt zunächst ein behauener Brunnenstein von 1997 auf, der die Ortsgeschichte erzählt (45 Min.).

Gegenüber erspähen wir eine Tabernakelsäule aus dem Jahr 1539 neben den Ortstafeln und gelben Wanderpfeilen. Wir folgen hier nicht der B 4, sondern setzen gemäß „Pernegger Rundwanderweg Nr. 71" Richtung Posselsdorf fort. Nach einem Landmaschinen-Prüfbetrieb verlassen wir Pernegg und erreichen kurz darauf neben einem Kornfeld die barocke Johanneskapelle, die hinter einer Baum- und Strauchgruppe versteckt liegt. Die 2010 restaurierte Kapelle stammt aus der Mitte des 18. Jh.s und beherbergt in einer kleinen Apsis die Statue des heiligen Johannes Nepomuk.

Wir bleiben noch ca. 400 m auf dem Straßenbankett, danach zweigt ein Fahrweg rechts ab (drei gelbe Pfeile). Wir folgen „Gallien 1 ¼ Std. TTW 633" durch freies Gelände neben einem Kornfeld. Zweimal knickt der Weg nach links ab. Nach einem Hochstand am Waldrand geht es rechts weiter, beim nächsten Pfeil ebenso. Danach steuern wir den von hohen Bäumen gesäumten **Trampelberg** (545 m) an. Leicht bergab gehen wir an der Nordflanke des Bergs eine langgestreckte Wiese entlang. Bei der nächsten Wegteilung nehmen wir den rechten Ast und kommen in einen Laubmischwald. An der folgenden Abzweigung schlagen wir den linken Weg ein und halten uns weiterhin an die gelben Pfeile. Es folgt ein Stück auf Nadelboden zwischen hohen Fichten, die sich bald wieder lichten. Leicht bergab geht es durch lockeren Mischwald mit gelegentlichen dichteren Nadelbaumgruppen.

Nach einer schwachen Stunde von der Kapelle aus taucht eine riesige Stallung für Angusrinder auf, das bergseitigste Objekt der Feriensiedlung Gallien. Nach dem Haus Gallien-Alm 1 biegen wir rechts ab und halten uns auf der Staubstraße im Trampelbachtal talauswärts. Auf einer Weide können wir die Rinder beim Fressen beobachten; im Weitergehen tauchen ein Biotop, Ferienhäuschen, ein Seminarhaus mit Seminarraum und Schnapsbrennerei, Blockhäuser und Tipis auf. Neben dem zweiten Fischteich erreichen wir die Gastronomiestation, in der eine Einkehr möglich ist (1 ¾ Std.).

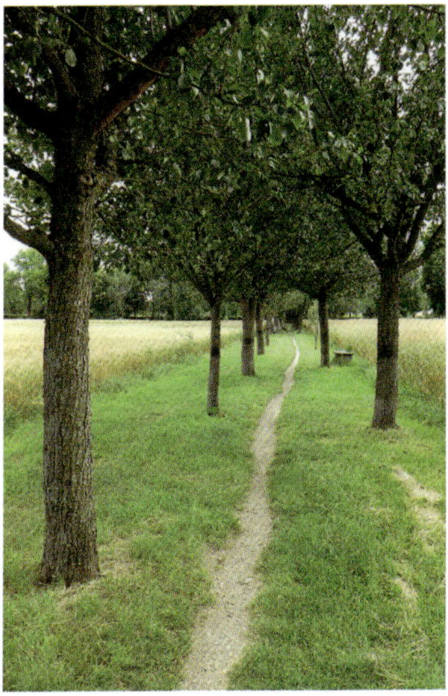

Allee zum Mödringbach

Sobald wir das Ortsende von Gallien hinter uns gelassen haben, treten wir auf die B 4 und gehen links über die Mödringbachbrücke in einer Rechtskurve weiter. Dort, wo sich die Straße begradigt, führt ein breiter Forstweg links weg in eine Furt, die wir durchqueren und gleich danach zu einer rot-weiß-roten Schranke kommen. Hier zweigen wir entgegen der Markierung „2“ gleich links bergauf in den Buchgraben ab. Die nächsten ca. 400 m des Aufstiegs sind durch Schlägerungen und Waldarbeiten stark zerfurcht und unmarkiert, aber doch zu erkennen. Die namensgebenden Buchen sind hier nur spärlich vorhanden. Wir erreichen dann eine breite Forststraße, der nun links sanfter ansteigend gemäß der roten Tafel mit „2“ zu folgen ist. Bei der winzigen Holzfällerhütte behalten wir die Gehrichtung bei, wobei der Anstieg nun wieder verflacht.

Wir überqueren eine breite Forststraße, um gegenüber fortzusetzen. Weiter geht es auf „42“, umgekehrt zu „Steindlbergweg Nr. 41“, Richtung Horn. Nach einer dichteren Waldpassage gelangen wir in eine Waldschneise für Telegrafenleitungen. An einer Stelle, wo mehrere Wege zusammenlaufen, dürfen wir die unscheinbare Fortsetzung halb rechts auf „42“ nicht übersehen. Unsere Route verläuft zunächst flach in einem aufgelockerten Wald am **Zeiselberg** (497 m) vorbei; in einer freien Passage sehen wir gelegentlich die Türme von Maria Dreieichen. Danach geht es weiter abwärts. An einer Wegteilung fällt das gelbe Quadrat mit „42“ und einem Pfeil auf. Hier wenden wir uns nach rechts auf unmarkiertes Terrain. Ca. 150 m danach tauchen ein grüner Pfeil mit „Route 2“ und ein rot-weiß-rotes Schild mit „631“ auf, wo wir uns rechts weiter bergab halten. Nach einem stärkeren Gefälle erreichen wir den Fuß des Zeiselbergs und wandern nun am Waldrand entlang. Zwischen den Bäumen schimmert schon **Horn** durch. Bei der Adresse Doberndorfer Straße 2 verlassen wir schließlich den unbefestigten Weg (2 ¾ Std.).

Wir folgen der Straße auf Asphalt bergab und biegen nach 150 m beim Schild „631“ wieder links ab, um 250 m weiter in die Ing.-Otto-Theisl-Allee einzubiegen, die fußschonend auf Gras am Brunnenschutzgebiet vorbei zwischen jungen, später hohen Bäumen auf den Mödringbach zuläuft. Bei der Einbiegung bleiben wir auf der Promenade gleich auf der linken Bachseite und erreichen bald einen Gedenkstein für den kühnen Piloten **Karl Illner**, dem 1910 ein Überlandflug von Wien nach Horn und zurück gelang, sowie einen ausführlich beschilderten Orientierungsbaum nur wenige Meter vor dem Stadion des hiesigen Fußballvereins.

An den Sportstätten und am Landesklinikum vorbei gehen wir den Bach entlang ins Zentrum vor, wobei wir den letzten Abschnitt neben einer Wohnsiedlung auf dem Altbachweg zurücklegen. Dieser mündet schließlich in die Robert-Hamerling-Straße, in die wir rechts einbiegen und nach dem Parkplatz die Straßenseite zur Stadtmauer hin wechseln. Neben dem Rondell, einem Rest der vorgezogenen Zwingermauer, benützen wir den Durchgang, um zur Thurnhofstraße zu gelangen. Gleich gegenüber, neben der Konditorei, setzen wir unseren Weg in der Pfarrgasse fort, die in den Kirchenplatz/Hauptplatz mündet, wo wir in den Bus eingestiegen sind. Damit ist der Zielpunkt der Wanderung erreicht (3 ½ Std.).

5-2 Devotionalien

Auf dem Grasel-Rundwanderweg

Im Wallfahrtsort Maria Dreieichen huldigt man nicht nur der heiligen Jungfrau, sondern auch dem berühmten Raubmörder Johann Georg Grasel. Der Wanderweg führt uns von den Standln mit christlichem Andenken-Kitsch zu Bründlkapelle und Graselhöhle. Dann geht es über den Cholerafriedhof bis nach Mörtersdorf, wo wir den Rückweg antreten.

DER WANDERWEG

Wir verlassen den Bus unmittelbar vor der Basilika zur Schmerzhaften Muttergottes in **Maria Dreieichen**. Diese prächtige Kirche, die erhöht am Ostrand des Horner Beckens thront, wollen wir besuchen, bevor wir unsere Wanderung beginnen.

1744–50 wurde der Bau in der heutigen Form nach dem barocken Vorbild der Stiftskirche Altenburg realisiert. Die wuchtige Südfassade wird von mächtigen Türmen mit Zwiebelhelmen gekrönt, die 1814–19 entstanden sind. Das Hauptschiff dominiert eine ovale Mittelkuppel, die 1750–52 von **Paul Troger** (1698–1762) freskiert wurde und die himmlische Glorie thematisiert. Die wundertätige Statue der Schmerzensmutter am Hochaltar erfreut sich seit dem 17. Jh. eines fortwährenden Zustroms an Pilgern.

Rechts zwischen dem Sakralbau und ein paar Verkaufsständen für Devotionalien befindet sich der Zugang zum Kreuzweg. An den Stationen entlang erreichen wir auf einem breiten Asphaltweg in wenigen Minuten die Bründlkapelle. Das Wasser ergießt sich hier aus einem Brunnen vor der Andachtsstätte in Form eines überwölbten Marienaltars. Daneben ist der Zugang zur Graselhöhle gesperrt, weil die Anlage nicht mehr gepflegt wird. Ob zugänglich oder nicht: Dass **Johann Georg Grasel** (1790–1818) auf seinen Raubzügen hier gehaust haben soll, ist jedenfalls durch keinerlei Beweis zu belegen (siehe „Der Grasel“, S. 204). Wir gehen den Kreuzweg zurück zur Basilika und nehmen die eigentliche Wanderung in Angriff (15 Min.).

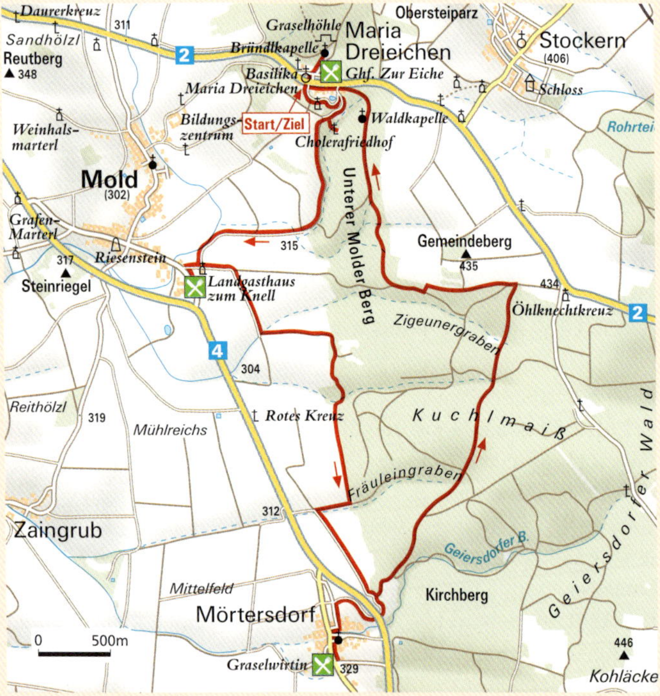

WEGVERLAUF: Rundwanderung. Maria Dreieichen – Bründlkapelle – Basilika (15 Min.) – Cholerafriedhof (15 Min.) – Mold (30 Min.) – Mörtersdorf (1 Std.) – Maria Dreieichen (1 ½ Std.)

DAUER: 3 ½ Std.

LÄNGE: 14,2 km

SCHWIERIGKEITSGRAD: Kaum nennenswerte Höhenunterschiede, bequeme Wanderung

WEGMARKIERUNGEN: Grüne Tafeln mit „Cholerafriedhof", gelbe Pfeile bzw. Quadrate mit „27"

EINKEHRMÖGLICHKEITEN: Landgasthaus zum Knell (Mi Ruhetag), Graselwirtin (Mo und Di Ruhetag), Gasthof zur Eiche (Do Ruhetag, Nächtigungsmöglichkeit)

ANFAHRT: Mit dem Bus von Horn/ Hauptplatz bis Maria Dreieichen/ Kirche

HINWEIS: Viel freies Gelände auf der ersten Hälfte der Strecke. Denken Sie an Sonnen- und Regenschutz.

Entlang des gegenüberliegenden Pkw-Parkplatzes für die Wallfahrer spazieren wir (grüne Tafel „Cholerafriedhof") in einem Linksbogen weiter und an einem Biotop vorbei in den Wald. Beim dritten Schild „Cholerafriedhof" folgen wir einem kaum ausgetretenen Pfad über eine S-Kurve in eine Senke. Nach wenigen Minuten erreichen wir ein eingegrenztes Areal: den **Cholerafriedhof** (30 Min.; siehe S. 203, „Am Wege").

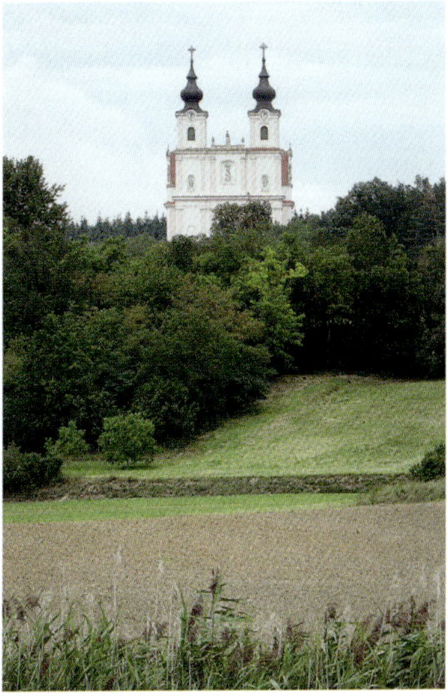

Blick zur Basilika

Wir verlassen nach der Besichtigung den ungewöhnlichen Gottesacker auf dem Weg, den wir gekommen sind, erreichen wieder den Hauptweg, gehen links weiter und biegen gleich danach neuerlich links auf einen Feldweg ab, wo ein gelbes Schild mit „27" angebracht ist – der Hinweis auf den Grasel-Rundwanderweg. Beim freien Blick nach Westen kann man deutlich die **Rosenburg** und das **Stift Altenburg** sehen. Wir bewegen uns zwischen Wald und Acker südwärts. Nach 700 m schwenkt der Weg auf **Mold** zu. Wir passieren das Gelände einer Hundeschule; rechts ragt die Basilika über dem Wald auf. Bei den ersten Häusern von Mold wenden wir uns einer kleinen Villensiedlung zu, die wir durchqueren und nach rechts zur Horner Straße (B 4) vorgehen. Links über den Parkplatz erreichen wir das **Landgasthaus zum Knell** und können uns dort laben (1 Std.).

Zur Fortsetzung des Weges gehen wir wieder zurück in die Siedlung und setzen bei einem Bildstock am rechten Ackerrain geradeaus auf Asphalt fort („27" auf einem Lichtmast). Nach einem Rechtsknick geht es an einem Feld entlang unter freiem Himmel weiter. Wo der Asphalt endet, biegen wir links ab und marschieren auf den Forst am **Molder Berg** zu und dort zwischen Feld und Waldrand entlang. Nach einer Etappe zwischen Bäumen mit schmalpfadiger, unruhiger Wegführung geht es wiederum hangschräg in freiem Gelände weiter.

Bei einem Hochstand neben einer Buschreihe schwenken wir nach rechts und biegen bei der nächsten Möglichkeit wieder links ab. Rechter Hand ist die B 4 schon deutlich hör- und erkennbar. Wir nähern uns dieser wichtigen Verkehrsader weiter und kommen zu einer Unterführung. Danach halten wir uns rechts und gehen in den Ort **Mörtersdorf** hinein. In einem Linksbogen erreichen wir einen kleinen Platz mit einem Bildstock und setzen auf einem laternengesäumten Sträßchen fort. Wir gehen am Feuerwehrhaus vorbei, überqueren den Dorfanger, marschieren zur Hauptstraße vor und halten uns hier links. Nun sind es noch 200 m bis zum Eingang des Gasthauses **Graselwirtin** (2 Std.).

Nach einer Rast benützen wir am besten wieder den Weg durch den Ort, auf dem wir gekommen sind, unterqueren noch einmal die B 4 und setzen unseren Rundweg an jener Stelle fort, wo wir rechts zur Unterführung abgebogen sind. Der Wanderweg steigt nun in einem lichten Laubmischwald zart an. Der Bewuchs in diesem Waldstück ist unterschiedlich dicht, auffallend sind viele Brombeersträucher. Wenn der sanfte Anstieg abflacht, überqueren wir eine langgestreckte Lichtung, auf der viel geschlägert wurde und hohe Nadelbäume locker stehen. Es folgen weitere Waldabschnitte bei geringen Höhenunterschieden; die für uns maßgebliche Markierung „27“ ist immer eindeutig angebracht.

Etwa 1 km nach dem höchsten Punkt auf erwähnter Lichtung verlassen wir vor einem ausgedehnten Acker den Forst, halten uns links und gehen am Waldrand in westlicher Richtung weiter. Nach einem Linksschwenk erreichen wir – wieder unter Bäumen – einen deutlicher gespurten Weg, auf dem wir dahinmarschieren. Vor einem permanenten forstlichen Sperrgebiet folgen ein Rechtsknick und dichterer Bewuchs mit eindeutigem Wegverlauf auf einer breiten Waldstraße. Schließlich hört man schon deutlich die B 2, kurz darauf ist das Ortsgebiet von Maria Dreieichen erreicht und die Türme der Basilika tauchen auf.

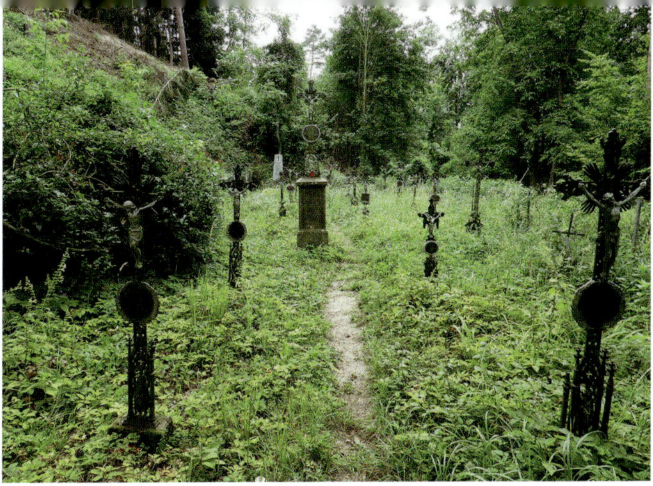

Cholerafriedhof

Beim Haus Nr. 98 betreten wir den verbauten Bereich, gehen an der Grillschule von Doppel-Grillweltmeister Adi Matzek vorbei und kommen zum Gasthof zur Eiche der Familie Vlasaty, wo wir noch eine Jause zu uns nehmen können. Über den Gehsteig an der Straße schlendern wir schließlich an einer Reihe von Standln entlang bis zur Basilika, wo sich Bushaltestelle und Pkw-Parkplatz befinden (3 ½ Std.).

AM WEGE

Anno 1866, als die Truppen der preußischen Armee im Zuge der Auseinandersetzungen im Deutschen Krieg in die Gegend um Horn kamen, brach im Heer die Cholera aus. Dort, wo preußische Soldaten mit der Bevölkerung in Kontakt kamen, griff die Seuche auch auf Einheimische über. Da einige Soldaten in Mold einquartiert waren, gab es in diesem Ort besonders viele Opfer zu beklagen. Von August bis Oktober wurden 39 Personen aus Mold, Mörtersdorf und Zaingrub dahingerafft und auf dem Cholerafriedhof in einem abgelegenen Waldstück bestattet. 24 gusseiserne Kreuze auf Steinsockeln schmücken die Gräber in einem ruhigen Bereich, der nur zu Fuß zu erreichen ist. An zentraler Stelle des Gottesackers steht ein Gedenkstein. Einige preußische Soldaten wurden wenige Kilometer entfernt auf dem Preußenfriedhof zu Breiteneich begraben.

„Der Grasel“ – Geschichten vom Räuberhauptmann

Schon seit Generationen erzählt man sich im Waldviertel vom Räuberhauptmann Grasel, der früher hier sein Unwesen getrieben hat. Dabei sind Schauergeschichten über einen brutalen Raubmörder, der die Bevölkerung bis nach Wien in Angst und Schrecken versetzt hat, genauso vertreten wie Erzählungen über idealisierte Heldentaten eines Outlaws, der die Reichen bestohlen und die Armen verschont und beschenkt haben soll – eine Art österreichischer Robin Hood also.

Unumstritten ist jedenfalls, dass Johann Georg Grasel zu den Berühmtheiten des Waldviertels zählt und das Interesse an seiner Person bis heute nicht erloschen ist – ganz im Gegenteil. Überall stößt man auf Reminiszenzen, sei es in Form spektakulärer Höhlen, in denen die Räuberbande gehaust haben soll (z. B. bei Maria Dreieichen oder der Rosenburg), nach ihm benannter Wanderwege oder Einkehrmöglichkeiten wie etwa der Graselwirtin.

Geboren wurde der „Räuberhauptmann“ am 4. April 1790 im heute tschechischen Nové Syrovice (Neu-Serowitz). Österreich befand sich damals gerade im Umbruch, da das Heilige Römische Reich in langsamer Auflösung begriffen war. Die vielen Kriege gegen Napoleons Truppen trieben Beamte in die Dörfer, wo sie junge Männer rekrutierten. Die Inflation ließ Geldreserven dahinschmelzen, die beginnende Industrialisierung setzte den handwerklichen Betrieben zu.

Die Familie Grasel war arm und verdiente ihren Unterhalt mehr schlecht als recht als Abdecker (auch Schinder oder Wasenmeister) – ein Beruf, der zu den „unehrlichen“ zählte und sie zu Außenseitern machte. Ihre Aufgabe war es, verendete oder schwerkranke Tiere abzutransportieren, ihnen das Fell abzuziehen, die Hörner auszulösen und verseuchte Kadaver zu vergraben. Als kargen Lohn dafür bekamen sie die Felle.

Wie viele Schinderfamilien (60 Mitglieder der späteren Bande stammten ebenfalls aus diesem Milieu) hielten sich die Grasels mit diversen kleineren und größeren Gesetzesübertretungen über Wasser und bezogen auch ihre Kinder mit ein. So nahm die Mutter Johann Georg und seine Schwester Anna-Marie regelmäßig zum Betteln mit. Immer wieder wurden die Eltern, aber auch Großeltern, Tanten und Onkel verhaftet und eingesperrt. Mit neun Jahren erwischte man auch Johann das erste Mal beim Stehlen.

Seine Lehrzeit als Räuber begann schließlich mit der Haftentlassung des Vaters 1809, wodurch Grasels Vorgehensweise erheblich brutaler wurde. Seine Opfer waren vor allem Alte und Wehrlose; reich, wie in den Legenden gerne behauptet wird, war kaum jemand von ihnen. Die meisten waren Kleinbauern und Witwen, denen die Bande ihre wenigen Schätze, Kleidung, Wäsche, ein bisschen Geld und vor allem die wertvollen Goldhauben stahl. Wirtsleute, die – neben jüdischen Händlern – großes Interesse am erbeuteten Diebsgut hatten, boten den Räubern bereitwillig Unterschlupf. Hinweise und Unterstützung bekamen sie häufig von Gerichtsdienern, um deren Ruf es in der Bevölkerung auch nicht sonderlich gut bestellt war.

1810 beging Hans-Jörgel, wie er auch gern genannt wurde, den ersten Einbruch ohne seinen Vater. In den folgenden Jahren fand er treue Kumpane mit klangvollen Namen wie „Klampfererwastel", „Schöner Natzl", „Schafhansel", „Dicklochiger", „Weißkopferter", „Zottel", „Einhändler" oder „Judenpoldl", die ihn bei seinen Raubzügen begleiteten. Das Räuberleben wurde ihm immer selbstverständlicher, genauso wie der Alkoholkonsum. Dabei kam es auch immer öfter zu Wirtshausschlägereien, von denen viele blutig endeten. Eine führte sogar zu einem Todesfall: Als ein Tabakaufseher Grasel wegen seines Verhaltens rügte, tötete er den Mann und ergriff die Flucht.

In den folgenden Jahren dehnte „der Grasel" seinen Wirkungskreis immer weiter aus – er reichte vom Waldviertel und dem Grenzgebiet zu Südmähren nun auch ins westliche Weinviertel. Diese überregionale Vorgehensweise überforderte die örtlichen, kaum vernetzten Grundherrschaften, die damals die polizeilichen Agenden wahrnahmen, und erschwerte die Verfolgung des mittlerweile per Steckbrief gesuchten Räubers. Viehhirten und die in engem Kontakt miteinander stehenden Wasenmeistereien gewährten ihm oft Unterschlupf, so wie ihn angeblich auch die Damenwelt gern für ein, zwei Nächte versteckte.

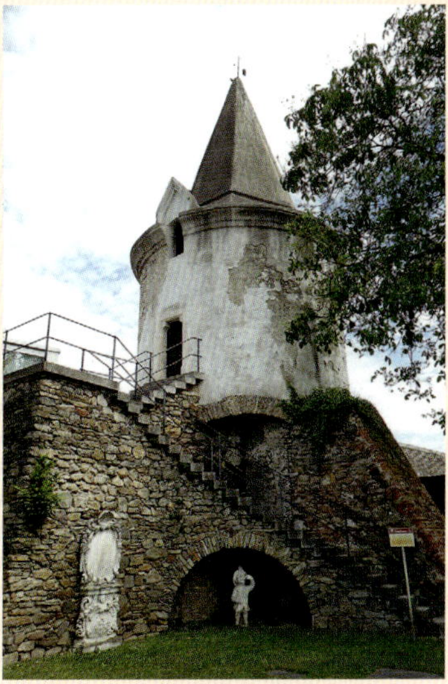

Graselturm in Horn

Nach einem Einbruch im April 1813 wurde Grasel, zusammen mit seinem Komplizen Ignaz Stangl, dann doch erwischt und nach Wien überstellt. Er gab jedoch einen falschen Namen an und sich als Deserteur aus, weil er ins weniger gesicherte Militärgefängnis überstellt werden wollte. Der Räuberhauptmann wurde nicht als solcher erkannt, konnte drei Monate später fliehen und trat einen Gewaltmarsch zurück ins Waldviertel an.

1814 beging Grasel 71 Straftaten – der Höhepunkt seiner „Karriere". Er verübte seine Verbrechen am liebsten mit maximal drei Kameraden und wechselte häufig die Tatorte. Dadurch geriet er sogar in Verdacht, der Zauberei mächtig zu sein. Zudem schürte er selbst Gerüchte, denen zufolge er mit einer riesigen Räuberbande in den Wäldern hauste. Die zunehmende Angst in der Bevölkerung und die Tatsache, dass in Wien der Kongress tagte, führten dazu, dass die staatliche Obrigkeit dem Räuberunwesen ernsthaft ein Ende bereiten wollte. Nach dem Ende der Napoleonischen Kriege standen wieder ausreichend Soldaten zur Verfügung, die sogleich in einer groß angelegten Suchaktion mit 600 Mann Infanterie und 200 Mann Kavallerie ausschwärmten, aber erfolglos blieben.

Die Schlinge um Grasels Hals zog sich trotzdem immer enger. Die Behörden erhöhten das „Kopfgeld" für ihn von 1000 auf 4000 Gulden und nahmen etliche seiner Gefolgsleute fest. Der berüchtigte Verbrecher fand nur mehr selten Unterschlupf, brachte seinen Hehlern immer weniger Diebsgut, musste sich bald in den Wäldern verstecken und stahl hauptsächlich Essen, um zu überleben.

Eine außergewöhnliche List brachte den Räuberhauptmann schließlich zur Strecke: Eine ins Gefängnis von Drosendorf eingeschleuste ehemalige Diebin verhalf Therese Hamberger, der dort eingesperrten Freundin des Gesuchten, zur Flucht. Die beiden Frauen und ein männlicher Begleiter – ein Polizeispitzel namens David Mayer – trafen Grasel danach in einem Wirtshaus in Mörtersdorf bei Horn. Man versuchte ihn mit Opium zu betäuben und setzte auf die Hilfe der Wirtsleute sowie der ebenfalls anwesenden Bauern und Soldaten. Da sich aber auf den zuvor vereinbarten Satz „Herr Wirt, haben Sie kein Zimmer?" hin absolut nichts rührte, musste sich Mayer selbst auf Grasel stürzen, als dieser bereits zur Tür eilte. Der Gesuchte wurde überwältigt, in schwere Eisen gelegt und schon am nächsten Tag nach Wien überstellt.

Der Prozess gegen Johann Georg Grasel und 65 weitere Personen dauerte zwei Jahre. Der damals schon legendäre Räuber gestand 188 Taten; ob er sie alle tatsächlich begangen hat, wird man wohl nie klären können. Viele der Angeklagten wurden zu Kerker, schwerem Kerker und – im Falle des Vaters Thomas Grasel – lebenslangem schwerem Kerker verurteilt. Über Grasel selbst sowie seine beiden engsten Vertrauten Ignaz Stangl und Jakob Fähding wurde die Todesstrafe verhängt.

Die Hinrichtung fand am 31. Januar 1818 am Rossauer Glacis (in der Nähe der heutigen Kaserne) in Wien vor einer Unmenge Schaulustiger statt. Während seine Leidensgenossen praktisch bewusstlos gehängt wurden, trat Grasel selbstsicher auf, legte seine Jacke ab, entblößte den Hals, dankte dem ihn begleitenden Geistlichen und trat unter den Galgen. Man munkelt, dass seine letzten Worte dem Henker galten, dem er zugeflüstert haben soll: „Jessas, so vü Leit!".

5-3 Durch das Taffatal

Aus Kamegg über die Rosenburg nach Horn

Zuerst wandern wir ein Stück durch das Kamptal, um dann auf die Hochfläche hinaufzusteigen, wo uns die kleine Ortschaft Etzmannsdorf erwartet. Durch herrliches Waldgebiet geht es weiter zum Renaissanceschloss Rosenburg und an einer Graselhöhle vorbei zurück ins Flusstal. Den Rest des Weges nach Horn legen wir am Ufer der Taffa zurück.

DER WANDERWEG

Wir steigen in **Kamegg** aus dem Zug und finden direkt hinter unserem Bahnsteig eine Gasse, in die wir nach rechts einschwenken. Nach wenigen Metern bergan kommen wir an einem Schild vorbei, das uns auf eine jungsteinzeitliche Kreisgrabenanlage hinweist. Wir bleiben dennoch weiter auf dem asphaltierten Weg, der sich durch eine blaue und gelbe Markierung auszeichnet und bald wieder leicht abwärts führt. Rechts unter uns sehen wir das Gleis der **Kamptalbahn**; der Waldweg (Kamptalweg) ist hier zugleich Radweg. Nach einer Holzbrücke geht es auf Asphalt weiter und an einer kleinen Mariengedenkstätte vorbei. Bei einem Haus am Wegesrand erkennen wir eine gelbe Tafel mit der Wanderwegnummer 25, die für uns maßgeblich ist. Wir kommen hier in bebautes Gebiet, das zur Katastralgemeinde Stallegg gehört, und nähern uns einer Markierung.

Nach links weist uns eine grüne Tafel mit Pfeilen zur Ruine Stallegg, weitere Tafeln zeigen den Rosenburg-Rundweg (Nr. 26) und den Umlaufberg-Rundweg (Nr. 30) an. Wir gehen also weg vom Bahngleis und links bergauf. Nach wenigen Metern verlassen wir den Asphaltboden und treten auf einen Waldweg, der rot-blau markiert ist. Bei einer Abzweigung halten wir uns geradeaus. Hier wird der Anstieg für kurze Zeit erheblich anspruchsvoller; dann geht es wieder gemäßigt weiter, manchmal auch über stark überwachsene Wiesenteile. Wenn wir eine Lichtung auf einer Anhöhe erreicht haben, sehen wir gelbe Pfeile für die Wege „26“ und „30“.

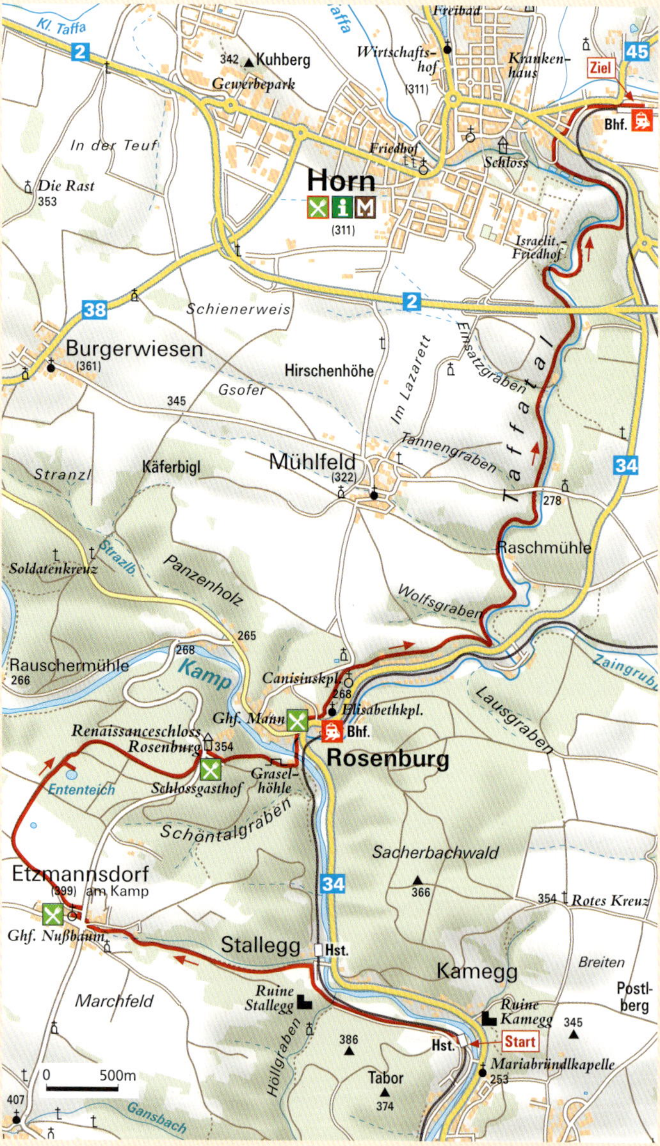
Kl. Taffa
Freibad
Wirtschafts-
hof
(311)
Kranken-
haus
Ziel
Bhf.
342 Kuhberg
Gewerbepark
In der Teuf
Friedhof
Schloss
Horn
(311)
Die Rast
353
Israelit.-
Friedhof
Schienerweis
Burgerwiesen
(361)
Hirschenhöhe
Im Lazarett
Einsatzgraben
Taffatal
Gsofer
345
Tannengraben
Stranzl
Käferbigl
Mühlfeld
(322)
278
Raschmühle
Soldatenkreuz
Strazlb.
Panzenholz
Wolfsgraben
265
268
Rauschermühle
266
Kamp
Canisiuskpl.
268
Elisabethkpl.
Zaingrub
Lausgraben
Ghf. Mann
Bhf.
Renaissanceschloss
Rosenburg
354
Rosenburg
Schlossgasthof
Grasel-
höhle
Enteteich
Schöntalgraben
Sacherbachwald
366
Etzmannsdorf
(399) am Kamp
354 Rotes Kreuz
Ghf. Nußbaum
Stallegg
Hst.
Kamegg
Breiten
Marchfeld
Ruine
Stallegg
Ruine
Kamegg
Postl-
berg
345
386
Höllgraben
Hst.
Start
Mariabründlkapelle
253
0 500m
Tabor
374
407
Gansbach
2
38
2
34
34
45

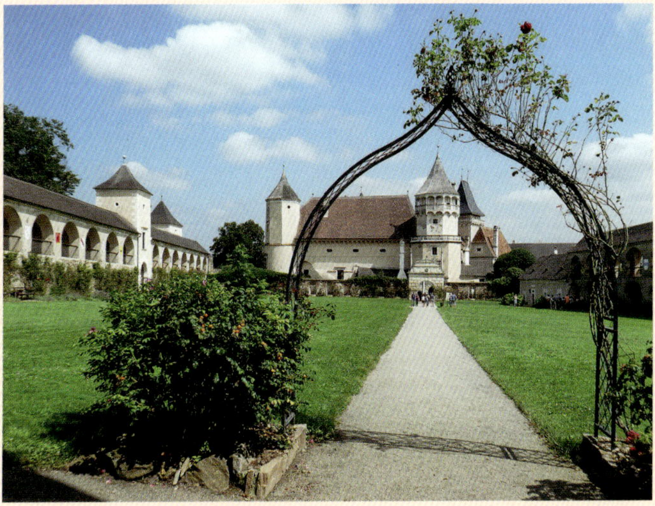

Eingang zur Rosenburg

WEGVERLAUF: Streckenwanderung. Kamegg – Etzmannsdorf (45 Min.) – Rosenburg (45 Min.) – Rosenburg/Taffabrücke (30 Min.) – Einstieg Taffatal (30 Min.) – Bahnhof Horn (1 ¼ Std.)

DAUER: 3 ¾ Std.

LÄNGE: 14,3 km

SCHWIERIGKEITSGRAD: Einfache Wanderung mit leicht zu bewältigenden An- und Abstiegen

WEGMARKIERUNGEN: Kamptalweg, gelbe Pfeile mit „25" (Etzmannsdorf-Rundweg), „26" (Rosenburg-Rundweg) und „30" (Umlaufberg-Rundweg), Rot-Blau, „06", Grün-Rot, „Rosenburg-Runde", rote Marken, Rot-Weiß-Rot mit „631", dann „663" und Rosenburg-Rundweg „43", „631" und „44", „Natur- und Erlebnispfad Taffatal", wieder „631"

EINKEHRMÖGLICHKEITEN: Gasthof Nußbaum (Sept. bis April: Sa ganztägig und So ab 13 Uhr Ruhetag), Schlossgasthof Rosenburg (20. März bis 31. Okt. Fr–So geöffnet, Mo–Do nur auf Anfrage), Taverne Rosenburg (Öffnungszeiten wie Rosenburg), Landgasthof Mann (Feb. bis April Mo und Di Ruhetag, Mai bis Nov. Mo Ruhetag, So und Fei ab 15 Uhr geschlossen)

ANFAHRT: Mit der Kamptalbahn von Horn-Bahnhof nach Kamegg

HINWEIS: Da im Taffatal fast 5 km durch (vor allem im Sommer) hohe, unkrautübersäte Wiesen zurückzulegen sind, ist von Röcken oder kurzen Hosen abzuraten.

Danach geht es im Wald weiter, bis wir eine freie Fläche und ein Haus vor uns sehen. Auf dem nun auch blau und mit „25“ (Etzmannsdorf-Rundweg) markierten Weg gelangen wir nach **Etzmannsdorf** und gehen auf die Kapelle des 100-Seelen-Orts zu, um zum Hauptplatz zu kommen. Hier erwartet uns der **Gasthof Nußbaum**, in dem wir einkehren können (45 Min.).

Vom Gasthaus gehen wir zur Kreuzung zurück, wo uns ein altes Wanderschild mit „06“ nach links zur Rosenburg weist; auch ein gelber Pfeil für die Rosenburg-Runde ist vorhanden. Durch einen schmalen Schlupf gehen wir ein Stück die Straße hinauf, folgen der Markierung (hier auch grün/rot) noch vor dem Ortsendeschild nach links und hinter einer Tischlerei vorbei. Nach Verlassen des Ortsgebiets wandelt sich die Asphalt- zu einer Sandstraße. Zwischen Wiesen und Feldern spazieren wir auf diesem höchst anmutigen Plateau über offenes Gelände und kommen an einem Rastplatz vorbei. Links vom Weg können wir einmal durch eine Schneise mit Hochspannungsmasten das **Stift Altenburg** erkennen. Bei einem gelben Pfeil, auf dem die Angabe „Ententeich“ nicht mehr zu sehen ist, biegen wir kurz nach rechts in den Wald ab und sehen dort nach etwa 50 m eine größere Vertiefung, wo sich das Gewässer laut Gebietsplan einmal befunden haben muss.

Wir gehen dann auf dem Hauptweg weiter, bis er eine scharfe Rechtskurve macht. Hier weist uns die Tafel „Rosenburg-Runde“ nach links auf einen Wiesenpfad, der sehr idyllisch – manchmal auch unter Bäumen – leicht auf- und abwärts verläuft. Er bringt uns zu der von Etzmannsdorf herkommenden Straße, in die wir links einbiegen, um nach ein paar Schritten den Abgang zur **Rosenburg** zu erreichen (1 ½ Std.).

Die Rosenburg ist eine mittelalterliche Wehranlage hoch über dem Kamp, die im Jahr 1175 erstmals urkundlich erwähnt wurde und etliche Jahrhunderte lang den Namen „Rosenberg“ trug. Im 16. Jh. wurde sie durch ihren damaligen protestantischen Besitzer Sebastian Grabner zu einem Renaissance-Wohnschloss umgebaut; erst Anfang des 17. Jh.s erwarb sie der katholische Bischof von Olmütz. Ein paar Eigentümerwechsel später kam der nun prachtvolle Gebäudekomplex 1681 in den Besitz der adeligen

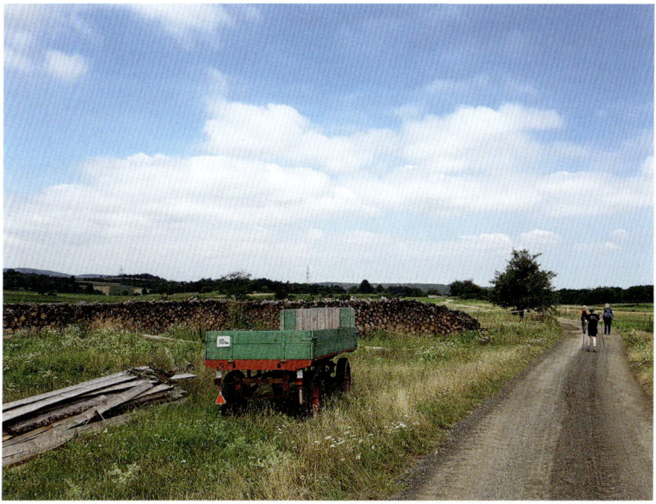

Auf dem Weg zum Ententeich

Familie Hoyos, die für weitere Umbauten und Renovierungen sorgte; nach einem Brand im 19. Jh. wurde die Rosenburg schließlich als Museumsburg für Besucher geöffnet.

Wenn man Eintritt bezahlt, kann man das beliebte Touristenziel durch den Arkadenhof betreten, die gotische Wehranlage mit den Renaissance-Zubauten besichtigen, einer Greifvogelschau beiwohnen, sich an der Bibliothek mit ihrer Kassettendecke aus dem 16. Jh. delektieren, die Kunstsammlung sowie diverse Ausstellungen und Gartenanlagen betrachten und schließlich im Burggelände die Taverne Rosenburg aufsuchen. Die Rosenburg ist von Anfang April bis Ende Oktober geöffnet – im April, Mai und Oktober nur Freitag bis Sonntag und an Feiertagen; von Juni bis September täglich außer Dienstag. Wanderer, die sich die Besichtigung lieber für einen anderen Zeitpunkt aufheben, können aber auch auf den Bänken gegenüber dem Haupteingang rasten bzw. gemütlich im Schlossgasthof Rosenburg einkehren.

Die Route führt dann am Haupteingang der Burg vorbei und links von der Buschreihe hinter dem Schlossgasthof in den Wald hinunter, wo wir weiterhin dem Rosenburg-Rundwanderweg „26“ und einer roten Markierung folgen. Auf einem abschüssigen Hangweg geht es ins Tal hinunter, bis uns Infotafeln auf einen noch schmaleren Pfad zum Eingang der hiesigen Graselhöhle ca. 70 m über dem Kamp weisen. Die insgesamt 102 m langen, engen Gänge der Höhle – sie heißt nicht umsonst eigentlich „Zwerglloch“ – sollten aber ohne die entsprechende Ausrüstung nicht genauer erkundet werden. In der Höhle wurden Knochen von Mammuts und anderen Tieren aus der letzten Eiszeit vor fast 20.000 Jahren sowie ca. 7000 Jahre alte Spuren einer jungsteinzeitlichen Nutzung gefunden. Dass sie dem Räuber Johann Georg Grasel (siehe „Der Grasel“, S. 204) und seiner Bande einst als Versteck gedient haben soll, dürfte aber eher ins Reich der fremdenverkehrsfördernden Sage zu verweisen sein.

Der Hauptweg setzt sich dann weiter zum Kamp hinab fort, bis wir den Fluss schließlich auf einer Fußgängerbrücke überqueren, die gleich neben der Brücke der Kamptalbahn liegt. Von hier aus haben wir noch einen schönen Blick auf die Rosenburg. Über einen asphaltierten Weg schreiten wir zur Straße und den Bahngleisen hinauf, halten uns auf der folgenden Straße links und überqueren gleich darauf die nächste Brücke – nahe der Stelle, wo die Taffa in den Kamp mündet (2 Std.).

Wir befinden uns nun in der Katastralgemeinde Rosenburg am Kamp, die bis zum Zweiten Weltkrieg ein beliebter Sommerfrischeort war, heute aber hauptsächlich wegen der Burg bekannt ist. An der folgenden Kreuzung sehen wir links von uns die nächste Einkehrmöglichkeit: das Hotel-Restaurant Landgasthof Mann, wo auch ein Aufenthaltsraum für müde Wanderer vorhanden ist, die sich außerhalb der Restaurant-Öffnungszeiten hier mit einer Jause versorgen lassen können.

An besagter Kreuzung überqueren wir die Straße in einer Rechtskurve und gehen auf einem geschotterten Weg hinter einem Parkplatz weiter. Dort sehen wir auch bald wieder Wandertafeln und Markierungen; für uns maßgeblich ist der rot-weiß-rot markierte Weg 631 mit der Richtungsangabe Taffatal-Horn. Nach dem Schotterweg überqueren wir die Straße noch einmal und gehen bei der Busstation Rosenburg/Bahnhof über ein paar Stufen, wo uns eine Tafel zur Elisabethkapelle und ins Taffatal weist, links hinauf. Nach einem Waldweg mit etlichen Betonstufen stehen wir etwa drei Minuten später vor der Kapelle, die 1908 anlässlich des 60-jährigen Regierungsjubiläums von Kaiser Franz Joseph I. errichtet und der heiligen Elisabeth von Thüringen geweiht wurde. Durch ein Gitter können wir in das kleine Sakralgebäude hineinschauen.

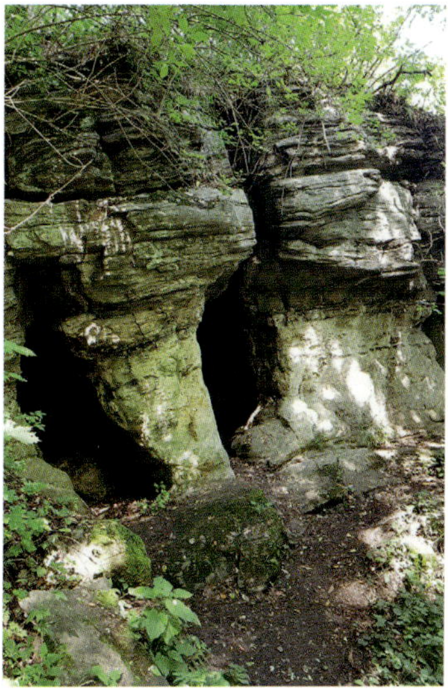

Graselhöhle bei der Rosenburg

Von hier gehen wir ein paar Schritte hinauf und dann rechts – den Markierungen „Taffatal-Horn" (Holzpfeil), „663" und Rosenburg-Rundweg Nr. 43 folgend. Auf einem schmalen Waldweg wandern wir oberhalb der Kamptalstraße hinter diversen Grundstückszäunen entlang und bleiben dabei großteils im Schatten. Wenn von links ein anderer schmaler Waldweg dazustößt, marschieren wir weiterhin bergab und halten auf die Straße zu, wo uns die Wegmarkierung „631" aber gleich wieder nach links ins Taffatal leitet (2 ½ Std.).

Nach ein paar Metern durch dichtes Blattwerk und Gebüsch erreichen wir diesen Nebenfluss des Kamps und beschreiten fortan einen Uferbegleitweg, der zuerst über weite Strecken malerisch durch den Wald führt. Später folgt er den Windungen der Taffa jedoch immer mehr über ungemähte Wiesen mit vielen Brennnesseln und Dornen. Wir bleiben auf Rot-Weiß-Rot und „631", überqueren einmal bei einer kleinen Brücke die Straße und kommen dann zu einem Gestüt, wo sich der Weg teilt; hier halten wir uns rechts, bleiben auf Rot („43" und „44") und gehen hinter einem

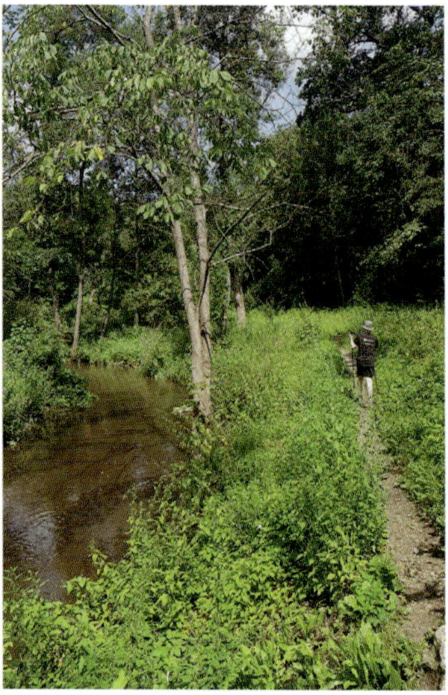

Wanderweg neben der Taffa

Zaun des Anwesens vorbei. Später unterqueren wir – nach wie vor stets in Taffa-Nähe – die hoch über uns auf einer Brücke dahinführende B 2, die Waldviertler Straße.

Etwa 400 m danach kommen wir bei gelben Wandertafeln mit den obigen Wegnummern zu einem hölzernen Steg, der die Taffa überspannt. Hier wechseln wir die Flussseite und gelangen nach wenigen Metern über eine Unkrautwiese zu einem weiteren Holzsteg, wo wir das Gewässer ein weiteres Mal queren. Nun gehen wir unter einer imposanten Felswand weiter und staunen über den Uferbereich, der mit seinem üppigen Bewuchs an ein südamerikanisches Flussdelta erinnert. Bei einer Abzweigung bleiben wir am Ufer, folgen den Holzpfeilen „Natur- und Erlebnispfad Taffatal", der roten Markierung und wieder „631". Vor uns sehen wir bereits erste Häuser der Stadt Horn und die Trasse der Kamptalbahn, gehen aber am Flussufer weiter und später am Zaun einer ausgedehnten Kläranlage entlang.

Auf der Zufahrtsstraße zu dieser Anlage marschieren wir links weiter, wenn wir auf kurzem Weg zu Fuß ins Zentrum gelangen wollen. Haben wir aber unser Auto am Bahnhof abgestellt, geht es rechts hinauf, bis wir eine Wiese vor einem großen Gutshof und dann die Wiener Straße erreichen. Diese überqueren wir hier bei Nr. 63, gehen ein paar Schritte nach rechts und biegen gleich in die Lagerhausstraße ein, um nach ca. 300 m rechts in die Bahnhofstraße einzuschwenken, wo wir auf dem Gehsteig zum Bahnhof und dem Parkplatz davor kommen (3 ¾ Std.).

5-4 Zu den Gärten der Benediktiner

Von der Burg Gars ins Stift Altenburg

Im Luftkurort Gars am Kamp gehen wir zur Burgruine hinauf und überqueren anschließend die fruchtbare Hochebene um Wolfshof. Von dort steigen wir neuerlich ins romantische Kamptal ab und überschreiten schließlich den Höhenrücken nördlich des Flusses, bis wir uns in den wunderbar angelegten Gärten der Benediktinerabtei Altenburg ergehen können.

DER WANDERWEG

Wir verlassen die Bahn an der Station Gars-Thunau und wandern in Fahrtrichtung auf der Bahnhofstraße südwärts bis zur Babenbergerstraße. Links über die Brücke geht es ins Zentrum der als Sommerfrische und Luftkurort bekannten Marktgemeinde **Gars am Kamp**, die schon im Mittelalter als Babenberger-Residenz eine Hochblüte erlebte. Sitz des Herrschergeschlechts war damals die Burg, mit deren Bau Ende des 11. Jh.s auf einem Felsen über dem Kamptal im Ortsteil Thunau begonnen wurde. Die Reste des seit dem 18. Jh. verfallenden Festungsbaus sehen wir hoch über uns. Wir bewegen uns nun darauf zu, indem wir das Gleis der **Kamptalbahn** überqueren und einer Bäckerei sowie einem Orientierungsbaum mit zahlreichen gelben Pfeiltafeln zustreben. Halb rechts am **Gasthof Falk „Zum Platzlwirt“** vorbei spazieren wir in Richtung der Stufen zum Kreuzweg (rot mit „G11“).

Auf ihnen kommen wir sogleich zum Gefallenendenkmal und den ersten Kreuzwegstationen. Die Stufen setzen sich dann rechts fort. Wir bleiben jedoch in Gehrichtung und treten nach einer schmalen Passage durch eine Zauntür, hinter der wir am Rand des Friedhofsgeländes weiter aufwärts wandern. Zur Rechten ragt die Pfarrkirche hl. Gertrud auf. Beim Parkplatz bringt uns eine Holzbrücke in die Ruine und dahinter gleich zum Nordturm, den wir gegen eine bescheidene Gebühr (zu entrichten per Münzeinwurf) auch ersteigen können, um das Areal von oben zu betrachten.

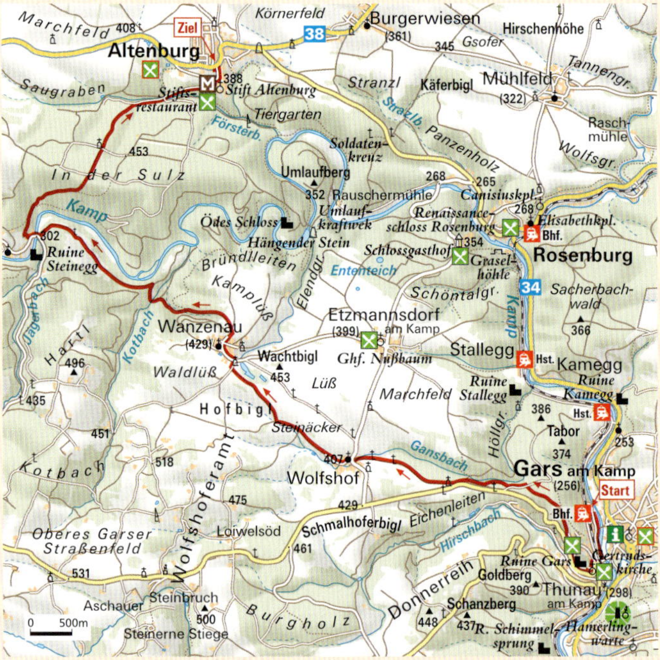

WEGVERLAUF: Streckenwanderung. Gars-Thunau – Wolfshof (1 ¼ Std.) – Wanzenau (30 Min.) – Steinegg (45 Min.) – Stift Altenburg (1 Std.)

DAUER: 3 ½ Std.

LÄNGE: 13,8 km

SCHWIERIGKEITSGRAD: Zweimal vom Kamptal weg beträchtliche Steigungsetappen, sonst überwiegend mäßige Höhenunterschiede

WEGMARKIERUNGEN: Gelbe Pfeile mit „G11", dann „G9" (Rosenburg-Runde), grüne, dann gelbe Balken, „G9", Rot-Weiß-Rot mit „620" und „06", gelbe Pfeile

EINKEHRMÖGLICHKEITEN: Keine Gaststätte entlang der Strecke; am Start- und Endpunkt bestehen Verpflegungsmöglichkeiten, u. a. Gasthof Falk „Zum Platzlwirt" oder Gasthof Klackl (Mi Ruhetag) in Thunau oder Stiftsrestaurant in Altenburg (Mai bis Sept. bis 17 Uhr).

ANFAHRT: Mit der Kamptalbahn von Horn bis Bahnhof Gars-Thunau

RÜCKFAHRT: Mit dem Bus von Altenburg/Stift bis Horn/Bahnhof oder bedarfsweise Horn/Robert-Hamerling-Straße (zum Zentrum)

HINWEIS: Freieres Gelände zwischen Wolfshof und Wanzenau, sonst meist gut beschatteter Wegverlauf

Wir verlassen das Burggelände, wenden uns nach rechts und gehen, an einer Statue des heiligen Florian vorbei, die Zufahrt hinunter. Nach einem Parkplatz beim **Gasthof Klackl** biegen wir in die Taborgasse ein, die hinter einem Sackgassenschild deutlich aufwärts führt. Nun weist der gelbe Pfeil der Rosenburg-Runde mit „G9" in unsere Richtung. Nach dem Haus Nr. 223 wandelt sich die Straße zu einem Waldweg in einem jungen, aufgelockerten Eichenhain. Bald tauchen grüne Markierungen auf. Bei der nächsten Wegteilung bleiben wir rechts und biegen kurz darauf nach links auf Grün ab (Rosenburg-Runde, Richtung „Weißes Kreuz"). Ein Karrenweg schlängelt sich leicht bergauf durch ein Eichenwaldstück. Später flacht der Anstieg ab und wir biegen links in einen breiteren Weg ein.

Bei der folgenden Lichtung bleiben wir halb rechts und gehen waldseitig parallel zur Autostraße weiter. Dann teilt sich der Weg neuerlich. Wir verlassen die Rosenburg-Runde nach links, zur auf einem Wegweiser angegebenen „barocken Dreifaltigkeit" (0,3 km) und Richtung „Wolfshof – Wanzenau – Steinegg" auf Gelb

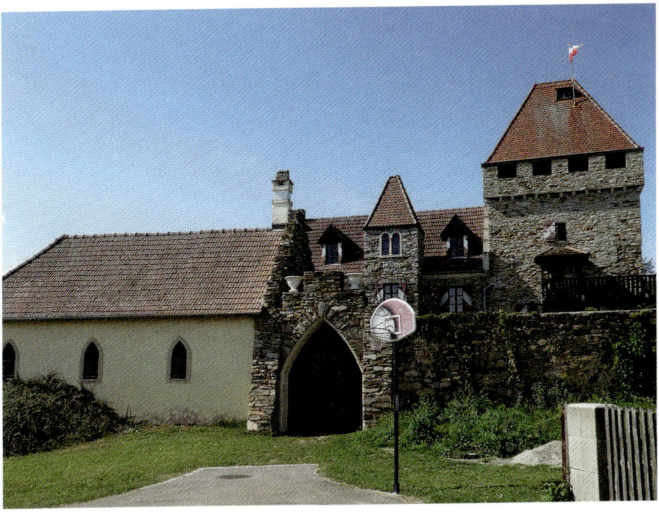

Rekonstruierter Edelsitz Wolfshof

und Rot. Auf einem schmalen Pfad nähern wir uns der Autostraße, die wir nach 100 m erreichen, um auf dem Bankett weiterzugehen. 150 m danach biegen wir an der Dreifaltigkeitssäule schräg rechts in eine breite, unbefestigte Straße ein. Bald sind auch wieder gelbe Marken sichtbar. Wir marschieren leicht bergauf an Äckern vorbei und passieren dabei einzelne Baumgruppen. Schließlich kommen wir zu Pferdekoppeln und einem Reitplatz, vor dem ein schlichtes Holzkreuz mit Mariendarstellung steht. Kurz danach gelangen wir in den Ort **Wolfshof**, wo wir ein burgähnliches Gebäude neben einer Kapelle ansteuern (1 ¼ Std.; siehe S. 220, „Am Wege“).

Wir wandern die breite Seitenstraße neben dem Herrschaftsbau weiter und nach dem Feuerwehrhaus in einem Rechtsbogen aus dem Ort hinaus. Der Asphalt wechselt bald zu grobem Schotterboden und später einem Feldweg. Markierungen sind hier spärlich, erst bei der Abzweigung eines Karrenwegs linker Hand taucht wieder Gelb auf. An Äckern und Wiesen vorbei kommen wir zu einer Asphaltstraße, in die wir rechts einbiegen und eine Baumgruppe mit einem Denkmal für die Gefallenen des Ersten Weltkriegs ansteuern (1 ¾ Std.).

Gleich bei der Gedenkstätte biegen wir nach der Ortstafel in den Ort **Wanzenau** ein und erreichen bald ein Informationsschild über die Streuobstwiesen der Gegend; weiter geht es am Feuerwehrhaus und an der Ortskapelle vorbei. Danach wandern wir in einem leichten Rechtsbogen kurz bergauf und sehen vor einem mächtigen Wirtschaftsgebäude eine gelbe Markierung. Wir gehen auf Schotter bzw. Sand bis zu einer Wegteilung, wo ein alter Holzpfeil mit zartgelber Markierung links zum Wald weist. Im folgenden Mischwaldstück führt der Weg auf festem Untergrund auf Gelb bergab. Die Wanderstrecken teilen sich schließlich: Rechts kommt man auf Rot zum Hängenden Stein und zur Rosenburg; wir folgen aber dem ebenfalls rot markierten Weg nach Steinegg geradeaus.

Auf einer größeren Lichtung halten wir uns links und kommen wieder in den Wald, wo wir einen Bachlauf queren. Bei einer Wegteilung bleiben wir bergseitig und gehen auf einem schmalen Pfad durch dichten Mischwald. Der Weg senkt sich leicht, tief unter uns ist der **Kamp** bereits zu hören. Auf freiem Gelände führt der

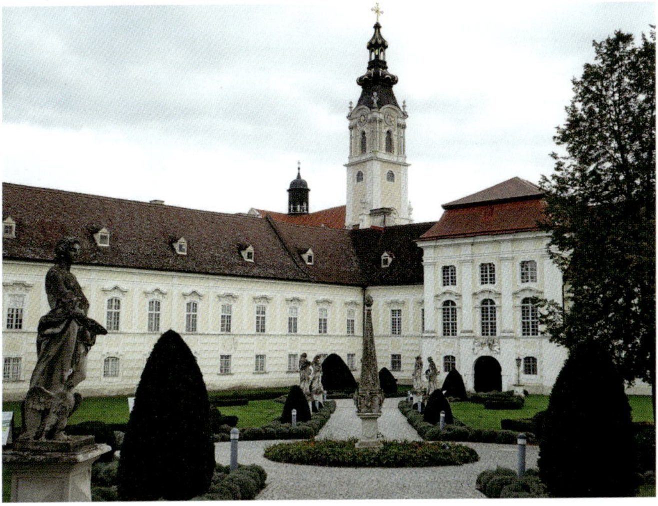

Stift Altenburg

Weg dann etwa niveaugleich dahin. Erst im nächsten Waldstück wandern wir auf einer steinigen Forststraße deutlich bergab zum Fluss. Im Ort **Steinegg** erreichen wir dann die Kampbrücke, die wir überqueren und in einer Straßenkurve links von uns den ehemaligen Gasthof Dunkler sehen (2 ½ Std.).

Auf der anderen Straßenseite erkennen wir Wandertafeln mit den rot-weiß-roten Markierungen des Kamptal-Seenwegs mit „620“ bzw. Mariazeller Pilgerwegs mit „06“. Wir gehen die Böschung steil hinauf und nehmen dann einen kurzen, flachen Querweg entlang eines Ackers, um im folgenden Waldstück deutlich bergan zu marschieren. Wir bewältigen noch ein ausgeprägtes, aber kurzes Steilstück und folgen dann zwischen Nadelgehölz einem breiteren Waldweg; der Wegverlauf ist hier klar zu erkennen. Nach einem Aufstieg von ca. 20 Min. Dauer weist uns die rote Markierung nach links. Bald darauf erreichen wir den höchsten Punkt dieser Etappe und 150 m weiter auch eine breite Forststraße. Große gelbe Pfeile weisen uns die Richtung. Rechts geht es wieder einmal zur Rosenburg, wir halten aber geradeaus auf Stift Altenburg zu.

Bald gelangen wir zu einer Forststraßenquerung mit einem steinernen Wegkreuz. Auch hier bleiben wir unserer Richtung treu und gehen geradeaus bergab. Im folgenden lichten Wald ist der Weg etwas holprig und uneben; die letzten 20 m zu einer Forststraße am Talgrund müssen wir steil absteigen. Wir folgen dieser Straße in Gehrichtung und marschieren auf grobem Schotter Richtung Stift. 400 m danach macht eine breite, unbefestigte Straße eine enge Kehre; an dieser Stelle halten wir uns nach links. Kurz nach einem Forsthaus weist uns eine weitere gelbe Tafel schräg nach rechts auf einen Wald- und Wiesenweg, der uns auf gelenksschonende Art leicht bergan auf das **Stift Altenburg** zuführt.

Bei einem Bildstock sehen wir schließlich die Stiftsmauern vor uns. Wir wenden uns nach links und sehen gleich nach dem Pkw-Parkplatz den anmutig gestalteten Johannishof vor dem Zugang zu den Innenhöfen. Für eine Besichtigung der historischen Gebäude und gepflegten Gartenanlagen sollte man genug Zeit einplanen. Vom Stiftseingang geht es dann zum Hauptparkplatz, über den wir zur Zwettler Straße kommen. Gleich links finden wir hier die Busstation Altenburg/Stift, von der aus wir nach Horn zurückfahren (3 ½ Std.).

AM WEGE

Vom Ende des 13. Jh.s an befand sich in **Wolfshof** ein herrschaftlicher Ansitz, auf dem ursprünglich das Geschlecht der Gneussen nachweisbar ist. In weiterer Folge wurde er aufgrund von Auseinandersetzungen mit Hussiten und Schweden verlassen und galt um 1480 als verödet. Ab 1582 wechselten die Besitzer mehrmals, bis 1650 Joachim Enzmilner, der spätere **Reichsgraf von Windhaag**, auf den Plan trat. Er renovierte die Liegenschaft nach den Beschädigungen durch den Dreißigjährigen Krieg und führte sie zu neuer Blüte. Eine Kupferstichdarstellung samt Beschreibung findet sich in der vom Grafen in Auftrag und in Druck gegebenen „Topographia Windhagiana“, die die damaligen Besitzungen des kaiserlichen Rats eindrucksvoll präsentiert. Nachdem die Reste der verfallenen Anlage 1961 entfernt werden mussten, wurde der einstige Edelsitz 1992 auf private Initiative in historisierend-romantischem Stil burgähnlich rekonstruiert.

6 Wein- und andere Erlebnisse

Stadtspaziergang in Langenlois

Ausgedehnte Weinberge, sandiger Lössboden, Kellergassen, ein angenehm mildes Klima – kaum zu glauben, dass wir uns hier noch im Waldviertel befinden. Doch **Langenlois** liegt tatsächlich am Fuße des **Manhartsbergs** im unteren Kamptal und somit am südöstlichen Zipfel unseres Wandergebiets, aber eben schon an der Grenze zum Weinviertel. Die 1081 erstmals urkundlich erwähnte Weinstadt entwickelte sich aus den beiden Siedlungen Ober- und Nieder-Aigen. 1310 erhielt Langenlois das Marktrecht, erst 1925 folgte das Stadtrecht.

Um uns zunächst einen historischen Überblick zu verschaffen, beginnen wir unsere Stadtrunde im sehenswerten Heimatmuseum (Öffnungszeiten: 1. Mai bis 31. Okt.: Di–So/Fei 10–12 Uhr; Juli, Aug., Sept.: Sa und So bis 16 Uhr) in der Rathausstraße 9. Das hübsche Gebäude mit seinem Halbrunderker stammt aus dem 16. Jh. und beherbergt seit 1942 in 14 liebevoll gestalteten Schauräumen mehr als 7000 Ausstellungsobjekte, etwa den in der Umgebung gefundenen größten Mammutzahn Mitteleuropas oder ein „Fatschenkindl", wie es Klosterschwestern als Trost für den Verzicht auf Kinder von ihren Verwandten geschenkt bekamen.

Gut informiert verlassen wir das Museum wieder und betrachten den „Prangerhansl" unmittelbar vor dem Haus. Die Säule mit den Eisenhandschellen, die ursprünglich auf dem Holzplatz stand, ist eine Nachbildung. Bei der darauf stehenden gerüsteten Rolandsfigur – Symbol für die Eigenständigkeit einer Stadt mit Marktrecht und eigener Gerichtsbarkeit – handelt es sich allerdings um das Original aus dem 16. Jh. Ebenfalls an dieser Stelle befand sich einst einer von zwei Kerkern, in denen ortsfremde Beschuldigte inhaftiert wurden. Einheimische kamen hingegen in den Kotter im Rathaus, unserer nächsten Station.

Wir halten uns rechts und folgen der Rathausstraße, die lange Zeit Einkaufs- und zugleich Hauptdurchzugsstraße von der Donau zum Kamptal und ins Waldviertel war. Das auf der anderen

Straßenseite liegende Rathaus ist seit 1522 im Besitz des „gemainen Marcktes", erlebte 1728 einen barocken Umbau durch **Sebastian Pliembl** und beherbergte ab 1850 auch das Bezirksgericht – worauf die Figur der Justitia in einer Fassadennische noch heute hinweist.

Nur wenige Meter weiter liegt der Kirchenplatz mit der Stadtpfarrkirche. Sie ist dem heiligen Laurentius, dem Schutzpatron der Armen, geweiht und wurde im Zuge einer Restaurierung in den Jahren 1959/60 in ihren frühgotischen Bauzustand zurückversetzt. Der Eingang befindet sich an der rechten Seite des Portals. An der Südseite des Langbaus ragt der 1754 durch den Wiener Baumeister **Matthias Gerl** erhöhte, 56 m hohe Barockturm empor – das Wahrzeichen der Stadt Langenlois. Zweimal täglich ertönt hier ein Glockenspiel mit wechselnden Melodien.

Weiter geht es zum Holzplatz, der (wie der Name vermuten lässt) früher der Umschlagplatz für „Stecken" war, an denen im Weinbau großer Bedarf herrschte. Hier finden wir schöne Bürgerhäuser aus dem 16. Jh. sowie einen ursprünglich aus dem Schloss Schiltern stammenden Marienbrunnen und – zum Loisbach hin – eine Statue des heiligen Florian, der hier als römischer Offizier verkleidet ist. Wir gehen über die Steinbrücke hinter dem Heiligen und durch die kurze Kallbrunnergasse zur Walterstraße, benannt nach **Walther von der Vogelweide,** der einst auch durch Langenlois gezogen sein soll. Hier wenden wir uns nach links, wo bereits ein Schild auf das Loisium hinweist.

Nach dem 10er-Haus, einem ehemaligen Ackerbürgerhaus (als Ackerbürger bezeichnete man Bürger, die im Haupterwerb Landwirtschaft betrieben) aus dem 16. Jh. mit barocker Fassade, biegen wir nach rechts in den Weinweg ein, der zwischen Rebstöcken leicht bergan führt. Beim Blick zurück bietet sich eine herrliche Aussicht auf Weingärten und die Stadtkirche.

Nach wenigen Schritten sehen wir dann schon die „WeinErlebnisWelt" Loisium, einen gigantischen, vom amerikanischen Architekten **Steven Holl** entworfenen Kubus aus Aluminiumplatten und Beton, der 2005 eröffnet und der Weinkultur in Langenlois gewidmet wurde. Im Loisium befindet sich ein großer Shop; es werden zudem Weinverkostungen, Weinseminare sowie Führungen

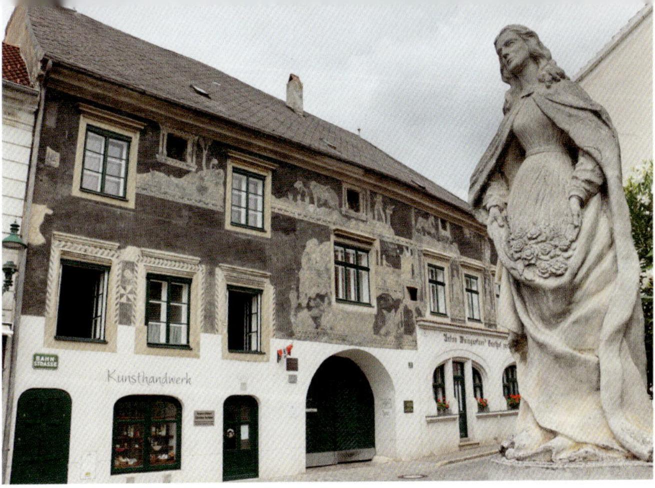

Heilige Elisabeth und Sgraffitohaus

in das bis zu 900 Jahre alte Kellerlabyrinth mit seinen insgesamt 1,5 km langen Gängen angeboten.

Unser Weg führt uns weiter am ebenfalls hypermodernen Loisium Wein- und Spa-Hotel vorbei, nach dem wir rechts in die Sonnenstraße einbiegen, die uns wiederum zur Seestraße bringt. Dieser folgen wir bis zur Kamptalstraße und schlagen dort den Weg nach rechts zurück zum Zentrum ein. Auf ihr gelangen wir zum Ursin-Haus, das neben einer Vinothek mit einer großen Auswahl an regionalen Weinen auch die Tourismusinformation beherbergt, wo man u. a. ein Degustations-Set inklusive Weinsafe-Schlüssel für den „Weinweg" erhält.

Auf dem wenige Meter entfernten Kornplatz – dem alten Getreidemarkt – bewundern wir die imposante Pest- oder Dreifaltigkeitssäule, die 1791 zum Dank dafür errichtet wurde, dass die Bürger von Langenlois von der Pest verschont blieben. Auch dieser Platz ist von etlichen Bürgerhäusern gesäumt, bei denen es sich meist um mit „XXXX" gekennzeichnete „Vierzigerhäuser" handelt. Die sogenannten Vierziger siedelten sich im 12. Jh. hier im „Niederen Aigen" an, wurden mit Grund und Boden ausgestattet und bildeten bis in die Neuzeit die Oberschicht des Ortes. In Haus Nr. 1 befindet sich das ehemalige Baderhaus, in Nr. 2 der Langenloiser Hof (heute ein Wirtshaus) mit seinem schönen Arkadenhof.

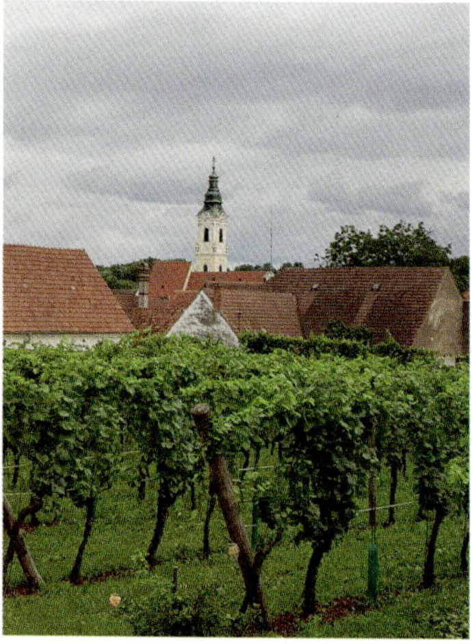

Blick auf Stadtkirche

Wir verlassen den Kornplatz Richtung Osten über die Bahnstraße und kommen so gleich zum ehemaligen Bürgerspital. Das von einer Vierziger-Familie gestiftete Spitalsgebäude diente ab 1423 zur Unterbringung verarmter, kranker oder pflegebedürftiger Bürger der Stadt. Eine Spitalskapelle – die heutige Elisabethkirche – sollte für das seelische Wohl der hier ansässigen Menschen sorgen. Die ursprünglich gotische Kapelle wurde 1752 barockisiert und wird heute als Aufbahrungshalle genutzt; die lebensgroße Statue der heiligen Elisabeth am Aufgang steht erst seit 1980 an diesem Ort.

Gegenüber der Elisabethkirche sticht uns gleich eine weitere Sehenswürdigkeit ins Auge: das auffällige Sgraffitohaus aus dem 16. Jh. Die Malereien auf dem ehemaligen Gasthof zur „Goldenen Kugel" wurden erst in den 1960er-Jahren im Zuge von Renovierungsarbeiten freigelegt und restauriert; sie zeigen Motive aus dem Alten Testament. Auf Bahnstraße Nr. 6 finden wir den Harrerhof, eines der wenigen Gebäude der Stadt, die im Stil der Renaissance errichtet wurden. Der Innenhof des Hauses diente 1957 als Kulisse für den Heimatfilm „Die Winzerin von Langenlois" mit **Paul Hörbiger** und **Susi Nicoletti.**

Wir gehen nun ein paar Meter durch die Bahnstraße zurück und entdecken gegenüber der Einmündung der Zöbingergasse einen schmalen Durchgang, durch den wir zur Niklas-Gfeller-Zeile gelangen. Hier spazieren wir links ein Stück den Loisbach entlang, bis wir ihn auf einer kleinen Fußgängerbrücke überqueren können. Wir wenden uns nach rechts durch die Michael-Zwickl-Zeile zurück zum Heimatmuseum, wo unsere Stadtrunde zu Ende ist.

„Schöne Geschichten, mehr nicht ..."

Der niederösterreichische Landesarchäologe Franz Pieler über Druiden, Kraftplätze und Opfersteine

Dr. Franz Pieler ist wissenschaftlicher Leiter im MAMUZ – dem Urgeschichtemuseum in Asparn an der Zaya – und Landesarchäologe von Niederösterreich. Wir befragten ihn zu archäologischen Hinterlassenschaften und pseudoarchäologischen Relikten im Waldviertel.

Das Waldviertel ist voller angeblicher Kraftorte, Druidenwege, Opfersteine, keltischer Steinkreise und Energielinien. Auf Schritt und Tritt begegnet man Dingen wie der „Arena Geomantica", der „Kraftarena Groß Gerungs" oder der Steinpyramide bei Rosenau. Woher kommt diese Konzentration auf das Esoterische und Mystische? Ist irgendetwas davon auch nur annähernd belegbar? Gibt es einen realen Hintergrund?

Pieler: Ich glaube, dabei handelt es sich nicht um ein modernes Phänomen. Die mystische Aufladung solcher Orte ist etwas sehr Altes, das seinen Ursprung spätestens im Mittelalter hat, wenn nicht sogar noch früher. Man versuchte damals, diese eigenartigen Steinformationen über Geschichten oder Märchen zu erklären. Es gibt ja jede Menge Teufelssteine oder Ähnliches, um die sich Geschichten ranken, die vor Jahrhunderten oder möglicherweise schon Tausenden von Jahren entstanden sind. Heute verpackt man diese Geschichten eben in Esoterisches oder UFO-Mythen – aber das ist sozusagen nur der alte Käse in einer neuen Schachtel.

Unterschwellig wird es das aber immer schon gegeben haben – ein bisserl unheimlich, ein paar Geistergeschichten, wie die Waldviertler halt so sind. Man redet nicht viel, es ist alles finster, ein wenig geheimnisvoll und so weiter ... Die explizit esoterische Schiene mit Erdstrahlen, Kraftplätzen etc. kam sicher erst mit den Sommerfrischlern sowie den New Agern und Alternativen der 70er- und 80er-Jahre. Und das wird jetzt eben zunehmend kommerzialisiert.

Einen wissenschaftlichen Wert haben „Kultplätze" und derartige Touristenattraktionen also nicht?

Pieler: Prinzipiell muss man festhalten, dass all diese Dinge nicht archäologisch relevant sind. Bei einzelnen Plätzen können wir nachweisen, dass die esoterischen Interpretationen ganz neuen Ursprungs sind. Bei Wurschenaigen gibt es beispielsweise einen Mühlsteinbruch, an dem man die Negative von den Mühlsteinen in den Felsen sieht. Da ist halt auch wieder einmal die Rede von einem Kultplatz, aber das ist natürlich ein ausgemachter Blödsinn.

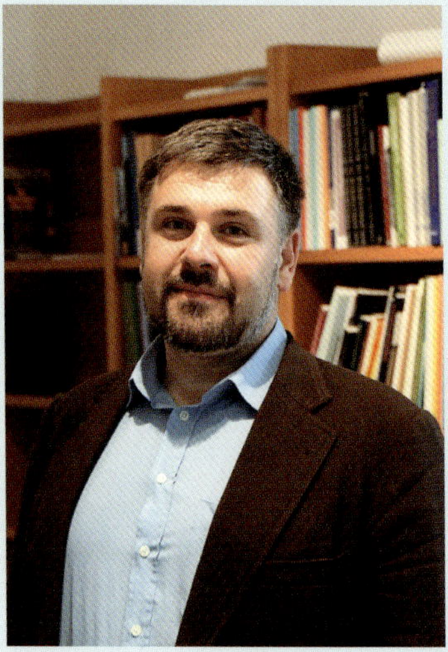

Dr. Franz Pieler, MAMUZ

Bei anderen Phänomenen wie den Steinschalen weiß man oft nicht, wie sie entstanden sind. Es kann sein, dass sie durch die Verwitterungsart des Granits auf ganz natürliche Weise zu ihrer heutigen Form gelangt sind; bei manchen besteht aber durchaus die Möglichkeit, dass die Vertiefungen in diesen Steinen überarbeitet wurden oder dass es wirklich künstlich angelegte Schalen sind – zu welchem Zweck auch immer. Vieles davon ist aber mittelalterlich und nicht etwa keltisch oder so.

Und was ist von den Opfersteinen zu halten?

Pieler: Nachweisbar ist eine solche Nutzung überhaupt nicht. Und wenn dahinter tatsächlich Traditionen stehen sollten, gehen die auch nur bis ins 17. Jh. zurück. Es könnte sich beispielsweise um Schabsteine handeln, bei denen man das heruntergeschabte Material wegen seiner angeblichen heilenden Wirkung ins Essen gemischt hat, ähnlich wie bei Schluckbildern. Solche Steine konnte man etwa an manchen Wallfahrtsorten kaufen. Eine Erklärung als Blutschale oder Ähnliches entbehrt aber jeder Grundlage.

Oberhalb der Ysperklamm wurde zum Beispiel ein Druidenweg installiert. Gab es im Waldviertel überhaupt jemals Druiden?

Pieler: Das ist eine schöne Geschichte, nicht mehr. Druiden mag es in Gallien gegeben haben, aber ob das bei uns auch so war, das wissen wir ganz einfach nicht. Es existieren zwar Fundstellen aus der Latènekultur der jüngeren Eisenzeit, die durch die Kelten geprägt war – aber auch die sind nicht im oberen Waldviertel, sondern im Horner Becken und im Kamptal.

Eine richtige Großstadt existierte in dieser Zeit in Roseldorf am Ostrand des Waldviertels. Dort fand man sogenannte Heiligtümer – Grabenanlagen mit Knochen, Waffen und anderem Fundmaterial. An diesem Ort wurde auch eine „Druidenkrone“ entdeckt – das „Skelett“ einer Mütze, ein Stirnband mit einem kreuzförmigen Scheitelband, auf dem eine Art Stachelscheibe befestigt ist. Aber das ist ein Einzelstück.

Ist die Steinpyramide bei Rosenau archäologisch von Bedeutung?

Pieler: Ich glaube nicht, dass sie urgeschichtlichen Ursprungs ist – abgesehen davon, dass es sich eigentlich nicht um eine Pyramide handelt, sondern eher um einen Stufenquader. Ich war mehrmals auch mit Kollegen dort und glaube, wenn es wirklich etwas Historisches ist, dann vielleicht ein Kreidfeuerplatz oder etwas Ähnliches, für Warnfeuer oder sonstige Signalübermittlungen.

Lenkt die Konzentration auf Esoterik von ernstzunehmenden archäologischen Projekten und Forschungsergebnissen ab? Wie sieht es da mit der Medienöffentlichkeit aus?

Pieler: Die Medien stürzen sich natürlich auf solche Sachen, und dadurch ist die Wahrnehmung eine ganz andere. Wenn jemand Erdstrahlen erforschen will, kann er sicher sein, dass es darüber etliche Artikel und Berichte geben wird; bei einer Grabung, wo ich nach steinzeitlichen Artefakten suche, ist die Aufmerksamkeit deutlich geringer.

Welche Schauplätze und Museen sollte ein Besucher, der sich ernsthaft für Archäologie interessiert, im Waldviertel gesehen haben?

Pieler: Das MAMUZ ist zwar nicht im Waldviertel, aber es gibt dort auch einiges über Waldviertler Fundorte zu sehen. Auf jeden Fall sehenswert sind die diversen Burgen, die ja im weitesten Sinne auch Archäologie sind – zum Beispiel Gars. Im Kamptal und im Horner Becken gibt es generell sehr viel zu sehen, diese Region zählt zu den archäologisch reichsten in ganz Österreichs.

Das Problem ist halt, dass man nur wenige dieser Fundorte im Gelände erkennen kann. Viele der Siedlungen oder Gräberfelder werden heute land- oder forstwirtschaftlich genutzt. Auch der Schanzberg in Thunau oder der Burgstall in Schiltern sind sehr wichtige und große Wallburgen aus der Spätbronzezeit bis in die Zeit der Völkerwanderung und ins Frühmittelalter hinein; sie gehören zu den bedeutendsten Bodendenkmalen in Ostösterreich.

Und auf jeden Fall sollte man das Höbarth-Museum in Horn, das Krahuletz-Museum in Eggenburg und das Heimatmuseum in Langenlois gesehen haben.

Gibt es für Interessierte so etwas wie einen archäologischen Wanderführer oder eine Spezialkarte?

Pieler: Wir sind gerade dabei, über das Land Niederösterreich so etwas zu erstellen. Da sollen an Ort und Stelle Tafeln aufgestellt werden, und das Ganze soll mit einer App verbunden sein, von der man auch entsprechende Wanderrouten vorgeschlagen bekommt.

MAMUZ *im Schloss Asparn in Asparn/Zaya: geöffnet von Ende März bis Ende November, Mo (außer Feiertag) Ruhetag; www.mamuz.at*

6-1 Steile Steige

An der Grenze zum Weinviertel

Auf dem Weg von Zöbing am Heiligenstein zum Weinort Straß im Straßertale lernen wir eine Aussichtswarte, eine Burgruine und ein nachgebautes Germanengehöft kennen. Anschließend wandern wir unter freiem Himmel auf dem Südhang zwischen Wald- und Weinviertel durch sonnige Weinberge zurück ins Kamptal.

DER WANDERWEG

Vor dem **Gasthof Gutmann „Zur schönen Aussicht"** führt unsere Route gleich nach links. Wir gehen ein paar Schritte in der Heiligensteinstraße, biegen aber gleich nach der gelben Fassade scharf rechts ein. Eine schmale Kellergasse bringt uns an die Rückseite des Gasthauses, wo der offenbar privat angelegte „Rudi-Steig" über mehrere Stufen und am Rand eines Weingartens entlang in die Heurigengasse Am Heiligenstein hinaufführt. Hier wenden wir uns nach rechts, lassen bald das verbaute Gebiet hinter uns und gehen auf einem asphaltierten Weinlehrpfad weiter, wo wir auf **Zöbing** und **Langenlois** hinunterschauen können. Zwischen Weinterrassen wandern wir leicht bergan und achten nach einer markanten Rechtskurve auf einen ebenso unscheinbaren wie unmarkierten Pfad, der nach links ins Unterholz führt. Auf diesem steinigen Steig klettern wir hinauf, queren einmal einen Traktorweg und erklimmen danach den weiterführenden steilen Waldpfad, der uns relativ zügig die **Kamptalwarte** am Heiligenstein erreichen lässt (30 Min.). (Bei feuchtem Wetter und nach stärkeren Regenfällen sei der bequemere Aufstieg vom Ausgangspunkt über den rot markierten Wanderweg 65 durch Weinberge und Wälder empfohlen.)

Die 1897 erbaute und 1951 generalrenovierte Kamptalwarte wird von der Sektion Langenlois des Österreichischen Touristenklubs (ÖTK) betreut. Wenn wir uns den Schlüssel zur Warte organisiert haben, können wir diese betreten und über zwei enge Wendeltreppen die Aussichtsplattform besteigen, wo sich ein herrlicher Blick über das Kamptal bis jenseits der Donau und zum Stift Göttweig bietet.

Von dort aus gehen wir niveaugleich eine geschotterte Waldstraße mit roter Markierung weiter. Wir passieren das Fassdaubenkreuz, das wenige Meter vom rechten Wegesrand entfernt ist, bleiben noch etwas am Waldrand und biegen dann nach links in ein Jungwaldstück ein. In einer Rechtskurve der Schotterstraße behalten wir die Gehrichtung bei und nehmen einen rot und blau markierten Waldweg, dem wir geradeaus weiterfolgen und sämtliche Abzweigungen ignorieren. Etwa 1 km nach der Warte kommen wir zu einer Kreuzung mehrerer Wege und Waldstraßen. Hier biegen wir nach links auf einen schmaleren, leicht bergab führenden Weg durch einen hochstämmigen Kiefernwald ein und halten uns weiterhin an die rot-blaue Markierung. Bei einer Wandertafel gehen wir rechts Richtung „Mühlbach-Manhartsberg". Auch hier weichen wir nicht vom markierten Hauptweg ab und folgen nach Erreichen einer Schotterstraße der blauen Markierung nach links.

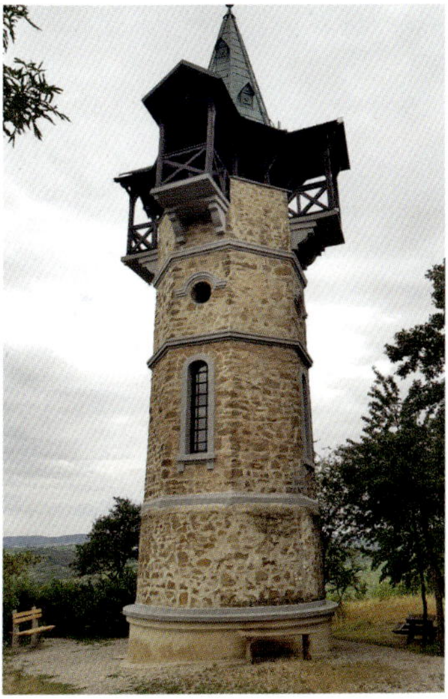

Kamptalwarte am Heiligenstein

Kurz danach treten wir aus dem Wald heraus und überqueren auf dem nunmehrigen geschotterten Feldweg eine freie Fläche zwischen Weingärten und Weiden. Bei einem Wegdreieck verlassen wir die blaue Markierung und biegen rechts ab, wo uns ein Traktorweg zu einem quer führenden Weg bringt, dem wir leicht nach rechts folgen. Auf dieser Schotterstraße gehen wir den Kohlbach entlang und gelangen so wieder in ein Waldgebiet. Wir befinden uns hier auf dem Gaisberg-Rundwanderweg und einer Moun-

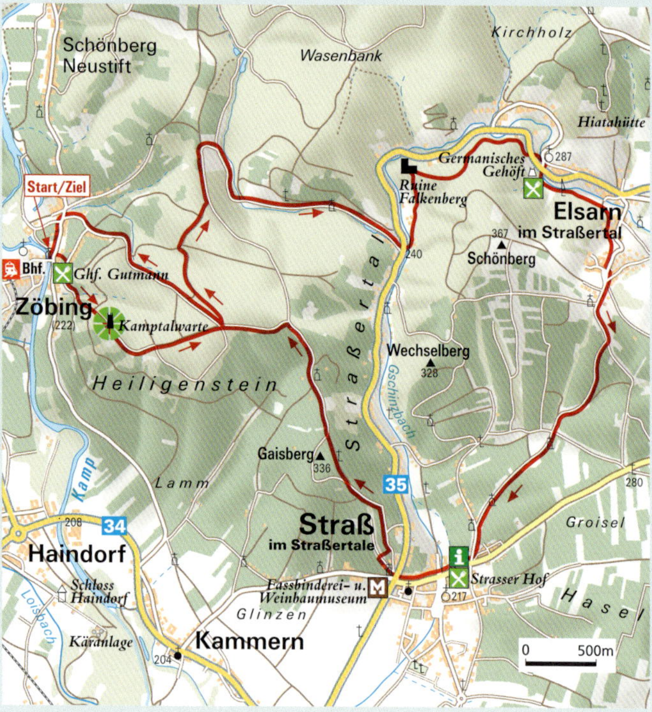

tainbike-Strecke, der wir sanft talwärts folgen. Rechts unterhalb des Weges stoßen wir auf die Barbara-Quelle mit einer darüber gebauten, mit einem Läutwerk ausgestatteten Minikapelle, die wir über einen kleinen Metallsteg erreichen, um frisches Quellwasser zu trinken. Wenige Minuten später treffen wir im bebauten Gebiet der Marktgemeinde **Straß im Straßertale** ein, wo dieser Wanderweg bei der B 35 und einer Busstation (Am Kohlbach) endet (1 ¼ Std.).

Wir gehen die Straße ein paar Meter nach rechts, überqueren sie dann zu einer kleinen Brücke hin und finden dahinter etliche Orientierungstafeln. Gleich nach der Brücke halten wir uns links. Ein Pfeil weist uns zur **Ruine Falkenberg**, die wir schon am

WEGVERLAUF: Rundwanderung. Zöbing/Gasthof Gutmann – Kamptalwarte (30 Min.) – Straß im Straßertale/Busstation (45 Min.) – Ruine Falkenberg (15 Min.) – Freilichtmuseum Elsarn (30 Min.) – Straß im Straßertale/Marktplatz (1 Std.) – Wegkreuzung am Heiligenstein (1 Std.) – Zöbing/Gasthof Gutmann (30 Min.)

DAUER: 4 ½ Std.

LÄNGE: 15,8 km

SCHWIERIGKEITSGRAD: Bei zwei Steilstücken ist Trittsicherheit erforderlich, ansonsten mäßig anstrengende Wanderung.

WEGMARKIERUNGEN: Unmarkiert, rote Markierung, Rot-Blau, Blau, Ruinenwanderweg, rot-weiße Markierung, gelbe Pfeile: Rundwanderweg Elsarn, Museum-Rundwanderweg, Gaisberg-Rundwanderweg; Erste Lagen Runde (lila Pfeil), Schloßbergweg „55“

EINKEHRMÖGLICHKEITEN: Gasthof Gutmann „Zur schönen Aussicht“ (Mo und Di Ruhetag), Germanenstüberl im Freilichtmuseum Elsarn (April bis Mitte Nov. Mo–Mi Ruhetag), Eisenbock's Strasser Hof (Mo Ruhetag)

ANFAHRT: Mit der Kamptalbahn von Langenlois zur Bedarfshaltestelle Zöbing, von dort zu Fuß durch die Heiligensteinstraße ca. 5 Min. bis zum Ausgangspunkt Gasthof Gutmann; mit dem Pkw über die Kamptalstraße (B 34) nach Zöbing, am Marktplatz rechts einbiegen und ebenfalls in der Heiligensteinstraße zur Brücke über den Kamp bis zum Parkplatz vor dem Gasthof

HINWEIS: Die Kamptalwarte ist zwischen Mai und Okt. an Wochenenden und Feiertagen bei schönem Wetter geöffnet, aber nur nachmittags. Ansonsten erhält man einen Schlüssel für den Zutritt zur Warte u. a. im Ursin-Haus in Langenlois oder im Gasthof Gutmann, dem Beginn dieser Wanderung. Eintritt für Erwachsene: 1 Euro, für Kinder (in Begl.): 50 Cent

Schloßberg vor uns aufragen sehen. Bei den letzten Häusern der Ortschaft wandelt sich die Gasse zu einem Schotterweg und anschließend zu einem steil bergauf führenden Waldpfad. Wir folgen hier einer gelben Tafel mit der Aufschrift „Ruinen-Rundwanderweg“ und einer blassen rot-weißen Markierung. Nach dem ersten Aufstieg zweigt ein ebenso schmaler Pfad („Zur Ruine“) links ab. Der kurze Steig führt recht steil zur Ruine Falkenberg hinauf; auch hier ist Trittsicherheit erforderlich (1 ½ Std.).

Die Ruine der im 12. Jh. vom Geschlecht der Falkenberger errichteten Höhenburg besteht eigentlich nur noch aus einem spärlichen Rest des Bergfrieds und einem Mauerrest mit Torbogen.

Die Burg wurde in der Folge eines gescheiterten Adelsaufstands von **Rudolf III.**, dem Sohn des Landesherrn Herzog **Albrecht I.**, erobert und zerstört.

Nach einer Besichtigung kehren wir zum Ruinen-Rundwanderweg zurück, den wir nun nach links weitergehen, wobei wir in einem jungen Laubwald weiterhin leicht an Höhe gewinnen. An einer Wegteilung mit Rastbank und Picknicktisch können wir uns von einigen Tafeln über die Dynastie der Falkenberger informieren lassen. Danach schlagen wir die angegebene Route „Zum germanischen Gehöft“ ein, die uns über einen gemächlich abwärts führenden Waldweg, dann links zur Straße – wieder der B 35 – und auf dieser nach rechts führt, wo wir nach wenigen Metern die Ortstafel von **Elsarn im Straßertal** erreichen. Auf einer kleinen Brücke überqueren wir den Gschinzbach, sehen uns gleich danach links von der Straße eine kleine Lourdesgrotte an und gelangen dann zum **Freilichtmuseum Elsarn**, der Rekonstruktion eines germanischen Bauernhofs aus dem 2. und 3. Jh. Man kann hier einen Rundgang durch das Museum machen, an einer Führung teilnehmen oder auch einfach nur im **Germanenstüberl** einkehren (2 Std.).

Vom Parkplatz des Freilichtmuseums gehen wir an einem Drahtzaun vorbei über eine Metallbrücke und biegen danach links in den Rundwanderweg Elsarn (gelber Pfeil) ein, den wir im Wald und am Waldrand etwa niveaugleich weiterwandern. Er bringt uns nach ca. 800 m zu einem Haus mit einem roten Vorbau und der Aufschrift „Stauffer/Winzerhof – Gästezimmer“. Von hier aus setzt sich die Route zwischen der geschotterten Straße und einem Zaun als schmaler Wiesenweg fort; danach verläuft sie neben Häusern und Grundstücken bergauf. Kurz vor der Kreuzung mit der Straße Am Berg betreten wir schließlich die Weinbergstraße und gehen in ihr leicht bergan bis zur Kuppe. Dort treffen wir auf eine Kreuzung mehrerer Wege, an der auch ein Marterl zu sehen ist.

Wir gehen die asphaltierte Weinbergstraße jetzt bergab weiter und kommen am Ortsendeschild von Elsarn im Straßertal vorbei. Ein Pfeil weist uns darauf hin, dass wir uns auf dem Museum-Rundwanderweg und der „Hiata-Runde“ befinden. Nach ca. 200 m biegen wir bei einer Informationstafel über die Ried „Stangl“ und

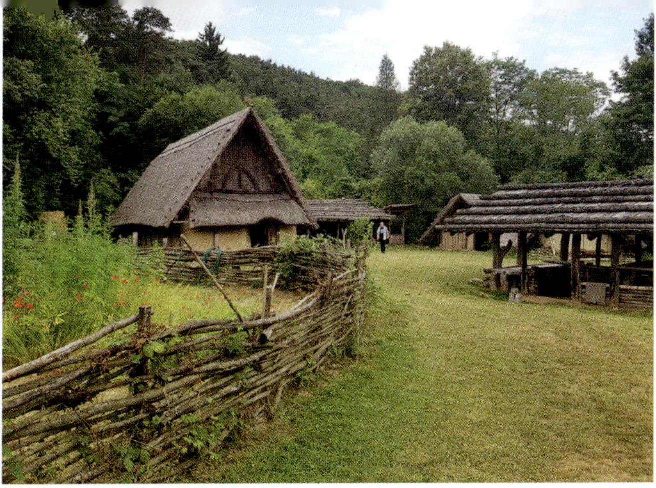

Germanisches Gehöft im Freilichtmuseum Elsarn

zwei Wandertafeln nach rechts in eine weitere schmale, asphaltierte Weingartenstraße ein und folgen dieser etwas deutlicher bergab, ohne dazustoßende Seitenwege zu beachten. An einer Kreuzung sehen wir, dass wir uns weiterhin auf dem Museum-Rundwanderweg befinden; wir überqueren die hier kreuzende Asphaltstraße und gehen auf einem Feldweg weiter – ein gelber Pfeil weist uns in die Richtung „Zum Donatus-Bildstock".

Die besagte Statue des christlichen Märtyrers sehen wir schon nach wenigen Metern bei einer Birke und einer schattigen Bank aufragen. Auf dem später asphaltierten Weg geht es stetig bergab weiter; wir sehen bald die ersten Dächer der Ortschaft Straß im Straßertale vor uns. Dort erreichen wir die Placher Kellergasse, in der wir uns nach links wenden, also in Gehrichtung bleiben, und an Weinkellern sowie weiteren Bildstöcken vorbei in den Ort hinabgehen. Wenn wir zu einer breiteren Straße kommen, wenden wir uns nach rechts und marschieren auf dem Gehsteig die letzten 100 m zum Marktplatz von Straß im Straßertale hinunter. Hier finden wir auch das Hotel-Restaurant Eisenbock's Strasser Hof, in dem wir uns stärken können, bevor es an den letzten Aufstieg dieser Wanderung geht (3 Std.).

Wir überqueren nun auf einer Brücke den Gschinzbach, gehen geradeaus durch die Herrengasse und gelangen so nach 400 m zu einer weiteren Kreuzung mit der B 35, die wir überqueren und danach noch ein paar Schritte weitergehen, um in einem Anwesen links vom Gehsteig das **Fassbinderei- und Weinbaumuseum** zu erreichen, das wir besichtigen können.

Anschließend wenden wir uns zur Kreuzung zurück, queren die Straße diesmal nach links und biegen zwischen einer Wegkapelle und einer alten Weinpresse in die Gaisbergkellergasse ein. In ihr gehen wir bis zum Sackgassenschild („Erste Lagen Runde") vor, wo wir rechts abbiegen und noch ein paar Schritte bergauf machen, bevor der Weg nach links knickt und geradewegs den Weinberg hinaufführt. In einer Linkskurve haben wir einen schönen Ausblick auf die Ruine Falkenberg am anderen Ende des Straßertals. Der Weg zieht sich zwischen Rieden weiter stetig bergan. Bei einer Rastbank setzt sich die Straße links fort, wir halten uns aber rechts und kommen auf einem Feldweg (Gaisberg-Rundwanderweg) zu einem steinernen Jesuskreuz aus dem Jahre 1868. Der Weg verläuft danach eine Zeitlang ziemlich eben zwischen Weingärten. Bald danach stoßen wir wieder auf die Asphaltstraße, die wir vorher verlassen haben, und wandern in Gehrichtung auf die nächste Erhebung zu. Rechts vom Weg fällt ein weiteres Marterl auf, das „Maria im Weingarten" gewidmet ist.

Nach dem letzten Aufstieg wird der Weg zur Schotterstraße und teilt sich. Wir folgen weiterhin dem lila Pfeil „Erste Lagen Runde" und damit dem linken Ast in diesem Wegdreieck. Auf der Forststraße, von der aus wir weit übers Donautal bis zu den Voralpen blicken können, gelangen wir nach etwa 500 m zu der uns bereits bekannten Waldstraßenkreuzung (4 Std.).

Diesmal entscheiden wir uns allerdings für die etwa in Gehrichtung weiterlaufende, bergab führende Mühlstraße, die auch mit „55" als Schloßbergweg bezeichnet ist. Sie verläuft noch etwa 1 km stetig bergab im Wald und wird dann, zwischen den Weinbergen, zur Asphaltstraße. In Zöbing trifft sie auf die Heiligensteinstraße, in der wir uns nach links wenden, um nach ca. 150 m den Ausgangspunkt unserer Wanderung vor dem Gasthaus Gutmann zu erreichen bzw. von dort zum Bahnhof weiterzugehen (4 ½ Std.).

6-2 Auf den Spuren einer Dichterin

Im Naturpark Kamptal-Schönberg

Nach einer entspannten Fahrt mit der Kamptalbahn lernen wir zu Fuß einige früher sehr beliebte Sommerfrischeorte kennen – von Plank am Kamp über Schönberg bis hin zu Zöbing. Dort verlassen wir den 25 Quadratkilometer großen Naturpark wieder, um zu unserem Ausgangspunkt Langenlois zurückzukehren.

DER WANDERWEG

Wir steigen im einst sehr beliebten Sommerfrischlerziel **Plank am Kamp** aus dem Zug und wenden uns vor dem Bahnhof auf der B 34 – der Kamptalstraße – nach rechts. Nur wenige Meter danach verlassen wir bei zwei Schildern die Landesstraße wieder nach rechts und gehen auf einem Nebenweg weiter, der in eine Asphaltstraße mündet. Auf dieser überqueren wir die Bahngleise und eine Brücke, die uns zum ersten Mal auf dieser Wanderung über den **Kamp** führt.

Auf der Straße gehen wir etwas bergauf und gelangen so in die kleine Ortschaft **Oberplank**. An der Kapelle St. Magdalena vorbei wandern wir die Straße hinauf, wo wir uns schließlich von einem grünen Pfeil und der Aufschrift „Trude-Marzik-Weg" nach links weisen lassen. Die Schriftstellerin **Trude Marzik** (1923–2016) machte lange Jahre Urlaub in Oberplank und verewigte den Ort in ihrem Buch „Geliebte Sommerfrische". Der Wanderweg zwischen Plank und Schönberg wurde ihr zu Ehren so benannt.

Auf einer asphaltierten Nebenstraße, wo bald eine blau-weiße Markierung auftaucht, gehen wir durch ein lichtes Wäldchen weiter bergan und kommen zu einem Schild, das uns im **Naturpark Kamptal-Schönberg** willkommen heißt. Wenige Minuten später erreichen wir einen geschotterten Rastplatz mit Informationstafeln über den Kamp und die Geologie des Flusstals.

Wir bleiben auf der Straße, die hier eine scharfe Rechtskurve macht, und marschieren durch Mischwald bergauf, bis der neu-

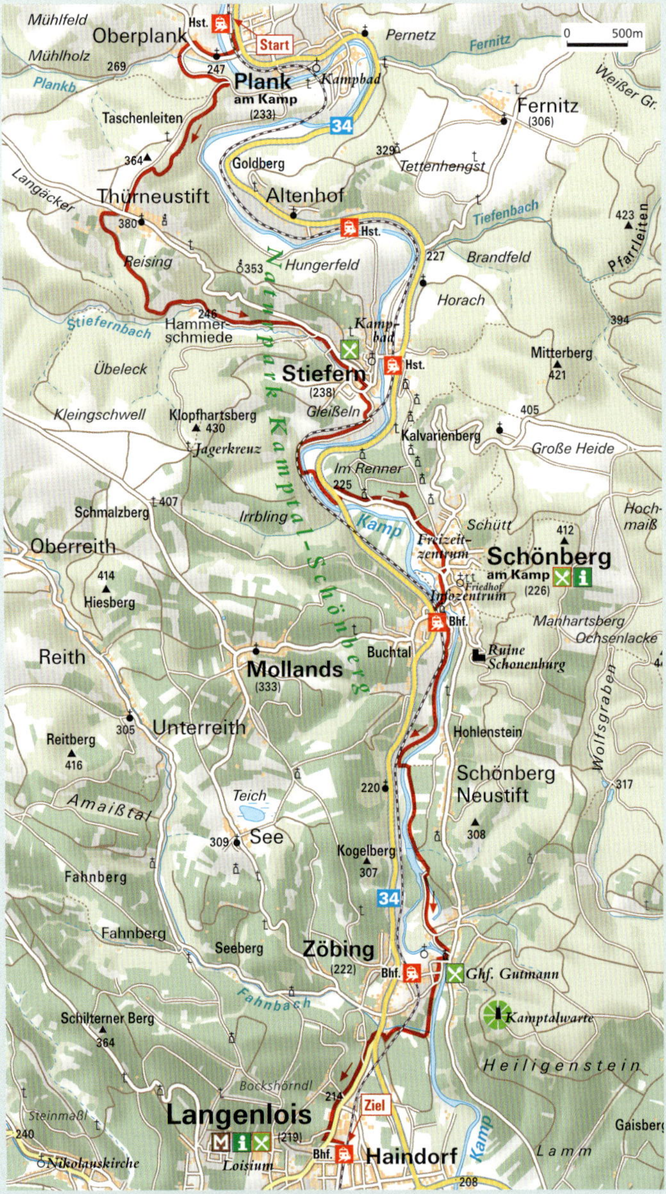

Mühlfeld
Oberplank
Mühlholz
Hst.
Start
Pernetz
Fernitz
0 500m
Plank
am Kamp
(233)
Kampbad
Weißer Gr.
Fernitz
(306)
Plankb.
Taschenleiten
34
Goldberg
Tettenhengst
Langäcker
Thürneustift
Altenhof
Tiefenbach
Pfarrleiten
Hst.
Brandfeld
Reising
Hungerfeld
Horach
Stiefernbach
Hammerschmiede
Kampbad
Naturpark Kamptal-Schönberg
Stiefern
(238)
Hst.
Mitterberg
Übeleck
Kleingschwell
Klopfhartsberg
Gleißeln
Kalvarienberg
Große Heide
Jagerkreuz
Im Renner
Schmalzberg
Irrbling
Kamp
Schütt
Hochmaiß
Oberreith
Freizeitzentrum
Schönberg
am Kamp
(226)
Friedhof
Infozentrum
Hiesberg
Bhf.
Manhartsberg
Ochsenlacke
Reith
Buchtal
Ruine Schonenburg
Mollands
(333)
Wolfsgraben
Unterreith
Hohlenstein
Reitberg
Schönberg Neustift
Amaißtal
Teich
See
Kogelberg
Fahnberg
Fahnberg
Zöbing
(222)
Seeberg
Bhf.
Ghf. Gutmann
Fahnbach
Kamptalwarte
Schilterner Berg
Heiligenstein
Bockshörndl
Steinmaßl
Langenlois
(219)
Ziel
Gaisberg
Nikolauskirche
Loisium
Bhf.
Haindorf
Kamp
Lamm

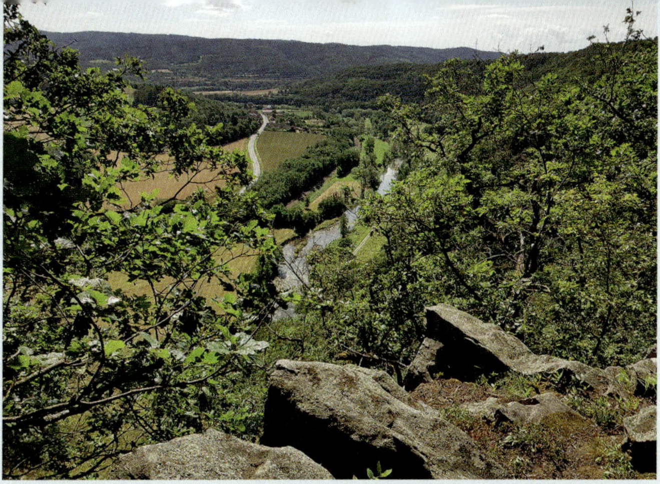

Aussicht vom Trude-Marzik-Weg

WEGVERLAUF: Streckenwanderung. Plank am Kamp – Thürneustift (45 Min.) – Stiefern (45 Min.) – Schönberg/Kampbrücke (1 Std.) – Zöbing/Gasthof Gutmann (45 Min.) – Bahnhof Langenlois (45 Min.)

DAUER: 4 Std.

LÄNGE: 15,5 km

SCHWIERIGKEITSGRAD: Durchaus familienfreundliche und großteils ebene Wanderung, mit einem relativ einfachen Anstieg zu Beginn

WEGMARKIERUNGEN: Trude-Marzik-Weg (Nr. 54; grüner Pfeil/grüner Kreis), blau-weiße Markierung, gelber Pfeil mit blauem Punkt, rote Markierung, Kamptal-Radweg, Blau-Weiß, Kampweg, Wanderwege Nr. 53 und 55, blaue Markierung, Blau-Weiß

EINKEHRMÖGLICHKEITEN: Buschenschank Familie Perteneder-Huber (Mo–Fr ab 16 Uhr, Sa, So, Fei ganztägig; wenn ausg'steckt ist), Badbuffet Schönberg (Mitte Mai bis Anfang Sept., Mo–Fr 10–19 Uhr, Sa, So 9–19 Uhr), Hotel & Restaurant zur Schonenburg (Mo, Di Ruhetag, So bis 16 Uhr geöffnet), Papperl á Pub (Mo–Mi Ruhetag, Do, Fr ab 16 Uhr geöffnet), Gasthof Gutmann „Zur schönen Aussicht" (Mo, Di Ruhetag)

ANFAHRT: Zu Fuß oder mit dem Pkw zum Bahnhof Langenlois (Johann-Kargl-Straße 21), von dort mit der Kamptalbahn bis zur Station Plank am Kamp

HINWEIS: Etwa 60 % dieser Wanderung sind auf Asphalt zurückzulegen, wobei vor allem die Ortsdurchquerungen unter freiem Himmel stattfinden. Sonnenschutz ist daher angeraten.

erlich durch einen grünen Pfeil gekennzeichnete Trude-Marzik-Weg nach links als schmaler Pfad in den Wald abzweigt. Auf ihm bewegen wir uns etwa parallel zur Straße und können von mehreren Aussichtspunkten mit Rastbänken immer wieder Blicke ins malerisch unter uns liegende Kamptal werfen. Nach ca. 900 m, die wir auf dem Waldweg sanft, aber stetig bergauf wandern, mündet unsere Route wieder in das Asphaltsträßchen, dem wir nach links folgen. Vor uns sehen wir bereits den Ortsflecken **Thürneustift**, auf den wir zuhalten. Im Ort treffen wir neben einem mit Goldfischen besetzten Löschteich auf eine Querstraße (45 Min.).

Wir überqueren diese Straße, gehen ein paar Meter nach rechts und biegen dann gleich wieder links ab. An einem Wohnhaus und einem Badeteich vorbei schreiten wir einen geschotterten Weg zwischen Weingärten bergab und gelangen nach einem Linksbogen zum Haus Nr. 21; dort setzt sich unsere Route als weiterhin abwärts und in den nahen Wald führender Wiesenweg leicht nach rechts fort. Wir folgen dem unmarkierten Karrenweg durch Mischwald und über Wiesenstücke bergab. Erst wenn wir nach ca. 900 m auf eine breitere Schotterstraße treffen, können wir anhand eines gelben Pfeils mit blauem Punkt feststellen, dass wir uns wieder auf dem Trude-Marzik-Weg mit der Nr. 54 befinden. Wir wenden uns auf der Schotterstraße nach links, sehen nun eine rote Markierung und gehen an einem sehenswerten privaten Anwesen mit der Hausnummer Hammerschmiedeweg 3 vorbei. Auf dem beschaulichen, weiterhin geschotterten Weg wandern wir nun etwa 1 km in östliche Richtung am Stiefernbach entlang, bis wir bei einer kleinen Kreuzung wieder auf Asphalt stoßen. Wir wenden uns in der Klopfartsbergstraße nach links und kommen so nach wenigen Metern zur Hauptstraße des Dorfs **Stiefern**, in die wir rechts einbiegen (1 ½ Std.).

Stiefern wurde 902 oder 903 erstmals als „Stiuen“ oder „Stiuinc“ urkundlich erwähnt und ist damit der erste namentlich genannte Ort im Waldviertel. Vom Ende des 19. Jh.s bis zum Zweiten Weltkrieg war die Ortschaft, wie viele Gemeinden im Kamptal, ein beliebtes Ziel für Sommerfrischler, die der Hitze und Enge der Großstadt entkommen wollten.

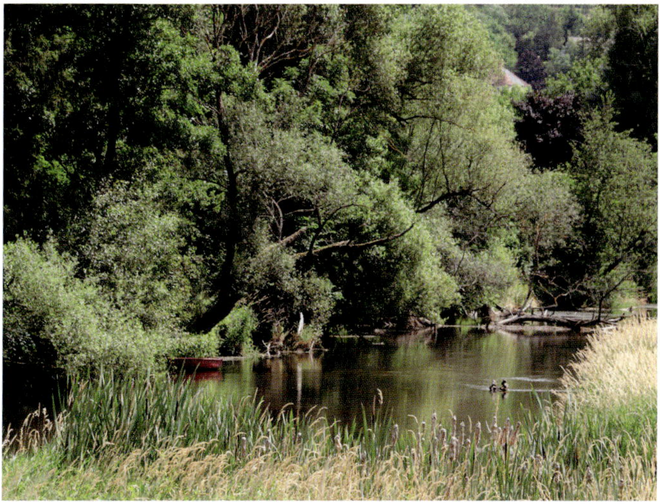

Am Kamp vor Schönberg

Wir bleiben auf der Hauptstraße von Stiefern. Schon bald sehen wir ein Schild, das auf die **Buschenschank Familie Perteneder-Huber** hinweist, die nach ein paar Metern auf dem links wegführenden Altneustifter Weg zu erreichen ist. Auf der Hauptstraße geht es dann weiter bis zum Irblingweg, auf dem sich unsere Route fortsetzt. Wir folgen hier dem Kamptal-Radweg und biegen nach wenigen Schritten vor Irblingweg 7 nach links in die Radgasse ein; auf einem Haus wird der Wasserstand beim Katastrophenhochwasser vom 8. August 2002 angezeigt. Ab hier ist die Markierung wieder blau-weiß.

Wir gehen einige Meter an den Bahngleisen entlang, queren diese dann (auf Pfeifsignale achten!) und bewegen uns dahinter nach rechts weiter. Zwischen Kamp und **Kamptalbahn** wandern wir nun auf einem Feldweg auf die schroffen Felswände des Irrblings zu, folgen dann einer Kurve des Flusses nach links und überqueren bald danach auf einer breiten Holzbrücke den Kamp. Unterhalb der B 34 geht es auf einem Traktorweg weiter, der nach etwa 200 m die Straße unterquert. Der Weg macht einen kleinen Bogen und führt zu einem Schild, das uns verrät, welche Heurigen in **Schönberg am Kamp** – dem nächsten Etappenziel – gerade ausgesteckt haben.

Wir bleiben auf der schmalen Stieferner Straße, die auf den Ort zuführt. Die nächste Etappe nach und durch Schönberg verläuft leider durchwegs unter freiem Himmel und auf Asphalt; der rechts unter uns dahinfließende Kamp macht diesen Wegabschnitt bei starker Sonnenhitze auch nicht angenehmer. Dafür kommen wir aber an einer Einkehrmöglichkeit vorbei, wo wir uns im Sommer stärken können – dem **Badbuffet** im Freizeit- und Erholungszentrum Schönberg.

Wo die Stieferner Straße dann in eine Kreuzung aus vier Straßen mündet, gehen wir rechts in der Hauptstraße Richtung Ortskern und der deutlich sichtbaren Pfarrkirche von Schönberg weiter. Wir bleiben auf dieser Straße und kommen an den Lokalen **Hotel & Restaurant zur Schonenburg** und **Papperl á Pub** vorbei, bevor wir nach einer Rechtskurve der Hauptstraße den Kamp erreichen und diesen auf einer Brücke überqueren. So gelangen wir zur kleinen Johannes-Nepomuk-Kapelle, die aus der Mitte des 18. Jh.s stammt und 1920 vom linken Kampufer an diesen Ort versetzt wurde. Bei diesem Bildstock lädt eine Rastbank zum kurzen Verweilen ein (2 ½ Std.).

Gleich neben der Bank setzen wir unsere Wanderung auf dem Kampweg fort und bleiben von dort an erst auf Asphalt, dann auf Feld- und Wiesenwegen dicht am Ufer des in diesem Teil ruhig und gemächlich dahinfließenden Kamps. Wir befinden uns hier auf dem Flusslehrpfad mit der Nr. 53 und dem Schlossbergweg mit der Nr. 55. Eine Zeitlang gehen wir wieder an den Gleisen der Kamptalbahn entlang, dann queren wir den Fluss auf einer Holzbrücke; der folgende Uferweg trägt nur mehr die Nr. 55 und ist blau-weiß markiert. Flussabwärts wandernd passieren wir das Kampbad Zöbing und ein Wehr, bevor wir auf einer geschotterten Straße zu einem großen Silo kommen. Hier verlassen wir den Naturpark Kamptal-Schönberg und folgen der blauen Markierung in den Mühlweg, wo wir an der Mündung in die Heiligensteinstraße den **Gasthof Gutmann „Zur schönen Aussicht“** in der Ortschaft **Zöbing am Heiligenstein** erreichen (3 ¼ Std.).

Abkürzung: Wenn man vom Gasthof Gutmann aus durch die Heiligensteinstraße auf das Ortsinnere zugeht, erreicht man den Bahnhof Zöbing, von dem aus man bei günstiger Verbindung (der Zug verkehrt nur alle Stunden) direkt nach Langenlois zurückfahren kann.

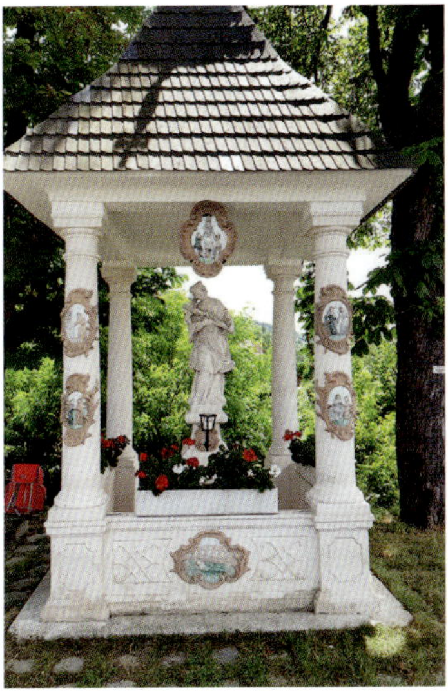

Nepomukkapelle in Schönberg

Wir queren auf der Ing.-August-Kargl-Brücke (auf der eine weitere Statue des heiligen Nepomuk auffällt) wieder einmal den Kamp und sehen kurz danach einen Brunnen, der anlässlich des 900-Jahr-Jubiläums von Zöbing errichtet wurde. Gleich gegenüber führt uns der Friedhofweg mit blau-weißer Markierung wieder direkt am Kamp entlang; biegt die asphaltierte Straße nach rechts ab, halten wir uns weiterhin in Gehrichtung auf einem Feldweg neben Weingärten.

Nach einer kleinen Holzbrücke wenden wir uns auf einem geschotterten Feldweg nach rechts, überqueren das Bahngleis, biegen bei einer Wegteilung scharf nach rechts ab und gelangen so wieder einmal zur B 34, die wir geradeaus überqueren. Auf einem asphaltierten Begleitweg neben der Landesstraße gehen wir nach links weiter und treffen so bald auf die breitere, viel befahrene Kamptalstraße, die wir am Straßenrand und auf dem Gehsteig Richtung Stadtzentrum beschreiten müssen. Ein Schild „Bahnhof“ weist uns nach etwa 1 km links in die Anton-Bruckner-Straße, durch die wir nach wenigen Minuten den Bahnhof Langenlois erreichen, von dem wir weggefahren sind (4 Std.).

6-3 Ein erfreulicher Amtsweg

Vom „Tor zum Waldviertel" zur Aussicht ins Kremstal

Südlich der Stadt Gföhl erwandern wir auf dem Zweibergeweg zwei prominente Erhebungen: den 654 m hohen Kühberg und den 552 m hohen Dreiturmberg. Von einer Felskanzel aus genießen wir einen besonders schönen Ausblick ins Tal der Krems – und nebenbei lernen wir noch eines der „Ämter" von Gföhl näher kennen.

DER WANDERWEG

Vom Parkplatz aus marschieren wir die wenigen Meter durch die Wurfenthalstraße zum Hauptplatz der Stadt Gföhl hinauf, wo wir vor der barocken Pfarrkirche stehen, die dem heiligen Andreas geweiht ist. Die Stadt Gföhl, die sich selbst auch gern als „Tor zum Waldviertel" bezeichnet, entstand an der Kreuzung mehrerer wichtiger Straßen und wurde 1182 erstmals urkundlich erwähnt. Anfang des 17. Jh.s begann man die umliegenden Waldämter (von Förstern verwaltete Streusiedlungen) im vordem unbewohnten Gföhlerwald einzurichten. Seit damals entwickelte sich Gföhl zum wirtschaftlichen Knotenpunkt der Region und wurde 1990 zur Stadt erhoben.

Direkt bei der Busstation vor der Kirche sehen wir auch schon den Startpunkt unseres Wanderwegs: einen gelben Pfeil mit der Aufschrift „Zweibergewanderung" und der Wegnummer 42. Wir folgen diesem Pfeil, bewegen uns vom Hauptplatz durch die Kirchengasse und gelangen auf ihr zum Bayerlandplatz, wo wir links noch das altehrwürdige Gebäude der „Gföhler Lichtspiele" sehen. Hier überqueren wir die Straße und gehen schräg links, dem Pfeil folgend, die Kühberggasse bis zu ihrem Ende hinunter. Dort biegen wir rechts in den Kleinkühbergweg ein und wandern zwischen Privathäusern leicht bergan zum Ende des verbauten Gebiets.

Nach dem letzten Haus verlassen wir den asphaltierten Bereich, an einem Marterl vorbei setzt sich unsere Route nun auf einem Feldweg fort. Blicken wir hier zurück, so können wir einen schönen Blick auf Gföhl genießen. Wir schreiten auf freiem Gelän-

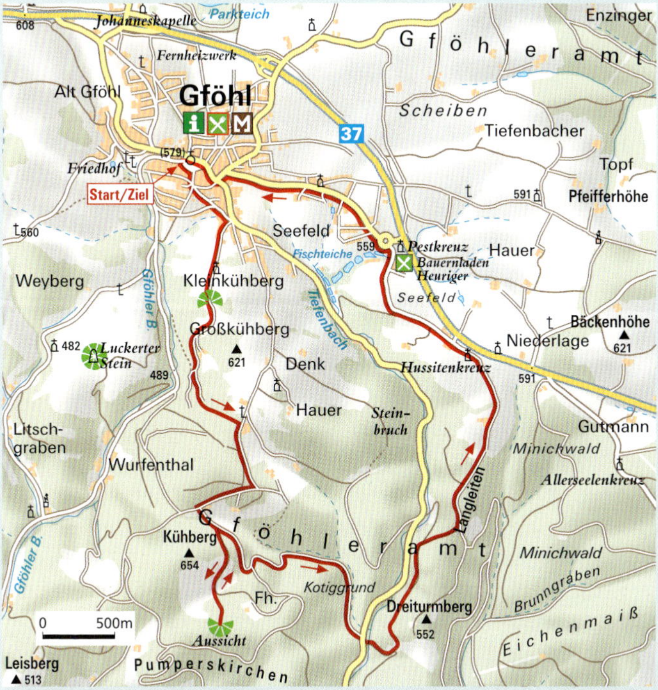

WEGVERLAUF: Rundwanderung. Gföhl/Hauptplatz – Großkühbergweg (45 Min.) – „Aussicht“ (45 Min.) – Kremser Straße (45 Min.) – Langenloiser Straße/Gföhleramt (45 Min.) – Gföhl/Hauptplatz (30 Min.)

DAUER: 3 ½ Std.

LÄNGE: 12,6 km

SCHWIERIGKEITSGRAD: Insgesamt drei Anstiege, die aber nicht sonderlich schwer zu bewältigen sind

WEGMARKIERUNGEN: Gelbe Pfeile „Zweibergewanderung“, gelbe Tafeln mit der Nr. 42, „Tut gut“-Schritteweg, grüne Tafel

EINKEHRMÖGLICHKEITEN: s'Fritz Wirtshaus im Gföhler Bauernladen (Mo und Di Ruhetag), zahlreiche Lokale in Gföhl

ANFAHRT: Mit dem Pkw von Langenlois über die Gföhler Straße (L 55) zur Kremser Straße (B 37), auf dieser bis Abfahrt Gföhl, dann Langenloiser Straße bis zum Hauptplatz des Ortes. Von dort weiter in die Wurfenthalstraße und nach einigen Metern links einbiegen auf den Dipl.-Ing.-Leopold-Figl-Platz, wo Parkplätze ohne zeitliche Beschränkung zur Verfügung stehen.

de zwischen Wiesen und Feldern annähernd niveaugleich auf ein Waldstück zu. Bei einer Abzweigung, an der links ein Weg in den Wald hinaufführt, bleiben wir auf dem geradeaus weiterführenden Feldweg. Die auf einem Metallpfosten angebrachte Nummer 42 auf gelbem Grund ist an diesem Kreuzungspunkt von Rankpflanzen fast völlig überwachsen und daher kaum sichtbar.

Kurz darauf gelangen wir zu einer rot-weiß-roten Schranke, die wir passieren und die Forststraße danach etwas bergab gehen, bis uns links ein stark gras- und unkrautüberwachsener Weg mit der Markierung „42“ und „Tut gut“-Schritteweg bergauf führt. Dieser Pfad geht bald in einen Waldweg über, wo wir die nächste Markierung sehen und weiter aufsteigen. Aus dem Wald treten wir auf eine schmale Asphaltstraße (den Großkühbergweg), der wir laut Beschilderung nach rechts – „Zum Bauernferdl“ – folgen (45 Min.).

Nach ca. 500 m halten wir uns bei einer Weggabelung an den mit „42“ markierten rechten Ast und wechseln somit von Asphalt wieder auf eine Forststraße. Bei einem Privathaus bleiben wir auf dem nach links abbiegenden Hauptweg – die Tafel, die uns dies

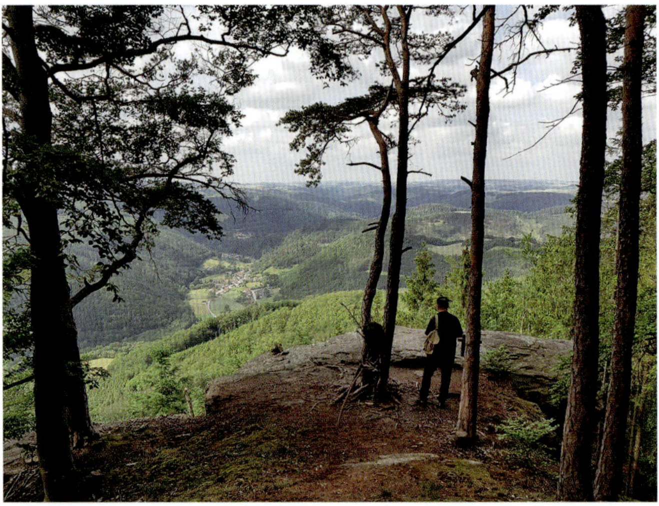

Aussichtsfelsen mit Blick ins Kremstal

anzeigt, ist allerdings auf dem rechts bergan führenden Weg hinter Gebüsch verborgen; sie weist auf die Zweibergewanderung hin und gibt uns als nächstes Ziel den **Kühberg** mit 654 m Höhe an. So kommen wir nach einer Kehre zum nächsten Waldstück und einer weiteren Wegteilung. Nach rechts weisen uns eine grüne Tafel mit der Nr. 1 zum Kühberg und unser gelber Pfeil zum „abgekommenen Gehöft Bauernferdl".

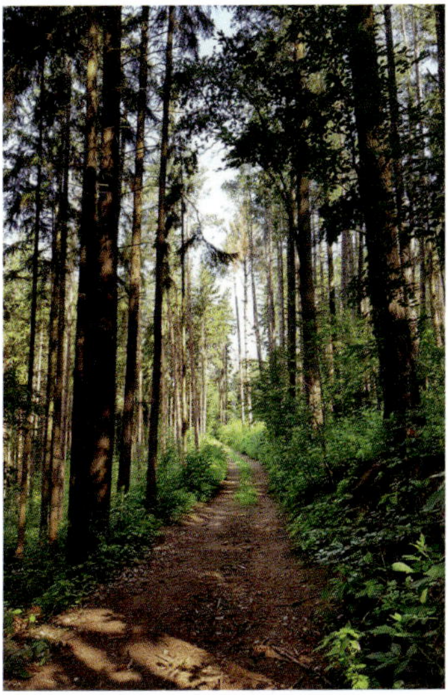

Aufstieg zum Großkühbergweg

Wir folgen dieser Strecke über eine breite, leicht ansteigende Forststraße durch Mischwald auf einen Feldweg, der in dieselbe Richtung weiterführt. Nach einer Informationstafel über die ehemaligen Einschichthöfe der Umgebung, von denen heute nur mehr ein paar alte Obstbäume künden, halten wir auf das nächste Waldstück zu. Rechter Hand leitet uns eine Tafel mit „42", unter der ein hilfreicher Wanderer mit Filzstift einen Pfeil gezeichnet hat, auf einen Pfad, der von der Forststraße weg ins Unterholz führt. Wenige Meter danach weist uns der gelbe Pfeil den Weg „Zur Aussicht – 5 min.". Ein kurzer, steiler Aufstieg durch dichten Nadelwald führt uns zu einer sphinxförmigen Felsformation und einer „Aussicht" genannten Felskanzel, wo wir uns an einem herrlichen Blick auf die kleine Ortschaft **Pumperskirchen** und weit hinaus ins **Kremstal** erfreuen. Hier findet sich auch ein Gipfelbuch, in das wir uns eintragen können (1 ½ Std.).

Auf demselben Weg gehen wir wieder zurück, bis wir die vorhin erwähnte Wegteilung erreichen. Nun folgen wir der Hanslgrabenstraße der Österreichischen Bundesforste „Zum Tiefenbach" etwa 1,5 km leicht bergab. So kommen wir zur asphaltierten Kremser Straße, wo uns links eine Tafel auf den Ortsteil **Gföhleramt** hinweist. Ein Schild kündigt die nächste Etappe der Zweibergewanderung an: „Dreiturmberg – durch Furt“ (2 ¼ Std.).

Wir überqueren die Straße, folgen dem gelben Pfeil nach rechts und erreichen nach ca. 30 m am Straßenrand einen links wegführenden Weg, der uns über die vorgenannte Furt den Tiefenbach überqueren lässt. Danach gewinnen wir auf einem stark überwachsenen Karrenweg mit mehreren Serpentinen rasch an Höhe. Kurz nach einer Wandertafel mit der Aufschrift „Zur Niederlage 591 m“ wandelt sich der Weg zu einer breiten Forststraße, auf der wir an der Flanke des **Dreiturmbergs** entlang durch Mischwald wandern. Von links unter uns vernehmen wir an Wochentagen die Arbeitsgeräusche eines Steinbruchs.

Wir halten uns an den markierten Pfad und treten bald aus dem Wald, wo der Weg zwischen Feldern weiter verläuft. Vor uns hören wir schon die Geräusche einer Autostraße, nämlich der B 37. Vor einem Privathaus wandelt sich der Feldweg schließlich zu einer schmalen, asphaltierten Straße, die direkt auf die vielbefahrene Schnellstraße zuführt. Zur Linken erkennen wir in einer Wiese auf der „Niederlage“ das Hussitenkreuz, das an den tschechischen Glaubenskrieg der Jahre 1426/27 erinnert. Kurz danach biegen wir in die anfangs parallel zur B 37 verlaufende Langenloiser Straße in Gföhleramt ein (3 Std.).

Auf Asphalt und über freie Fläche halten wir nun wieder auf Gföhl zu, der Kirchturm der Stadt ist von hier aus bereits gut sichtbar. Kurz nachdem wir die Ortstafel von Gföhl passiert haben, gelangen wir zum **s’Fritz Wirtshaus** im Gföhler Bauernladen, der ersten Einkehrmöglichkeit dieser Wanderung. Bei einem Kreisverkehr halten wir uns links und marschieren weiter auf der Langenloiser Straße bzw. deren Gehsteig auf das Stadtzentrum zu. Dabei kommen wir auf dem „Marterl-Weg“ an zwei Pestkreuzen vorbei, die allerdings recht unscheinbar sind. Bei einer Straßenkreuzung halten wir uns links Richtung „Gföhl-Ortsmitte“ und nach wenigen Metern bei der nächsten Kreuzung wieder rechts. Im Ortskern von Gföhl laden dann zahlreiche Gaststätten zur Einkehr ein, bevor wir wieder den Ausgangspunkt der Wanderung erreichen (3 ½ Std.).

6-4 Zügig zum Zwickl

Beim Zusammenfluss von Großer und Kleiner Krems

Von der Marktgemeinde Albrechtsberg, die sich durch ihre sehenswerte Burg auszeichnet, führt uns dieser Rundweg zum sogenannten Zwickl, wo sich die beiden Flüsse zur Krems vereinigen. Von dort aus geht es zur archäologisch hochinteressanten Gudenushöhle und danach über Wald- und Feldwege zurück zum Beginn der Tour.

DER WANDERWEG

Am Hauptplatz der „Wohlfühlgemeinde" **Albrechtsberg,** wo wir vor dem Gemeindeamt geparkt haben, steht eine ganze Reihe von Wandertafeln. Wir entscheiden uns für den „Augenbründelweg" mit der Nr. 22. An einem Brunnen vorbei, den eine Statue des heiligen Florian ziert, führt unsere Route in die Sackgasse. Zur Rechten sehen wir die imposante Burg Albrechtsberg und die barocke Pfarrkirche Mariä Himmelfahrt – eine ehemalige Wallfahrtskirche – über uns aufragen. Auf der Sackgasse gelangen wir schon nach wenigen Metern zu einer nach links führenden Abzweigung, wo ein Pfeil zum erwähnten Brunnen weist.

Variante: Sollte das Tor geöffnet sein, können wir auch den Weg durch das Burggelände nehmen, um die 1230 erstmals urkundlich erwähnte Höhenburg und die angebaute Kirche aus der Nähe zu betrachten. Die **Burg Albrechtsberg** befindet sich heute in Privatbesitz und ist nicht zu besichtigen; sie wurde 1990 vom mittlerweile verstorbenen Geologen und Umweltschützer Dr. Alexander Tollmann erworben, dessen Familie heute noch hier wohnt. Nach Verlassen der Burganlage wenden wir uns in der Sackgasse nach links und kommen nach ein paar Schritten zur obigen Abzweigung.

Der schmale, gelb und mit Nr. 4 markierte Weg (auch als „Millas Zauberweg" bezeichnet) führt anfangs durch eine Wiese, dann

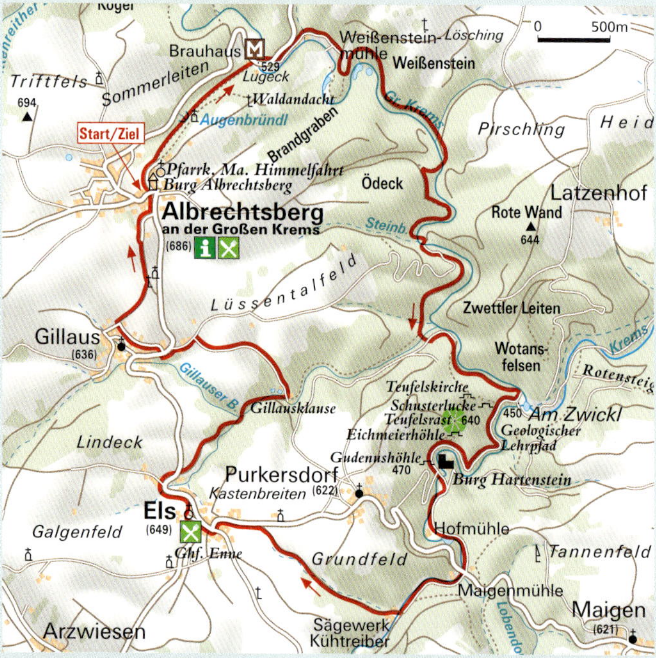

WEGVERLAUF: Rundwanderung. Albrechtsberg an der Großen Krems – Brauhaus (30 Min.) – Zwickl (1 ¼ Std.) – Maigenmühle (45 Min.) – Els (45 Min.) – Albrechtsberg (1 Std.)

DAUER: 4 ¼ Std.

LÄNGE: 16 km

SCHWIERIGKEITSGRAD: Mittel – die Aufstiegsphase ist zwar langwierig, aber nicht schwer zu bewältigen.

WEGMARKIERUNGEN: Augenbründlweg Nr. 22, gelbe Pfeile (Nr. 4), Waldviertel-Weitwanderweg „606“, Kremstalweg „625“ (gelbe Pfeile), rote Marken (Nr. 3), Weißensteinweg (Nr. 21), Gelb/Grün, Kremstalhöhlenweg (Nr. 20), gelbe Marken, blaue Marken, Gillausklausenweg (Nr. 25, gelbe Pfeile), blau (Nr. 6), grüne Markierung (Weißensteinweg)

EINKEHRMÖGLICHKEITEN: Gasthof Enne (Mo und Di Ruhetag), Fischers Gasthaus zur Linde (Mo und Di [bis 17 Uhr] Ruhetag), Bäckerei/Konditorei Schäfer (Mo und Sa nur vormittags geöffnet)

ANFAHRT: Mit dem Pkw auf der Wiener Straße (B 218) südwestl. zur B 37 (Kremser Straße), auf der B 37 Richtung Zwettl, bei Eisengraben links abbiegen auf die L 76 Richtung Lichtenau, in Lichtenau auf die L 7064 Richtung Albrechtsberg. Auf dem Hauptplatz von Albrechtsberg an der Großen Krems gibt es Parkplätze.

hinter einem Gehöft vorbei in den Wald. Die Informationstafeln am Wegrand sind auf kindliche Benutzer zugeschnitten. Wir gehen auf belaubtem Boden stetig bergab und erreichen so nach wenigen Minuten das Augenbründl, dessen Wasser sich nach altem Glauben positiv auf die Sehkraft auswirken soll.

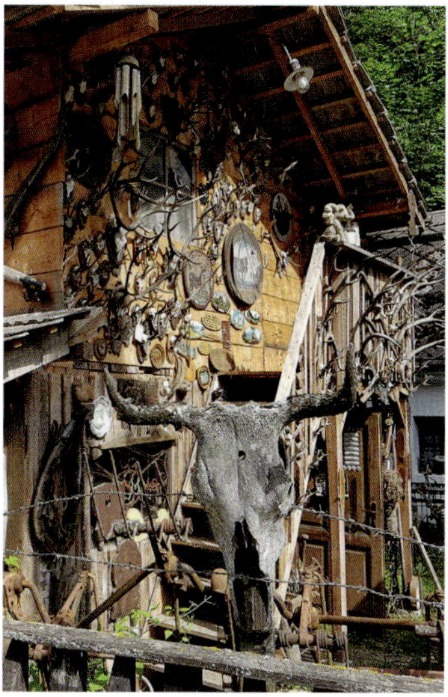

Heimatmuseum „Brauhaus"

Nach dem Bründl teilt sich der Weg, wir folgen dem links abwärts führenden Ast nach Brauhaus. Nach zwei Serpentinen gelangen wir zu einem Bildstock, wo sich mehrere Wege kreuzen. Wir schlagen hier die Richtung ein, die uns die Tafeln „Waldviertel-Weitwanderweg 606" sowie „Kremstalweg 625" vorgeben und gehen einen Waldweg (den Mühlweg) an einem Bach entlang ins Tal hinunter. Haben wir den Wald verlassen, sind es nur noch wenige Meter über eine Wiese zur Straße. Wir betreten hier die Siedlung Brauhaus und wenden uns auf der Straße nach rechts (30 Min.).

Nach Querung zweier Brücken kommen wir zum Heimatmuseum „Brauhaus" im Tal der Großen Krems, wo den Besucher mehr als 17.000 Exponate erwarten, die Berufe und Tätigkeiten der Vergangenheit anschaulich illustrieren. Das Privatmuseum der Familie Hofstätter ist ganzjährig täglich von 9 bis 18 Uhr geöffnet.

Direkt dem Haus gegenüber zweigt der Weg Richtung „Zwickl" rechts von der Straße ab. Auf einer schmalen Asphaltstraße gehen wir an Bretterstapeln des hiesigen Sägewerks und dann an ein paar Häusern vorbei. Auf dieser Etappe sehen wir gelegentlich eine rote Markierung mit der Nr. 3. In einer Rechtskurve der asphaltierten Straße, die jetzt zu einem Brauhaus hinabführt, halten wir uns geradeaus und marschieren auf einem kurzen Schotterweg bergan zu einer Wiese.

Dort wenden wir uns nach rechts und folgen dem „Waldviertel-Weitwanderweg 606“ (und *nicht* dem „Kremstalweg“ nach Lichtenau). So umgehen wir in einem Linksbogen eine größere Wiese, um uns auf der gegenüberliegenden Seite an die rote Markierung und eine „606“-Tafel zu halten, die uns leicht bergan auf einem schmalen, kaum erkennbaren Wiesenweg in ein Waldstück führen. Wir durchschreiten auf diesem Pfad einen noch jungen Laubwald und hören rechts unter uns den Fluss dahinplätschern. Schließlich führt uns der Hangweg direkt zum Ufer der **Großen Krems** hinab und wird hier zu einem gelegentlich dicht bewachsenen Karrenweg, der parallel zum Fluss verläuft. Wenn der von Lichtenau kommende Kremstalweg von links zu unserer Route stößt, sind es nur mehr wenige Meter bis zu einer Metallbrücke über die Große Krems. Wir orientieren uns weiterhin an den bekannten Markierungen und dem Weißensteinweg mit der Nr. 21.

Nach dem Überschreiten der Brücke halten wir uns links und steigen auf einem Forstweg durch ein lichtes Waldstück etwa 5 Min. lang ziemlich steil bergauf. Dem danach folgenden Weg folgen wir nach links, wo uns ein Feld- und Waldrandweg bald wieder zum Ufer der Großen Krems führt, die auf der anderen Flussseite von einer steilen, schroffen Felswand überragt wird. Neben Farnen gehen wir am Fluss entlang, dann wieder ein kurzes Stück bergauf. Hier weist ein Pfeil (Kremstalweg „625“) auf eine nur schwer erkennbare Abzweigung nach links, die uns

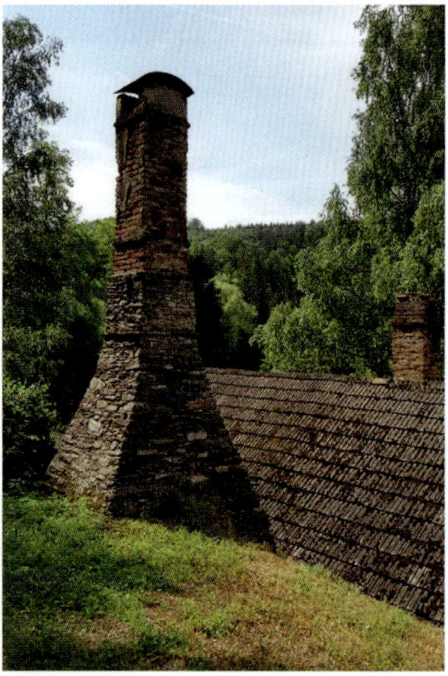

Ehemaliges Brauhaus

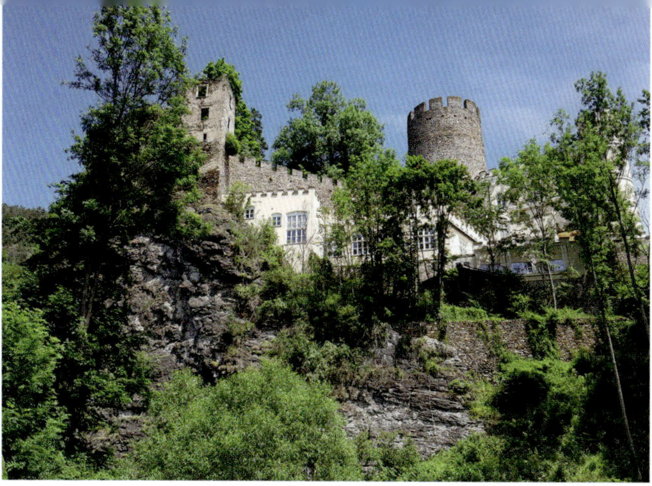

Burg Hartenstein

über ein paar Stufen und einen Waldpfad zur nächsten Fußgängerbrücke bringt – dem Roßtümpelsteg („Steg nur einzeln begehen!“). Wir benützen den Markierungen folgend noch ein paar weitere Brücken und bleiben tendenziell immer möglichst am Wasser oder in dessen Nähe, bis wir schließlich auf einem langgezogenen Feldweg den **Zwickl** erreichen, wo sich Große und **Kleine Krems** vereinen und als **Krems** zur Donau weiterfließen (1 ¾ Std.).

Schon vor Erreichen des Zwickls sind wir an einem rechts abzweigenden steilen Pfad vorbeigekommen, der zu Zielen wie Teufelskirche und Schusterlucke führt. Entsprechende Wandertafeln finden wir auch hier (und später noch einmal am Wegesrand); sie weisen den Weg zu diversen Höhlen, Klettersteigen und Felsformationen, die aufzusuchen aber nur geübten und trittsicheren Wanderern zu empfehlen ist. Wir gehen stattdessen nach der Brücke einige Schritte weiter und sehen uns kurz die Wehranlage des ehemaligen Kraftwerks Hohenstein an. Dann verlassen wir die Wanderroute „606“, gehen zur Wegteilung zurück und folgen dem hier gelb und grün markierten „Kremstalweg“ – gleichzeitig einem geologischen Lehrpfad – auf einer geschotterten Fahrstraße entlang der Kleinen Krems. Nach etwa 30 Min. erreichen wir eine Holzbrücke, die uns über den tief eingeschnittenen Fluss zur **Gudenushöhle** bringt. Diese Höhle ist eine der bedeutendsten steinzeitlichen Fundstätten Österreichs. Archäologen entdeckten darin ca. 70.000 Jahre alte Werkzeuge und bearbeitete Tierknochen, die von Neandertalern gefertigt und benützt wurden.

Hoch oberhalb der Höhle erkennen wir bereits die **Burg Hartenstein** die sich heute allerdings nicht mehr im Besitz des Adelsgeschlechts Gudenus befindet, sondern der Beko-Holding des Technologieunternehmers Prof. Peter Kotauczek gehört – und daher leider auch nicht für die Öffentlichkeit zugänglich ist. Wir gehen den Weg an der Kleinen Krems weiter – auf einer weiteren Holzbrücke über den Fluss und dann Richtung Maigenmühle. Auf der durch eine Schranke für Autos gesperrten Burgzufahrt kommen wir nahe besagter Mühle zur Straße zwischen Purkersdorf und Maigen, die wir schräg nach links überqueren (2 ½ Std.).

Wir bleiben auf dem Kremstalweg (und dem Kremstalhöhlenweg mit „20") und gehen auf einer schattigen Asphaltstraße, dem Güterweg Kühtreiber, weiterhin an der Kleinen Krems und gelben Marken entlang. Beim Sägewerk Kühtreiber verlassen wir dann die Straße und folgen den erwähnten Wegen auf einem blau markierten Waldpfad stetig bergan. Nach Verlassen des Waldes wird die Route zu einem steinigen Feldweg auf freiem Gelände, der uns zu einer Straße bringt. Die Markierungen weisen uns hier nach links, wir erreichen auf Asphalt das Ortsgebiet von **Els** (3 ¼ Std.).

Abkürzung: Wer die Wanderung frühzeitig beenden will und am mittleren Nachmittag nach Els kommt, kann von der Station Els/Ortsmitte einen Bus nehmen, der in wenigen Minuten Albrechtsberg erreicht.

Vom Hauptplatz aus gehen wir zur barocken Pfarrkirche des Ortes hinauf, die dem Eisheiligen Pankratius gewidmet ist. Ein paar Schritte weiter erreichen wir wieder die Hauptstraße, wo uns der **Gasthof Enne** zur Einkehr einlädt. Im Sommer können wir unseren Durst aber auch ein paar Schritte weiter vor der gemütlichen Kantine des Freibads löschen.

Nach dem Bad geht es kurz auf der Straße Richtung Albrechtsberg weiter, wo wir aber bei der ersten Möglichkeit rechts abzweigen und auf dem „Gillausklausenweg“ (Nr. 25) weiterwandern. Am Waldrand entlang führt die hier auch als Mountainbike-Strecke ausgewiesene Route in einen idyllischen Mischwald, wo wir zweimal den Gillauser Bach übersteigen. Nach gut 1 km gelangen wir zur **Gillausklause,** einer ehemaligen Einsiedelei, die heute Räumlichkeiten für Seminare und Urlauber anbietet.

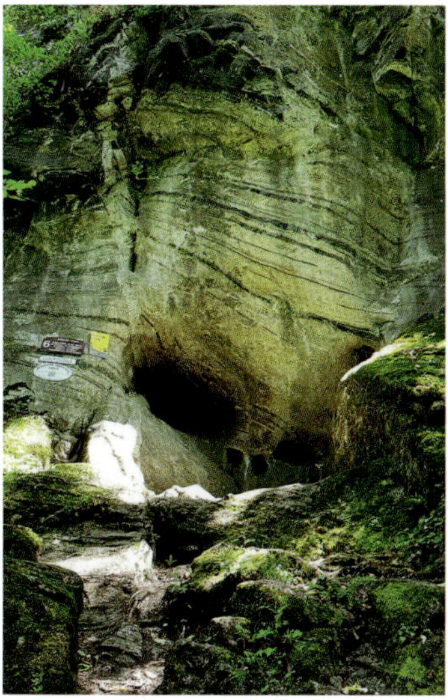

Dämonischer Blick: die Gudenushöhle

Vor dem Gebäude wenden wir uns nach links und wandern eine Schotterstraße bergauf – einer nur schwer sichtbaren Wandertafel nach Gillaus und Albrechtsberg (mit grüner Markierung) folgend. Der Untergrund wandelt sich dann zu Asphalt und wir erreichen über schmale Straßen die Ortschaft **Gillaus,** wo wir auf der Hauptstraße unsere Gehrichtung beibehalten.

Der Weißensteinweg lässt uns hier nach wenigen Metern rechts abzweigen. Wir gewinnen auf einer weiteren Asphaltstraße stetig an Höhe und biegen nach dem Ende des bebauten Gebiets wieder rechts ab, wo es auf freiem Feld weiter hinaufgeht. Nach einer Kuppe sehen wir vor uns schon die Burg Albrechtsberg; wenn die Asphaltstraße rechts wegbiegt, gehen wir geradeaus auf einem Feldweg weiter auf unser Ziel zu. Wir erreichen schließlich die Hauptstraße von Albrechtsberg, biegen gegenüber einer Statue des heiligen Nepomuk links in sie ein und kommen so zu unserem Ausgangspunkt zurück, wo wir noch in einem der Lokale von Albrechtsberg einkehren können (4 ¼ Std.).

7 St. Anna – im Felde und im Ort

Ortsspaziergang in Pöggstall

Die Marktgemeinde **Pöggstall** zählt ca. 2450 Einwohner, ist Teil des Bezirks Melk und besitzt das Marktrecht schon seit 1407. Die erste urkundliche Erwähnung als „Pehstal" („Stelle, an der Pech [Harz] gesammelt wird") geht auf das Jahr 1188 zurück. Die Lage knapp unter 500 m im oberen Weitental begünstigt den Ort klimatisch; man spricht daher auch vom „Meran des Waldviertels".

Ausgangspunkt für unseren Rundgang ist der Hauptplatz mit seiner mächtigen Schlossanlage. Durch den westlichen Ausgang aus dem vorgelagerten Rondell wenden wir uns gleich einen Kiesweg hinauf zum Schlossteich, der jedoch ausgelassen wurde und einer Neugestaltung entgegensieht. Wir gehen die kleine Promenade weiter, um kurz darauf durch eine Tür im Gitterzaun auf die Alte Poststraße zu gelangen. Dieses Teilstück wurde Ende des 18. Jh.s von **Joseph Weber Edler von Fürnberg** (1742–1799) als Postweg zwischen Melk und Gutenbrunn angelegt. Weiter bergwärts kann man noch die originale Straße mit gewölbten Brückenteilen und das Schwedenkreuz, einen 1997 renovierten Bildstock, besichtigen (entlang der Wanderroute „63").

Wir wenden uns aber bergab zur Straßenkreuzung. An der Ecke befindet sich wie damals das ehemalige Poststationsgebäude, in dem heute die Schloss-Taverne „zum Goldenen Hirschen" zu finden ist. Links herum gehen wir den Tavernplatz Richtung Rondell vor, setzen unseren Weg allerdings in der Badgasse nach rechts fort. Auf Nr. 8 war zwischen 1450 und 1654 das erste Schulhaus einquartiert. Nach einem Gasthaus fällt ein gelber Pfeil mit der Angabe „Rundwanderweg St. Anna Nr. 62" auf, dem wir hier geradeaus folgen.

Nach einer Frühstückspension kommen wir zum Lagerhaus und biegen links ab, dann – nach rechts gewendet – gehen wir an einer großen Lagerhalle für Hackschnitzel vorbei und durch einen Busparkplatz zur Mandlgupfstraße vor, die auf den **Weitenbach** zuläuft. Am Freibad Mandlgupf und am Campinggelände ent-

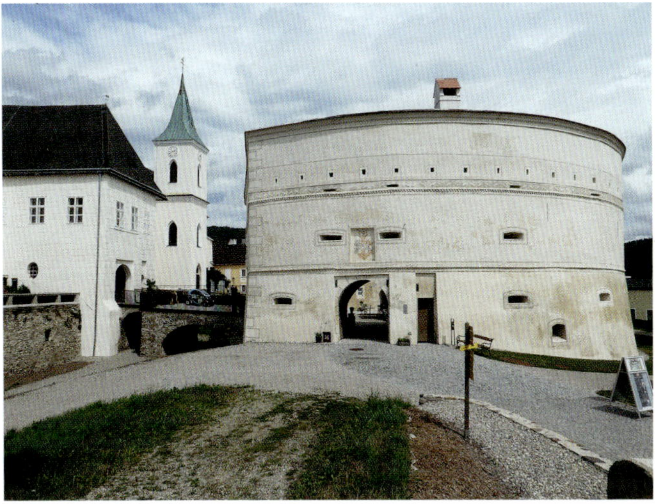

Rondell und Schloss

lang führt die Asphaltstraße zu einer Gärtnerei. Bei den hinteren Privathäusern schlängelt sich am obersten Haus links ein Pfad zur Annakirche vorbei. Nach einem kurzen, heftigen Anstieg erreichen wir die Anhöhe der Kirche **St. Anna im Felde** und den sie umgebenden Friedhof durch das westliche Tor der Einfriedung und stehen unmittelbar vor dem Grabstein des blinden Bauern unter einem gewaltigen, mit Efeu überwachsenen Baum. Der hier bestattete Mann soll durch eine Verletzung schon in jungen Jahren das Augenlicht verloren haben, er war musikalisch begabt und eignete sich die Fähigkeit an, Orgel zu spielen. Während einer Messe in der Schlosskirche im Jahr 1929 ereilte ihn am Instrument der Tod.

Wir gehen links herum und gelangen gleich ins Innere des Sakralbaus (nur Sa, So und Fei). Der nach Norden verschobene Chor birgt einen dreiteiligen neugotischen Hochaltar mit vergoldeten spätgotischen Relieffiguren von fünf heiligen Frauengestalten von ca. 1480. An der Nordwand erkennt man Freskenreste mit Szenen aus der Leidensgeschichte Jesu. Links außerhalb des Chors ist der Zug der Heiligen Drei Könige dargestellt. Beide Malereien sind ca.

um 1400 entstanden. Die Statue der Kirchenpatronin, der heiligen Mutter Anna, mit Maria stammt vom Anfang des 17. Jh.s. Rechts vorne fällt das Grabmal des Georg Ehrenreich Freiherr von Rogendorf († 1590) auf – Sarkophag und Epitaph mit üppigen Reliefs. An der Südwand schließen Marmorgrabsteine anderer **Rogendorfer** an. Ungewöhnlich ist an der Westwand das Epitaph der Anna Goldin († 1541), Ehefrau eines Verwalters zu Rogendorf, auf dem ein halb verwester Leichnam zu sehen ist, der von Kröten und Schlangen zerfressen wird – man vermutet, dass der Ehemann sich damit für die eheliche Untreue seiner Frau rächen wollte.

Nach der ausgiebigen Besichtigung des Inneren betrachten wir außen noch das Fresko an der Ostwand der Seitenkapelle. Es stellt Christus am Ölberg dar und stammt etwa aus dem Jahr 1500. Bemerkenswert ist im Hintergrund die gotische Klosteranlage, die an Stift Melk erinnert, das zu diesem Zeitpunkt noch gar nicht erbaut war.

Wir verlassen den Friedhof und lassen im Zurückblicken noch den Bau auf uns wirken. Interessant ist das Bruchstückmauerwerk, das an allen Seiten von Strebepfeilern gegliedert wird. Der gotische Chor des Nachfolgebaus einer bereits 1140 geweihten Kirche ist um 1330 entstanden. Die nördliche Wand stammt noch vom ursprünglich einschiffigen Langhaus aus dem 14. Jh. Auffällig ist der gedrungene Turm mit Satteldach, das jenes des Langhauses nicht überragt.

Über den Parkplatz gehen wir auf dem St.-Anna-Weg eine Christbaumkultur und die Stationen des 2000 entstandenen Millenniums-Kreuzwegs entlang auf das Ortszentrum zu.

Bei der Polizeiinspektion biegen wir links in die Sparkassenstraße ein, die wir über die Mandlgupfstraße hinaus weitergehen. In die Siegfried-Ludwig-Straße biegen wir rechts ein und gehen eine Stiege hinauf zu einer Hauspassage, um bei Nr. 13 auf den Hauptplatz zu treten. Damit stehen wir wieder vor dem zentralen Gebäudekomplex der Gemeinde.

Nun besuchen wir die Pfarrkirche **St. Anna im Ort**, deren groß dimensioniertes Christophorus-Fresko von ca. 1510 an der Südwand auffällt. Der spätgotische Hallenbau entstand um 1480 als

Sankt-Gilgen-Kirche. Zwei Pfeiler teilen den Raum in zwei Schiffe. Der Flügelaltar entstand um 1490 und thematisiert die Passion Christi. Er wird links flankiert von Maria mit dem Kind und rechts von Anna selbdritt (beide um 1480 entstanden). Die beiden Seitenaltäre stammen aus dem Jahr 1847. Besondere Juwele sind auch die Seccomalereien von ca. 1500 auf der Westempore und die Ratsherrenstühle mit der eingeschnittenen Jahreszahl 1492.

Bleibt noch die Auflösung der Frage, wieso es zwei Annakirchen in Pöggstall gibt: 1810 wurde unter Kaiser Franz I. die Schlosskirche zur Pfarrkirche erhoben und der heiligen Anna geweiht. St. Anna im Felde wurde aufgelassen, ausgeräumt und dem Verfall preisgegeben. Erst nach dem Zweiten Weltkrieg lebte die Feldkirche wieder auf, wurde bestückt und restauriert.

Durch das Rondell betreten wir das Schloss Pöggstall. Dieses Bauwerk kann auf etwa 750 Jahre Baugeschichte zurückblicken. Von 1478 an gehörte das schon 200 Jahre zuvor als Wasserburg entstandene Anwesen der Familie Rogendorf, die es als Residenz mächtig ausbaute, u. a. mit der vorgelagerten charakteristischen Rundbastei, die 1530 nach Albrecht Dürers Architektur- und Befestigungstheorien entstanden ist und als Waffenlager und Stallung diente. Erst 1601 wurde das Schloss weiterveräußert. Seit 1986 ist es Eigentum der Gemeinde.

In den Räumlichkeiten, die den Arkadenhof säumen, kann man sich im Museum für Rechtsgeschichte (April bis Nov. täglich außer Mo) über historische Todesstrafen und Methoden der Hinrichtung informieren und die einzige im Original erhaltene Folterkammer Österreichs aus dem Jahr 1593 aufsuchen.

Das Traunfellner-Museum wurde nach einer Umgestaltung neu eröffnet. Franz Traunfellner (1913–1986) war als künstlerisch begabter Landwirt eine lokale Größe und ist vor allem durch seine stimmungsvollen Holzstiche und -schnitte bekannt geworden. Daneben schuf er aber auch Zeichnungen, Radierungen, Lithografien und Aquarelle.

Im Schloss kann man auch heiraten, feiern oder übernachten – je nach Lust und Laune.

7-1 Über den Ostrong

Aufstieg auf den Großen und Kleinen Peilstein

Die Hauptorte der großteils bewaldeten Doppelgemeinde Münichreith-Laimbach bilden Anfangs- und Endpunkt dieser Wanderung über den Höhenrücken des Ostrongs. Der Große Peilstein ist die höchste Erhebung des südlichen Waldviertels und seine Bezwingung ein ganz besonderes Wandererlebnis.

DER WANDERWEG

In **Laimbach am Ostrong** verlassen wir vor der Polytechnischen Schule den Bus bzw. gehen vom Parkplatz zurück zur Hauptstraße und bewegen uns auf den Ortskern zu. Direkt vor uns sehen wir die der heiligen Margarethe geweihte Kirche. Danach wenden wir uns dem mächtigen Gebäude des **Landgasthofs Schreiner** zu. Ohne auf die Wandertafeln an der Straßenkreuzung zu achten, gehen wir an einer Telefonzelle zwischen Gemeindeamt und Gasthof vorbei, über den Parkplatz, an den Gebäuden eines Schlacht- und Zerlegebetriebs entlang und hinten hinaus. Der Weg setzt sich an der das Grundstück abgrenzenden Hecke in Richtung einer neuen Wohnsiedlung mit auffällig großen Privathäusern fort. Die letzte Parallelgasse vor der Hauptstraße wenden wir uns links bergauf (blau-gelbes Schild einer Laufstrecke). Beim Pfiat-di-Gott-Marterl marschieren wir links die Autostraße weiter, kommen am Ortsteilschild von Hinterholz vorbei und biegen um das Haus 24 zum Berg ab (gelbe Pfeile „Peilstein-Gipfelerlebnis Laimbach Nr. 55“ und „Ysper-Weitental-Rundwanderweg Nr. 22“).

Nach den ersten Höhenmetern gelangen wir zur Wegteilung, wo „54“ rechts abknickt, und bleiben weiter auf „55“ und „22“. Durch unterschiedlich dichten Nadelwald geht es nicht steil, aber konsequent bergwärts. In der Kehre einer unbefestigten Bergstraße teilt sich „55“ auf in eine „schwere“ Strecke (rechts) und einen „leichten“ Weg Richtung „Kleiner Peilstein“, den wir einschlagen wollen und so die Forststraße weitermarschieren. Schließlich gelangen wir bei stetigem Anstieg entlang der Ostflanke des **Ostrongs** zu einer deutlichen Rechtskurve mit weiteren Wandertafeln. Von hier sind es noch etwa 350 m neben einem stark gelichteten Waldstück auf der Talseite, ehe wir das Birkenkreuz auf einer Lichtung erreichen. Hier biegt unser Gipfelweg bergwärts, also rechts ab. Die nächsten Höhenmeter sind in einer Art Hohlweg zu überwinden. Wir gelangen zu einem Orientierungsbaum, wo uns ein weißer Pfeil nach rechts zum **Katzenstein** weist. Nach etwa 150 m auf einem schmalen Pfad erreichen wir einen gewaltigen Felsturm, der zwischen hohen Stämmen in 963 m Höhe aufragt (1 ½ Std.).

Wir gehen zum Hauptweg zurück und folgen diesem hangschräg weiter. Nach einem leichten Gefälle kommt der letzte Gipfelanstieg, über den wir zu einem Blockhaus gelangen – der 2018 von den Naturfreunden errichteten Selbstversorger-**Schutzhütte Peilstein** auf 1018 m Höhe (2 Std.). Den **Kleinen Peilstein** erreichen wir, wenn wir die Felsköpfe unweit der Hütte rechts umgehen. Hier ragt das Gipfelkreuz in 1024 m Höhe auf. Ysper- und Weitental breiten sich unter uns aus, der markanteste Punkt im Norden ist der **Ochsenstrauß** im **Weinsberger Wald** (siehe Wanderung 7-2).

Zwischen Hütte und Gipfelfelsen treffen wir auf mehrere Wanderpfeile („33", „51", „22"). Der „schwere" Anstieg „55" – den wir nicht genommen haben – erreicht hier den Gipfelbereich. Auf einem schmalen und wurzeligen Waldpfad dringen wir in Richtung der nächsten Bergspitze vor, überwinden eine geschlägerte Fläche mit Felsen und kommen dann zum höchsten Punkt, wo ein Schild mit dem Slogan „Wo Sie sind, ist oben" darauf hinweist, dass wir den **Großen Peilstein** auf 1061 m erreicht haben – die höchste Erhebung des südlichen Waldviertels (2 ¼ Std.).

Vom Plateau ist die Aussicht Richtung Norden und Westen ähnlich wie am kleinen Gipfel, ein Kreuz fehlt allerdings. Das angekündigte „Sonnenplatzl" erreichen wir, indem wir dem Pfeil 50 m abwärts folgen und zwischen jungen Fichten zum Felsabsatz und einem Rastplatz durchschlüpfen.

Danach verlassen wir diese exponierte Anhöhe in Richtung „51", „33" und „22"; es führt aber ohnehin nur ein Weg Richtung Süden über den Rücken des Ostrongs. Dichter bewaldete Abschnitte

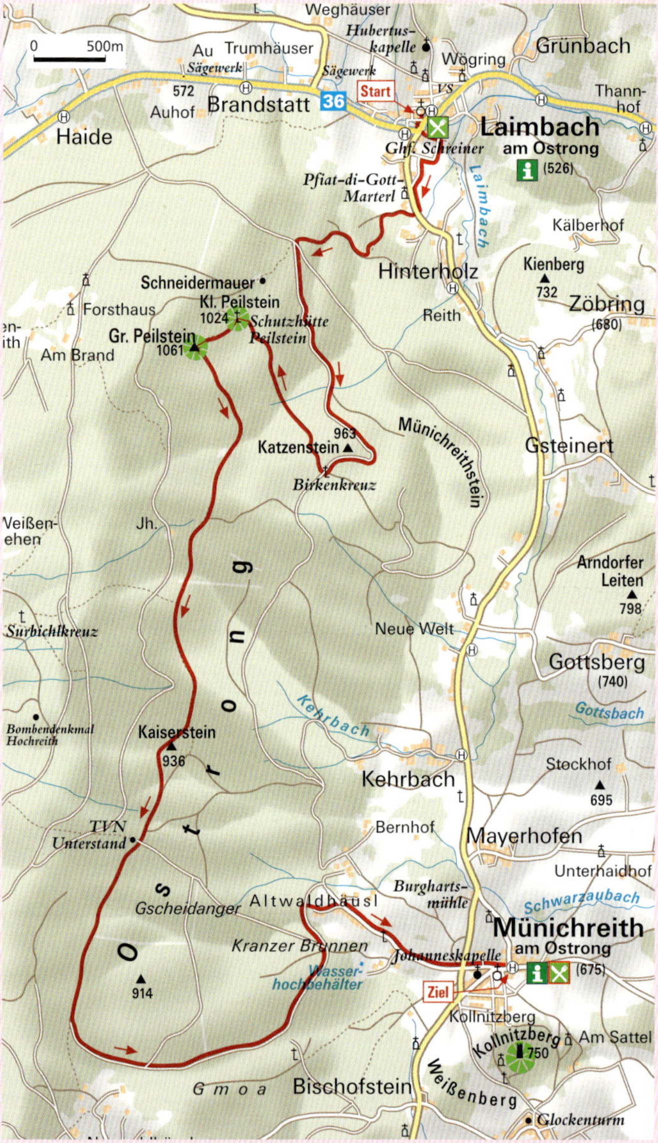
0 500m
Weghäuser
Hubertus-kapelle
Grünbach
Au
Trumhäuser
Wögring
Sägewerk
Sägewerk
572
Brandstatt
36
Start
VS
Thann-hof
Auhof
Haide
Laimbach
am Ostrong
Ghf. Schreiner
(526)
Pfiat-di-Gott-Marterl
Laimbach
Kälberhof
Hinterholz
Kienberg
732
Zöbring
(680)
Schneidermauer
Kl. Peilstein
1024
Forsthaus
Schutzhütte Peilstein
Reith
Gr. Peilstein
1061
Am Brand
963
Münichreithstein
Katzenstein
Gsteinert
Birkenkreuz
Weißen-ehen
Jh.
Arndorfer Leiten
798
Surbichlkreuz
Neue Welt
Gottsberg
(740)
Kehrbach
Gottsbach
Bombendenkmal Hochreith
Kaiserstein
936
Stockhof
Kehrbach
695
Bernhof
TVN Unterstand
Mayerhofen
Unterhaidhof
Burgharts-mühle
Schwarzaubach
Gscheidanger
Altwaldhäusl
Münichreith
am Ostrong
Kranzer Brunnen
Johanneskapelle
(675)
Wasser-hochbehälter
914
Ziel
Kollnitzberg
Kollnitzberg
Am Sattel
750
Ostrong
Gmoa
Bischofstein
Weißenberg
Glockenturm

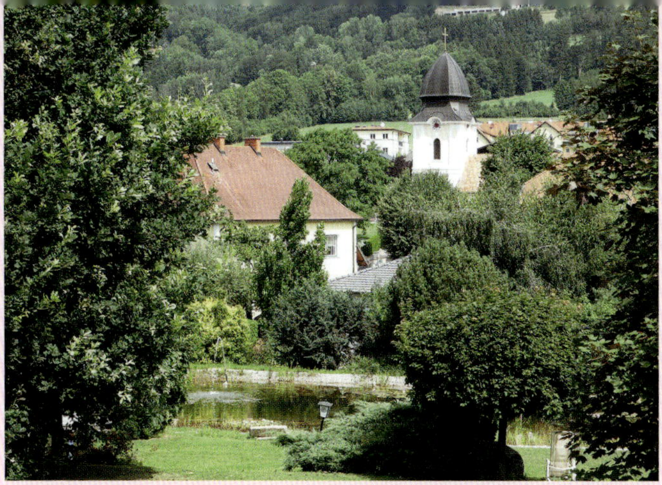

Die Pfarrkirche in Laimbach

WEGVERLAUF: Streckenwanderung. Laimbach – Katzenstein (1 ½ Std.) – Schutzhütte/Kleiner Peilstein (30 Min.) – Großer Peilstein (15 Min.) – Kaiserstein (45 Min.) – Münichreith (1 ¼ Std.)

DAUER: 4 ¼ Std.

LÄNGE: 15,6 km

SCHWIERIGKEITSGRAD: Anfangs einigermaßen anspruchsvoller Anstieg, danach gemütliche Höhenwanderung, abschließend mäßiges Gefälle

WEGMARKIERUNGEN: Unmarkiert, gelbe Pfeile mit „22" und „55", gelbe Pfeile mit „51" „33" und „22", unmarkiert

EINKEHRMÖGLICHKEITEN: Landgasthof Schreiner (Mi Ruhetag), Selbstversorger-Schutzhütte Peilstein, Gasthof Jagsch „Zum grünen Baum" (Mo Ruhetag), Wirtshausbrauerei HaselBräu (Mo–Mi Ruhetag)

ANFAHRT: Mit dem Bus (780) Mo–Fr um 7.30 Uhr von Pöggstall/Hauptplatz bis Laimbach/Schulen. Mit dem Pkw von Pöggstall über die B 216 (Weitental-Straße) und ab Würnsdorf B 36 (Zwettler Straße) bis Laimbach. Wer vor der Kirche rechts einbiegt, findet (auch um die nächste Ecke Richtung Friedhof) Parkplätze.

RÜCKFAHRT: Mit dem Bus (791) Mo–Fr um 17.56 Uhr von Münichreith/Volksschule bis Pöggstall/Hauptplatz. Ist man mit dem Pkw angereist, fährt man mit derselben Buslinie (auch zu früheren Abfahrtszeiten) von Münichreith/Volksschule bis Laimbach/Schulen und dann mit dem Auto zurück nach Pöggstall.

HINWEIS: Freies Gelände ist nur in den Ortschaften und an deren Peripherie zu durchwandern, sonst befindet man sich im schützenden Wald.

wechseln sich mit lichteren ab. Die Aussicht nach beiden Seiten ist äußerst spärlich. Der Weg Nr. 33 zweigt schließlich ins Yspertal ab; für uns sind jetzt nur mehr „51“ und „22“ maßgeblich. Einmal taucht auch noch der Hinweis auf den vom ÖTK markierten Fernwanderweg 08 auf (Kaiserstein-Neuwaldhäusl-Persenbeug). Nach einer kleinen Senke gewinnen wir auf unserem Waldweg wieder an Höhe. Wir wandern sanft zum **Kaiserstein** hinauf, den wir dann auf 935 m Höhe bei einer Steingruppe erreichen. Dieser Punkt ist allerdings mit keiner Aussicht gesegnet (3 Std.).

Der erste Abstieg danach ist etwas ausgeprägter, dann geht es sanft bergab weiter. Auf nadelbedecktem Waldboden erreichen wir die Unterstandshütte der Naturfreunde Yspertal auf dem Scheidanger in 871 m Höhe. Auf dem freien Platz davor orientieren wir uns am Schild „22“ und marschieren zunächst unmerklich bergauf bzw. niveaugleich und absenkend weiter. Etwa 1,2 km nach dem Unterstand erreichen wir einen weiß getünchten Stein mit der Aufschrift HP 771. Kurz darauf weist der Pfeil „Ysper-Weitental-Runderwanderweg Nr. 22“ nach rechts. Wir bleiben aber noch kurz auf unserem zerfurchten Weg und setzen nach einer großen Lichtung markierungslos auf einer breiten Forststraße (Geisbergstraße der ÖBF) fort. Diese geschotterte, manchmal staubige Straße führt uns nun unter hohen Bäumen die südlichen Ausläufer des Ostrong-Rückens entlang. Gelegentlich können wir rechter Hand die Niederungen des Donautals zwischen den Stämmen hindurch erkennen.

2,5 km sind auf dieser Forststraße zu überwinden, dann tauchen rechts Häuser auf, wo wir auch gleich durch einen Bauernhof schreiten, eine schmale Asphaltstraße vorgehen und bei einer Christbaumkultur und Haus 31 in eine breitere Straße einbiegen, die wir bergab weitergehen. Schließlich überqueren wir die Verbindungsstraße zwischen Weiten- und Donautal, kommen nach **Münichreith am Ostrong** und dort auch gleich zur Volksschule, wo die Busse halten, die uns zum Ausgangspunkt zurückbringen. Wenn noch Zeit bleibt, stehen uns 200 m weiter bei der Kirche St. Nikolaus mit ihrem charakteristischen steilen Satteldach noch zwei Einkehrmöglichkeiten zur Verfügung: der **Gasthof Jagsch „Zum grünen Baum“** bzw. die **Wirtshausbrauerei HaselBräu** (4 ¼ Std.).

7-2 Tief durchatmen!

Im „Inhalatorium“ – und rund um den Ochsenstrauß

Vom alten Wallfahrtsort Gutenbrunn aus durchwandern wir märchenhafte Nadelwälder im Osten des Weinsberger Walds, erklimmen den Hirschenstein, wandern danach über die Ochsenstrauß-Südflanke abwärts und kehren über Ulrichschlag zurück zum Beginn unserer Wanderung.

DER WANDERWEG

Ausgangspunkt unserer Route ist die Pfarrkirche Mariä Heimsuchung von **Gutenbrunn.** Die heutige Marktgemeinde geht auf eine mittelalterliche Holzfällersiedlung zurück, die im Zusammenhang mit einer Heilquelle 1556 urkundlich erwähnt wird. Hinter dem Gotteshaus fällt das von **Joseph Weber Edler von Fürnberg** (siehe „Ortsspaziergang Pöggstall“, S. 254) ab 1771 erbaute und nun schön renovierte Schloss auf, das sich in Privatbesitz befindet. Von Fürnberg wurde 1774 mit dem Privileg betraut, im **Weinsberger Wald** (siehe „Tief im Wald“, S. 275) eine Holzschwemme zu errichten, um vor allem Wiens Bedarf an Bau- und Brennholz zu decken.

Auf der gegenüberliegenden Straßenseite befindet sich der allzu modern gefasste „Gute Brunnen“, der dem Ort seinen Namen gibt, und daneben das **Truckerhaus,** in dem man sich über die Geschichte des Ortes und der Region kundig machen kann (siehe S. 268, „Am Wege“).

Wir gehen von diesem Kulturzentrum aus die erhöhte Häuserzeile entlang, am **Gasthaus Walter Fürst** vorbei, und sehen auf Nr. 5 noch das Sterbehaus des Glaskünstlers **Johann Joseph Mildner** (1765–1808), der ein eigenes Verfahren für Malereien auf Gold- und Silbergrund entwickelte – seine „Mildner-Gläser“ sind heute begehrte Sammlerstücke. Dann marschieren wir in einem Rechtsbogen leicht bergauf aus dem Ortskern hinaus, ignorieren einstweilen noch die Wandertafeln am linken Straßenrand und erreichen nach dem Haus Nr. 13 an der Hauptstraße das 2008 errichtete Inhalato-

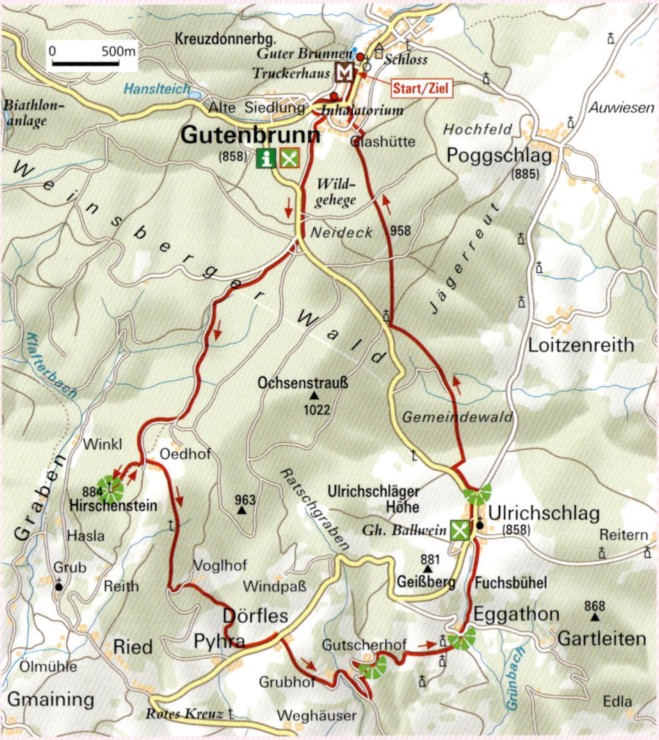

rium inmitten eines Grünbereichs, wo auch eine Wassertretanlage im noch ganz jungen **Weitenbach** und ein Barfußparcours zu finden sind. Hier können wir durch das Inhalieren von Aerosolen – die durch das salzhaltige, über Tannenreisig heruntertropfende Wasser freigesetzt werden – vor der Wanderung noch unsere Lunge stärken und die Durchblutung anregen.

Über den angrenzenden Parkplatz neben der Busstation Kutscherhaus und einen Wiesenpfad halten wir auf ein großes gelbes Haus (Nr. 47) zu, biegen davor rechts ab und und gehen bergauf

WEGVERLAUF: Rundwanderung. Gutenbrunn – Hirschenstein (1 ¼ Std.) – tiefster Punkt (1 Std.) – Ulrichschlag (45 Min.) – Gutenbrunn (1 Std.)

DAUER: 4 Std.

LÄNGE: 14,2 km

SCHWIERIGKEITSGRAD: Anfangs und abschließend unkomplizierte Waldwanderung mit geringen Höhenunterschieden, im Mittelteil ausgeprägtes Gefälle und erhebliche Steigung

WEGMARKIERUNGEN: Markierungslos, gelbe Schilder oder Pfeile mit „45“, „46“ und „41“, später „53“, markierungslos, „53“, markierungslos, gelbe Pfeile „Kirchensteig“ und „41“

EINKEHRMÖGLICHKEITEN: Gasthaus Walter Fürst (So Ruhetag), Gasthaus Ballwein (So–Di Ruhetag, Mi und Do erst ab 16 Uhr), Marschall-Stuben (Mi und Do Ruhetag)

ANFAHRT: Keine wandertaugliche Busverbindung vorhanden. Mit dem Pkw von Pöggstall über die Weitental-Straße (B 216) bis Würnsdorf, dort rechts in die Zwettler Straße (B 36) einbiegen, in Größenbach links Richtung Martinsberg, danach weiter bis Gutenbrunn/Kirche

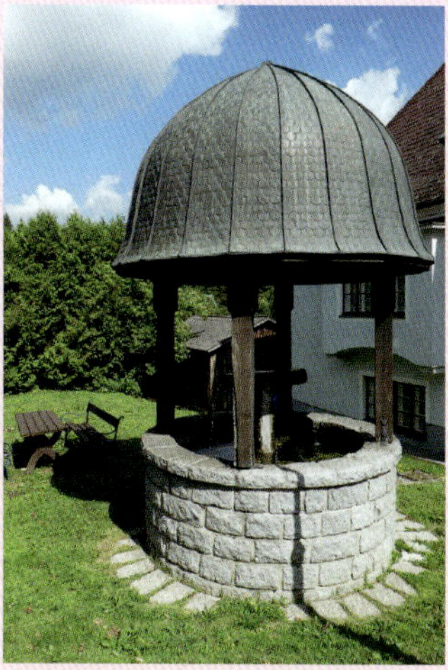

Der „Gute Brunnen“

HINWEIS: Wunderschöne Waldpassagen wechseln sich mit freiem Gelände zwischen Höfen und auf Straßenabschnitten ab. Sonnenschutz ist ratsam.

weiter. Vor dem Sportplatz sehen wir gelbe Tafeln mit den Nummern „45“ und „46“, die vorerst für uns maßgeblich sind. Nach einer Problemstoff-Sammelstelle behalten wir die Gehrichtung bei und wandern auf einem schönen Fahrweg durch ein Waldstück. Nach ca. 300 m erreichen wir die Straße, marschieren am Bankett weiter und folgen beim nächsten Markierungspflock den Marken schräg nach rechts (gelber Pfeil „Hirschenstein-Ödhof“). Eine breite Waldstraße führt uns nun durch gesundes Forstgebiet die Ochsenstrauß-Westflanke entlang. Diese Erhebung des Weinsberger

Waldes ist immerhin 1022 m hoch; allerdings führt kein markierter Weg zum Gipfel, in dessen Bereich spärliche Reste der mittelalterlichen Wehranlage „Ossenstruch" der Herren von Zelking aus dem 13. Jh. zu besichtigen wären. Diesen Abschnitt mit geringen Niveauunterschieden säumen überwiegend hohe Tannen.

Kurz vor einem Bildstock teilen sich die Wanderwege. Wir wählen hier die Nr. 41 zum Hirschenstein. Wenn sich der Wald lichtet, fällt links der Ödhof auf. Wir gehen aber, an den Bienenstöcken des Hofs vorbei, rechts zwischen Bäumen weiter. Kurz danach sind mehrere Wegnummern gemeinsam angegeben: „41", „53" und „45". Nach ca. 250 m öffnet sich der Wald und gibt den Blick nach Süden auf den **Großen Peilstein** frei. An einer Rastbank vorbei schlüpfen wir noch zum vordersten Felsabsatz vor und erspähen zwischen den Bäumen das Gipfelkreuz des **Hirschensteins.** Hier können wir aus 884 m Höhe von einem der schönsten Aussichtspunkte des südlichen Waldviertels den Blick über das Yspertal schweifen lassen, eine Rast einlegen und uns ins Gipfelbuch eintragen (1 ¼ Std.).

Danach gehen wir zum Ödhof zurück, durchqueren diesen und marschieren die Zufahrtsstraße talwärts – auch dann noch, wenn die Nr. 46 und die MTB-Strecken „Ysperklamm" und „Riederberg" rechts abdrehen. In einer Spitzkehre auf Asphalt biegen wir links ab (Holzpfeil „Voglhof"). Gleich nach der Kurve verlassen wir die Straße beim Schild „Gutenbrunner Höhenwanderweg Nr. 53" nach rechts und wandern in einem Hohlweg unterhalb der Wiese des Voglhofs markierungslos weiter, wobei wir die Anhöhen des Ochsenstraußes verlassen. Bei einer Wegteilung setzen wir mehr in Blickrichtung Peilstein fort, gelangen zu einem Aufforstungswäldchen und gehen den Waldweg weiter bergab. Nach einem linken Bogen verlassen wir den Wald bei einer Asphaltstraße, sehen die Tafel mit „53" und können hier über das Feld zur Straße vorstoßen, um bergwärts fortzusetzen. Nach dem Ende von Pyhra folgt kurz danach der Ortsflecken **Dörfles.**

In der ersten Kurve biegen wir zwischen zwei nummernlosen Häusern auf der rechten Seite ab (bald danach gelbes Schild mit „53") und setzen in einem ruhigeren Bereich auf Asphalt bergab fort. Nach dem Grubhof knickt das Sträßchen links ab, ein rechter

Bogen setzt bergab fort. Etwa 400 m danach erreichen wir den tiefsten Punkt unserer Tour (2 ¼ Std.).

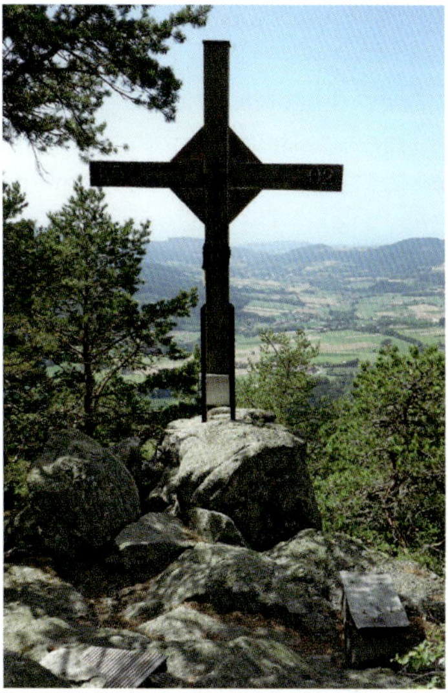

Gipfelkreuz am Hirschenstein

Hier verlassen wir den Weg Nr. 53 und den Pilgerweg Maria Taferl, der hier zuläuft, biegen schräg links bergauf ab und halten auf den nächsten Wald zu. Nach drei markanten Kehren dieser Bergstraße nähern wir uns dem Gutscherhof, einem milchverarbeitenden Betrieb. Sind wir an ihm vorbei, so setzen wir bei der Wegteilung rechts auf einer Staub-Schotter-Straße bergwärts fort. Erst am Sattel erblicken wir endlich wieder ein Schild mit „53“. Danach sind es nur mehr wenige hundert Meter nach Eggathon (kein Ortsschild zu sehen). Hier schlängeln wir uns zwischen den Häusern hindurch zur Querstraße hinauf, wandern auf ihr rechts weiter, an einem großen Holzstadel vorbei, und überqueren einen Bach. Unmittelbar danach gehen wir entlang einer Buschreihe und über eine Futterwiese den Hang hinauf – immer dem Verlauf der Telegrafenleitung folgend. Weiter oben erleichtert ein unscheinbarer Fahrweg unseren Aufstieg. Nach einem Wäldchen erkennen wir auch schon die Häuser von Ulrichschlag. Über eine schmale Asphaltstraße halten wir auf den Ortskern zu und erreichen neben der Busstation Ulrichschlag/Ort das Gasthaus Ballwein, wo wir eine Rast einlegen können (3 Std.).

An der Ortskapelle vorbei wandern wir nun die Straße durch Ulrichschlag bergauf. Nach dem obersten Haus kommen wir zu einer Kreuzung und schlagen die Richtung nach Gutenbrunn ein. Ein Blick nach halb links lässt uns den Gipfelbereich des Ochsenstraußes erahnen. Wir biegen beim gelben Pfeil „Kirchensteig nach Gutenbrunn" rechts ins Grüne ab, streifen etwa 200 m am Waldrand entlang und dringen beim nächsten Pfeil links in ein geradezu märchenhaftes Waldstück ein. Bei einer Wegteilung halten wir uns rechts und stoßen bald auf eine breitere Waldstraße, der wir nach links folgen.

Nach einem eher aufgelockerten Waldabschnitt, wo auch der höchste Punkt der Wanderung überschritten wird, treten wir nochmals fast an die Autostraße, biegen aber bei einem Wegkreuz gleich wieder in dichten Wald ab, um niveaugleich auf weichem Boden weiterzuwandern. Schließlich läuft noch der Weg Nr. 43 zu; wir behalten die Gehrichtung bei und marschieren leicht bergab auf Gutenbrunn zu. Sobald die ersten Häuser des Ortsteils Glashütte, wo sich einst Gebäude der hier florierenden glasverarbeitenden Betriebe befanden, durch die Bäume schimmern, halten wir uns rechts, verlassen den Wald und gehen gleich links an einer Scheune vorbei die Gasse bergab zur Hauptstraße vor, in die wir bei Nr. 15 und kurz vor dem Feuerwehrhaus einbiegen. An den **Marschall-Stuben** vorbei bewegen wir uns zu unserem Start- und Zielpunkt bei der Kirche (4 Std.).

AM WEGE

Das „Drinnen und draußen"-Museum **Truckerhaus** (www.truckerhaus.at) an der Adresse Gutenbrunn 24, das auch eine Bühne für zahlreiche Veranstaltungen beherbergt, informiert vor allem im Innenbereich sehr anschaulich über den wirtschaftlichen Werdegang der Ortschaft und ihrer Umgebung in den vergangenen Jahrhunderten. Aber auch außerhalb des Hauses kann man sich in der Umgebung auf Spurensuche begeben: 54 Fundobjekte bzw. -orte sind bezeichnet und erzählen die Historie von den ersten Pfaden der Bronzezeit bis in die jüngste Vergangenheit. Analog ist das mit dem Buch „Spuren" möglich, das um zehn Euro eine Wanderkarte und Geodaten beinhaltet und u. a. in der örtlichen Trafik und im Gasthof Marschall erhältlich ist. Infos und Bilder sind nach Einlesen eines QR-Codes auf dem Smartphone digital abrufbar.

7-3 An der Holzschwemme

Durch den Weinsberger Wald in die Ysperklamm

Wir erwandern auf dieser Tour das größte geschlossene Waldgebiet Österreichs und marschieren in einem weiten Bogen zum „Forellenhof" hinunter. Von dort steigen wir durch die wildromantische Ysperklamm auf, streifen dann die Gipfel dieses Gebiets und kehren schließlich zum Ausgangspunkt in der höchstgelegenen Gemeinde des Waldviertels zurück.

DER WANDERWEG

Im Luftkurort **Bärnkopf**, dessen Name sich von „Bergengupf" – wahrscheinlich wegen der vielen Berggipfel der Gegend – ableitet, suchen wir nahe der Bushaltestelle Ortsmitte einen Parkplatz. Dann studieren wir bei einer Straßeneinmündung schräg gegenüber der Busstation einen Orientierungsbaum mit zahlreichen Wanderhinweisen. Wir halten uns zunächst an die Nummern 08 (Schlesingerteich – Königwald – Ysperklamm) und 64 (Ysperklammweg Bärnkopf), denen wir nebst „60", „61", „62" und „65" folgen. So verlassen wir den Ortsbereich und kommen zum seit 1793 bestehenden Haus Nr. 19, wo uns eine Tafel darauf hinweist, dass hier einst ein Vorratskeller in den Hang hineingebaut wurde.

Nach dem Haus macht die schmale Straße eine Rechtskurve, wir halten aber geradeaus auf den Wald zu und gehen zwischen hochwüchsigen Nadelbäumen auf einer Forststraße weiter, die parallel zu einer Loipe verläuft. Die nächste Wandertafel weist uns nach rechts, wo wir auf festem, grasüberwachsenem Boden leicht bergab schreiten. Nach dem Campingplatz am hinter Bäumen verborgenen Schlesingerteich folgen wir dem Waldweg auf „08" sowie „64" und gelangen so auf eine breite, unbefestigte Fahrstraße, in die wir links einbiegen und südwärts weitergehen. Auch nach der Abzweigung der Wege „64" und „65" bleiben wir noch auf der Straße im dichten Forst des **Weinsberger Waldes**, der das größte geschlossene Waldgebiet Österreichs darstellt (siehe „Tief im Wald", S. 275).

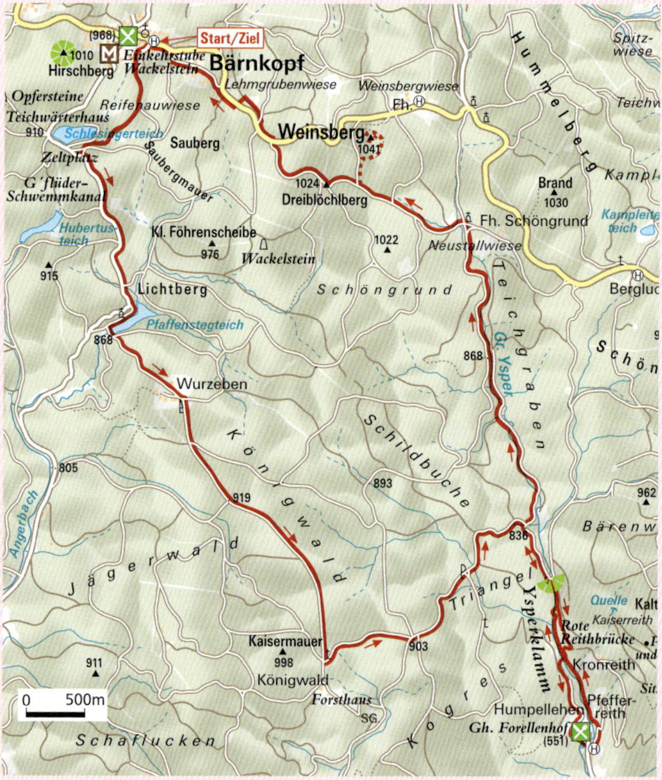

In einer Senke zweigt eine Forststraße links ab, ebenso der Weg „65“. Wir halten uns weiterhin an „08“ sowie „64“ und erreichen nach einer zarten Steigung den still und idyllisch daliegenden Pfaffenstegteich, der früher Teil der Holztrift zur Donau war. Wir sehen das Gewässer zuerst links unter uns schimmern, nähern uns aber bald in einem Rechtsbogen dem Ufer. Dann kommen wir an einer Gedenkkapelle für zwei junge Männer vorbei, die am 24. Juli 1904 hier ertrunken sind (45 Min.).

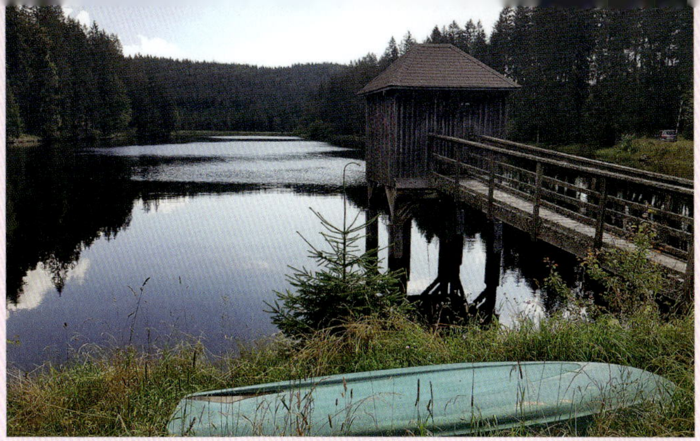

Pfaffenstegteich

WEGVERLAUF: Rundwanderung. Bärnkopf – Pfaffenstegteich (45 Min.) – Abzw. Königwald (45 Min.) – Ödteich (30 Min.) – Forellenhof (45 Min.) – Ödteich (1 ¼ Std.) – Bärnkopf (1 ½ Std.)

DAUER: 5 ½ Std.

LÄNGE: 20,6 km

SCHWIERIGKEITSGRAD: Minimale Höhenunterschiede auf dem Weinsberger Hochplateau; in der Ysperklamm zunächst ausgeprägtes Gefälle, dann erhebliche Steigung

WEGMARKIERUNGEN: Gelbe Schilder oder Pfeile mit „64", Rot-Weiß-Rot mit „08", gelbe Pfeile mit „60", „61", „62" und „65", dann „22" und „32", Rot-Weiß-Rot mit „08a", „08", abschließend „64", „65" und „22"

EINKEHRMÖGLICHKEITEN: Gasthaus Forellenhof (Mi/Do Ruhetag), Einkehrstube Wackelstein (Mi Ruhetag)

ANFAHRT: Keine wandertaugliche Busverbindung vorhanden. Mit dem Pkw von Pöggstall auf B 216 bis Würnsdorf, dann auf B 36 nach Martinsberg und weiter auf L 82 über Gutenbrunn nach Bärnkopf

HINWEIS: Dichte Waldpassagen wechseln sich mit freiem Gelände ab. Sonnenschutz ist ratsam.

Nach dem Passieren der Schmalseite des Teichs, wo ein Steg mit einem Fischerhäuschen ins Wasser hinausragt, geht es eine Zeit lang bergauf. Sobald wir den höchsten Punkt der Steigung überschritten haben, tut sich die ausgedehnte Lichtung Wurzeben vor uns auf. Hier stehen ein paar einsame Privatgebäude, die ursprünglich Behausungen für Waldarbeiter waren. Danach setzt sich „64" auf der einzigen Fahrstraße des Plateaus fort. Zwischen den hohen Stämmen sind immer wieder auch Jungbäume zu sehen. Wir wandern auf der geschotterten Straße durch eine breite Schneise in südöstliche Richtung und verlassen sie erst vor der Lichtung Königwald wieder. Hier geht es den Markierungen folgend auf einer Forststraße nach links weiter (1 ½ Std.).

Wir sind nun wieder in dichterem Wald unterwegs und marschieren auf geschottertem Untergrund ziemlich eben dahin. Auf einer Wegkreuzung sehen wir noch alte Orientierungstafeln aus Holz, bleiben aber auf dem „Ysperklammweg Bärnkopf" (gelber Pfeil), der sich nun Richtung Klamm senkt (auch mit „22" markiert). Schließlich erspähen wir an einer dreiecksförmigen Kreuzung, wo „64" nach links abbiegt, den Hinweis „Ysperklamm 500 m", dem wir geradeaus folgen (2 Std.).

Links von uns sehen wir eine Senke, in der sich die hier noch ziemlich schmale **Große Ysper** zwischen Fichten und durch Wiesenboden ihren Weg ins Tal bahnt. In diesem Bereich befand sich der Ödteich, der bis 1929 als Wasserspeicher für die Holzschwemme diente. Als 1956 sein Damm brach, ergoss sich der Teich durch die damals schon touristisch erschlossene Klamm, deren Anlagen dabei schwer beschädigt wurden. Danach staute man das Wasser hier nicht mehr auf (siehe „Tief im Wald", S. 275).

600 m nach der vorigen Kreuzung erreichen wir bei der Abzweigung zum Druidenweg Nr. 31 eine Unterstandshütte mit Infotafeln zur Klamm. Wir folgen weiter „08" und dem als Forststraße bezeichneten Waldweg „32" (Ysperklamm – Forellenhof Parkplatz), der sich deutlich ins Tal der Großen Ysper senkt und erst nach vier markanten Kehren auf steinig-sandigem Untergrund ganz zum Klammeinschnitt schwenkt. Beim Rastplatz zwischen oberem und unterem Abschnitt wechseln wir auf einer Brücke die Hangseite. Dann geht es zuerst auf Waldboden und später auf Asphalt hinunter ins Tal; neben uns hören wir die Wassermassen rauschen. Wir treten schließlich aus dem Wald und folgen dem Güterweg, bis wir ca. 500 m weiter das **Gasthaus Forellenhof** erreichen, wo wir eine Rast einlegen können (2 ¾ Std.).

Auf dem Parkplatz vor dem Lokal befindet sich der Pavillon mit Kassa bzw. Kassenautomat, wo wir uns den Zutritt zur **Ysperklamm** erkaufen. Und damit nehmen wir die landschaftlich

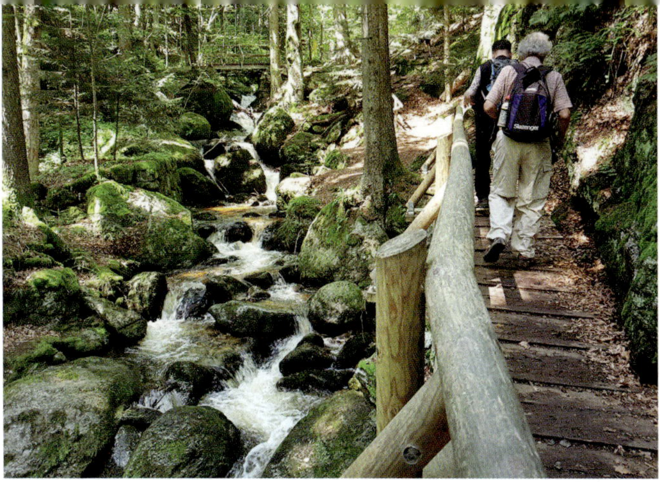

Aufstieg durch die Ysperklamm

eindrucksvollsten 300 Höhenmeter durch die Klamm in Angriff: Wir klettern über Baumwurzeln und Steine aller Größen, benützen beim Aufstieg die hilfreichen Treppen und Stege und sind immer wieder vom Zusammenspiel der Elemente Wasser, Stein und Holz fasziniert. Die auffallende Braunfärbung des Wassers entsteht durch den hohen Gehalt an Huminsäuren und Eisen. Reste von Uferschutzbauten erinnern auch hier noch an die Zeiten der Holztrift. Der Klammweg schlängelt sich stellenweise direkt neben den Wasserkaskaden im engen Flussbett bergwärts und bietet immer wieder großartige Ausblicke.

Nach diesem Naturerlebnis erreichen wir wieder den oberen Einstieg der Klamm; der eigentliche Klammweg endet bei der Unterstandshütte, an der wir zuvor vorbeigegangen sind. Von hier aus gehen wir vorerst den Weg zurück, auf dem wir gekommen sind, bis wir nach 600 m beim ehemaligen Ödteich der Nummer „64" nach rechts folgen, wo auch schon Bärnkopf als Wanderziel angezeigt ist (4 Std.).

Weiter geht es auf einer nur schwach ansteigenden geschotterten Forststraße durch den Teichgraben – eine breite Schneise zwischen hohen Fichten, die nur wenig Schatten spenden. Nach ca. 1 km überqueren wir die Große Ysper, die unseren Weg noch begleitet, und setzen danach unsere Route auf „64" (auch „08a") nach rechts auf einer Forststraße fort. Nun folgt ein längerer Steigungsabschnitt ohne Markierungshinweis, der uns zu einer Lichtung mit einem schmiedeeisernen Kreuz bringt. Wir halten uns weiterhin an die besagten Wegnummern, wobei wir ein letztes Mal die Große Ysper überqueren. Kurz danach zweigen „08a" und „64" schmalpfadig rechts ab. Wir bleiben auf der Forststraße, die mit „08" zur Weinsbergwiese weist und jetzt etwas deutlicher ansteigt.

Auch bei der nächsten Kreuzung halten wir uns geradeaus und bewegen uns so über die höchstgelegenen Abschnitte des Weinsberger Waldes. Links erkennen wir die Gipfel des **Dreiblöchlbergs** (1024 m). Kurz vor dem Scheitelpunkt unserer Tour zweigt der Weinsbergweg Nr. 60 rechts zum höchsten Punkt, dem **Weinsberg** mit 1041 m, ab. Hier könnte man noch einen Abstecher von hin und retour ca. 1,5 km (45 Min.) zum Gipfel machen, um die Ruinen der alten Burganlage zu besichtigen.

Ansonsten verbleiben wir auf der Forststraße, wandern noch ca. 300 m im hochstämmigen Wald leicht bergauf und dann niveaugleich weiter. Auf einer Wegkreuzung halten wir uns rechts auf „64", „65" und „22" durch dichten Forst, bis wir nach einer rot-weißen Schranke die Autostraße erreichen und das Hegegebiet Weinsberg verlassen. Wir wenden uns nach links und überqueren bald die Straße, indem wir den Markierungen nach rechts in den Wald folgen. Der nächste Abschnitt führt uns kurz über die Trasse der ehemaligen Waldbahn Weinsbergerwald, mit Hilfe derer bis 1933 Holztransporte nach Gutenbrunn durchgeführt wurden. Fast alle Streckenteile sind heute begehbar.

Die bekannten Wegnummern weisen uns allerdings schon nach 200 m wieder nach links zur Straße, in die wir wieder rechts einbiegen und auf den Ort Bärnkopf zumarschieren. Nach der Busstation Am Sauberg bleiben wir auf Asphalt geradeaus hinter den Häusern. Am Haus Nr. 111 vorbei gehen wir über ein Plateau mit Straßenlaternen und schließlich neben einer Häusergruppe in den Ort, wo wir beim Friedhof wieder in die Hauptstraße einbiegen und die Tour beenden. Wer vor der Heimfahrt noch einmal einkehren will, spaziert auf der Straße weiter und kommt so nach der Kirche zur **Einkehrstube Wackelstein** (5 ½ Std.).

Tief im Wald

Die Frage, wo denn das Waldviertel wirklich noch seinen Namen verdient, lässt sich eindeutig beantworten: auf dem Höhenrücken des Weinsberger Waldes. Das Granit- und Gneisplateau im mittleren und südlichen Waldviertel beherbergt das größte geschlossene Waldgebiet Österreichs, das auf dem Weinsberg seinen höchsten Punkt erreicht.

Der Weinsberg ist ein von Bäumen umgebener und bewachsener Granitfelsen, wie sie häufig in der Gegend anzutreffen sind. Reste einer Burganlage, deren Granitbruchsteine aus dem 13. Jh. stammen dürften, sind hier zu sehen; sie werden seit 2011 von einer privaten Initiative freigelegt und für Besucher zugänglich gemacht. Vermutlich handelt es sich dabei um die erste Steinburg und die höchstgelegene Burg Niederösterreichs, die möglicherweise von den Babenbergern im 11. Jh. angelegt wurde. Ein „Weigansberg" wird in einem Urbar des Stifts Kremsmünster aus dem Jahr 1299 erwähnt. Bereits 1414 ist jedoch von einem Burgstall (also einem nur mehr ansatzweise vorhandenen und erkennbaren Burgbau) die Rede.

Die wichtigsten Orte, die von den üppigen Nadelwäldern mit hohem Fichtenanteil umschlossen werden, sind Arbesbach, Altmelon, Schönbach, Bad Traunstein, Martinsberg, Gutenbrunn, Dorfstetten und Bärnkopf, auf dessen Gemeindegebiet sich der Weinsberg befindet. Es verwundert nicht, dass viele wichtige Flüsse des Waldviertels auf diesem Hochland entspringen: Großer Kamp, Kleiner Kamp, Purzelkamp, Große Krems, Weitenbach, Große und Kleine Ysper.

Der Ort Bärnkopf entstand vor ca. 260 Jahren als Holzfällersiedlung. Der Industrielle Joseph Weber Edler von Fürnberg (siehe Wanderung 7-2) begann damals den zuvor kaum beachteten Weinsberger Wald intensiv zu nutzen. Den Holzknechten aus der näheren und weiteren Umgebung schenkte er Grund und Boden, damit sie und ihre Familien eine Unterkunft hatten und Landwirtschaft betreiben konnten. Von Fürnberg ließ zudem mehrere Schwemmteiche anlegen, um das geschlägerte Holz zu sammeln und über die Große und Kleine Ysper sowie den Weitenbach an die Donau bei Persenbeug und Weitenegg zu schwemmen. So entstanden seinerzeit Schlesingerteich und Pfaffenstegteich als Teile des Holzschwemmsystems. Ende des 18. Jh.s verkaufte von Fürnberg seine Besitzungen an Kaiser Franz I. Die Nachfolger des Kaiserhauses, die Familie Habsburg-Lothringen, sind bis heute Eigentümer und Verwalter der gewaltigen Forstbestände im Weinsberger Wald und betreiben Forstwirtschaft nach dem Grundsatz der Nachhaltigkeit. Damit fungiert diese Region heute noch als wichtiger Holzlieferant.

7-4 Weg der Giganten

Von den Steinen bei Bad Traunstein durchs Kremstal nach Ottenschlag

In den Wäldern um Bad Traunstein erwarten den Wanderer sehenswerte Felsriesen. Nach deren Besichtigung wenden wir uns gen Osten und halten uns an den Kremstal-Wanderweg sowie den Nord-Süd-Weitwanderweg. Schließlich verlassen wir das Tal der Großen Krems und ersteigen das Plateau von Ottenschlag.

DER WANDERWEG

In der Marktgemeinde **Bad Traunstein**, die sich seit 2010 offiziell als Kurort bezeichnen darf, beginnen wir unsere Tour bei der Kirche in der St.-Georg-Straße. Hier wecken Skulpturen, die eine Auffahrt säumen, unsere Aufmerksamkeit. Wir gehen daher gleich zum Josef-Elter-Platz hinauf und können uns im Museum (geöffnet: April bis Ende Okt. Fr–So und Fei 10–12 und 13–16.30 Uhr) über Leben und Werk des Künstlerpfarrers **Josef Elter** informieren. Wir statten dann der Pfarrkirche St. Georg, die ebenso von Elter gestaltet wurde, einen Besuch ab und betrachten die ungewöhnliche Holzfaltdecke im Innenraum.

Kirche und Friedhof verlassen wir über den östlichen Torbogen zum Oberen Markt hin und biegen gleich links in die Schulgasse ein. Beim Parkplatz 1 beginnen mehrere Wanderrouten: der „Stein-Gigantenweg Nr. 51", ebenso der Planeten-Wanderweg. Die Station Sonne ist direkt am Zaun des Kindergartens angebracht.

An Merkur und Venus vorbei wenden wir uns nach links in den Wald zum Opferstein. Eine markante Mulde in diesem Felsbrocken ist stets mit Wasser gefüllt, das bei Augenleiden heilend wirken soll. 100 m weiter gehen wir hangseitig an eindrucksvollen unbezeichneten Steinen vorbei, schlüpfen danach durch eine Öffnung im Zaun auf ein Veranstaltungsgelände, halten uns hier links bergauf und kommen bald zur Erklärungstafel für den **Wachtstein.** Mit Hilfe eines Handlaufs überwinden wir den letzten Aufstieg zum spektakulärsten Aussichtspunkt der Gegend in 948 m Höhe. Die Granitformation diente offenbar einem mittelalterlichen Wächter als Ausguck, von dem aus er **Jauerling**, Schneeberg, Ötscher und **Weinsberger Wald** gut (siehe „Tief im Wald", S. 275) im Blick hatte.

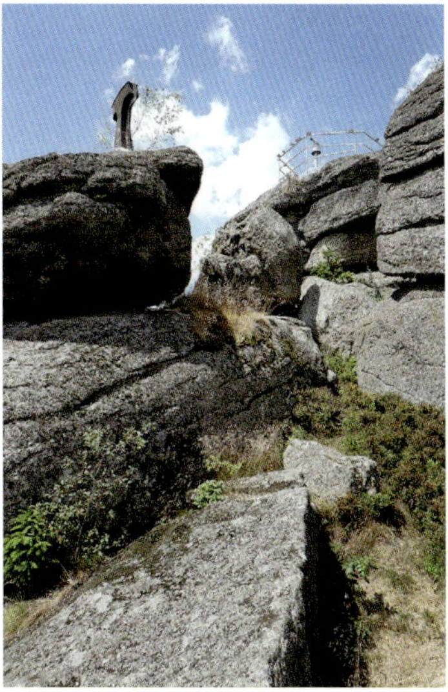

Exponierter Aussichtspunkt Wachtstein

Wir steigen wieder ab und durchqueren das Gelände, um es beim Hauptportal zu verlassen. Hier folgen wir einem gelben Pfeil („Stein-Gigantenweg") nach rechts über eine Waldrast und kommen in einem Linksbogen zur Hauptstraße hinunter. Diese überqueren wir und wandern neben dem Haus Nr. 2 den asphaltierten Jägerweg weiter, der geradewegs auf den Wald zuläuft. Bei einer Wegkreuzung halten wir uns rechts und wandern leicht bergab zwischen hohen Stämmen auf Nadelboden weiter. So erreichen wir die Steinerne Rast, schlängeln uns gleich danach durch die Steinerne Backstube und folgen dem Weg „51" zu einer Gruppe kleinerer Restlinge. Danach kommen wir wieder zur bereits bekannten Wegkreuzung, marschieren rechts weiter (Schild „Planetenweg"), hinter Privatgrundstücken vorbei und erreichen über einen Wiesenpfad die Straße nahe beim **Franzosenstein** (siehe S. 281, „Am Wege").

Schräg gegenüber diesem Felsbrocken führt die Wachtsteingasse leicht ansteigend zu den Parkplätzen bei der Kirche. Auf Höhe des Parkplatzes 3 biegt der Kräuterweg zum Kräutergarten ab, den wir uns kurz ansehen. Dann betreten wir durch das hintere Tor den Friedhof und gehen zum Kircheneingang vor bzw. neuerlich durch das Tor zum Oberen Markt durch (1 ½ Std.).

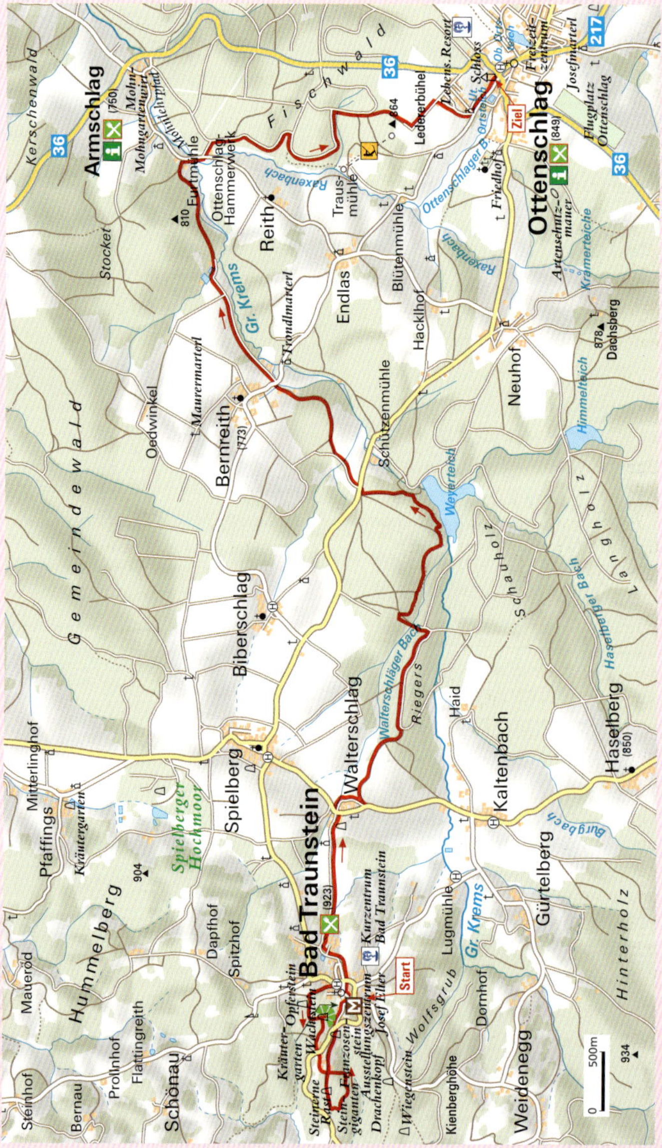

Armschlag
Ottenschlag
Bad Traunstein
Walterschlag
Spielberg
Biberschlag
Bernreith
Reith
Endlas
Neuhof
Kaltenbach
Haselberg
Gürtelberg
Weidenegg
Schönau
Pfaffings
Start
Ziel
Gr. Krems
Weyerteich
Fischwald
Gemeindewald
Hummelberg
Spielberger Hochmoor

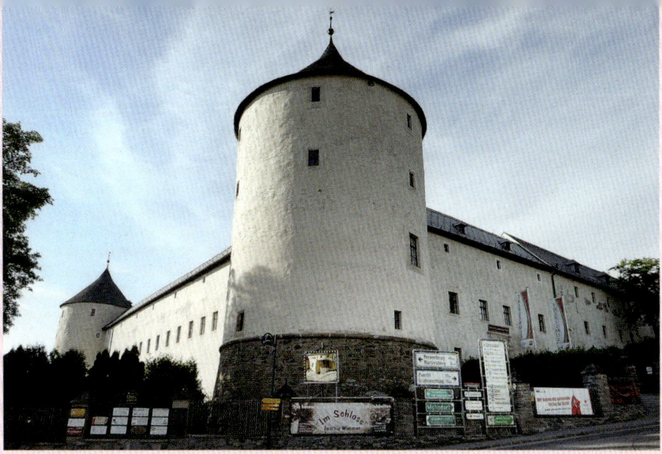

Schilderwald vor Schloss Ottenschlag

WEGVERLAUF: Streckenwanderung. Bad Traunstein – Stein-Gigantenweg – Bad Traunstein (1 ½ Std.) – Weyerteich/Abzweigung bei Bahntrasse (1 ¼ Std.) – Hammerwerk (1 Std.) – Ottenschlag (1 Std.)

DAUER: 4 ¾ Std.

LÄNGE: 17,3 km

SCHWIERIGKEITSGRAD: Anfangs etwas anspruchsvollere, danach gemütliche Wanderung, im letzten Viertel leicht ansteigendes Terrain

WEGMARKIERUNGEN: Gelbe Pfeile mit „51", gelber Pfeil Kremstal-Wanderweg „625", Nord-Süd-Weitwanderweg 05, gelbe Pfeile mit „12", unmarkiert, Kremstal-Wanderweg „625", gelbe Pfeile mit „12", dann mit „13", unmarkiert, „Tut gut"-Wanderweg, Route 3

EINKEHRMÖGLICHKEITEN: Café-Bar Weinstein (Mo–Mi Ruhetag), Café-Bäckerei Bachl (Mo Ruhetag), Gasthof zum Wachtstein (Mi Ruhetag), Pizzeria Venezia, Gewölbekeller im Schloss (Di Ruhetag)

ANFAHRT: Mit dem Pkw von Pöggstall über die Weitental-Straße (B 216) bis Würnsdorf, dort rechts in die Zwettler Straße (B 36) einbiegen. In Größenbach links Richtung Martinsberg, dort rechts abbiegen auf L 7174 Richtung Mitterndorf/Kleingerungs. In Kaltenbach links auf L 7182, dann rechts Richtung Lugmühle/Bad Traunstein, in Bad Traunstein auf der Hauptstraße links bis St.-Georg-Straße, von dieser in die Wachtsteingasse einbiegen und zu einem der Parkplätze beim Friedhof fahren

RÜCKFAHRT: Mit dem Bus (734, nur Mo–Fr) von Ottenschlag/Oberer Markt nach Bad Traunstein/St.-Georg-Straße; zurück auf obiger Strecke mit dem Pkw

HINWEIS: Obwohl viele Waldpassagen zu durchwandern sind, ist man zu ca. 40 % auch in freiem Gelände unterwegs; daher auf Sonnen- und Regenschutz nicht verzichten.

Hier finden wir ein Lebensmittelgeschäft und – falls es uns nach einer ersten Einkehr gelüstet – nach der Prangersäule die **Café-Bar Weinstein**, die **Café-Bäckerei Bachl** sowie den **Gasthof zum Wachtstein.** Für die Fortsetzung unserer Route ist nun der gelbe Pfeil „Kremstal-Wanderweg Nr. 625" maßgeblich. Wir setzen den Weg am Unteren Markt und durch die Granitgasse fort, kommen so zur **Pizzeria Venezia** beim Freizeitzentrum und biegen kurz nach dem Bad rechts in die Walterschlagstraße ein. Auf Asphalt geht es weiter Richtung Osten; hier begleitet uns auch der **Nord-Süd-Weitwanderweg 05**. Nach ca. 15 Min. erreichen wir die Ortschaft **Walterschlag.** Wir überqueren die Landesstraße und gehen hinter einem Bauernhof in einem rechten Bogen weiter. Unser Weg knickt dann nach links ab und führt zwischen Getreidefeldern auf den Wald zu. Der Asphalt wird von einer Forststraße abgelöst, die sich nach einer Schranke im Wald fortsetzt und weiterhin mit „625" markiert ist; auch bei Verzweigungen sind die gelben Pfeile stets gut sichtbar angebracht. Kurz vor dem **Weyerteich** ist der Boden etwas wurzelbedeckter, führt aber eindeutig erkennbar zwischen Tannen, Fichten und Heidelbeerstauden weiter.

Der 13 Hektar große Weyerteich, der u. a. von der **Großen Krems** gespeist wird, schimmert durch die Bäume hindurch. Später sehen wir auch die Steinbögen des Kremsbach-Viadukts. Noch davor erreichen wir aber einen Orientierungsbaum mit Informationen zum Weyerteich, verlassen an dieser Stelle den NSWW 05 und gehen hier links leicht bergauf weiter (2 ¾ Std.).

Nach etwa 350 m entlang der Trasse der eingestellten und abschnittsweise schon abgebauten Bahnverbindung zwischen Zwettl und Martinsberg-Gutenbrunn erreichen wir die Autostraße (gelber Pfeil „Mohnstrudelweg Nr. 12" gegen unsere Gehrichtung), überqueren sie und setzen gegenüber – kurz über freies Feld – auf Asphalt fort (MTB-Strecken „Teich" und „Steinpilz"). Im nächsten Wäldchen biegen wir in der ersten Kurve halb rechts auf unmarkiertes Terrain ab, gelangen dann am Waldrand neben einem Kornfeld zu einem Wirtschaftsweg, wandern auf ihm rechts weiter und schließlich durch ein kleines Waldstück und das verlassene Anwesen Bernreith 21 hindurch. Die nun folgende Straße überqueren wir und gehen danach auf einer schmalen Asphaltstraße weiter (gelbes Schild „625“). Gelegentlich kann man im dichten Wald von rechts die Große Krems plätschern hören. Zwei Bikerstrecken verlaufen hier ebenso geradeaus wie der „Mohnstrudelweg“.

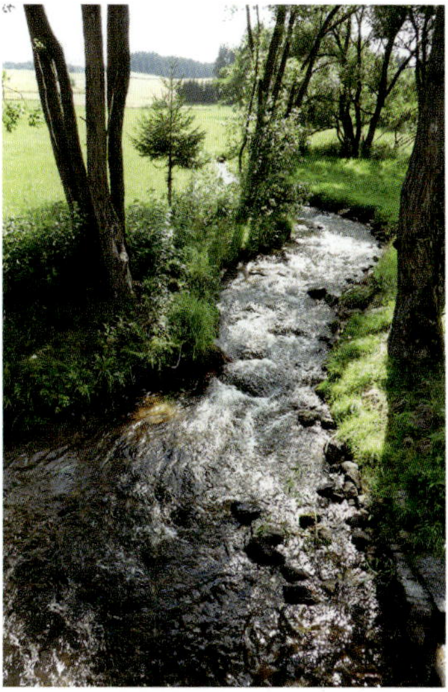

Die noch junge Große Krems

Bei zwei kleinen Teichen biegt der Weg rechts in einen Wald ab, wo wir annähernd niveaugleich weiterkommen. Wir gehen am Haus Bernreith 22 vorbei und am Waldrand weiter zur nächsten Häusergruppe, die zum „Waldviertler Mohndorf“ **Armschlag** gehört (siehe „Mohnzelten, Mohnzuzerl und ‚O-Tee‘: Waldviertler Graumohn“, S. 283). In einem rechten Bogen wandern wir zur Straße vor und richten uns jetzt nach den gelben Pfeilen mit der Nr. 13, „Mohnstrudelweg O’zwickte“. So erreichen wir das Ortsendeschild von Armschlag, eine Brücke über die Große Krems und den Ortsbeginn von Ottenschlag-Hammerwerk (3 ¾ Std.).

Nach dem Haus Hammerwerk 3 biegt der Weg Nr. 13 und „Tut gut“-Wanderweg, Route 3, links bergwärts ab. Hinter den Gärten von Privatgrundstücken dringen wir in den Wald ein, wo wir uns zwischen hohen Bäumen leicht bergauf bewegen. An den Wegteilungen sind Hinweise auf die Nr. 13 eindeutig angebracht.

Bei einem Orientierungsbaum knickt der Weg Nr. 13 rechts ab; wir folgen hier jedoch dem „Tut gut“-Pfeil geradeaus weiter und dann im dichten Wald nach rechts. Nach ca. 200 m verlassen wir in der Nähe eines Hochstands den Forst und sehen bereits Häuser von **Ottenschlag**, die wir auf einer gut ausgebauten Asphaltstraße ansteuern. Nach der Adresse Hanfbachweg 21 biegt die Route 3 rechts

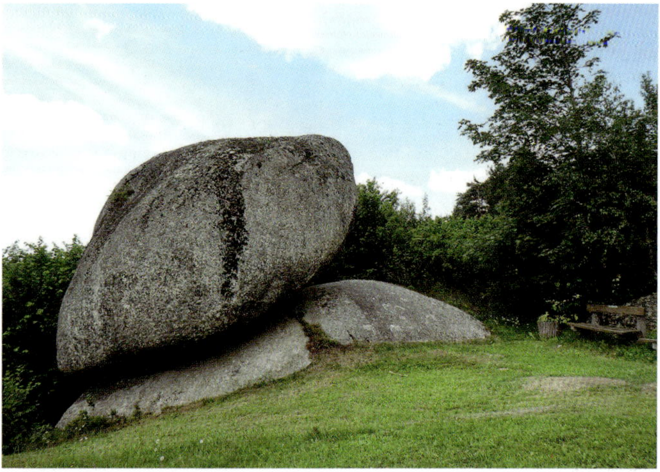

Franzosenstein in Bad Traunstein

in den Halmetsteinweg ab. Am Ledererbühel treffen wir wieder auf die Nr. 13 sowie den Kremstalweg und halten auf den Ortskern zu. Die mächtigen Rundtürme des **Schlosses Ottenschlag** zeigen an, dass wir uns dem Ziel nähern. Wir marschieren noch am Unteren Ortsteich vorbei und die Schlossgasse hinauf zum **Gewölbekeller im Schloss**, wo wir einkehren können. Zur Busstation am Oberen Markt sind es von hier nur ca. 100 m (4 ¾ Std.).

AM WEGE

Er ist gut 100 Tonnen schwer, misst etwa fünf Meter und gleicht einem Brotlaib, der jeden Augenblick vom Tischrand gleiten möchte. Die beängstigend kleine Standfläche verleitet dazu, den mächtigen **Franzosenstein** mit einem letzten Stoß aus dem Gleichgewicht bringen zu wollen. Aus dem Jahr 1805 – als Napoleon im Zuge des Dritten Koalitionskriegs seine Truppen nach Osten rücken ließ und es zur Schlacht bei Dürnstein kam – wird überliefert, dass eine Kompanie französischer Soldaten im Zuge einer Wette mit den Ortsbewohnern den Stein vergebens zu lösen versuchte. Beschämt darüber, die Wette verloren zu haben, verließen die Soldaten bald darauf Traunstein. Daher rührt die Bezeichnung „Franzosenstein".

Mohnzelten, Mohnzuzerl und „O-Tee“: Waldviertler Graumohn

Eine der besonderen Attraktionen des Waldviertels sind die Mohnfelder, für die auch in Fremdenverkehrsprospekten gern geworben wird. Vor allem in den Hauptanbaugebieten um Zwettl, Gmünd, Waidhofen an der Thaya und Horn sind diese in prächtigen Farben – von Rot über Violett bis Weiß – blühenden Felder in den Sommermonaten nicht zu übersehen. Die Mohnblüte beginnt Ende Juni bis Mitte Juli, wobei die einzelnen Blüten jeweils nur einen Tag geöffnet sind, bevor sie verblühen und ihre Blätter abwerfen.

Der Schlafmohn – zu dem auch der Waldviertler Graumohn gehört – zählt zu den ältesten Kulturpflanzen der Welt und wurde schon in der Jungsteinzeit, also vor etwa 5000 Jahren angebaut. Die frühesten Funde, meist in Form von Grabbeigaben, lassen vermuten, dass Mohn bereits damals nicht nur eine wichtige Rolle in der Ernährung, sondern auch als Mittel zur Schmerzlinderung spielte. Auch seine berauschende Wirkung war schon früh bekannt. Im Römischen Reich war Opium, das aus dem Mohnsaft gewonnen wird, eine Wohlstandsdroge; bei der Inventur eines kaiserlichen Palasts im Jahr 214 wurden unglaubliche 17 Tonnen Opium registriert. Im frühen Christentum, das Krankheit als eine Strafe Gottes ansah, wurde im 4. Jh. der Einsatz von Opium zur Schmerzlinderung verboten. Karl der Große erneuerte 810 dieses Verbot – und erst um das Jahr 1000 fand Opium über die arabische Medizin wieder nach Europa zurück und machte viele Eingriffe für die Patienten erträglicher bzw. überhaupt erst möglich.

Ins Waldviertel kam der Mohn vermutlich im frühen Mittelalter mit den Mönchen, die erste Klöster in der Region gründeten. Sie hatten die Heilpflanze kultiviert, um daraus Arzneien herzustellen und mit dem gewonnenen Öl das Ewige Licht ihrer Altäre leuchten zu lassen. So wurde der Graumohn, also die regionalspezifische Sorte mit den grauen Samen, bereits im Jahr 1280 im ältesten Urbar – einem Besitzrechtsverzeichnis – des Stifts Zwettl sowie in Zehentbüchern erwähnt. Wie bedeutsam die Pflanze in wirtschaftlicher Hinsicht für das Waldviertel wurde, zeigt eine Agrarstatistik aus der k. u. k. Monarchie (1912), in der eine Anbaufläche von 1200 Hektar angegeben war. Bis 1934 war der heutige Waldviertler Graumohn sogar an der Londoner Handelsbörse notiert, allerdings noch als „Zwettler Mohn“. Nach dem Zweiten Weltkrieg kam die Wende: Weil Mohn bei Pflege und Ernte viel manuelle Tätigkeit erforderte, wurde er nach und nach durch einfacher zu kultivierende Pflanzen ersetzt. Importe aus dem Nahen Osten und osteuropäischen Ländern machten den Anbau für heimische Bauern schließlich noch weniger interessant. Erst eine Initiative zur

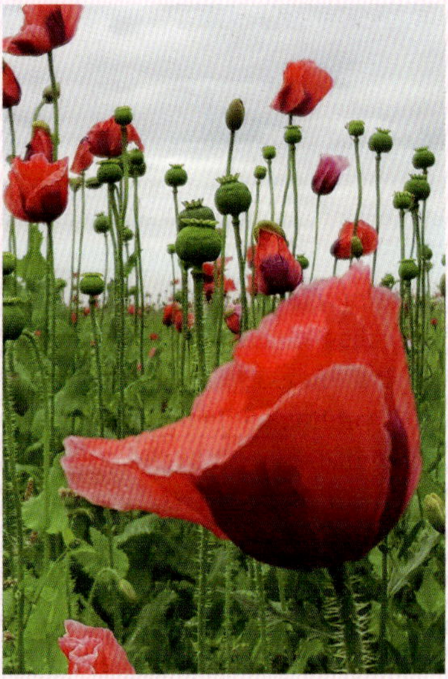

Mohnblumen

Förderung landwirtschaftlicher Alternativprogramme schaffte es in den 1980er-Jahren, die alte Tradition neu zu beleben.

Die Renaissance des Mohnanbaus im nahen Waldviertel brachte auch die Wiener Drogenszene auf Ideen: Trotz des sehr geringen Opiatgehalts in Graumohn kochten Süchtige getrocknete Mohnkapseln, die es in Blumen- und Dekorgeschäften zu erwerben gab, zur beliebten Heroin-Ersatzdroge „O-Tee" auf. Verbreiteter war die Verwendung der Pflanze aber wohl als „Mohnzuzerl", das man auf dem Lande noch vor wenigen Jahrzehnten quengeligen Kindern verabreichte, um sie ruhig zu stellen.

Heute wird im Waldviertel wieder auf mehr als 500 Hektar Mohn angebaut; die speziellen sandig-lehmigen Böden und das trockene Klima mit seinen starken Temperaturschwankungen bieten ideale Voraussetzungen für die Entwicklung der Pflanze. Der Waldviertler Graumohn (übrigens eine geschützte Ursprungsbezeichnung) ist im Gegensatz zu manchen anderen Sorten einjährig und kann dank seiner geringen Frostempfindlichkeit schon zeitig im Frühjahr ausgesät werden. Etwa vier bis sechs Wochen nach der Blüte trocknen die Samenkapseln aus und verfärben sich bräunlich. Das auch für aufmerksame Wanderer hörbare Rasseln der Kapseln bedeutet, dass es Zeit für die Mohnernte ist.

Der Tourismus und die Findigkeit der Waldviertler haben dafür gesorgt, dass es mittlerweile eine schier unendliche Palette an Mohnprodukten gibt. Das Angebot reicht vom edlen Mohnöl über die allseits bekannten Mohnzelten, Mohnstrudel und Mohntorten bis hin zu Mohnhonig, Mohnschmalz und Mohnschnaps. Sogar Kosmetikprodukte aus Mohn werden angeboten.

Wer sich ausführlicher über die Geschichte des Mohnanbaus im Waldviertel informieren, in einem „Mohnwirtshaus" einkehren und Mohnware aller Art einkaufen will, sollte dem Mohndorf **Armschlag** – an der B 36 (Zwettler Straße) zwischen Ottenschlag und Grafenschlag – einen Besuch abstatten. Dort kriegt man einfach alles ... außer „O-Tee".

7-5 Waldviertel mit Donaublick

Im Naturpark Jauerling-Wachau

Von Zeining geht es über einen anspruchsvollen Steig auf den höchsten Punkt neben dem Donautal hinauf. Bei einer Runde auf dem Jauerling-Gipfelplateau kann man die Aussicht ins Waldviertel und tief in die Alpen genießen. Über Maria Laach, wo es eine Wallfahrtskirche zu besichtigen gibt, tritt der Wanderer dann durch gesunde Nadelwälder den Rückweg an.

DER WANDERWEG

Vom Rastplatz mit Infotafel bei der Busstation bewegen wir uns laut roter Markierung mit „05" **(Nord-Süd-Weitwanderweg)** und gelbem Pfeil „Rundwanderweg Ysper-Weitental Nr. 22" in den kleinen, zu Raxendorf gehörenden Ort **Zeining** hinein und biegen beim Haus Nr. 5 links ab („Jauerling-Runde 1"). In einem Linksbogen gelangen wir zum Ortsende, durchschreiten danach rechts hinauf ein kleines Waldstück und erreichen neben Christbaumkulturen wieder die hier asphaltierte Bergstraße, die zunächst durch freies Gelände, dann unter Fichten auf den **Jauerling** führt. Nach einer Linkskurve verlassen wir die Straße nach rechts auf einem breiten Forstweg („05" und Pfeil „Jauerling-Runde 1"). 100 m weiter sollte man den links zwischen hohen Fichten abzweigenden Pfad nicht übersehen – auch wenn die rote Markierung anfangs nur schwach zu sehen ist. Der Aufstieg durch Nadel- und Mischwald ist hier auf der Westflanke des Berges schmalpfadig und recht steil.

Nach ca. 1 Std. erreichen wir eine breite, leicht geschotterte Forststraße ohne Markierung, auf der wir nach links sanft bergauf weitergehen. Etwa 500 m weiter gelangen wir zu einer großen Kreuzung, auf die drei weitere Wege zulaufen. Wir setzen unsere Route aber geradeaus hinter einer rostig-weißen Schranke mit zarter grüner Markierung auf der MTB-Strecke „Weinsteintour" fort.

Über einen schattigen Waldweg gelangen wir auf das Plateau am Jauerling und hier zum Carlskreuz auf der Franz-Josefs-Höhe.

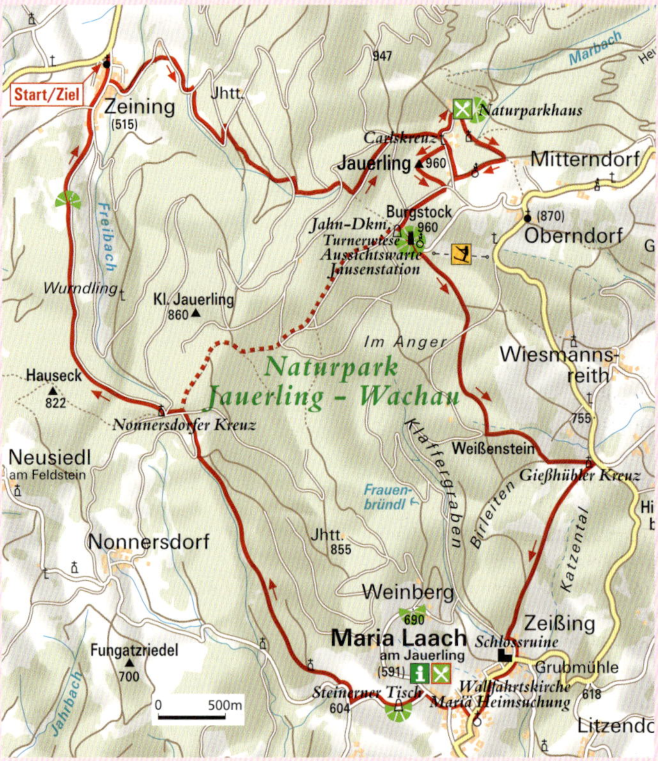

Diese Stelle wird auch als „Falscher Gipfel“ bezeichnet. Wenden wir uns links talwärts, so kommen wir auf einer Schotterstraße nach 5 Min. zum Naturparkhaus auf 915 m Seehöhe, von dessen „Wachauterrasse“ aus sich ein eindrucksvoller Blick auf die Donau bei Spitz bietet (1 ½ Std.).

Vom Gastgarten aus wenden wir uns direkt dem Wald zu und erkennen das gewellte Symbol des Welterbesteigs. Wir passieren eine Waldandacht und ein dem heiligen Hubertus geweihtes Naturschutzhäuschen mit Infotafeln zu Flora und Fauna des Naturparks Jauerling-Wachau. Beim Terrassenblick auf dem The-

WEGVERLAUF: Rundwanderung. Zeining – Naturparkhaus (1 ½ Std.) – Aussichtswarte Jauerling (45 Min.) – Maria Laach (1 ¼ Std.) – Nonnersdorfer Kreuz (1 ¼ Std.) – Zeining (45 Min.)

DAUER: 5 ½ Std.

LÄNGE: 18,7 km

SCHWIERIGKEITSGRAD: Steiler Erstanstieg, dann gemäßigte Höhenunterschiede

WEGMARKIERUNGEN: Rot mit „05“, gelbe Pfeile mit unterschiedlichen Angaben, Symbol Welterbesteig, grüne Markierungen, gelbe Pfeile

EINKEHRMÖGLICHKEITEN: Naturparkhaus (Mai bis Okt. Mi Ruhetag, Nov. bis April Mo–Mi Ruhetag), Turmbüffet, Gasthaus Mühlberghof (April bis Okt. Mo und Di, Nov. bis März Mo–Do Ruhetag), Hotelrestaurant Ringl, Landgasthof „Zur weißen Rose“ (Mo–Mi Ruhetag)

ANFAHRT: Mit dem Bus (zeitmäßig aktuell keine sinnvolle Anbindung) oder Pkw bis Zeining-Ortszufahrt entlang der L 81

HINWEIS: Die Tour sollte nach Regentagen gemieden werden, da der Anstieg auf den Jauerling dann ziemlich rutschig ist. Wer Maria Laach nicht besuchen möchte, benützt zwischen Station Waldrast und Nonnersdorfer Kreuz den Weg Nr. 73.

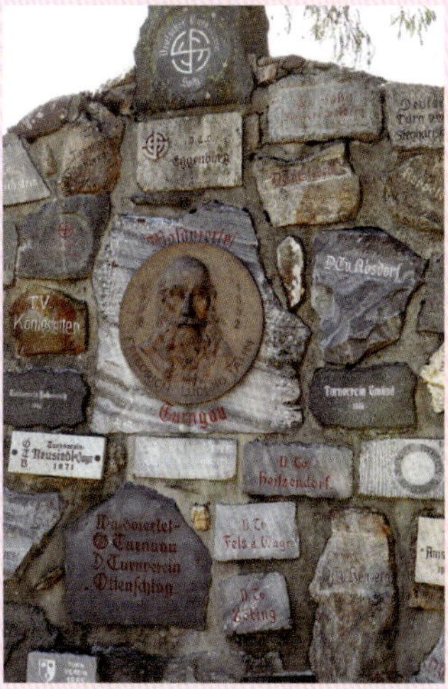

Jahn-Denkmal auf dem Jauerling

menweg „Jauerlinger Gipfelrunde“ wenden wir uns bergwärts nach rechts und genießen die Aussicht auf die Alpen. Neuerlich säumt eine Holzhütte (Naturparkmuseum) den Weg, diesmal mit Informationstafeln zum Thema Fauna. Nach 10 Min. erreichen wir den Parkplatz Naturparkhaus an einer langgestreckten Wiese, wo wir uns an der Wegkreuzung nach rechts wenden und so wieder zum Carlskreuz am „Falschen Gipfel“ gelangen. Dahinter führt ein unscheinbarer, gelegentlich mit dem Welterbesteig-Symbol markierter Waldweg nach links zum „richtigen“ Gipfel. Wir treten auf eine Lichtung, wo ein Steinmonument von einem künstlerisch gestalteten, scheinbar schwebendem Holzring umgeben ist – der mit 960 m eigentliche höchste Punkt des Jauerlings, allerdings ohne Aussichtsmöglichkeit.

Im Ring erfreut uns ein Text der Literatin Hermine Cloeter: „Das ist ein ganz sonderbarer Herr. Zählt an die tausend Meter – und steigen wir hinauf, so finden wir doch keinen eigentlichen Gipfel, sondern bloß ein weit sich dehnendes, sanft welliges Hochland, darin der Scheitel des Jauerling als eine recht bescheidene Kuppe liegt. Sind wir oben, dann belehrt uns freilich der weite Rundblick, wie hoch wir stehen. Was nun aber den eigentlichen Zauber einer solchen Jauerlingpartie ausmacht, ist, daß man, nachdem man durch Wald bergan geschritten, plötzlich ein meergrünes Haferfeld, blaßviolette oder recht lustig himbeerfarbene Mohnfelder im Sonnenschein prangen sieht und goldgelbe Garben winken. Erdbeeren und Heidelbeeren gab's unterwegs, oben Blumen über Blumen und über uns der weite, weite Himmel." („Donauromantik", 1922)

Wir folgen nun weiter den Welterbesteig-Symbolen und sehen bald wieder den Autoparkplatz vor uns. Kurz davor biegen wir aber nach rechts in eine geschotterte Forststraße ein (Pfeil „Maria Laach Marktplatz 2 ¼ Std."), die alleeartig auf Sendeanlage und Warte zuläuft. Zuvor kommen wir aber noch zur Station Waldrast der „Jauerlinger Gipfelrunde" mit Pfeilen, die nach links zur Turnerwiese (955 m) weisen („Maria Laacher Steig", „Parkplatz Burgstock").

Variante: An dieser Stelle beginnt die Fortsetzung des Weges für jene, die nicht nach Maria Laach gehen wollen. Über den Weg Nr. 73 kann man hier zum Nonnersdorfer Kreuz absteigen. Damit verkürzt sich die Route um ca. 6,5 km – eine Variante, die vor allem an sonnigen Tagen zu empfehlen ist.

Auf der Turnerwiese befindet sich gleich rechts ein Denkmal für den „Turnvater" Friedrich Ludwig Jahn. Von hier aus halten wir auf Sendeanlage und Aussichtswarte zu. Der Sender Jauerling mit seinem 141 m hohen Masten versorgt vor allem das Waldviertel und den Großraum St. Pölten. Die retrofuturistisch anmutende

Jauerling-Warte daneben ist 38 m hoch und ein mit Leichtalu verkleideter Holzturm (2 ¼ Std.).

Vom **Turmbüffet** aus kann man gegen eine bescheidene Gebühr über 182 Stufen die Aussichtsplattform in 31,5 m Höhe ersteigen. Im Aufgang erwarten den Besucher ausgestopfte Tiere, ein Bücherflohmarkt und eine Mineraliensammlung. Bei gutem Wetter ist der Fernblick von oben ein Erlebnis. In einem Miniturm neben der Warte befindet sich ein Kräutermuseum.

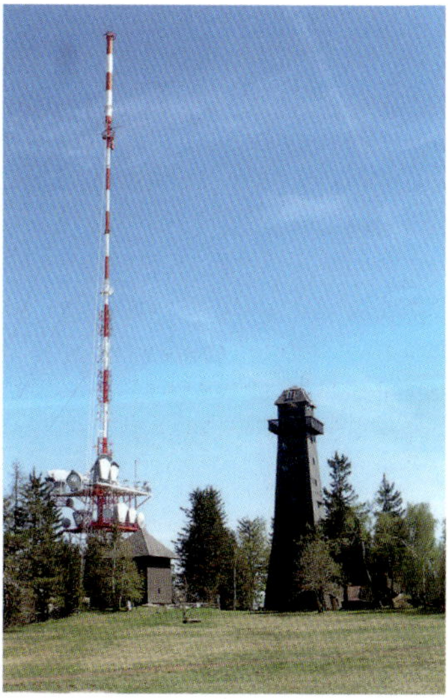

Sendeturm und Jauerling-Warte

Nun machen wir uns an den Abstieg nach „Maria Laach Marktplatz". Links sehen wir nach ein paar Metern den Burgstock-Parkplatz und die Bergstation des Skilifts, rechts die Stauferhütte, einen Stützpunkt der NÖ Berg- und Naturwacht. Dort verlassen wir das Gipfelplateau auf einem schönen Weg (Welterbesteig, grüne Marken, gelbe Pfeile „Maria Laach Nr. 25") durch aufgelockerten Nadelwald. Bei einer Gabelung halten wir uns auf Grün leicht links. So kommen wir zum Gießhübler Kreuz in 755 m Höhe, um das wir rechts herumgehen und Richtung „Maria Laach Marktplatz" fortsetzen.

Der Weg senkt sich durch einen Mischwald und dann am Waldrand auf den nächsten Ort zu. Am Horizont grüßt der Ötscher, die Wallfahrtskirche ist auch schon zu erkennen. Wenn wir die Kreuzung **Zeißing** erreichen, gehen wir nach links in den Ort und zur Schlossruine, die hinter dem Rastplatz Zeißing zu sehen ist. Es handelt sich um den kümmerlichen Fassadenrest einer einst stolzen Wasserburg aus dem 17. Jh., die **Graf Hans Georg III. Kuefstein** durch den Umbau einer alten Burg errichten ließ.

Von dieser Straßenkurve aus sind es nach links nur 200 m zu einer Einkehrmöglichkeit, dem **Gasthaus Mühlberghof.** Wir setzen unsere Wanderung aber gleich rechts auf der Straße durch den Ort fort. Zeißing geht direkt in **Maria Laach** über, wo wir auf die Wallfahrtskirche Mariä Heimsuchung zuhalten, deren Baugeschichte – wahrscheinlich – bis ins 14. Jh. zurückreicht (3 ½ Std.).

Im hinteren Kirchenschiff fällt das Kenotaph der Kuefsteins auf, das 1607 geschaffen wurde. Auf der Deckplatte des Scheingrabs ist die betende Gestalt des bereits erwähnten Grafen Hans Georg dargestellt. Der spätgotische Doppelflügelaltar stammt aus dem Jahr 1480 und ist eines der wenigen vollständig erhaltenen Werke aus dieser Zeit. Im linken Seitenschiff können wir noch das Gnadenbild „Unsere Liebe Frau Sechsfinger" betrachten.

Vor der Kirche stehen uns zwei Einkehrmöglichkeiten offen: das **Hotelrestaurant Ringl** und der **Landgasthof „Zur weißen Rose".** Neben dem Gastgarten der „Weißen Rose" sehen wir einen Orientierungsbaum. Von diesem Punkt aus setzen wir unsere Wanderung auf dem Drei-Kirchen-Weg (Nr. 12) fort, der auf einer Asphaltstraße zunächst aus dem Ort hinaus und später gut 1 km durch freies Gelände führt. In einer Linkskurve der Straße leitet uns der gelbe Pfeil dann rechts auf Schotter neben einer Christbaumkultur bergwärts in den Wald. Wir folgen dem breiten Forstweg in Steigung und Richtung konsequent auf den **Kleinen Jauerling** zu. Die Markierung ist spärlich, der Wegverlauf jedoch eindeutig. Nach 2,5 km erreichen wir eine Querstraße und links davon gleich darauf das Nonnersdorfer Kreuz (778 m) mit angeschlossenem Rastplatz (4 ¾ Std.). Hierher führt auch die oben beschriebene Abkürzungsvariante.

Am Orientierungsbaum ist die Fortsetzung unserer Tour allerdings nicht beschildert. Wir verlassen die Anhöhe rechts vom Kreuz auf einer breiten Fahrstraße in einem linken Bogen talwärts. Lange ist keine Markierung zu sehen. Erst wenn sich der Wald öffnet und den Blick auf Zeining freigibt, tauchen Schilder mit den Nummern 73 und 22 auf. Die letzten ca. 1,5 km steuern wir auf einer schmalen Asphaltstraße auf Zeining zu und durchqueren den Ort, in dem es leider keine Einkehrmöglichkeit gibt, bis wir den Ausgangspunkt wieder erreicht haben (5 ½ Std.).

Lokale auf den Touren

Tour 1-1

Gasthaus Trinkl „Zum Waldviertler Sepp“, waldviertlersepp.at
Landgasthof in's Schmankerl, 02862/582 30
Café-Restaurant Tennisstüberl, 02862/537 38
Café im Besucherzentrum UnterWasserReich, www.unterwasserreich.at
Restaurant Moorbad, www.moorbad-restaurant.at

Tour 1-3

Haubnerwirt, www.haubnerwirt.at
Willi's Teichstüberl, www.willis-teichstueberl.at

Tour 1-4

Nebelsteinhütte, 02858/52 93
Waldpension Nebelstein, www.waldpension-nebelstein.at
Gasthaus Holzmühle, www.holzmuehle.at
Haumer's Mostheuriger, www.haumers-mostheuriger.at
Café-Pension Kristall, www.cafe-pension-kristall.at

Tour 1-5

Waldviertler Stüberl, www.betz.at/page.asp/-/waldviertlerstueberl
Café in der Sonnenwelt, www.sonnenwelt.at/page.asp/-/cafe

Tour 1-6

Waldviertler-Hof, www.waldviertler-hof.at
Hahn-Buam-Hof, www.hahn-buam-hof.at
Nordwaldhof, www.nordwaldhof.at
Gasthaus Winter, www.gh-winter.at

Tour 1-7

Gasthof Zeiler, 02816/235
Badebuffet am Stierhübelteich, 02857/225 30
Gasthaus Karlstifter Hütte, 0676/638 50 02

Tour 2-1

Christas Turmstüberl, www.christas-turmstueberl.at
Kirchenwirt Jöch, www.joech.at

Tour 2-2

Gasthaus Kaminstube, www.gasthaus-kaminstube.at

Tour 2-3

Landgasthof und Pension Haidl, www.haidl.at
Treffpunkt Trefanitz, www.trefanitz.com
Bäckerei-Konditorei Kasses, www.kasses.at
Gasthaus Schmidtmayer, schmidtmayer.at
Gasthaus Schloss-Stüberl, 02843/22 67
Meli's Café-Restaurant, www.melis-cafe-restaurant.com

Tour 2-4

Rich's und Romana's Imbiss-Stüberl, 0664/520 22 42
Gasthaus Stadler, 02842/521 53

Tour 3-1

Gasthof-Pension „Zur Hammerschmiede", hotel-hammerschmiede.at

Tour 3-2

Jausenstation Ruine Kollmitz, 0664/461 58 81

Tour 3-3

Gasthof-Pension „Zur Hammerschmiede", hotel-hammerschmiede.at

Tour 3-4

GugCha's Erfrischungsstation „Guggy und Charly", 0699/15 12 69 99
Gasthaus Thayabrücke, www.thaya-bruecke.at
Café-Restaurant Nationalpark Thayatal, www.np-thayatal.at

Tour 4-1

Hotel-Restaurant Schwarzalm, www.schwarzalm.at

Tour 4-2

Gasthaus Weissenhofer, 02822/582 03
Meierhof-Heuriger, www.meierhof-heuriger.at
Restaurant Schlosshotel Rosenau, www.schlosshotelrosenau.at

Tour 4-3

Dampfbahnstüberl, dampfbahnstuberl.webnode.at

Tour 4-4

Gasthof-Pension Seidl, www.gasthofseidl.at
Burgschenke Rappottenstein, www.burgschenke.net

Tour 4-5

Falkner- und Försterstube im Schloss Waldreichs, 02988/200 21
Haus am Dobrasee, 02988/201 02
Terrassencafé/Seerestaurant Ottenstein, hotelottenstein.at

Tour 5-1

Gasthaus Schmutzer, gasthaus-schmutzer.at
Restaurant in Gallien, www.gallien.at, 0664/530 34 41

Tour 5-2

Landgasthaus zum Knell, www.zumknell.at
Graselwirtin, www.graselwirtin.at
Gasthof zur Eiche, 02982/388 00

Tour 5-3

Gasthof Nußbaum, www.nussbaum-etzmannsdorf.at/gasthof
Schlossgasthof Rosenburg, www.schlosshotelrosenburg.at
Taverne Rosenburg, www.rosenburg.at/schloss-taverne
Landgasthof Mann, www.hotelmann.at

Tour 5-4

Gasthof Falk „Zum Platzlwirt", 02985/22 79
Gasthof Klackl, 02985/23 25
Stiftsrestaurant in Altenburg, www.stift-altenburg.at/gastronomie

Tour 6-1

Gasthof Gutmann „Zur schönen Aussicht", www.gasthaus-gutmann.com
Germanenstüberl im Freilichtmuseum Elsarn, 02735/24 95
Eisenbock's Strasser Hof, www.strasserhof.at

Tour 6-2

Buschenschank Familie Perteneder-Huber, www.perteneder-huber.at
Badbuffet Schönberg, www.schoenberg.gv.at/freizeitanlagen.html
Hotel & Restaurant zur Schonenburg, www.zurschonenburg.at
Papperl á Pub, papperl-a-pub.at
Gasthof Gutmann „Zur schönen Aussicht", www.gasthaus-gutmann.com

Tour 6-3

s'Fritz Wirtshaus im Gföhler Bauernladen, 0664/512 37 51

Tour 6-4

Gasthof Enne, www.gasthofenne.at
Fischers Gasthaus zur Linde, www.gasthausfischer.at
Bäckerei/Konditorei Schäfer, www.baeckerei-schaefer.com

Tour 7-1

Landgasthof Schreiner, www.schreiners.at
Gasthof Jagsch „Zum grünen Baum“, 07413/6108
Wirtshausbrauerei HaselBräu, www.wirtshausbrauerei.at

Tour 7-2

Gasthaus Walter Fürst, 02874/624 70
Gasthaus Ballwein, gasthaus-ballwein.at
Marschall-Stuben, www.marschallstuben.at

Tour 7-3

Gasthaus Forellenhof, www.forellenhof-ysperklamm.at
Einkehrstube Wackelstein, www.einkehrstube-wackelstein.at

Tour 7-4

Café-Bar Weinstein, 0664/130 03 31
Café-Bäckerei Bachl, www.brotundkaffee.at
Gasthof zum Wachtstein, 02878/67 00
Pizzeria Venezia, 0664/99 78 92 81
Gewölbekeller im Schloss, 02872/72 66 39

Tour 7-5

Naturparkhaus, www.naturpark-gasthaus.at
Turmbüffet, aussichtswarte-jauerling.jimdo.com
Gasthaus Mühlberghof, www.simwirt.at
Hotelrestaurant Ringl, www.hotel-ringl-wachau.at
Landgasthof „Zur weißen Rose“, www.weisse-rose.cc

Übersicht Touren

TOUREN NACH STRECKENLÄNGE (ohne Varianten)

12,1 km – Tour 4-2
12,5 km – Tour 1-5
12,6 km – Tour 6-3
13,1 km – Tour 3-1
13,5 km – Touren 1-4, 3-2
13,8 km – Touren 1-3, 5-4
14 km – Tour 1-1
14,2 km – Touren 5-2, 7-2
14,3 km – Tour 5-3
14,8 km – Tour 3-3
15,2 km – Tour 5-1
15,5 km – Tour 6-2
15,6 km – Touren 3-4, 7-1
15,8 km – Tour 6-1
16 km – Tour 6-4
16,6 km – Tour 1-2
16,7 km – Touren 4-1, 4-3
17,3 km – Tour 7-4
17,4 km – Tour 1-7
17,5 km – Tour 1-6
18,1 km – Tour 4-4
18,7 km – Tour 7-5
19,2 km – Touren 2-1, 2-3
20 km – Touren 2-4, 4-5
20,6 km – Tour 7-3
22,2 km – Tour 2-2

TOUREN NACH WEGZEIT (ohne Varianten)

3 Stunden:
Tour 4-2

3 bis 4 Stunden:
Touren 1-1, 1-3, 1-4, 1-5, 3-1, 3-2, 3-3, 5-1, 5-2, 5-3, 5-4, 6-3

4 Stunden:
Touren 1-2, 3-4, 6-2, 7-2

4 bis 5 Stunden:
Touren 1-6, 1-7, 2-1, 2-3, 4-1, 4-3, 6-1, 6-4, 7-1, 7-4

5 Stunden:
Touren 2-2, 2-4, 4-5

5 bis 6 Stunden:
Touren 4-4, 7-3, 7-5

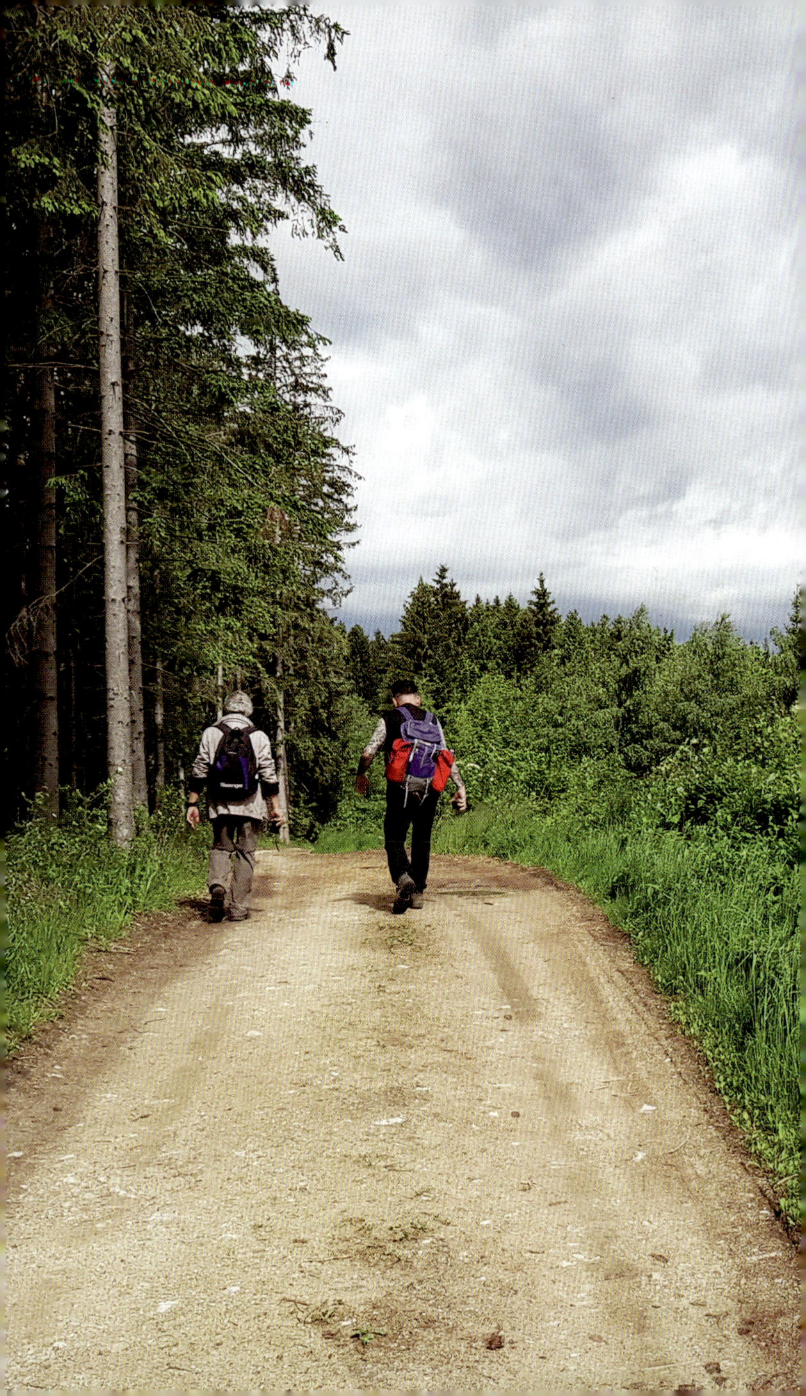

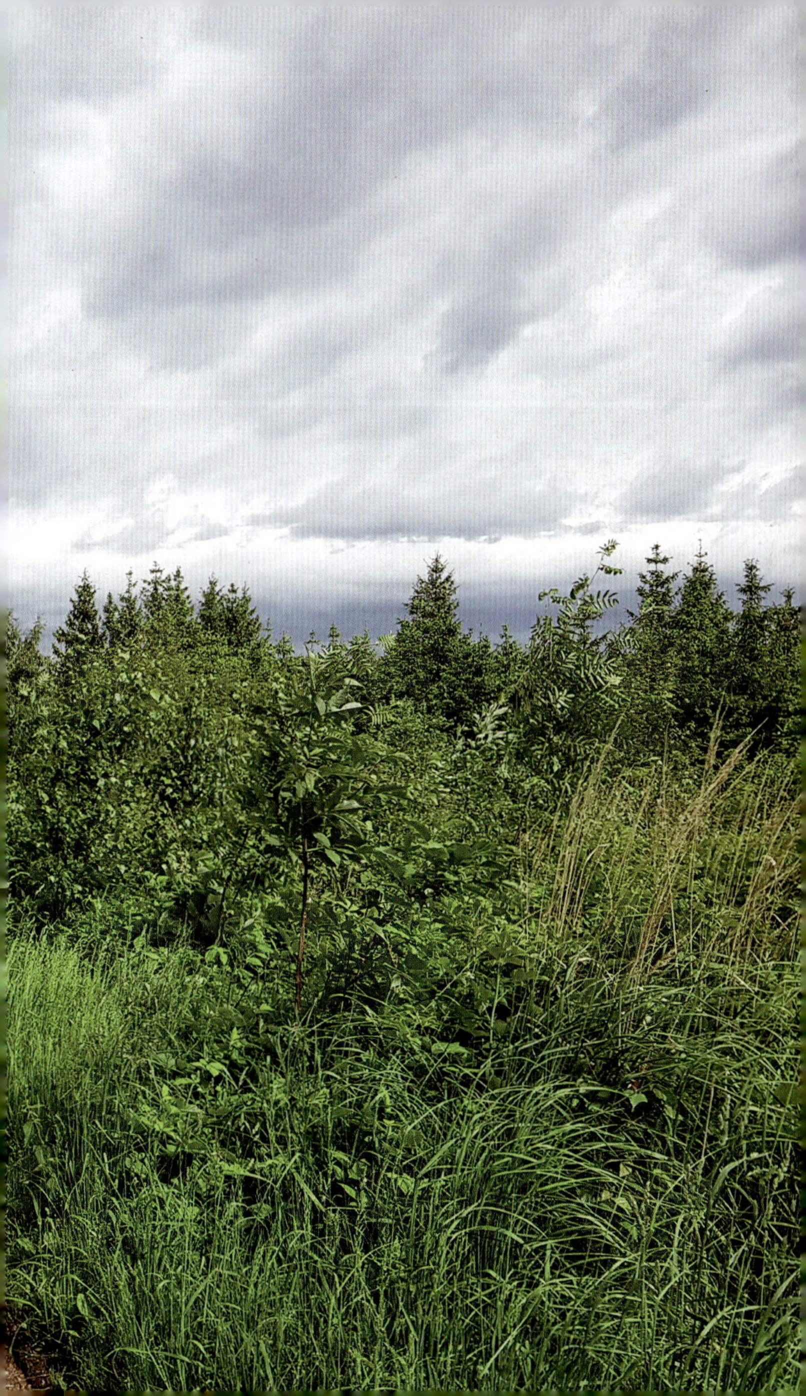

Register

T

U